Typographie de H. VRAYET DE SURCY et Cie, rue de Sèvres, 37.

TABLEAU DRAMATIQUE

DE

LA JUSTICE AU XIXᵉ SIÈCLE

RÉSUMÉ DANS LA VIE JUDICIAIRE D'UN SEUL AVOCAT

ET DANS LA RÉVÉLATION

DES MYSTÈRES DE L'AFFAIRE CONTRAFATTO

POUR FAIRE SUITE A

FERRAND ET MARIETTE

PAR

L'ABBÉ ADOLPHE DE BOUCLON.

Quæ sursùm sapite.

TOME DEUXIÈME.

PARIS

SOCIÉTÉ DES ÉDITEURS ET LIBRAIRES CATHOLIQUES,
(*Ancienne Société de Saint-Nicolas*),
RUE DE SÈVRES, 39;

LIBRAIRIE CATHOLIQUE DE P.-J. CAMUS,
RUE CASSETTE, 20.

1847

1848

LIVRE PREMIER.

PLAIDOIRIES DIVERSES.

Mais, disent nos adversaires, quels si grands services rendent donc à la société ces avocats, dont la principale occupation est de revendiquer pour elle les hommes qu'elle repousse de son sein ? Hommes injustes qui tenez ce cruel discours, un accusé est donc nécessairement un coupable ! il suffit donc d'être poursuivi pour être atteint et convaincu ! Ah ! que vous changeriez promptement de langage, si vous étiez quelque jour l'objet d'une accusation !

(DUPIN aîné, *de la libre Défense des Accusés.*)

I

Trois degrés d'élévation du pôle renversent toute la jurisprudence, un méridien décide de la vérité, un peu d'années de la possession. Les lois fondamentales changent; le droit a ses époques. Plaisante justice qu'une rivière ou une montagne borne! Vérité au delà des Pyrénées, erreur en deçà.   (BLAISE PASCAL.)

CONSULTATION IRONIQUE. — RÈGLES DE LA PROFESSION D'AVOCAT.

Sur un scandale judiciaire qui éclata dans l'une de nos colonies après la révolution de juillet, M. Charles Ledru publia le petit écrit suivant, plein de sel attique et d'ironie.

A ce factum nous joindrons un article de M. Charles Ledru sur un livre publié par Mᵉ Mollot, avocat à la cour royale de Paris. Il nous a paru curieux de rappeler comment M. Charles Ledru, que M. Hébert devait enlever au barreau par un arrêt disciplinaire, s'était exprimé un an auparavant sur la juridiction exceptionnelle à laquelle sont soumis les avocats.

CRITIQUE DE LA DOCTRINE COLONIALE

En forme de consultation et à l'occasion de l'affaire HERMÉ-DUQUESNE (1).

Le conseil soussigné, qui a lu :

1° La décision du conseil privé de la Martinique, en date du 11 août 1831, signée Dupotet ;

2° L'arrêté du même, en date du 13 août suivant ;

3° L'exposé des faits rappelés dans la consultation de M⁰ Gatine ;

4° Les documents intitulés *Lettres d'un magistrat* (M. Duquesne) *au ministre de la marine et des colonies ;*

Est d'avis,

Non-seulement que la décision et l'arrêté précités ne peuvent être l'objet d'aucun recours de la part de M. Duquesne, et qu'il n'a droit à aucune réparation ;

Mais que le gouverneur de la Martinique ne pouvait, sans trahir ses devoirs, laisser plus longtemps ce magistrat dans la colonie.

Le conseil estime de plus que M. le procureur général Dessalles mériterait les plus grands éloges, et même une approbation officielle pour sa belle conduite dans cette affaire. Ce n'est là qu'un vœu qu'il exprime, n'ayant pas

---

(1) M. Hermé-Duquesne, destitué de ses fonctions de magistrat, à la Martinique, pour avoir *dîné* avec des hommes de couleur, avait consulté tout le barreau au sujet de cette incroyable mesure. La consultation de M⁰ Ledru fit justice sévère, sous forme légère et ironique, de cet abus d'autorité révoltant.

qualité pour provoquer à cet égard un acte de justice des ministres de Sa Majesté.

Cet avis est facile à justifier.

En effet, Montesquieu a dit :

« On ne peut se mettre dans l'esprit que Dieu, qui est
« un être très-sage, ait mis une âme dans un corps tout
« noir ; il est impossible que nous supposions que ces gens-
« là soient des hommes ; parce que si nous les supposions
« des hommes on commencerait à croire que nous ne som-
« mes pas chrétiens. » (*Esprit des lois*, livre XV, chap. v.)

C'est évidemment après avoir médité ces lignes du magistrat philosophe que le magistrat colon a dirigé des poursuites contre M. Duquesne.

M. le procureur général aura fait ce syllogisme : « Les
« hommes de couleur ne sont pas des hommes ; Montes-
« quieu l'a dit, et de plus un règlement local du 3 no-
« vembre 1704 a déclaré déchus de la noblesse tous ceux
« qui épouseront gens de cette classe.

« Or, M. Duquesne confesse avoir donné à dîner à ces
« êtres hors nature.

« Donc le gouvernement colonial, dans l'intérêt des
« justiciables, doit le dégrader *de ses importantes et ho-*
« *norables fonctions.* » (Paroles de M. Dessalles.)

Cette argumentation très-logique s'appuie d'ailleurs sur la jurisprudence ; car on lit dans un arrêt des colonies rendu sous la restauration : « Les hommes de couleur ne
« doivent pas oublier la distance qui les sépare des blancs,
« *cette ligne de démarcation étant établie par la nature*
« *elle même.* »

On a prétendu que la révolution de 1830 avait modifié ces principes; mais, ainsi que M. Dessalles le remarque avec beaucoup de sagacité :

« Si l'égalité légale est établie en principe aux colonies (par l'ordonnance de S. M. le roi des Français, sous la date du 24 février 1831), les mœurs n'ont pas été modifiées par ce principe. »

M. Duquesne lui-même ne l'ignorait pas; il connaissait la disposition des esprits dont parle le procureur général dans son discours; on lit en effet dans sa lettre du 3 octobre 1831, à M. de Rigny, qu'un officier de police judiciaire, colon influent, a tenu en présence de trois cents personnes le propos suivant, qui ne l'a pas fait appeler à Fort-Royal pour y rendre compte de sa conduite :
« Mulâtres, profitez du moment, le gouvernement de « Louis-Philippe est un pont qui s'écroulera bientôt sous « vos pas ! »

Ceci posé, on nous demande si la décision du 11 août et l'arrêté du 13 sont réguliers *en la forme?*

Le soussigné le dit avec regret, cette question n'en peut être une que pour des perturbateurs et des apôtres de l'anarchie. Grâce au ciel, M. Dessalles n'en est point là. Aux yeux d'une philosophie élevée (il suffit de lire le discours de M. le procureur général pour reconnaître que son intelligence plane au-dessus des vieilles maximes de l'école), toute procédure, toute loi même, ne sont que des moyens dont il est toujours permis de s'affranchir, quand on reconnaît qu'au lieu de faciliter le bien, ils ne servent qu'au triomphe du mal. Ainsi, l'ordonnance de 1827, tout abrogée qu'elle est par celle de 1828, devait être appliquée de préférence à la seconde, parce qu'elle offrait à M. Duquesne moins de ces garanties chicanières qui entravent la marche de l'autorité ; et si cette ordonnance de 1827 était elle-même gênante dans quelques-unes de ses dispositions, M. Dessalles pouvait les laisser de côté pour s'en tenir au principe : *Salus populi suprema lex esto.*

Le soussigné estime que M. Dessalles a parfaitement mis en pratique, dans l'espèce, une théorie sans laquelle il n'y a pas aujourd'hui de gouvernement possible ; et en cela, il faut l'avouer, M. le procureur général se servait d'autorité et de précédent à lui-même. Car l'honorable magistrat est un de ces conseillers courageux et trop calomniés qui, en 1824, ont eu assez de fermeté pour condamner à la flétrissure et aux galères perpétuelles MM. Bissette, Fabien et Volny, en vertu d'une ordonnance inconnue qui n'avait jamais été publiée ni enregistrée à la Martinique.

Alors il s'agissait d'un grand crime, sans doute, puisque c'était un crime de la presse. Mais le vrai magistrat ne doit pas de trêve à l'esprit de révolte, soit qu'il se montre sous la forme d'un pamphlet, soit qu'il se manifeste sous l'apparence hypocrite d'un dîner.

En fait, on ne peut nier que si M. Dessalles n'eût pris des mesures promptes et énergiques contre M. Duquesne, la colonie ne se fût trouvée bientôt à deux doigts de sa perte.

Pour s'en convaincre, il suffit de rappeler quelques lignes de l'exposé officiel où ce magistrat retrace les circonstances des deux dîners insurrectionnels ; la majesté du style y répond à la gravité de l'accusation.

« Le vendredi 29 juillet dernier, M. Duquesne, récem-
« ment promu aux fonctions de lieutenant de juge, a
« donné *à dîner chez lui à des hommes de couleur !* Deux
« jours après, il a assisté, comme convive, à un banquet
« offert à cette même classe d'hommes !

« M. Duquesne n'ignorait pas les conséquences de sa
« conduite ; car, *le premier dîner* qu'il donna, il prit
« toutes sortes de précautions *pour que le public n'en fût*
« *pas instruit* ; si plus tard il donna une si grande publi-
« cité à ses actes, c'est parce qu'il sut qu'on en murmu-
« rait hautement. Il *foula aux pieds l'opinion publique*
« *et brava les outrages qu'une population mécontente lui*
« *préparait.* »

Ce passage du réquisitoire est décisif contre M. Duquesne ; il prouve non-seulement que le fait incriminé a
eu lieu, mais qu'il a été accompagné de circonstances
très-aggravantes.

En effet, il en résulte que, pendant le premier repas
donné à deux hommes de couleur pour célébrer l'anni-
versaire de la révolution de juillet, M. Duquesne a laissé
les portes de sa maison fermées. Or, nous le demandons
à tout homme de bonne foi, si le magistrat n'avait pas
commis sciemment une mauvaise action, et s'il n'avait
pas prévu toute l'horreur que sa conduite devait inspirer,
pourquoi n'aurait-il pas laissé ses portes ouvertes ? Quand
on n'a rien à craindre, fuit-on ainsi la censure du public ? n'agit-on pas, au contraire, comme ce citoyen de
Rome, qui aurait voulu que sa maison fût de verre ?

Il semble au soussigné que M. Duquesne ne peut rien
répondre de satisfaisant à cette objection fondée sur un

fait trop bien établi. Car il est avéré que l'autorité aurait toujours ignoré ce qui se passait chez lui, si M. le procureur général, au lieu d'y envoyer quelque agent de police, comme cela était naturel, n'avait, par un pieux stratagème, fait parvenir jusqu'au magistrat suspect une domestique intelligente qui, sous prétexte d'avoir des nouvelles de sa santé, recueillait les preuves du flagrant délit.

Lors du second repas, M. Duquesne et les conjurés changent de système.

Cette fois les portes de la salle ne sont plus fermées, et au lieu de dérober aux regards le scandale d'un festin où des mains blanches se rencontraient avec des mains cuivrées, on fraternise, sans prendre aucune de ces précautions qui, selon l'orateur sacré, sont du moins un *hommage que le vice rend à la vertu* (1).

Le soussigné ne craint point de le dire avec M. Dessalles : « Cette conduite de la part d'un magistrat est un « oubli complet des convenances de son état. Elle com- « promet la dignité et la considération sans lesquelles la « magistrature ne saurait exercer son influence, si né- « cessaire au bien public. »

En résumé sur ce point, M. Duquesne ne peut sortir du dilemme que lui pose M. le procureur général.

Votre premier dîner a eu lieu sans publicité, donc vous conspiriez dans l'ombre !

Vous n'avez pas pris la peine de dissimuler votre présence au second repas : donc vous avez joint l'audace au crime !

Il est assurément fort pénible pour le soussigné d'être

(1) Massillon.

obligé de condamner un ancien confrère ; mais l'intérêt social est une considération plus puissante sur lui que le désir de complaire à un magistrat qu'il voudrait pouvoir estimer encore, comme il l'estimait avant le jour où il conçut la pensée de précipiter une colonie tout entière, la reine des Antilles, dans l'abîme effroyable des révolutions :

Puisse l'exemple de M. Duquesne apprendre aux jurisconsultes de la métropole, qui veulent aller s'asseoir sur les siéges des tribunaux d'outre-mer, que là, leur premier devoir sera de respecter tous les préjugés de leurs justiciables ; que ce qui est juste sur le continent ne l'est pas aux Antilles (*est alia Athenis, alia Romæ*) ; et que la sagesse du magistrat consiste principalement à accommoder sa conscience aux exigences des temps, des lieux, des personnes et des gouvernements !

Puisse encore cet exemple servir de leçon au pouvoir en général et au ministre de la marine en particulier ; car, on ne peut en disconvenir, s'il ne choisissait pour juges dans les colonies que les colons, on ne verrait pas se renouveler le scandale dont M. Duquesne a seul été la cause ; la justice s'y administrerait EN FAMILLE, à l'abri de ces discussions orageuses trop souvent suscitées par les métropolitains, à qui l'on n'a pu faire comprendre, jusqu'à ce jour, combien il importe que, dans un pays où les personnes et les choses ne subsistent que par le privilége et la force matérielle, la magistrature ait toujours le courage de mettre *sa conduite en harmonie* avec les intérêts et l'esprit de la caste dominante ; rassuré contre le danger d'une impartialité funeste, le commerce

redeviendrait florissant avec l'ordre et le calme ; les plan-
teurs liquideraient la dette énorme qui les écrase ; enfin
les hommes de couleur, silencieux en présence de tant
de prospérité et tremblants devant leurs juges inflexi-
bles, comprendraient qu'ils n'ont rien de mieux à faire
que de s'arranger du rôle que leur assigne le génie de
Montesquieu ; et, Dieu aidant, une paix éternelle régne-
rait aux Antilles.

Ubi *silentium* faciunt, pacem appellant.

CHARLES LEDRU,
Avocat à la cour royale de Paris.

RÈGLES DE LA PROFESSION D'AVOCAT,

par Mᵉ MOLLOT, avocat à la cour royale de Paris.

Le barreau est aujourd'hui l'objet d'attaques fréquentes. Il est de mode et de bon goût de ne pas manquer
l'occasion de diriger contre les avocats quelques-uns de
ces traits faciles qui, depuis qu'on ne se moque plus de
l'Académie, devaient naturellement s'adresser ailleurs.
Je ne veux pas décider si c'est bien nous qui méritons,
sur tous autres, cette préférence des faiseurs d'épi-
grammes. Dieu me garde de prendre la défense de mes
collègues... et de moi-même. On a toujours tort de parler de soi, et toujours on en parle mal. Mais, peut-être,
ceux qui s'amusent si souvent aux dépens du barreau,
auront-ils envie de le connaître. C'est pourquoi, j'ose
les inviter à lire le livre que Mᵉ Mollot, notre honorable et

ancien confrère, a publié sous le titre de : *Règles sur la profession de l'avocat.*

Jusqu'à présent personne n'avait recueilli, pour en former un code *complet,* nos précédents, nos usages, nos règlements, espèces de *constitutions* non écrites que l'*ordre* s'est créées d'office, qu'il s'est imposées en vertu d'une sorte de jurisprudence d'honneur, pour se surveiller lui-même, à tous moments, en toutes circonstances, et se rendre toujours digne, par la pureté de chacun de ses membres, des hommages que, de tout temps, il a reçus de l'opinion publique. M. Mollot a comblé cette lacune. Avant sa publication, ces constitutions salutaires nous étaient pour ainsi dire inconnues à nous-mêmes. Elles se transmettaient bien, il est vrai, par la tradition : mais, comment savoir un ensemble de statuts nombreux, chargés de commentaires, nuancés autant que les diverses espèces dont ils se composaient... préceptes vagues, insaisissables, qu'on ne pouvait, en quelque sorte, que respirer auprès des anciens, sans les voir de ses propres yeux, et qui pourtant devaient, en toute occasion, servir de règle de conduite?

Si je ne craignais d'effrayer les gens du monde en parlant du Digeste, je dirais qu'il en était de notre loi spéciale comme autrefois à Rome des actions de la loi : *Omnium tamen harum et interpretandi scientia et actiones apud collegium pontificum erant.*

Toutefois, M. Mollot n'a pas dû, comme Gnœus Flavius, recourir à une fraude patriotique pour révéler les mystères du patriciat qui garde dans le *conseil* les vieilles et pures traditions de l'*ordre...* C'est, au contraire, avec leur assentiment et à leur invitation, c'est sous l'inspiration confraternelle des Dupin, Vatimesnil, Odilon Barrot, Marie, etc., qu'il a entrepris son œuvre.

Pour qui connaît cet esprit patient, investigateur, laborieux, il était hors de doute qu'il saurait l'accomplir avec succès, et, en effet, il eût été difficile d'offrir un recueil plus complet, sous tous les rapports, que celui qu'on doit à sa persévérance.

Le mérite de M⁰ Mollot consiste à avoir résumé avec simplicité, avec méthode, les documents épars de la sagesse de nos devanciers : et, en vérité, ce livre dont chaque aphorisme s'est formé de chacun de leurs exemples, comme par une sainte et continuelle allusion, est un monument que nous pourrions contempler avec orgueil, si, avant tout, il ne devait être un guide, une excitation au bien, et, pour ainsi dire, un religieux enseignement.

J'avais ouï dire (que ne dit-on pas?) que la lecture de cet ouvrage était fatigante. — Eh! bien j'avoue que je suis plus fâché de ce reproche pour ceux qui l'avaient adressé à M. Mollot, que pour M. Mollot lui-même; car, si son recueil n'a rien de l'intérêt dramatique que les amateurs d'émotions voudraient trouver partout, peut-être même dans le code de procédure ou dans le titre des priviléges et hypothèques, il faut reconnaître que l'auteur a su éviter le pire de tous les dangers en pareille matière, celui d'être ennuyeux et lourd.

Je ne serais même pas étonné que les hommes qu'on appelle sérieux, je veux dire ceux qui placent la gravité dans la roideur, et la dignité dans l'épaisseur des formes,

n'accusassent M. Mollot de s'être laissé trop entraîner à
la tentation d'égayer son sujet. Il y a dans le monde et
même au palais une école nombreuse qui fait profession
d'être toujours solennelle en dépit du précepte d'Horace :

> . . . . Ridiculum acri
> Fortius ac melius magnas plerumque secat res.

Cette école doit, je le confesse, garder rancune à
M⁰ Mollot, au sujet de plusieurs passages où le précepte
se cache sous des anecdotes qui prouvent que tout avocats que nous sommes, il nous arrive, parfois, comme
à de simples mortels, de jouer un rôle assez ridicule.

Si M⁰ Mollot n'avait recherché que des histoires pareilles pour en orner son livre, cette disposition trop
joviale serait blâmable ; mais, pour mon compte, je le
remercie d'en avoir recueilli quelques-unes. Un peu de
comique sied toujours bien partout : et quelques grains
de sel n'ont jamais gâté les bons mets.

Or, voici une des espèces que l'auteur n'a pas jugées
indignes de paraître dans son livre, pour démontrer la sagesse de nos anciens.

« Un avocat, possesseur d'une maison et d'un vaste
jardin *extrà-muros* (la scène a lieu en province) venait
« en charrette vendre lui-même ses légumes, tous les jours
« de marché... reprenait ses paniers vides, et revenait
« en charrette à la campagne. » Notez que le cher confrère y passait l'été, ne cultivant la procédure que quand
il n'avait rien à faire dans son potager.

Ce brave homme, ce *Cincinnatus* de la robe... fut
traduit devant le conseil de discipline.

On l'accusa, dans toutes les règles, d'avoir manqué à la dignité de la profession.

« Tout propriétaire a le droit d'exploiter sa terre, et « ni l'œil, ni la main du maître n'ont jamais été proscrits « par les codes d'aucun peuple civilisé, » disait sans doute le candide agronome : et, il faut avouer que l'argument dut embarrasser beaucoup l'aréopage, devant lequel il avait à justifier ses goûts trop prononcés pour les légumes.

Je renvoie les curieux à l'ouvrage même pour connaître la décision du conseil de discipline. M° Mollot l'a notée avec soin et à deux endroits, de peur, sans doute, que l'attrait de l'imitation ne fît oublier à quelque jeune stagiaire que toute passion a ses périls, et même la passion de l'horticulture.

A une des pages où est rapporté ce document instructif, ils en verront d'autres d'un genre moins gai... Il s'agit de décisions politiques rendues par le conseil (1).

Nous félicitons M° Mollot de les avoir exhumées, si tristes qu'elles soient. — Il est toujours bon de se souvenir, ne fût-ce qu'à titre de leçon pour l'avenir, que des hommes comme M°° Comte, Berryer, Manuel peuvent être offerts en holocaustes par leurs confrères à l'implacable vengeance des partis.

A part ces aberrations qui rappellent, hélas! que tous les hommes et toutes les juridictions de ce monde sont dans les temps de trouble et d'orage exposés à l'erreur et

_____

(1) M° Ledru ne prévoyait pas qu'un an après cet article le passage où il cite avec douleur l'iniquité commise envers les plus illustres noms de l'ordre pourrait, grâce à M. Hébert, lui devenir applicable à lui-même.

une sorte de vertige....., nous pouvons proclamer, qu'après tout, il n'y a pas une corporation qui puisse se montrer aussi fière que le barreau de ses précédents, de ses exemples et de sa doctrine. Le recueil de Me Mollot l'atteste à chaque page.

Je n'ai rien dit du style qui est ce qu'il doit être, dans un écrit de ce genre, élégant sans recherche, simple sans vulgarité, et généralement pur.

Il y aurait bien quelque négligence à signaler. Qui de nous écrirait six cents pages sans tomber dans quelque *lapsus calami?*... Mais celles que j'avais notées au passage, sont tellement rares que je les ai oubliées, et d'ailleurs :

Non ego paucis
Offendar maculis... quas aut incuria fudit
Aut humana parum cavit natura.

Si les poëtes ont besoin de cette indulgence, nous y avons bien plus de droit encore au palais ; car, à force d'improviser des paroles..., nous perdons forcément les bonnes traditions du langage. C'est au point que presque tous tant que nous sommes, devrions pour l'honneur du corps, nous abstenir d'écrire... Eh ! mon Dieu, qu'ai-je dit? une terreur me gagne en finissant, car j'ai appris en lisant Me Mollot, qu'on peut être traduit devant le conseil de discipline pour un délit moins attentatoire à la dignité de l'ordre que celui que j'ai osé commettre en griffonnant à la hâte ce mauvais article (1).

CH. LEDRU.

(1) C'est vrai... Me Ledru a été traduit devant le conseil et *condamné* par la cour royale pour avoir obéi à une conscience trop scrupuleuse et trop pure !

II

Noli discedere a muliere sensata et bona,
quam sortitus es in timore Domini : gratia enim
verecundiæ illius super aurum.

Ne vous séparez point d'une femme sensée
et vertueuse, que vous avez reçue dans la
crainte du Seigneur ; car la grâce de sa modestie est plus précieuse que l'or.

(*Ecclésiastique,* VII, 21.)

MADAME MONEUSE.

Une des plaidoiries les plus touchantes de M. Charles
Ledru est celle qu'il prononça en faveur de Mme Moneuse,
dans une demande en séparation de corps, devant la première chambre de la cour royale de Paris (audience du
22 juin 1833). Quelle exquise sensibilité ! Quelle éloquence simple et douce à la fois dans le récit suivant !

« Dans les actions ordinaires en séparation de corps,
dit Me Charles Ledru, on se présente devant vous pour

obtenir un premier jugement qui admette à la preuve
des faits. Je viens demander séparation de Mme Moneuse,
tout d'abord, sans enquête ultérieure; car déjà toutes
les preuves nous sont acquises, et le moindre instant de
retard pourrait être la cause de malheurs irrépa-
rables.

« Quand il s'agit simplement d'injures graves, de sévices même qui ne menacent que la paix domestique, la
loi dit aux magistrats de peser avec une lente circonspec-
tion les accusations de l'époux qui les appelle à rompre
le lien conjugal. Mais les brutalités, les avanies, les cruau_
tés de tous les jours et de tous les instants, les tentatives
d'assassinat, les strangulations nocturnes, sont de ces
raisons qui dispensent des formes ordinaires et qui n'ad-
mettent pas de temporisation.

« Depuis plus de sept années une jeune femme lutte
avec tout l'héroïsme de la vertu contre de pareilles épreuves : épuisée de force et de courage, elle vous supplie,
par ma voix, d'y mettre un terme.

« Pour exposer sa cause, j'ai à dérouler sous vos
yeux des scènes bien affligeantes. Elles sont d'une nature
si extraordinaire, que vos consciences en repousseront
d'abord le récit avec incrédulité, avec horreur. Ne cherchez pas à vous défendre contre ce sentiment, mais écoutez-moi jusqu'au bout; après les premières allégations,
attendez les autres; et je m'engage non-seulement à vous
convaincre comme juges, mais à faire de vous tous,
comme hommes, les soutiens, les protecteurs bienveillants de l'épouse la plus malheureuse qui jamais vint déposer ses douleurs aux pieds de la justice.

« Mlle Caignet, alors âgée de dix-sept ans, s'unit en
1825 avec le sieur Moneuse, pharmacien à Gray (Haute-
Saône). Elle apportait une faible dot, mais son père était
riche. C'est en vue de cette succession que Moneuse,
ainsi qu'il l'a déclaré lui-même confidentiellement avant
la célébration du mariage, s'était décidé à demander la
main de ma cliente.

« Quant à lui, sa fortune consistait, selon le contrat
de mariage, en un établissement de pharmacie évalué
6,000 fr. : ce que ce contrat ne disait pas, c'est que le
passif absorbait l'actif déclaré.

« Une sœur aînée constituait en outre au futur une
somme de 3,000 fr., payable après elle.

« Indépendamment de ces apports ostensibles, Moneuse annonçait un apport mystérieux. Je n'en parle que
pour vous indiquer dès à présent qu'un des vices domi-
nants de cet homme, c'est le mensonge : non pas cet art
employé par tant d'autres comme un moyen de justification et d'excuse ; chez lui le mensonge n'est pas même
une rêverie, c'est un besoin, c'est une passion permanente et indomptable.

« Moneuse disait donc, sous la foi du secret, qu'il possédait, outre sa pharmacie, une rente de 600 fr., dette
d'honneur que lui payait régulièrement la famille du duc
de Bassano, pour prix de je ne sais quel dévouement
chevaleresque : il était question d'un duel pour l'honneur d'une parente de l'ancien ministre de Napoléon.
En fait, Moneuse ne connaissait ni M. de Bassano ni personne de ses proches.

« Mme Moneuse ne découvrit la fraude que longtemps

après le mariage. Bien avant cela, et dès le lendemain même de son union, elle avait pu entrevoir quel triste avenir s'ouvrait devant elle. Son mari l'avait frappée d'une telle terreur qu'elle fut immédiatement saisie d'une fièvre violente.

« Moneuse ne daigna accorder aucuns soins aux souffrances de sa femme. Il poussa la cruauté jusqu'à lui refuser ces consolations qui, sans coûter le moindre dérangement à celui qui les donne, procurent à l'épouse qui les reçoit autant de soulagement que les soins eux-mêmes. Il fit plus, il abusa de la faiblesse de cet enfant, jusqu'à lui ordonner de coucher au pied de son lit, *sur le parquet,* parce qu'il voulait, disait-il, l'avoir près de lui, mais reposer tranquillement.

« Elle obéit ! et ce fut à elle un grand tort. Car cette résignation angélique donnait à Moneuse la mesure de ce qu'il pouvait oser. Il alla si loin dans ses brutalités que souvent sa femme, obligée de déserter sa chambre, était réduite à venir, au milieu de la nuit, s'asseoir dans la cour sur une pierre, seul témoin de ses douleurs. Victime résignée, elle ne proférait pas une seule plainte. Loin de là, elle tenait à ce que dans la ville, dans sa famille surtout, tout le monde la crût heureuse. Elle espérait, à force de générosité, triompher d'une bizarrerie si cruelle.

« Bientôt, elle reçut un coup plus pénible que tout ce qu'elle avait éprouvé jusque-là. Mme Moneuse avait une sœur âgée de quinze ans. Elle trouva une lettre passionnée, adressée par son mari à cet enfant. La jalousie vint se joindre dès lors à tous ses chagrins... Et quel tourment dans cette jalousie qui brisait sa plus ancienne et sa plus douce affection !

« Elle osait à peine s'avouer à elle-même cette affreuse révélation, lorsqu'un jour elle arrive au bruit d'une scène qui avait lieu dans le jardin où Moneuse avait conduit la jeune Hippolyte sous prétexte d'herboriser. Mme Moneuse n'entendit que ces paroles : « Fuyez... « Monsieur... vous me faites horreur... » Puis, en la voyant, sa sœur avait ajouté : « Tullie, tu es bien mal- « heureuse, » et elle s'était évanouie.

« Pour toute explication, Moneuse défendit à sa femme de revoir jamais sa sœur; et, habile à exploiter à son profit la plus implacable de toutes les passions, il calomnia si hardiment cette jeune personne, que pendant plus de dix mois Mme Moneuse frémissait à son nom et se trouvait mal à sa vue.

« A défaut de tendresse, le caprice de Moneuse l'avait rapproché quelquefois de sa femme : elle devint enceinte. Elle m'a dit, je dois l'avouer, qu'au commencement de sa grossesse il parut vouloir changer de conduite envers elle.

« Quelquefois il semblait éprouver des remords : il s'accusait hautement, demandait pardon à sa femme; puis, et c'est Mme Moneuse qui explique ainsi ces bizarre- ries dans des notes de sa main qui sont au dossier :

« Puis tout recommençait pour moi excepté l'espoir « qui ne revenait guère. Cependant la pensée de devenir « mère me donnait quelque courage encore pour sentir la « vie. Il me semblait que cet événement allait changer « toute mon existence... Mourir ou vivre autrement !

« jamais il ne me rassura contre mes inquiétudes. Au con-
« traire, il me montra une lettre de sa sœur qui lui disait
« d'arranger ses affaires avec moi avant que je n'accouche,
« parce qu'il était possible qu'il arrivât un malheur. Elle
« lui défendait de me montrer cette lettre, et bien vite il
« me la montra. »

« Je désire, Messieurs, que ce soit encore Mme Moneuse
elle-même qui vous raconte quels égards son mari avait
pour elle pendant sa grossesse :

« Il avait des actes de frénésie que je ne prévoyais pas.
« Je ne pouvais, malgré mon étude, deviner lorsqu'il se
« mettrait en colère. Une nuit, à la suite d'injures, il me
« prit, m'enleva du lit, me porta dans la cour, me jeta sur
« une voiture qui s'y trouvait, m'y laissa par le froid pres-
« que nue, fut se coucher et dormit tranquillement ; car
« je rentrai quelques heures après et le trouvai ainsi. Mais
« plusieurs fois, à la suite d'injures, de scènes épouvanta-
« bles, je me sauvais la nuit, au jardin, dans la neige, pour
« pleurer, gémir et peut-être devenir malade... la vie me
« pesait tant ! et cependant j'étais enceinte. »

« Au milieu de tant de secousses, elle accoucha d'une
fille. *Je fus heureuse toute la journée,* dit Mme Moneuse
dans son récit. Car pour elle, un jour exempt d'injures,
de scènes, d'humiliations, et le jour où elle était mère !
c'est tout une époque mémorable. Le lendemain, jour
du bâptême, la trêve avait déjà cessé. Moneuse, sans pitié
pour sa femme, chercha en sa présence querelle à M. Caignet, son beau-père... Il avait été si violent qu'elle s'é-
ait évanouie de terreur. Cependant à force de prières,
de supplications, elle avait obtenu qu'il allât faire des ex-

cuses à son père. Moneuse se rendit en effet chez lui.
Mais à peine entré, il se saisit d'un couperet, s'enferme
avec M. Caignet : et il se fût porté aux derniers excès si
le sang-froid et le courage de ce vieillard n'avaient triomphé de ses lâches emportements.

« Après cette tentative odieuse il revint chez lui fort
paisible, et aux questions de sa femme il se contenta de
répondre : « Ton père est satisfait. »

« Cependant les affaires de Moneuse étaient dans le plus
mauvais état ; il se vit obligé de traiter avec ses créanciers et de quitter la ville de Gray.

« Il avait résolu de venir à Paris, il chargea sa femme
d'y choisir un local pour élever un nouvel établissement
de pharmacie. Mme Moneuse crut trouver dans la rue
Notre-Dame-des-Champs une situation convenable : C'est
là qu'ils se fixèrent, protégés par M. l'abbé Poirier, chapelain de Charles X, et ancien ami de la famille Caignet.

« Il faut rendre à Moneuse cette justice, que pendant
les premiers mois de son séjour à Paris, il s'occupa de sa
maison. Ce n'est pas que le bonheur fût rentré sous le
toit conjugal ; mais les brusqueries, la mauvaise humeur
du mari étaient supportables. Ce calme fut de courte
durée : bientôt le naturel l'emporta. Il redevint ennuyé
de son état et préoccupé de mille autres distractions ;
pendant des journées entières il était dehors ; sa pharmacie restait abandonnée à l'inexpérience d'un jeune élève.

« Moneuse avait réussi à prouver à sa femme que ses
souffrances devaient bientôt finir. A force de l'entendre
répéter, cette pauvre femme s'était laissée aller à croire
que la chaleur brûlante qu'elle éprouvait souvent après

avoir mangé, les coliques fréquentes et d'autres symptô-
mes analogues, attestaient la présence d'une perforation
intérieure, d'un cancer à l'estomac.

' « Je ne puis, à cette occasion, me dispenser de rapporter un fait bien étrange. Un jour Mme Caignet déjeunait
chez sa fille avec un médecin dont il est inutile de dire le
nom. La conversation roula pendant tout le repas sur les
poisons; il était question surtout de ces poisons qui donnent la mort sans laisser de traces. « Quel est donc, dit
« Mme Caignet, le teint d'une personne qui se trouve sous
« l'influence du poison ? — Absolument comme madame,
« répondit le médecin en montrant Mme Moneuse. — Si
« ma fille mourait d'une mort violente, dit Mme Caignet,
« je la ferais ouvrir. » Moneuse ajouta en souriant : « Vous
« seriez bien heureuse de me faire aller à l'échafaud,
« n'est-ce pas, madame ? »

« Cependant, Messieurs, c'est un devoir pour moi de
vous dire que j'ai vu le médecin indiqué, comme témoin
de cette scène, et que ce témoin m'a déclaré n'avoir aucun souvenir de cette conversation qui devait être si présente à sa mémoire. Ce qui est positif, ce qu'atteste l'instruction qui a eu lieu sur la plainte de Moneuse contre
son épouse pour prétendu délit d'adultère, c'est que tous
ceux qui fréquentaient la maison ont eu la conviction que
cette dame était sous l'influence d'un mal caché, inconnu. Tous ont su qu'à certains moments, son ventre
se gonflait, qu'elle éprouvait des coliques violentes, que
les extrémités de son corps devenaient froides. Tous ont
eu la pensée qu'une main invisible l'entraînait lentement
dans la tombe.

« Pour abréger, je ne m'appesantirai pas sur les faits de brutalités exposés dans la requête. Je ne rappellerai ni cette chaise levée sur la tête de Mme Moneuse et le coup arrêté par un ami de la famille, ni ces mots orduriers jetés sans cesse à sa femme : c'était là sa conduite ordinaire, c'était le vocabulaire usuel de Moneuse. Mais je dois entrer dans quelques détails sur une dernière scène, celle qui a forcé Mme Moneuse à déserter le domicile conjugal.

« Depuis quelque temps Moneuse avait en vue une grande spéculation : un de ses amis lui avait communiqué le moyen de tirer de l'huile d'un schiste qui se trouve en grande quantité dans les plaines situées près d'Autun. L'imagination de Moneuse réalisait déjà des millions, ce que personne n'a assurément le droit de lui reprocher. Ce qui n'est pas tout à fait aussi innocent, c'était de chercher à se procurer des actionnaires pour une entreprise peut-être bonne, en abusant de leur bonne foi et de leur loyauté. Un jour, des hommes très-connus, MM. Decaux et Lacordaire, s'étaient rendus chez lui pour admirer les résultats de ses expériences chimiques ; ils étaient accompagnés de M. de Renneville, père du secrétaire intime de M. de Villèle. Moneuse avait annoncé à ces illustres visiteurs que son huile était incolore : pour soutenir son mensonge il leur montra effrontément, en présence de sa femme, une petite bouteille qui contenait de la térébenthine, et ces messieurs de s'extasier ! Quand ils furent partis, Mme Moneuse lui adressa des reproches bien mérités ; il s'emporta, renouvelant toutes ses plaintes sur le malheur qu'il avait d'être attaché par des liens qui, disait-il, enchaînaient son génie.

« A force d'exagérer ses espérances, peut-être avait-il
fini, comme cela arrive aux menteurs d'habitude, par se
persuader lui-même que s'il se débarrassait de sa femme
sa fortune était assurée. Il conçut donc le projet d'acheter, à quelque prix que ce fût, cet avenir dont la pensée
jetait tant de trouble dans son imagination, qu'il allait
répétant partout, suivant la déposition de M. Poirier, « qu'il
« aurait un sérail, et que sa femme, s'il n'en était pas
« débarrassé, il la reléguerait dans un pavillon. »

« Malgré sa légèreté, ses inconséquences, Moneuse est
un homme qui prépare les choses de loin. Le cancer à
l'estomac a pu déjà vous en donner une idée.

« Tout était préparé avec cette effroyable habileté,
lorsqu'un jour, c'était à la fin de septembre dernier, il
alla dîner à Grenelle, chez M. Bloum, maître de forges
du département de la Haute-Saône, ami intime de sa famille.

« Il était venu jusqu'à la plaine de Grenelle avec
M. Bernard, élève en médecine, auquel le matin même il
avait fait hommage d'un livre que je tiens en main, et sur
lequel se lit cette inscription de son écriture : « Paris, ce
« 28 décembre 1832. Donné à M. Bernard, pour com-
« mencer sa bibliothèque de médecine, par Moneuse,
« son très-dévoué serviteur et ami. *Signé* : MONEUSE. » Cet
ouvrage est le *Codex medicamentarius*. M. Bernard a dit
dans l'instruction que Moneuse, lui parlant de rapports
entre lui et son épouse, avait ajouté : « Vous ne devez
« pas vous inquiéter de cette affaire. Je sais bien qu'il
« n'y a aucun fait contre vous: mais vous êtes le prétexte
« que j'aurais bien su trouver plus tard dans l'un de ces

« messieurs Bloum. » En quittant M. Bernard, il lui avait donné une poignée de main à la vue de l'un des frères Bloum, qui est élève de l'École polytechnique, et il lui avait fait promettre de ne pas chercher à revoir sa femme avant le lendemain à midi.

« En rentrant le soir chez lui, Moneuse était comme de coutume. Sa femme n'avait aucune raison d'en attendre ce jour-là plus d'égards, mais rien non plus ne lui faisait soupçonner l'orage qui allait éclater.

« Quand elle fut couchée, la lumière éteinte, il commença par ses propos habituels : *Il faut que je me débarrasse de toi.* Puis, se mettant avec beaucoup de sang-froid à deux genoux sur la poitrine de cette malheureuse : « Avouez-moi, dit-il, que vous m'avez fait infidélité ? — « Et avec qui ? grand Dieu ! — Avec M. Bernard. » Après avoir meurtri de la sorte la poitrine et les bras de sa femme, il lui ordonna de s'asseoir sur son lit; alors, la tenant par la taille, non pas à deux mains, mais avec les poings fermés, de manière à former de chaque côté des angles aigus, il la serra avec tant de violence qu'elle ne respirait plus qu'à peine. Lui, affectant le calme, l'épouvantait par ces mots : « Vois que tu es peu de chose..... « ta vie est dans mes mains, tu le vois bien... Avoue que « tu aimes M. Bernard, ou tu es morte. »

« Fatigué de faire subir cette torture qui le gênait lui-même, Moneuse s'empare d'un linge, il enlace le col de sa victime, et un instant de plus elle avait cessé d'exister.

« Mais aux râlements qu'elle fait entendre, à ce bruit si lugubre, dans le silence de la nuit, et surtout pour l'oreille de l'assassin, il se lève précipitamment en proférant ces mots : « Non, j'ai peur de l'échafaud ! »

« Revenu de son trouble, Moneuse se rapprocha de sa femme, et alors (oserai-je vous répéter ces paroles incroyables?) il lui dit : « Madame, je vous pardonne pour « le moment, mais à une condition : vous me donnerez « votre parole de vous charger vous-même d'exécuter « mes projets, car il faut que vous mouriez. »

« Elle obéit, elle lui jura de prendre l'attentat sur elle et d'aller se jeter à la Seine. Moneuse avait une telle confiance dans la parole de sa femme ; lui, homme de mensonge, avait un tel respect pour sa candeur, et d'ailleurs il avait tant de foi à son désespoir, qu'il ne soupçonna pas que, revenue à elle-même, sa malheureuse épouse comprendrait que son devoir lui ordonnait impérieusement de violer un pacte impie et de s'affranchir d'une promesse sacrilége. Satisfait de lui-même, il s'endormit !

« Le lendemain, sa femme profita du premier moment qui s'offrit à elle pour s'échapper et se réfugier chez sa mère. Au même instant Mme Caignet venait pour la voir ; on cherche sa fille, elle n'y était plus. Moneuse entraîne Mme Caignet dans une arrière-salle, et là, se promenant à grands pas, il lui annonce que sa fille est dans la Seine.

« A ces mots Mme Caignet se rend à la préfecture de police, auprès de M. Carlier. Un commissaire, M. Lemoine-Tacherat, est désigné ; voici comment Moneuse s'absout devant le magistrat : la réponse est littéralement extraite du procès-verbal :

« Ma femme est partie entre sept et huit heures, je ne « sais où elle est allée. *Il serait possible qu'elle ait été se*

« *jeter à la rivière, à la suite d'une explication que*
« *nous avons eue ensemble.*

« Je crois avoir à me plaindre de la conduite de ma
« femme. Il existe entre elle et un sieur Bernard, étu-
« diant en médecine, une intimité que je *présume* cou-
« pable. *Si elle s'est noyée, elle a bien fait.* »

« Tous les témoins entendus dans l'enquête correctionnelle ont déposé qu'ils avaient vu les traces de la stran-
gulation et les meurtrissures faites aux bras.

« En voilà assez, et trop sans doute, Messieurs, pour
attester les sévices de Moneuse envers sa femme. Y a-t-il
nécessité de l'arracher aux cruautés de cet homme? Ce
ne peut plus être une question pour aucun de vous.

« Cependant, Messieurs, s'il ne s'agissait aujourd'hui
que de Mᵐᵉ Moneuse, elle ne serait pas venue vous faire
confidence de ses malheurs ; elle se serait éloignée en
silence de celui qu'elle avait pour son ami, pour son protecteur, et qui l'avait si indignement trahie. Pour elle en
effet à quoi bon une séparation légale ; que lui servirait-
elle? La vie même, qu'est-elle aujourd'hui pour cette
femme de vingt-quatre ans, épuisée de chagrins, et désormais sans avenir? Votre justice n'y changera rien ; car
la puissance de ses décisions ne va pas jusqu'à faire re-
fleurir une existence éteinte !

« Cependant, Messieurs, un intérêt immense amène
Mᵐᵉ Moneuse devant vous ; je vous ai appris déjà qu'elle
était mère ; eh bien! sa fille, son seul bien, son seul trésor
en ce monde, son mari la lui refuse... C'est sa fille seule
qu'elle vient vous demander.

« Elle veut sa fille, a dit Moneuse... Mais si je calom-

niais celle que ma main n'a pas eu le courage d'assassiner, les magistrats hésiteraient sans doute à lui confier
ce dépôt sacré. A la demande en séparation, uniquement
formée à cause de cet enfant, Moneuse a donc répondu
par une plainte en adultère.

« La chambre du conseil a fait justice de la plainte de
Moneuse : un non-lieu a été prononcé conformément aux
conclusions de M. le procureur du roi. Cette décision
nous dispensait de prouver d'autres injures. La qualification de femme adultère étant le plus sanglant outrage,
le procès de séparation était donc jugé implicitement. Le
plaignant ne s'est pas tenu pour battu. Depuis l'ordonnance de non-lieu qui paralyse les efforts de sa haine il a
changé de système. Il ne résiste plus à la séparation...
Il la demande lui-même.

« Pour vous démontrer que la fausseté des faits dont
Moneuse demande à administrer la preuve est dès à présent constante, que toute enquête est désormais inutile,
qu'ai-je à faire, si ce n'est de vous rappeler que ces faits
ont déjà été examinés et appréciés par la justice?

« Il est un fait, Messieurs, qui me dispensera de longs
discours pour vous dire ce qu'est Mme Moneuse et aussi
ce que valent toutes les accusations de son mari. Veuillez
l'écouter avec attention.

« Il était bien difficile d'être témoin de tout ce qu'en-
durait Mme Moneuse, sans éprouver pour elle cet intérêt
qu'inspirent toujours des souffrances imméritées. Un
jeune homme, élève en pharmacie et compatriote des
deux époux, ne put résister à cet attrait du malheur.
C'était un nommé Milleraud. Son oncle, M. l'abbé Poi-

rier, chapelain de Charles X, l'avait confié aux soins de
Mᵐᵉ Moneuse dont il connaissait les principes. Sa sympathie pour des peines qu'il voyait sans pouvoir les adoucir, dégénéra en une passion violente dont il déposa le
mystère dans le cœur de son oncle, qui depuis la révolution de 1830 s'était retiré à Nice. Trop attaché à ses
devoirs pour avouer à Mᵐᵉ Moneuse un sentiment qu'il
considérait comme criminel ; trop faible pour en triompher, Milleraud suppliait son oncle de lui donner des conseils et de soutenir sa raison. Au reste, il déclarait dans
sa lettre que toujours Mᵐᵉ Moneuse ignorerait son fatal
secret. Cette lettre à peine reçue, M. Poirier écrit à un
autre de ses neveux qu'il charge d'une lettre pour Mᵐᵉ Moneuse. Il avait cru prudent de se confier à cette dame :
il l'engageait à profiter de l'influence de ses paroles pour
calmer une passion qu'il déplorait à tant de titres. Il n'é-
tait plus temps... l'infortuné Milleraud avait cessé de
vivre : il s'était muni d'une dose de poison ; et c'est au
Luxembourg, sur un banc de pierre, qu'il était venu s'asseoir pour mourir. De cet endroit, il avait envoyé à
Mᵐᵉ Moneuse un exprès pour la supplier de venir avant
qu'il eût fermé les yeux. Frappée comme de la foudre à
la nouvelle d'un si grand malheur, elle accourut pour le
conjurer. Elle n'arriva que pour voir un cadavre qui
déjà s'était roidi en forme de cercle par l'effet de la con-
traction de tous les nerfs.

« Pourquoi Milleraud, qui avait tant aimé Mᵐᵉ Moneuse, sans jamais oser lui en faire la confidence, voulait-il, avant de quitter la terre, lui adresser une parole
à elle seule ? Ce n'était pas sans doute pour lui faire des

aveux inutiles : n'avait-il pas plutôt à lui donner avis
d'horribles soupçons? Je l'ignore. Mais ces lettres d'a-
dieux que Mme Moneuse n'a jamais lues sont au parquet;
elles y ont été déposées par M. Prunier-Quatremère,
commissaire de police. Mme Moneuse ne craint pas que
vous en demandiez l'apport et que vous les lisiez.

« Moneuse, dans sa plainte, a eu l'audace d'imputer,
comme preuve d'adultère, ce suicide à sa femme. Le jeune
Milleraud, selon lui, *a eu des remords, et il paraît que
dans la lettre d'adieux il lui fit des reproches.* »

Me Ledru repousse ces allégations en lisant les lettres
suivantes de l'abbé Poirier.

23 février.

« Si je ne savais déjà depuis longtemps tout ce que
« vous avez eu à souffrir à Gray de la part de votre mari,
« et surtout si je ne vous connaissais pas aussi bien que je
« vous connais, je ne pourrais ajouter foi à ce que vous me
« dites, je n'aurais jamais cru que la brutalité naturelle de
« Moneuse et l'oubli de certains principes auxquels il disait
« vouloir revenir, l'auraient porté à de semblables extré-
« mités. Il faut qu'il soit devenu fou, d'un peu timbré qu'il
« était. Ce que vous avez souffert, l'état dans lequel vous
« a mis ce malheureux et les crimes horribles qu'il vous
« impute, m'ont indigné et affligé à un point que je ne sau-
« rais vous peindre. Il faut encore avec cela, que Moneuse
« vienne rouvrir la plaie que m'a faite la mort du malheu-
« reux jeune homme que je lui avais confié pour apprendre
« son état.

« Je n'ai malheureusement plus les lettres que ce jeune

et intéressant enfant m'a écrites, pour me peindre l'état affreux où se trouvait son moral ; mais si mon témoignage suffit, je puis attester à qui de droit, que votre mari dit la plus grande des faussetés en vous imputant ce malheur ; mon neveu Claude, à qui j'ai écrit tout ce que Milleraud m'avait annoncé, et à qui j'avais indiqué la marche qu'il fallait suivre à l'occasion de ce pauvre malade, pourrait aussi vous justifier complétement.

24 février.

« Ci inclus est une lettre pour Moneuse. Veuillez la lire et en prendre ce que je pourrais certifier au besoin si ce misérable allait inventer d'autres atrocités ou me faire dire autre chose que ce que je lui écris.

« Bien certainement, madame, je ne manque pas de prier pour vous, je vous aime trop, et vous êtes trop malheureuse pour que je puisse jamais vous oublier ; mais promettez-moi que vous ferez ce que je vous ai demandé dans mon petit billet, c'est-à-dire que vous ne perdrez jamais confiance en Dieu, que vous vous soumettrez à tout ce qu'il permettra, et que, par conséquent, vous n'écouterez pas les suggestions du démon qui vous porteraient au désespoir ; ayez confiance, je ne pense pas que Dieu permette que le crime l'emporte sur l'innocence.

24 février.

« Monsieur Moneuse, il fut un temps où je vous donnais le titre d'ami, parce que je croyais que vous le méritiez par l'affection et la confiance que vous me témoigniez et par l'assurance réitérée que vous me donniez que vous seriez plus sage pour l'avenir, que vous vouliez réparer les torts de Gray, et rendre à Paris votre femme aussi heureuse que vous l'aviez rendue malheureuse dans son pays ; mais quel titre vous donner maintenant ? Oh ! que vous avez trompé mes espérances ! Non-seulement, à ce qu'il paraît, vous êtes retombé dans vos anciens désordres, mais vous vous êtes encore livré à des crimes horribles. Je savais bien que vous étiez bourru, très-emporté, assez mauvaise tête et passablement bizarre. C'est vous-même qui m'avez appris que vous aviez les trois premières qualités, avant que j'aie été à même de les remarquer, mais je ne vous croyais pas capable d'atrocités... Il faut que mon pauvre Moneuse soit au moins un peu dérangé momentanément ; en effet, comment comprendre les horreurs auxquelles vous vous êtes livré au retour de votre dîner de Grenelle, et le procès insensé que vous avez intenté à votre innocente et vertueuse femme ; comment comprendre... votre maladresse dans le choix du complice que vous lui donnez ; comment comprendre votre cruauté et votre barbarie à mon égard en venant rouvrir une plaie qui n'était point encore cicatrisée ! C'est une singulière manière de me témoigner votre reconnaissance pour le peu de bien que je vous ai fait et pour celui que j'ai voulu vous faire. Vous accusez votre femme d'avoir fait mourir le jeune homme que je vous avais confié pour apprendre votre état, et par là, vous me mettez dans la douloureuse position de vous accuser en rendant hommage à la vérité. Si Claude a conservé les lettres que j'ai écrites avant ces affreux malheurs, on y verra que Milleraud m'ayant écrit pour me peindre l'état moral dans lequel il se trouvait, je lui ai répondu que connaissant la sagesse et la vertu de votre femme, je l'invitais à lui faire part de son état, persuadé qu'elle lui donnerait des conseils et des avis salutaires, qui, avec les miens, lui rendraient le calme et la tranquillité. En même temps j'ai écrit à Claude pour l'informer de tout, le priant de s'entendre avec votre femme pour veiller sur ce pauvre jeune homme jusqu'à ce que sa tête soit remise.

« Milleraud n'a point osé parler de son état à votre femme, mais il lui a remis ma lettre ; la réponse qu'il m'a faite m'a prouvé que je ne m'étais pas trompé, et votre femme s'est parfaitement conduite.

« Vous n'avez pas sans doute pas choisi Claude pour complice de cette pauvre Tullie, parce que vous saviez qu'il pourrait puissamment contribuer à justifier votre femme de vos calomnies. Les principes de Claude et sa conduite sont trop loin du crime que vous avez inventé.

« J'aime à croire que la réflexion vous aura ouvert les yeux et ramené à la raison, et que reconnaissant que c'est dans un moment de folie que vous vous êtes livré à tant d'excès, vous vous serez désisté de vos poursuites insensées. Serait-il possible que vous eussiez payé de faux témoins, et qu'il se soit trouvé des gens assez misérables qui se seraient vendus pour un semblable métier ! En attendant ce que je dois penser de vous, je me dis votre ancien ami. »

Les accusations de Moneuse à l'occasion de Milleraud nous donnent la portée de cet homme en fait d'allégations odieuses.

Me Ledru termine sa plaidoirie par des détails qui ne peuvent ici trouver leur place. — Le tribunal donna gain de cause à son infortunée cliente.

III

Mais d'où vient qu'au renard Ésope accorde un point :
C'est d'exceller en tours pleins de matoiserie?
(JEAN DE LA FONTAINE.)

Capitaine Renard allait de compagnie
Avec son ami Bouc des plus hauts encornés.
Celui-ci ne voyait pas plus loin que son nez ;
L'autre était passé maître en fait de tromperie.
(*Le même.*)

MAITRE CORBEAU. — CAUSE CÉLÈBRE DES CORSETS.

M. Charles Ledru était un jour appelé devant le tribunal de Château-Thierry, patrie de Jean La Fontaine, pour
y plaider une étrange affaire. Il était le défenseur d'un
médecin attaqué comme diffamateur par un autre médecin. En effet, le prévenu avait publiquement outragé son
adversaire : mais voici à quelle occasion.

Ce docteur, accusé de diffamation par un confrère,
après avoir fait une petite fortune dans un chef-lieu de
canton, avait eu l'ambition de devenir médecin ordinaire
d'un établissement de bains. Cette idée lui avait été sug-

gérée par un ami d'enfance qui, ayant de puissants protecteurs, lui avait promis son appui, à condition que
l'aspirant lui abandonnerait sa clientèle. Dans ce but,
il lui avait remis une lettre de recommandation pour un
de ses amis de Paris. Or, cette lettre était ainsi conçue :

« Le porteur de ce billet est un *imbécile* qui vous prie
« de le recommander pour la place en question. Promet-
« tez tout, et ne vous inquiétez pas du reste. »

La défense de Mᵉ Charles Ledru consistait, en avouant
la diffamation, à soutenir que celui qui s'était joué ainsi
d'un homme confiant et simple avait mérité que sa dupe
signalât une pareille friponnerie.

L'avocat qui gardait cette lettre en réserve, et dont on
ne soupçonnait pas le système (car le plaignant avait
ignoré jusque-là qu'elle fût aux mains du prévenu), commença ainsi sa plaidoirie au milieu de l'étonnement et
des rires de tout l'auditoire :

« Messieurs,

> Maître Corbeau, sur un arbre perché,
>   Tenait en son bec un fromage.
> Maître Renard, par l'odeur alléché,
>   Lui tint à peu près ce langage :
>   Hé bonjour, Monsieur du Corbeau !
> Que vous êtes joli ! que vous me semblez beau !
>   Sans mentir, si votre ramage
>   Se rapporte à votre plumage
> Vous êtes le phénix des hôtes de ces bois.
> A ces mots, le Corbeau ne se sent pas de joie ;
>   Et pour montrer sa belle voix,
> Il ouvre un large bec, laisse tomber sa proie
> Le Renard s'en saisit, et dit : mon bon Monsieur,
>   Apprenez que tout flatteur

Vit aux dépens de celui qui l'écoute :
Cette leçon vaut bien un fromage sans doute.

Après ce récit, Mᵉ Ch. Ledru dit qu'il n'ignore pas que
des recommandations toutes-puissantes protégent son
adversaire...

M. le Président. Il n'y a pas de protection... votre
client avoue la diffamation.

Mᵉ Ledru. Il avoue qu'il a appelé cet homme
fripon. Mais écoutez... Mᵉ Ledru donne alors lecture de
la lettre que nous avons citée, et se tournant du côté du
plaignant :

« Eh bien ! dit-il avec indignation *et jetant son dossier
aux pieds des magistrats*, qui oserait condamner mon
client sur la plainte d'un tel homme? Je le jure sur mon
honneur et sur le vôtre, messieurs, cela ne se fera pas !

« Il n'y a pas au monde de magistrats capables de rendre un *tel service.* »

En effet, le brave homme qui avait si maladroitement
perdu son fromage ne perdit pas son procès; et, quant
à son adversaire :

Il lui fallut à jeun retourner au logis,
Honteux comme un Renard qu'une poule aurait pris,
Serrant la queue, et portant bas l'oreille...

CAUSE CÉLÈBRE DES CORSETS SANS GOUSSETS.

Tribunal correctionnel — 6ᵉ chambre.

(*Audience du 31 décembre 1839.*)

Il ne s'agit pas cette fois de quelque rencontre entre
des soldats français et anglais, ni d'une question de pré-

éminence sur les mers. Les parties belligérantes ne portent ni bonnets à poil, ni schakos, ni sabres, ni gibernes. Elles s'avancent devant le tribunal, enveloppées de longs châles ; leurs têtes sont ombragées sous d'élégants chapeaux de velours, et elles annoncent, sans emprunter la voix d'un héraut d'armes, qu'elles s'appellent l'une Mme Dumoulin, rue du 29 Juillet, n° 5 : c'est, à elle seule, l'armée française, le camp national ; l'autre, Mme Farrow, demeurant même rue, n° 1 : c'est la représentation vivante du peuple britannique.

Sur l'interpellation de M. Pinondel, qui préside à cette grande querelle, Mme Dumoulin déclare qu'elle demande à son adversaire 6,000 fr. de dommages-intérêts ; madame Farrow demande, de son côté, 1,200 fr.

M^e Ch. Ledru, avocat de la France, est invité à engager la lutte ; il s'exprime ainsi :

« Messieurs, vous avez à décider..., à propos de corsets, une des plus graves questions de droit qui puissent se présenter devant les tribunaux à une époque où tant de capitaux se trouvent engagés dans des industries qui reposent sur des brevets d'invention. Mais, avant d'aborder le point légal, il importe de connaître les parties en cause.

« Mme Dumoulin, alliée par sept sœurs à des négociants, propriétaires, toutes personnes honorables, a obéi à une vocation irrésistible en se livrant à la fabrication du corsage. La nature l'a créée inventrice, et il y a un fait remarquable qui atteste qu'elle n'est pas faite pour suivre les voies communes. Il y a quelques mois, elle eut le malheur de perdre sa mère ; la famille ne possédait point le portrait de cette dame respectable. Madame Dumoulin, qui n'a jamais cultivé l'art du dessin, inspirée à la fois par une noble douleur et par son génie naturel, est parvenue à reproduire, avec une perfection au-dessus de l'art lui-même, l'image adorée de sa mère.

« Avec de telles dispositions, elle devait faire faire des progrès à la profession qu'elle a embrassée. Aussi ses corsets sont-ils une invention destinée à opérer une révolution complète dans cette partie si intéressante de la toilette des dames. »

Mᵉ Ledru annonce que, pour ne point *lasser* le tribunal, il se *serrera* dans l'analyse historique et scientifique du corset en général.

« Il y a peu de temps encore, les dames se servaient de ce qu'on appelait des corps, espèce d'armure meurtrière profanant les choses les plus respectables de la nature et contre laquelle s'est élevée en vain toute l'indignation des médecins philosophes, et surtout l'immortel Buffon. Ces corps, formés de fer ou de baleines, étaient de véritables citadelles qui, après avoir triomphé de tous les assauts que leur avait livrés la science, tombèrent un beau jour, et sans effort, devant la mode. Les corsets qui les ont remplacés offraient encore des inconvénients sans nombre. »

Ici Mᵉ Ledru dit que, quoique le sujet qu'il aborde soit délicat, il espère pouvoir y toucher avec toute la retenue convenable :

« Le problème à résoudre en matière de corsets, dit-il, c'est d'obtenir une enveloppe parfaitement adaptée à tous les caprices, aux variétés du sujet. Il y a des hauteurs et des vallées dans les pays divers qu'il s'agit de renfermer. Les parties supérieures et inférieures exigent un plus grand développement à l'enceinte; la partie du centre, plus étroite, demande une enceinte plus rétrécie.

« Pour s'adapter à ces sinuosités, les fabricants de corsets avaient imaginé de coudre, à certains points de l'enveloppe générale, des morceaux désignés sous le nom de *goussets*, et dont le but était précisément d'agrandir le contenant selon les exigences du contenu. C'était un progrès; mais, vanité des progrès humains, ce n'était qu'éviter un mal pour tomber dans un autre, car les lisières des pays réunis étant rudes et pleines d'aspérités, il en résultait des inconvénients de toute nature : des inflammations aiguës, des excoriations, des cancers et des squirres.

« Mme Dumoulin entendit les vœux manifestés par les médecins les plus renommés; elle supprima la cause de tant de douleurs et de calamités. Elle procéda par une idée bien simple : c'était de substituer aux corsets, qui, à certains endroits, présentaient des aspérités malfaisantes, un système inoffensif. L'invention consiste à revêtir d'une armure douce quoique ferme, facile quoique solide, les régions qu'on veut protéger. L'ampleur qu'on obtenait dans l'ancien système au moyen d'adjonctions inégales, et par cela même funestes, résulte, dans le système nouveau, de l'élasticité qui, au moyen d'une ingénieuse disposition, règne dans toute l'étendue du vêtement. Ce que Mme Dumoulin a inventé, c'est une habitation qui se prête à tous les mouvements, à toutes les humeurs, à tous les caprices de l'habitant; c'est une maison qui s'agrandit ou diminue selon la taille du locataire, sans que jamais il soit exposé au moindre froissement ni au moindre choc. Mme Dumoulin ne bâtit point, comme ses devanciers, des cases, des cloisons invariables pour un sujet naturellement changeant et mobile, selon les influences les plus diverses. Dans son système, c'est le logement qui se modèle en quelque sorte sur les circonstances ; enfin, quelle que soit sa taille, les appartements sont toujours à la mesure et aux proportions du locataire. »

Me Ledru explique, en entrant dans les détails les plus techniques, comment la seule disposition des bandes, dans le système de sa cliente, produit les élargissements nécessaires, et comment, du reste, les parties prisonnières ne sont jamais ni flétries de stigmates, ni endolories par la pression de leurs liens.

« Jamais, dit-il, on n'a pu faire une application plus exacte des paroles de l'Écriture :

« *Il soutient les faibles, ramène les égarés, réprime les orgueilleux.* »

Me Ledru donne connaissance au tribunal d'un rapport de l'Académie de l'industrie, dans lequel on lit :

« Cette coupe, composée d'une série de tranches assemblées les unes à côté des autres, en permettant de supprimer les goussets, produit entre les mains de madame Dumoulin un vêtement qui, en maintenant la taille gracieusement et suivant l'exigence de la mode, lui procure une aisance et une élégance que toute femme désireuse de briller et de plaire doit naturellement rechercher.

« Les goussets offrent, la plupart du temps, des inconvénients très-graves, soit en ne soutenant pas suffisamment la gorge, soit en opérant des compressions inégales et quelquefois dangereuses sur la poitrine, soit en
formant des plis sur les hanches, qui souvent s'en trouvent écorchées. Les corsets sans goussets, au contraire,
ont l'avantage de ne jamais laisser la moindre trace sur
les hanches des personnes les plus grasses et de toujours
opérer une compression ou parfaitement égale ou directe,
à volonté, sur toutes ou certaines parties seulement du
haut et du bas du buste, sans nuire à l'aisance des mouvements; ils soutiennent toujours la gorge sans la fatiguer, l'empêchent de se déjeter, et surtout, chose fort
importante pour les jeunes femmes dans un pays où il
leur est permis de nourrir leurs enfants, ils ne peuvent
nuire en rien au développement des glandes propres à
l'allaitement.

« Les corsets sans goussets présentent donc les moyens
non-seulement de se soumettre à la mode en donnant à
la taille cette forme artificielle et gracieuse que doit naturellement rechercher toute femme qui tient à paraître
dans le monde avec la puissance de tous ses charmes,
mais ils sont pour elle, ainsi que pour les jeunes personnes, un vêtement hygiénique propre à former ou conserver cette taille sans nuire à la santé.

« Le public, continue Mᵉ Ledru, a rendu justice au talent de l'inventrice. Le vieux corset fut relégué; l'inventrice obtint le triomphe le plus éclatant... et le plus fruc-
tueux.

« Un succès pareil devait tenter les contrefacteurs,

c'est tout simple. Une dame anglaise s'est établie en croi-
sière dans la même rue, à la porte de Mme Dumoulin.
Elle ne s'est pas contentée de *contrefaire ;* elle a mis sur
son enseigne : « *seule* fabricante de corsets *par l'invention ;* » et, par un raffinement assez curieux, elle prie
les amateurs de ne pas confondre sa maison avec celle
de Mme Dumoulin. C'est pousser le privilége de la contrefaçon à ses dernières limites.

« Le préjudice est d'autant plus grave, que les adversaires sont voisines. Il n'y a pour les séparer que l'avoué
de Mme Farrow, qui loge précisément au milieu des deux
camps et au sein des parties belligérantes :

> Dextrum *nostra* latus, lævum implacata Carybdis
> Obsidet..... »

Après cet exposé en fait, Me Ledru, prévoyant le
système de Mme Farrow, qui consisterait à établir
qu'elle fabriquait des corsets *sans goussets* avant que
Mme Dumoulin eût obtenu un brevet, soutient que ce
moyen ne peut être invoqué devant le tribunal saisi de
la cause.

« Si nous avions à nous occuper ici des preuves de
Mme Farrow, dit Me Ledru, il nous serait facile de les repousser. Nous avons même au dossier les annonces
qu'elle a publiées dans tous les journaux, et où il n'est
nullement question de corsets sans goussets. Ceux-ci,
elle les a *inventés* depuis notre brevet : ce n'était pas
difficile ; mais nous repoussons son enquête par le motif
qu'une pareille enquête serait illégale. »

Mᵉ Ch. Ledru soutient, *en droit*, que les tribunaux correctionnels ne peuvent être juges de questions de déchéance et de nullité des brevets; car la loi des 7 janvier
et 25 mai 1791 a réservé ces questions aux juges ordinaires.

Il développe ensuite cette idée, que si les témoignages
à l'effet d'attaquer la validité des brevets d'invention
étaient reçus dans la forme des témoignages qui sont entendus en police correctionnelle, il faudrait abolir la loi
qui consacre la propriété des inventions, et la remplacer
par un seul article : *Les patentes sont supprimées.*

Car lorsqu'il ne s'agira que d'avoir quelques témoins
pour attaquer un brevet, il n'en manquerait pas qui, à
l'occasion de ces affaires, donneraient le spectacle dont
la justice est scandalisée dans ces procès entre parties,
où les témoins se partagent en deux camps, selon les
amitiés de voisinage, et où la justice prend le parti de
renvoyer les adversaires dos à dos, dans l'impossibilité
où elle est de distinguer le vrai du faux. Dans l'espèce,
par exemple, Mᵐᵉ Farrow ne serait guère embarrassée de
trouver une demi-douzaine de couturières pour déclarer
en sa faveur que, depuis longtemps, elle fabrique des
corsets sans goussets; ces demoiselles *témoignent* assez
volontiers, et un texte pareil fournirait à leur éloquence
de longs commentaires.

Mᵉ Ledru s'élève avec force contre l'abus qui résulterait d'un tel système, et demande que le tribunal refuse
l'audition des témoins de la dame Farrow.

Mᵉ Ducluzeau, avocat de la défenderesse, s'étonne que
Mᵐᵉ Dumoulin présente une exception qui tendrait à

l'empêcher de prouver sa possession antérieure au brevet. « Sa cliente, dit-il, peut démontrer que, depuis douze ans, elle fabrique des corsets sans goussets. Il faut bien que le juge de l'action soit aussi celui de l'exception. »

M. Ternaux, avocat du roi, adopte le système de Mᵉ Ledru, et cite plusieurs arrêts de cassation à l'appui. L'orateur du ministère public considère la question comme très-grave, et elle ne saurait être douteuse.

Après des répliques successives et très-animées, auxquelles le tribunal donne un libre cours en raison de la nouveauté et de l'importance de la question, il rend un jugement par lequel, conformément aux conclusions de M. l'avocat du roi Ternaux :

« Attendu qu'aux termes de la loi de 1791 sur les brevets d'invention et les contrefaçons, et de l'art. 20 de la loi du 25 mai 1838, sur les justices de paix, les actions concernant les brevets d'invention, s'il s'agit de déchéance ou de nullité de brevet, doivent être réservées aux tribunaux civils, et, s'il s'agit de contrefaçon, aux tribunaux correctionnels ;

« Attendu qu'il résulte de ce principe que les tribunaux correctionnels n'ont qualité pour statuer sur une plainte en contrefaçon qu'autant que le brevet dont excipe le plaignant n'est nullement contesté, et qu'ils doivent surseoir à statuer du moment où ledit brevet est attaqué à un titre quelconque ;

« Attendu qu'on ne saurait éluder le vœu de la loi en admettant des moyens de défense qui tendent indirectement à soumettre à l'appréciation des tribunaux correctionnels des questions de déchéance ou de nullité dont la connaissance leur est interdite ;

« Attendu, en fait, que l'exception présentée par la dame Farrow aurait pour effet nécessaire de faire prononcer indirectement la déchéance, relativement à elle, du brevet de la dame Dumoulin ; qu'il y a lieu, dès lors, par le tribunal, de surseoir à prononcer sur la plainte en contrefaçon jusqu'au moment où la dame Farrow aura soumis sa prétention à la justice civile ;

« Par ces motifs, le tribunal, surséant à statuer, renvoie les parties devant le tribunal civil ;

« Remet, en conséquence, la cause à deux mois, tous droits et moyens réservés aux parties, les dépens de l'incident également réservés. »

Ce jugement produit sur les parties en cause des impressions inexprimables.

Mme Farrow, voyant la joie de Mme Dumoulin, qui, elle-même, a appris de son défenseur que l'incident est gagné, promène autour d'elle un regard où l'on semble lire : « Maudite terre de l'étranger, la justice m'y abandonne ! »

Quant à Mme Dumoulin, elle enlève gaiement les deux demoiselles en carton qui devaient servir à démontrer toutes les parties les plus délicates de la question, si Me Ledru avait été obligé de plaider au fond. Deux dames élégantes, que cette grande affaire avait attirées, la félicitèrent en lui demandant l'adresse de ses magasins. Mme Dumoulin répond avec un sourire malin : « Rue du 29 Juillet, n° 5; ne pas confondre avec le n° 1. »

Mme Farrow a interjeté appel du jugement qui précède. C'est le 9 mars que cette affaire est venue devant la cour royale, sous la présidence de M. Sylvestre de Chanteloup.

M⁰ Ducluzeau, avocat de Mme Farrow, prend la parole et soutient que les premiers juges devaient entendre les témoins de Mme Farrow ; que cette dame, en effet, ne veut demander ni la nullité, ni la déchéance du brevet de Mme Dumoulin, mais seulement prouver qu'elle était *personnellement* en possession de fabriquer des corsets sans goussets avant le brevet de son adversaire.

M⁰ Charles Ledru, avocat de Mme Dumoulin, établit que les premiers juges ont consacré les vrais principes en matière de brevets d'invention.

M. l'avocat général Didelot conclut dans le sens de M⁰ Ledru, et la cour, sans lever le siége, rend immédiatement un arrêt par lequel elle adopte les motifs des premiers juges, et condamne Mme Farrow aux dépens.

Mme Dumoulin salue la cour avec un air de satisfaction très-prononcé et se retire entourée de son *camp victorieux*.

IV

Le cœur humain nous appartient tout entier ;
nous pouvons en sonder les plus secrets replis.
Partout où nous entrevoyons une passion honteuse, il nous appartient de la combattre ; un
sentiment généreux, il nous convient de nous
en emparer ; une émotion favorable, il importe
de l'exciter. La loi s'en rapporte à la conscience
des jurés ; donc tout ce qui agit sur les consciences, faits, raisonnements, images, doctrines, est de notre ressort.   (Dupin aîné.)

BOULET.

A peine Ferrand venait-il d'être acquitté par le verdict
des assises de Versailles ; les émotions qu'avaient excitées
les débats de son procès ne s'étaient pas encore effacées
dans la conscience publique, lorsqu'un nouveau crime,
produit par les mêmes causes, vint épouvanter la société,
et lui révéler par un exemple plus frappant et plus lugubre encore, les ravages que faisait dans les âmes la
littérature corrompue de notre siècle. Un jeune peintre
de vingt ans, Adolphe Boulet, dans un accès de jalousie,

déchargea ses deux pistolets sur une pauvre jeune fille qu'il
aimait, et pendant que l'infortunée Aglaé Chaurelle était
mourante à ses pieds, il se portait vingt coups de poi--
gnard sur la poitrine, et se jetait tout sanglant sur le corps
de sa victime en lui criant : « Aglaé, je t'aime! je t'aime!»
Ne voit-on pas là se créer le crime pittoresque et dramatique, et bientôt l'excuse du meurtre se réfugier simplement
dans une espèce d'égarement ou de passion artistique ?
Vous le voyez ! le suicide et l'assassinat se sont donné
la main et font de rapides progrès dans la route toute
nouvelle que semble leur ouvrir le désordre moral qui
éclate ouvertement dans la plupart des productions dra-
matiques et littéraires. Les douces et touchantes émotions
de la vertu, la sainte voix de la nature et de la Religion
ne savent plus rien dire à des âmes blasées sur tout : le
foyer domestique n'a plus de charmes et engendre un in-
supportable ennui, si les romans et les feuilletons avec la
peinture des amours adultères et les enseignements du
crime ne viennent offrir un passe-temps à monsieur, à
madame et à ses filles !

C'était le 14 juin 1838, au n° 43 de la rue Saint-
Nicolas-d'Antin, qu'Adolphe Boulet avait commis son
crime, et le 14 septembre suivant qu'il comparaissait devant les assises de la Seine. Deux hommes éminents par
leur éloquence et l'élévation de leurs idées devaient se
faire entendre dans cette cause, M. Plougoulm, avocat
général, Me Charles Ledru. Tous deux furent unanimes à
mettre en cause, dans ce procès, la littérature insensée
qui, parce que la pureté, l'éloquence et la perfection de
la langue poétique ne sont plus neuves, se jette dans tous

les écarts du langage qu'elle dénature et fausse à plaisir, et qui de même, parce que la morale n'est pas chose nouvelle, cherche un succès de nouveauté dans le plus ou moins d'audace à démoraliser.

« Quelque affligeant qu'il puisse être de le proclamer, « dit Eugène Roch, qu'on y prenne garde, et l'on verra « combien la littérature du jour tend, contre le gré des « écrivains sans doute, à rendre moins odieuses les œuvres « abominables du marquis de Sade, que Napoléon fit en- « fermer, sans procès, à Charenton, comme fou ; car la « cause n'était pas plaidable. »

Si cette affaire Boulet est féconde en enseignements moraux, elle n'est pas moins intéressante au point de vue de l'art, et aucune autre ne fait mieux connaître Charles Ledru.

Jamais avocat ne s'est élevé avec une audace plus légitime contre un témoin, qu'il ne l'a fait à l'égard de l'indigne personnage qui avait contribué à exalter et à perdre le jeune Boulet. Jamais non plus aucun autre ne s'est écarté avec plus de hardiesse et plus de bonheur des formes reçues et consacrées au barreau.

Me Ledru n'a pas plaidé cette cause en avocat, mais en moraliste, en philosophe chrétien ; ou plutôt ce n'est pas une plaidoirie qu'il a prononcée, c'est une conception dramatique d'un effet incomparable qu'il a transportée en cour d'assises.

Cette incarnation d'*Iago*, dans le témoin principal de l'affaire, cet acteur infernal qu'il a évoqué pour jeter une lumière éclatante dans les ténèbres dont s'enveloppait *Sotto-Cornotto*, est une création que n'eût certes pas désavoué le génie de *Shakspeare*, c'est une œuvre dantesque ! Je ne connais rien de plus beau ! Jugez vous-même.

OUVERTURE DE L'AUDIENCE.

Présidence de M. Moreau. — Audience du 14 septembre 1838.

Cette affaire, qui a vivement préoccupé la curiosité publique, a de bonne heure attiré une affluence considérable au Palais. Toutes les places réservées sont occupées par les dames : derrière le siége des magistrats composant la cour, des bancs ont été placés, où l'on remarque, entre plusieurs membres de la Chambre des députés, des fonctionnaires, des officiers généraux, M. le général américain Casse, M. Anderson, premier secrétaire d'ambassade de l'Union, le colonel Belli, M. Brumell et d'autres étrangers de distinction.

A onze heures, l'accusé est introduit : c'est un jeune homme de petite taille ; ses yeux noirs sont petits et enfoncés ; il est très-pâle et porte de légères moustaches. Son pas est ferme et sa contenance calme et assurée ; l'ensemble de sa personne ne manque ni d'élégance ni de distinction. Il est complétement vêtu de noir et échange avant de s'asseoir quelques paroles avec M⁰ Ledru. L'audience est ouverte. M. l'avocat-général Plougoulm occupe le siége du ministère public ; Mᵉ Charles Ledru et Mᵉ Dugabé sont chargés du soin de la défense ; près d'eux a pris place M. le lieutenant-général K....., oncle de l'accusé.

M. le président adresse les questions d'usage à l'ac-

cusé, qui répond se nommer Adolphe Boulet, être âgé
de vingt ans, né à Paris, peintre d'histoire, demeurant
quai Bourbon, 39.

Acte d'accusation.

M. Duchesne, greffier de la Cour, donne lecture de
l'acte d'accusation, dont nous reproduisons les principaux chefs.

« Le 19 janvier dernier, Adolphe Boulet, fit, dans la
rue, la rencontre d'une jeune fille, Aglaé Chaurelle,
qui devint promptement sa maîtresse. Cette jeune fille,
âgée de dix-huit ans, avait, par beaucoup de bonnes qualités, captivé la bienveillance de ses parents; mais vers
cette époque elle eut besoin de consulter un médecin. Son
caractère s'altéra tout à coup; le père d'Aglaé lui montrait de la sévérité et de la rudesse. Le 1er janvier 1837,
elle quitta la maison de son père : six mois après elle
était mère.

« Elle alla demeurer chez une demoiselle Martin, mère
comme elle, puis la quitta, et enfin revint demeurer avec
elle; elle y couchait seulement, et travaillait chez différentes maîtresses.

« C'est à ce moment que Boulet se lia avec elle; elle
ne lui cacha point l'existence de son enfant; mais ce
qu'elle lui raconta à ce sujet ne fit qu'accroître son intérêt pour elle. La demoiselle Martin vit Boulet avec défa-
veur, et persuada à Aglaé de rompre. Dès le mois de mars
on supposa un voyage; une correspondance eut lieu à ce
sujet entre la demoiselle Martin et Boulet. Plusieurs se-

maines se passèrent sans que Boulet pût revoir Aglaé ; il en conçut un violent chagrin. Aglaé était pour lui l'objet d'une vive affection ; il disait que cette fille du peuple valait plus d'une grande dame ; il entretenait d'elle sa mère elle-même. Cependant un sieur Napoléon Sotto-Cornotto, tailleur, avait été introduit dans la maison de mademoiselle Martin ; il y vit Aglaé et parla de mariage. Aglaé, plutôt faible qu'immorale, accorda à Napoléon ce qu'avait obtenu Boulet ; elle le recevait chez elle en l'absence de mademoiselle Martin, et allait chez lui.

« Vers le milieu d'avril Boulet, qui avait ignoré ces circonstances, parvint à retrouver Aglaé. Leurs relations redevinrent aussi intimes qu'auparavant. Aglaé l'entretenait seulement des propositions de mariage de Napoléon. Boulet s'attacha à la détourner de ce mariage, et voulut qu'elle cessât de voir Napoléon. Une lettre de rupture fut en effet adressée à ce dernier. Mais bientôt, par suite des efforts de la demoiselle Martin, Aglaé revint aux projets de mariage. L'intérêt de son enfant (Napoléon devait le reconnaître) et le désir de rentrer en grâce avec sa famille la déterminèrent à rompre de nouveau avec Boulet, et, le 21 avril, elle lui écrivit une lettre dans ce but.

« Aussitôt Boulet se rendit chez la demoiselle Martin, qui venait de prendre un logement rue Saint-Nicolas-d'Antin, 41, et qui lui persuada qu'Aglaé ne demeurait plus chez elle ; il y vit un sieur Niclos et lui remit pour Napoléon une provocation en duel. Napoléon vint le lendemain chez Boulet ; il affirma, ainsi qu'il l'avait promis à Aglaé, n'avoir point eu d'intimité avec elle, et déclara être prêt à se battre. Les jours suivants, Boulet se mit de nouveau à la recherche d'Aglaé ; il parvint à la retrouver chez la demoiselle Martin, où il crut qu'elle n'était qu'accidentellement, et reprit avec elle ses anciennes relations. Pendant ce temps, Napoléon avait fait venir le consentement de son père.

« A ce moment aussi l'égarement d'Aglaé était arrivé à son dernier terme. Leroux, marchand de meubles, dont la boutique se trouve en face de la maison, et qui a un atelier dans la maison même, avait eu occasion, pour quelques travaux de son état, de voir Aglaé chez elle. Il la fit un jour entrer dans son atelier, et, profitant de ce que cette fille avait besoin d'un prêt de 10 fr. pour un mois de nourrice de son enfant (1), il en obtint, en le lui accordant, qu'elle se livrât immédiatement à lui ; les 10 fr. devaient être rendus.

« Le marchand de meubles ne la revit plus, mais on lui rapporta que d'autres avaient eu d'elle des preuves du même genre. Il savait que Napoléon devait épouser cette fille. Il crut faire un acte louable en donnant avis à cet homme d'un aussi honteux déréglement. C'est le 12 juin que le marchand de meubles aborda Napoléon. Ce dernier fut indigné, fit de vifs reproches à Aglaé, et le 14, à six heures et demie, il va chez Boulet qu'il trouve encore couché, et lui déclare que ce qu'il a nié lors de la première visite est vrai, et qu'il a possédé Aglaé. A cette nouvelle, Boulet se roule sur son lit, verse des larmes. « Calmez-vous, lui dit Napoléon, ou je ne vous apprendrai plus rien. — Dis, répond Boulet, » et alors Napo-

(1) Ce fait fut vivement contesté par Charles Ledru, comme on le verra dans sa plaidoirie.

léon lui explique qu'ils ne sont pas les seuls auxquels Aglaé se soit montrée favorable ; puis il lui raconte tout ce que Leroux (le marchand de meubles) lui avait appris. Boulet s'était habillé à la hâte. Il avait placé, suivant son usage, son poignard dans la poche de côté de sa redingote, puis il sort avec Napoléon qui l'accompagne jusqu'au Palais-Royal.

« Boulet était sorti de chez lui vers sept heures. Il ignorait toujours où demeurait Aglaé. Il se rendit chez la dame Letombe, rue Saint-Nicolas-d'Antin, 43, où il savait qu'elle travaillait ; il demanda Aglaé. On lui répondit qu'elle n'était pas arrivée. Il recommanda de ne pas dire qu'il était venu, puis il descendit sous la porte comme pour attendre son passage. Il était environ sept heures trois quarts. Après avoir passé là un temps assez long, il se mit à rôder dans la rue devant la maison de la dame Constant et devant celle d'Aglaé. Il allait et venait : il vit sortir de sa boutique le marchand de meubles Leroux, il le rejoignit et lui dit : « Est-ce vous qui avez parlé à M. Napoléon avant-hier soir ? — Oui, monsieur. — N'avez-vous pas eu des relations avec une demoiselle Aglaé qui demeure près d'ici ? — Oui, monsieur ; et si vous en voulez des preuves, venez avec moi, je vous montrerai une lettre d'elle. » Puis il le mena à son atelier, dans la maison de la demoiselle Martin, tout en lui disant qu'Aglaé paraissait mener une mauvaise vie. Il lui montra d'elle une lettre assez insignifiante.

« Boulet sait maintenant qu'Aglaé demeure dans la même maison. Il monte l'escalier ; il y rencontre la demoiselle Martin qui descend avec une jeune apprentie : il demande à voir Aglaé. La demoiselle Martin cherche à lui faire croire qu'Aglaé ne demeure plus dans la maison; il insiste, il supplie; la demoiselle Martin parle haut pour qu'Aglaé entende; elle la croit brouillée avec Boulet, elle ne redoute pourtant aucun projet funeste, mais elle craint qu'Aglaé ne revoie Boulet; elle dit à celui-ci qu'il peut aller sonner. Boulet sonne, frappe, mais inutilement; il descend, et va trouver la demoiselle Martin dans une chambre au fond de la cour, il lui fait de nouvelles instances. Celle-ci envoie en secret son apprentie engager Aglaé à sortir ou à se cacher; l'apprentie y va, mais Aglaé répond *qu'elle verra*, et recommande seulement qu'on ne laisse pas entrer Boulet.

« Celui-ci cependant était monté de nouveau, avait encore tenté de se faire ouvrir. Il redescend auprès de la demoiselle Martin, insiste plus vivement encore, parle de faire venir un serrurier ou d'enfoncer la porte. Enfin la demoiselle Martin, qui croit qu'Aglaé a quitté la chambre, monte avec Boulet, et elle ouvre, puis elle entre dans son atelier avec l'apprentie, s'imaginant qu'elle y est suivie par Boulet.

« A ce moment elle s'aperçoit que Boulet, s'est introduit dans la chambre à coucher et qu'il en a poussé la porte. Elle va pour y entrer elle-même, et aussitôt elle entend deux coups de pistolet tirés au même instant. Elle court, elle voit Aglaé qui chancelle et qui tombe, et Boulet qui se précipite sur elle en disant : « Aglaé, je t'aime, je t'aime! » Elle retire Boulet de dessus sa victime. Elle va sur l'escalier appeler du secours, revient, voit Boulet qui se donne des coups de poignard. On ac-

court à ses cris; on voit encore Boulet embrassant Aglaé
et lui dire : « Ma bonne amie, ma chère amie ! » Boulet
est conduit et relevé sur l'escalier; on trouve sur
le carreau un pistolet et un fourreau de poignard. Un
autre pistolet est ramassé ainsi que le poignard par deux
témoins. Aglaé, gravement blessée, est étendue sur le
plancher et demande qu'on la laisse mourir; on la place
sur son lit et on lui prodigue les premiers soins.

« Boulet n'avait pas cherché à fuir. Il se montra désespéré, parla du chagrin qu'éprouverait sa mère, et demanda
si les blessures étaient mortelles. Le commissaire de police
arriva, et Boulet fit l'aveu de son crime. Il fut reconnu qu'A-
glaé avait été atteinte de deux coups de feu, et que les balles
étaient restées dans le corps. Le juge d'instruction, accompagné d'un substitut, se transporta sur les lieux. Aglaé
réclama pour Boulet toute l'indulgence des magistrats,
elle leur dit qu'elle était seule coupable; qu'elle n'avait
pas eu le courage de cesser de voir Boulet, qu'elle l'aimait; et lorsque celui-ci fut amené près de son lit pour
la confrontation, elle lui tendit la main. D'après la déclaration d'Aglaé, Boulet, en entrant, lui aurait dit : « Mademoiselle, regardez-moi en face ! » Il était pâle, et il avait
tiré ses deux pistolets sur elle ; puis il s'était porté deux
coups de poignard; il s'était ensuite jeté sur elle en disant : « Je t'aime, Aglaé ! »

« Boulet a ajouté quelques détails. En entrant, a-t-il
dit, dans la chambre, je vis Aglaé appuyée sur la fenêtre,
je l'ai frappée sur l'épaule. A ce moment, suivant lui, il
n'avait plus la pensée du crime; mais sa vue s'était portée sur la boutique de Leroux, alors il avait perdu la tête;

il avait dit à Aglaé, au moment où elle se retournait, que sa conduite était infâme, qu'elle ne savait pas de quoi son amour était capable. Il avait pris ses pistolets dans ses poches et les avait tirés presque à bout portant. Les blessures d'Aglaé furent immédiatement visitées et jugées mortelles. Pendant tout le reste de cette journée et toute celle du vendredi 15, Aglaé ne cessa de s'occuper de Boulet, exprimant le désir de guérir pour lui procurer des chances d'acquittement; le 16, elle expira. On procéda à l'autopsie; les deux balles furent extraites. Il résulta de cette opération que la mort avait été la conséquence des deux coups de pistolets tirés par l'accusé. Boulet a été visité par deux médecins; il a été constaté qu'il s'était porté vingt coups de poignard sur la poitrine; neuf n'avaient atteint que les vêtements, les onze autres n'avaient point eu de gravité. »

Pendant cette lecture, Boulet, qui manifeste une vive émotion, tient sa tête constamment baissée, et essuie fréquemment de son mouchoir son visage que paraît baigner une froide sueur.

L'audiencier procède à l'appel des témoins qu'on fait retirer dans leur chambre.

M⁰ Charles Ledru requiert qu'en vertu de son pouvoir discrétionnaire, M. le Président fasse retirer de l'audience M⁰ Baumé, avoué à la cour, dont le témoignage lui paraît être utile à la défense.

M. le Président procède à l'interrogatoire de l'accusé.

« D. Boulet, vous avez déclaré être peintre. Au moment de votre arrestation, travailliez-vous dans quelque atelier? — R. Non, monsieur, je travaillais chez moi.

« *D.* Vous n'aviez pas atteint votre vingtième année encore ; pourquoi ne demeuriez-vous pas avec votre mère ?

« *R.* Par les exigences de ma profession, je devais recevoir chez moi des modèles, des femmes ; il n'eût pas été décent que je demeurasse avec ma mère.

« *D.* Ne receviez-vous que des modèles ? — *R.* Je recevais parfois d'autres femmes.

« *D.* Le 19 février n'avez-vous pas rencontré dans la rue Aglaé Chaurelle ? — *R.* Oui, monsieur, je l'ai rencontrée.

« *D.* Vous l'avez accostée, vous lui avez parlé, et vous avez obtenu d'elle qu'elle vous écrirait ? — *R.* Oui, monsieur.

« *D.* Où demeurait-elle alors ? — *R.* Elle demeurait chez Melle Martin ; mais je ne l'ai vue là que deux fois.

« *D.* C'était donc chez vous que vous la voyiez plus fréquemment ? (Silence.) Des relations se sont établies entre vous. Elle vous a avoué qu'elle avait eu un enfant ; qu'elle était devenue mère à dix-neuf ans. — *R.* Oui, monsieur, elle avait été victime d'un attentat.

« *D.* Rien ne semble confirmer cette allégation. La fille Aglaé avait été séduite, à ce qu'a révélé l'instruction, par un médecin qui lui donnait des soins. — *R.* Il n'y avait pas eu séduction ; il y avait eu viol ; j'en ai la certitude, elle me l'a dit : elle avait été attirée dans un guet-apens, et sa faiblesse avait succombé à la violence.

« *D.* Au moment où vous aviez des relations d'intimité avec Aglaé Chaurelle, n'entreteniez-vous pas aussi une intrigue avec d'autres jeunes filles ? des lettres ont été trouvées chez vous qui établissent ce fait. — *R.* Non, monsieur; si on consulte la date des lettres, on reconnaîtra que c'était dans un moment de brouille avec Aglaé que j'avais reçu les correspondances dont vous parlez.

« *D.* Vous vous trompez, et la date des lettres le démontrera. Sur ces entrefaites, vers le 20 mai n'avez-vous pas su qu'un Italien, un tailleur, le sieur Sotto-Cornotto, recherchait en mariage Aglaé Chaurelle ? — *R.* Oui, monsieur; c'est elle-même qui me l'a dit.

« *D.* Ne fîtes-vous pas tous vos efforts pour la détourner d'accepter ces propositions de mariage, bien que Sotto-Cornotto consentît à reconnaître l'enfant qu'Aglaé avait eu antérieurement ? — *R.* Cela est vrai, monsieur le président.

« *D.* Ainsi, lorsque cette jeune fille, par un retour sur sa conduite coupable, voulait revenir au bien, vous l'en détourniez. Ne se brouilla-t-elle pas avec vous alors ? A la fin du mois, ne perdîtes-vous pas même sa trace ? — *R.* Oui, monsieur; elle ne me fit pas connaître son changement de domicile.

« *D.* Sotto-Cornotto, prenant ombrage de vos recherches, ne voulait-il pas se battre en duel avec vous ? — *R.* Je ne crois pas que Sotto-Cornotto ait eu l'intention sérieuse de se battre. Lorsqu'on veut se battre, on propose des conditions acceptables, et ce ne fut pas ce qu'il fit.

« *D.* Le 14 juin, Sotto-Cornotto ne vint-il pas chez vous, et ne vous apprit-il pas que la fille Aglaé avait eu des relations avec un marchand de meubles nommé Leroux; que celui-ci lui avait donné de l'argent; que lui-même, Sotto-Cornotto, avait obtenu les faveurs d'Aglaé; n'ajouta-t-il pas que, si vous doutiez de la vérité de ses paroles, il vous en donnerait la preuve immédiatement? — *R.* Oui, monsieur; et lorsqu'il me fit cette fatale révélation, je voulus me précipiter sur mes pistolets; j'étais désespéré; j'aurais voulu me donner la mort. (Sensation.)

« *D.* Vous sortîtes avec Sotto-Cornotto? — *R.* Oui, monsieur, il me conduisit près de Leroux, j'avais pris mes pistolets selon mon usage; j'avais placé dans ma poche de côté mon poignard, comme je faisais toutes les fois que je sortais. Sotto me quitta auprès du Palais-Royal; j'allai seul dans la rue Saint-Nicolas, et j'y rencontrai Leroux, qui même paraissait vouloir être accosté par moi. Je lui demandai s'il était vrai *qu'elle* se fût abandonnée à lui. Il me répondit que oui, et qu'il allait m'en donner les preuves. Il me montra en même temps une lettre. J'étais si troublé que je ne pus lire: des larmes obscurcissaient ma vue; je distinguai seulement qu'il était question d'argent.

« *D.* Que fîtes-vous alors? racontez les faits. — *R.* Je demandai à Leroux où elle était; il me dit qu'elle devait être chez Mme Martin ou chez Mme Constant. J'y montai; je demandai Aglaé. On me dit qu'elle n'y était pas. Je demeurai quatre ou cinq minutes dans la rue. Je remontai; je sonnai, mais personne ne vint m'ouvrir. Ce fut alors que je vis Mme Martin, elle ouvrit la porte et je pénétrai dans la chambre à coucher. Aglaé était appuyée sur la fenêtre, du côté droit: je m'approchai; je lui frappai sur l'épaule: « Regarde-moi, lui dis-je! regarde-moi, si tu l'oses! » Elle se retourna. En ce moment mes yeux se portèrent involontairement sur la boutique de Leroux qui se trouve ouverte juste en face. Une idée funeste vint me traverser l'esprit ; peut-être, pensé-je, faisait-elle quand je suis entré des signes d'intelligence à cet homme ! Je ne sais ce qui se passa en moi ; je ne saurais le dire bien précisément. Je reculai de deux pas ; le coup partit ; elle tomba renversée sur le carreau. Je tirai mon poignard, et je m'en frappai, voulant me donner la mort ; mais le cœur me manqua ; je sentis que j'allais me trouver mal : je sortis sur le carré, je ne voyais plus, un nuage était répandu sur mes yeux ; je crois encore en y pensant être sous l'influence d'un rêve pénible. Il y avait là une femme jeune, étendue par terre, une femme qui me regardait d'un air effaré et qui ne disait rien. Je me rappelle encore avoir entendu la voix d'un homme qui disait : « Il faut l'arrêter ! c'est un assassin ! » Je ne demandai qu'une grâce alors, ce fut de rentrer près d'Aglaé et de lui donner un dernier baiser. (Ce récit, fait par l'accusé d'une voix pleine d'émotion, produit sur l'auditoire une impression profonde.)

« *M. le Président.* Lorsque Sotto-Cornotto vous annonça chez vous les déportements d'Aglaé, vous prîtes vos pistolets, votre poignard. L'accusation voit là commencer la préméditation, et elle relève surtout cette parole adressée par vous à cet Italien, en passant sur le quai pour aller au Palais-Royal : *Elle ne trompera plus personne ; je vais la tuer et je me tuerai après.* — *R.* J'ai dit ces paroles, en effet.

« *D.* Que vous dit Sotto-Cornotto ? — *R.* Il me répondit par des propos en l'air, en disant des mots sans suite, comme qui dirait : Ah bah ! laissez donc.

« *M. le Président.* Vous avouez avoir tué la fille Aglaé.

Les balles de vos pistolets ont traversé les avant-bras, et ont pénétré dans le corps ; elle est morte deux jours après, dans les plus cruelles souffrances ; vous vous êtes ensuite frappé d'un coup de poignard, mais d'une manière excessivement légère, à peine vous êtes-vous atteint.

« *L'accusé.* Je ne sais pas quelles conséquences vous voulez tirer de ce fait ; mais il est vrai. On l'interprétera comme on voudra ; je dirai, moi, que sans doute ma main était mal assurée ; qu'un pli de l'étoffe aura arrêté la lame du poignard qui ne coupait pas.

« *M. le Président.* Quelles ont été vos sensations au moment où vous êtes entré dans la chambre, et que vous vous êtes rendu coupable du crime affreux qui vous est imputé ?

« *L'accusé.* Je suis entré dans la chambre sans pouvoir rassembler une idée, sans suivre un raisonnement. Lorsque je vis l'abîme ouvert sous les pas de l'infortunée, lorsque je fus convaincu qu'elle était perdue, je me dis : Eh bien ! nous mourrons, nous mourrons tous les deux ! j'effacerai par un baptême la tache dont elle s'est souillée (mouvement) ! et du moins on la plaindra... Le mal était désormais sans ressource.

« *M. le Président.* Quel droit aviez-vous donc de disposer de sa vie ? (L'accusé ne répond pas.) L'accusation relève contre vous une circonstance aggravante de préméditation.

« *L'accusé.* J'avais bien de funestes idées en sortant de chez moi, mais ces idées m'avaient abandonné avant que je fusse arrivé à sa maison. J'avais renoncé entièrement à tout projet ; ce n'est que dans sa chambre, en face de la boutique de Leroux, qui peut-être était sur le pas de sa porte, que toute ma raison s'est égarée.

« *D.* Une lettre a été insérée dans le *Constitutionnel* avec votre signature (1). Cette lettre, sur laquelle je ne m'explique pas, est-elle de vous? — *R.* Non, monsieur.

D. La signature qui y est apposée est-elle la vôtre?— *R.* Voici, à ce sujet, ce qui s'est passé : Un de mes amis me demanda des renseignements sur une horrible scène dont j'avais été le témoin forcé ; je lui racontai tout, et de mon récit il jugea à propos de dresser une rédaction détaillée. Un jour, alors que j'avais la tête perdue par tant de cruelles émotions, il me dit : « Venez donc mettre votre signature sur quelque chose. » Je me laissai aller à son désir, et je signai sans la lire cette lettre, dont je ne connus que plus tard le contenu.

« *D.* Désavouez-vous complétement le récit imprimé au *Constitutionnel?* — *R.* Oui, monsieur, je le désavoue formellement.

« *M. l'avocat général.* Où travailliez-vous ordinairement? — *R.* Au Musée souvent, puis à l'atelier de M. Rivoulon, peintre d'histoire.

« *D.* Quelle était la nature de vos lectures ordinaires? — *R.* Je lisais de préférence des ouvrages de théâtre, quelques romans.

« *D.* On a saisi chez vous des lettres de femmes ; les unes sont signées Adélaïde, d'autres Irma, d'autres Maria ? — *R.* Quelques-unes de ces lettres datent des huit premiers

(1) Cette lettre contenait, dans un style fort singulier, la relation de l'autopsie d'Aglaé.

jours où j'ai connu Aglaé, et il est naturel qu'alors je n'eusse pas moins pour elle une passion profonde ; d'autres sont de l'époque où j'en étais séparé par sa rupture.

« *M. l'avocat général Plougoulm.* Il est certain que vous aviez plusieurs maîtresses, et les dates prouvent qu'au moment même où vous aviez des relations avec Aglaé, vous continuiez à entretenir une correspondance avec d'autres femmes. Ainsi vous échappe cette excuse de grande passion que vous prétendiez alléguer comme mobile de votre action criminelle. — *R.* J'avais cessé de voir toute autre jeune fille du moment où j'avais obtenu l'aveu d'Aglaé.

« *D.* Mais vous l'avez tuée, Aglaé : quel droit croyiez-vous donc avoir sur elle ? — *R.* J'ai cru lui rendre service en la frappant. Je voulais aussi me donner la mort. C'était le seul moyen d'effacer ses égarements.

« *D.* Mais ses égarements, quels étaient-ils dans le sens où vous paraissez l'entendre ? — *R.* Elle s'était abandonnée à Leroux, à Sotto-Cornotto, elle était coupable.

« *D.* Elle s'était abandonnée à vous aussi, et sa conduite alors ne méritait pas moins de blâme. — *R.* C'était différent. A moi, à moi seul, elle serait demeurée sacrée à mes yeux. Sa faute devait s'expier dans son sang et dans le mien.

« *M. l'avocat général.* Toutefois, vous n'avez accompli que la moitié de cette résolution meurtrière » (Sensation.)

On passe à l'audition des témoins.

IV. Audition des témoins.

« M. *Ollivier* (*d'Angers*) rend compte de l'état où il
trouva Aglaé au moment du crime. Les blessures ne pouvaient laisser aucun espoir. Quant à l'accusé, il portait
la trace de nombreuses blessures, qui, toutefois, avaient
peu de profondeur. Aucune n'offrait de gravité, et toutes paraissaient avoir été portées de haut en bas.

« M. le Président fait représenter à l'accusé le poignard
avec lequel il s'est frappé, et qui, d'un tranchant très-fin
des deux côtés, est extrêmement aigu à la pointe. Les
pistolets sont également représentés à Boulet. La redingote
dont il était vêtu le 14 juin, sa chemise et son gilet per-
cés de vingt coups ; la robe, le corset et les vêtements
ensanglantés que portait la jeune Aglaé, sont déposés sur
la table des pièces à conviction, où les étale l'appariteur
de la cour au milieu d'un mouvement d'horreur des
assistants.

« M. *l'avocat général.* Boulet, comment se fait-il que
vous ayez tiré deux coups de pistolet? Il ne faut pas deux
coups pour donner la mort. Vous dites que vous vouliez
vous donner la mort : comment n'avez-vous pas réservé
pour vous votre second coup? et remarquez que nous ne
voulons pas laisser entendre ici que le suicide soit une
excuse à l'assassinat. — *R.* Je n'avais pas mon sang-
froid à moi, j'étais fou, perdu !

« *D.* Cela prouve seulement qu'il n'y a pas de sang-
froid dans le crime; mais il reste toujours ici ce fait que
vous tirez sans utilité deux coups de pistolet à votre vic-

time, et que vous vous faites seulement à vous des égratignures.

« M. *le Président*, au témoin. Que s'est-il passé durant l'autopsie. — *R.* Nous recherchions une balle qu'il n'avait pas été possible d'extráire ; elle était profondément logée auprès de la colonne vertébrale ; c'est ce qui nous obligea à faire la section complète du cadavre.

« *D.* Quelle était l'attitude de l'accusé pendant l'autopsie ? — *R.* L'accusé, en entrant, manifestait une émotion profonde ; il s'était assis. Je m'approchai de lui ; je lui dis que maintenant qu'il s'était conformé aux mesures prescrites par la justice, il pouvait se tenir éloigné de l'opération et se retirer même dans une autre pièce ; l'accusé me dit qu'il avait déjà assisté à des dissections, et qu'il ne désirait pas sortir. (Sensation prolongée.)

« *Boulet.* Je ne me rappelle aucunement avoir prononcé une telle phrase.

« *M. Ollivier* (*d'Angers*). Je me sers des propres paroles que vous avez prononcées. Je n'ai pas d'intérêt à dénaturer vos paroles ; je dis seulement la vérité. J'ajouterai même que durant l'opération, vous vous êtes approché du juge d'instruction, et que vous lui demandâtes de nous requérir de constater si la victime n'était pas affectée d'une leucorrhée âcre. Nous dirigeâmes nos investigations sur ce fait, et nous constatâmes qu'effectivement il existait chez la fille Aglaé Chaurelle une inflammation chronique.

« *Boulet.* Je faisais cette question à M. le juge d'instruction parce que j'avais entendu d'odieuses suppositions faites, à voix basse par les agents de police qui assistaient à l'autopsie. »

Des nouvelles explications provoquées par les questions de M. l'avocat général, il résulte que Boulet avait cru pouvoir soupçonner Aglaé d'avoir compromis sa santé. L'accusé dit que Leroux lui avait inspiré des craintes en parlant de son propre état à la suite de ses relations avec Aglaé.

MM. les docteurs Devergie et Deleau déposent des mêmes faits.

M. le Présidentdonne surérogatoirement lecture des procès-verbaux dressés le jour même de l'assassinat.

Une longue discussion s'engage sur le nombre et la réalité des ouvertures faites par le poignard à la redingote de Boulet.

M. l'avocat général. Je parlais tout à l'heure de votre moralité, Boulet ; je vais donner lecture à MM. les jurés d'une de vos lettres, sur laquelle vous aurez à donner des explications.

« Mon doux ange,

« Tu ne sauras jamais combien je suis heureux de ton
« amour, combien il m'évite de peines, et surtout com-
« bien il m'aide à supporter celle qui, inévitable, m'ac-
« cable plus que jamais. Bien différent de ceux qui
« n'aiment une femme que jusqu'à sa possession exclusi-
« vement, depuis que tu m'appartiens j'ai continuel-
« lement vu croître ton affection pour moi, et j'ai la
« preuve qu'elle remplit si largement mon cœur, qu'il

« ne reste plus guère de place, même pour la jalousie, de
« toutes les passions celle que j'ai éprouvée le plus vio-
« lemment. Je vais t'en donner la preuve : je croyais et
« je crois que, n'aimant plus une femme, on peut en
« être jaloux. Ainsi, par exemple, je pensais que si je
« voyais au bras d'un autre cette petite femme dont je
« t'ai parlé, et que j'ai tant aimée, quoique ne ressentant
« plus rien pour elle, je ne pourrais me défendre d'un
« violent mouvement de jalousie qui peut-être m'en-
« traînerait à commettre quelque sottise. Eh bien ! je
« l'ai rencontrée avant-hier suspendue au bras d'un in-
« dividu ignoble, et entourée d'autres tout aussi dégoû-
« tants, à qui elle prodiguait ses sourires. Je puis te jurer
« qu'à son aspect je n'ai éprouvé autre chose qu'un vio-
« lent dépit d'avoir aimé une pareille créature.

« Il est vrai, je l'avoue, que l'état dans lequel je la re-
« trouvai était peu fait pour faire renaître une ancienne
« passion. La malheureuse portait sur sa figure amaigrie
« et pâle les traces de la débauche, et il était difficile de
« reconnaître dans cette femme usée et presque laide la
« jeune fille qui, il y a un an, était si gentille et si fraî-
« che, et dont les formes rondes dénotaient la santé. Oh!
« maintenant, crois-le bien, je ne ferai plus un pas pour
« la posséder, ou si jamais je me décidais à le faire, ce
« ne serait que mû par la curiosité... »

« *M. l'avocat général.* Comment expliquez-vous cette
phrase : « Ce ne serait que mû par la curiosité? » Elle
annonce chez vous, si jeune encore, une profonde immoralité. Expliquez-vous. »

Boulet donne à voix basse quelques explications dont nous ne pouvons saisir le sens.

« *M° Charles Ledru.* Je prie M. l'avocat général d'achever la lecture de la lettre. Le paragraphe qui la termine est fort différent de celui sur lequel insiste l'accusation. »

M. l'avocat général reprend la lecture de la lettre dont voici le complément :

« Tu le vois, ma bonne Aglaé, je ne pense absolument
« qu'à toi, et comment cela pourrait-il être autrement?
« tu es si bonne, si désintéressée, si douce. Oh! oui! si
« douce surtout, qu'il semble que tu n'appartiens pas à
« ce monde, et que celui qui, étant aimé de toi, ne t'a-
« dorerait pas, mériterait mille fois le nom d'infâme.

« Adieu, chérie, à demain, je t'aime. »

L'audience est suspendue.

Après quelques minutes de repos, on reprend l'audition des témoins.

« Mademoiselle Martin, couturière en robes, employait comme ouvrière Aglaé Chaurelle. Elle a connu les relations qui existaient entre l'accusé et cette jeune fille. Celle-ci lui avoua qu'elle avait fait la connaissance de Boulet dans la rue, et se décida, sur les observations que lui fit le témoin, à rompre une liaison sur laquelle le caractère violent de Boulet était de nature à lui inspirer des craintes. Aglaé fit écrire par le témoin deux lettres à Boulet, pour lui dire qu'elle voulait se séparer de lui et lui annoncer même un feint départ pour la Bourgogne.

C'était chez le témoin que Sotto-Cornotto avait connu Aglaé. Il avait offert de s'unir à elle, et avait même écrit à son père, qui lui avait envoyé son consentement. Sotto-Cornotto se douta des relations qui s'étaient établies entre Aglaé et Boulet, et l'engagea à rompre ces relations qui devaient renverser tous ses projets.

« Aglaé a avoué au témoin que Sotto-Cornotto était son amant : elle est convenue également d'avoir eu des relations avec Leroux, ce dont le témoin fut scandalisé, car ce dernier était marié. Arrivée au récit de l'événement du 14 juin, mademoiselle Martin reproduit en résumé les faits détaillés dans l'acte d'accusation. C'est au moment où, après avoir frappé plusieurs fois, et persuadée qu'Aglaé n'était plus à l'intérieur, elle ouvrit l'appartement avec sa double clé, que Boulet a poussé la porte et est entré dans la chambre où se trouvait Aglaé. Aussitôt la double détonation se fit entendre ; elle se précipita dans la chambre, et, voyant Aglaé et Boulet étendus sur le plancher, appela au secours.

« *M. le Président.* Pourquoi ne vouliez-vous pas laisser entrer Boulet ? Était-ce par crainte de sa violence ? — *R.* Non, Monsieur, c'était parce que je connaissais Aglaé très-faible, et que je craignais qu'elle ne se raccommodât avec Boulet, car alors son mariage devait être inévitablement manqué, et je considérais ce mariage, pour elle, comme le seul moyen de sortir du désordre où elle menaçait de tomber.

« *M. l'avocat général.* Boulet paraissait-il troublé, hors de lui ? — *R.* Non, monsieur ; il paraissait profondément triste, mais calme, de sang-froid.

«*Boulet.* Assurément, je devais maîtriser mon émotion : si madame eût pu supposer mon trouble, elle ne m'aurait pas laissé entrer chez elle, et je voulais revoir Aglaé.

« Mademoiselle Zélie Monin, couturière, âgée de treize ans et demi, est entendue sans prêter serment, vu sa jeunesse. C'est elle qui a été envoyée par la dame Martin pour prévenir Aglaé que Boulet était venu une première fois la demander, et lui dire de quitter l'appartement. Aglaé répondit qu'elle verrait. Quelques minutes après elle tombait frappée par Boulet. Les deux coups de pistolet que le témoin a entendus ont été tirés à moins d'une seconde d'intervalle. Entrée immédiatement dans la chambre, Zélie Monnin a vu Boulet se porter des coups de son poignard dans la poitrine. En ce moment, il était debout.

« On entend successivement les témoins qui se sont trouvés sur le théâtre du crime et qui ont concouru à l'arrestation de l'accusé, ainsi qu'aux premiers secours dont sa victime et lui ont été l'objet.

« La femme Constant, blanchisseuse, rue Saint-Nicolas-d'Antin, 41, a reçu, le matin du 14 juin, la visite de l'accusé. Il venait demander Aglaé, et le témoin lui répondit qu'elle ne l'avait pas vue encore. Il annonça alors l'intention de revenir à midi, sortit, puis, revenant sur ses pas, recommanda à la femme Constant de ne pas dire à Aglaé, lorsqu'elle arriverait, qu'il était venu la demander.

«*Boulet.* Je faisais cette recommandation parce qu'étant brouillé avec Aglaé, je craignais qu'elle fît dire quand je reviendrais qu'elle était absente. »

L'huissier appelle le témoin Sotto-Cornotto, tailleur, rue de la Jussienne. (Mouvement d'attention.)

« Le témoin a connu Aglaé, le 11 mars, chez Mme Martin, chez qui il n'avait été admis qu'à la condition expresse de se marier à la mi-carême (3 avril). Des relations intimes existèrent entre eux. Bientôt la conduite d'Aglaé lui inspira des soupçons ; il se douta d'une intrigue, et finit par apprendre qu'elle avait des relations avec un nommé Boulet, demeurant île Saint-Louis, quai Bourbon. Il ne parla pas de cette découverte à Aglaé ; il attendait qu'elle prît l'initiative, et effectivement, bientôt, le 12 mai, il reçut une lettre de *démission*. Le lendemain Boulet lui fit remettre sa carte : il comprit qu'il s'agissait d'une provocation, et se rendit le 14, à sept heures, chez l'accusé. Boulet le reçut très-poliment : « Vous connaissez Aglaé, lui dit-il, eh bien ! c'est ma maîtresse. — C'est votre maîtresse, lui répondis-je ; et moi, c'est ma fiancée. — Cela peut s'arranger, reprit Boulet ; il faut qu'elle soit à un de nous deux : un de nous deux doit perdre la vie. »

« Je vis que c'était une chose sérieuse ; il proposait de nous battre à l'épée. « Non, lui dis-je, je ne veux pas risquer de recevoir une blessure qui me mettrait hors d'état de travailler ; nous nous battrons, mais à bout portant, un pistolet chargé et l'autre pas. » M. Boulet refusa ; il dit qu'il appartenait à une famille honorable, et qu'il ne voulait pas passer aux assises. « Vous avez peur de passer aux assises, lui répliquai-je, mais vous pourriez bien passer au royaume des taupes ? » (Hilarité.)

« Boulet dit que chacun devait choisir un témoin et que nous terminerions, les armes à la main, notre affaire. Depuis je n'eus pas de ses nouvelles jusqu'au jour de l'événement. Quelques jours après ma visite chez M. Boulet, j'allais trouver Aglaé, lorsque je fus accosté par M. Leroux; il me proposa d'entrer chez un marchand de de vin, et une fois là : « Vous recherchez Aglaé en mariage, me dit-il, eh bien! j'ai eu affaire avec elle, d'autres de même. » Je fus anéanti à cette nouvelle; je croyais Aglaé revenue à de bons sentiments, mais Leroux me prouva que j'étais dans l'erreur. Je me résolus à oublier Aglaé, et je la revis cependant la veille du jour fatal; je l'emmenai dans une chambre. Je lui fis les reproches les plus cruels ; elle demeura impassible et me regarda d'un œil assuré. « Eh bien! lui dis-je, puisque tu portes l'effronterie dans ton désordre, je dois te dire que je suis déjà vengé; j'ai averti Boulet de tout; il sait ta conduite. » Elle pâlit et se troubla à ces mots. Eh bien! pensé-je, puisque le nom de Boulet a seul le pouvoir de t'émouvoir, j'irai le trouver. Le lendemain donc, j'allai chez Boulet et je lui dis tout. Il fut plongé dans le désespoir; il s'arrachait les cheveux, se désolait, et je me repentis presque de l'avoir averti. « Sortons, me dit-il, sortons. » Il prit son poignard, je lui demandai pourquoi faire: « C'est mon habitude, dit-il, je le porte toujours avec moi. » Nous nous disposâmes à sortir; en ce moment un portrait placé derrière la porte frappa mes regards, je crus reconnaître les traits de ma maîtresse ; je me baissai pour regarder le tableau ; alors j'entendis Boulet qui refermait violemment son secrétaire.

J'ai su depuis qu'il venait de prendre ses pistolets, mais je ne le vis pas les prendre.

« Nous suivîmes les quais ; il me demanda plusieurs fois où demeurait Aglaé, où elle travaillait ; je lui dis que je l'ignorais. En nous séparant il me demanda mon adresse ; je refusai de la lui donner ; je lui tendis toutefois la main, il me la serra, et je le quittai.

« Le sieur Leroux, marchand de meubles, rue Saint-Nicolas-d'Antin, connaissait, comme voisin, la fille Aglaé. Celle-ci vint un jour lui conter son embarras ; elle lui demanda dix francs à emprunter, et le lendemain de ce petit prêt, Aglaé étant revenue à son magasin, lui accorda ses faveurs. Le témoin savait que Sotto-Cornotto recherchait Aglaé en mariage. Un soir, vers dix heures, il rencontra celui-ci, et engageant la conversation avec lui : « C'est vous qui devez épouser mademoiselle Aglaé ? lui dit-il, eh bien ! elle est bien gentille ; mais elle m'a rendu malade. — Et moi aussi, répondit Sotto-Cornotto , et sans doute aussi une autre personne avec qui je dois me battre dans quelques jours ; car nous n'attendons que nos témoins. »

« Peu après, le matin du 14 juin, l'accusé Boulet s'adressa au témoin, et lui demanda s'il n'avait pas eu des relations avec Aglaé. « Oui, répondit celui-ci. — Vous avez reçu d'elle une lettre ? — Oui ; la voici. Où est Aglaé ? — Elle est peut-être chez Mme Constant ; elle y travaille ordinairement. »

« M. le Président. — Vous aviez prêté dix francs à Aglaé ; les lui aviez-vous redemandés ? — R. Oui, Monsieur ; Mme Constant me dit un jour : « Ne voudriez-vous pas faire d'Aglaé votre maîtresse? Prenez garde... » Alors, rencontrant Mademoiselle Aglaé dans l'escalier, je lui dis : « Il paraît, mademoiselle, *que vous jouissez d'une mauvaise conduite;* toute relation doit cesser de vous à moi, et vous me ferez plaisir de me rendre la petite somme dont il est question. »

« Le père et la mère d'Aglaé sont entendus, mais ne donnent que de vagues renseignements sur la première faute commise par la fille, victime de la séduction d'un médecin appelé à lui donner des soins.

« M. Rivoulon, peintre d'histoire, connaissait Boulet pour un cerveau exalté. Il courait après toutes les femmes, et ses conversations roulaient toujours sur l'amour.

« M. Michelet, artiste peintre, recevait les confidences de Boulet ; il embrassait ses idées avec beaucoup d'enthousiasme, portait une exaltation extrême dans ses amours, et se pervertissait le goût par la lecture de mauvais romans.

« Madame X... voyait l'accusé presque chaque jour ; il était extrêmement exalté et avait la manie des armes. Un jour, Mme Boulet mère monta tout effrayée chez le témoin : « Comprenez-vous l'extravagance de mon fils? dit-elle ; « il vient de tirer de sa poche deux pistolets et les a posés « sur le piano. » Boulet était bon fils, doux, affectueux, et, malgré son exaltation, donnait chaque jour des preuves d'une âme tendre et d'un bon cœur.

« M. Beaumé, avoué à la Cour, appelé en vertu du pouvoir discrétionnaire, donne des renseignements sur la famille de l'accusé, dont il est depuis longtemps l'ami et le conseil. Il rend témoignage des bonnes qualités du jeune accusé, dont cependant il signale le caractère comme d'une extrême faiblesse. »

La liste des témoins est épuisée.

L'audience est continuée à demain pour le réquisitoire et les plaidoiries.

Audience du 15 septembre 1838.

A onze heures l'audience est reprise; l'affluence est plus considérable encore qu'hier. L'accusé, amené par les gendarmes, paraît plus pâle et plus abattu qu'à la précédente audience.

Mᵉ Charles Ledru, avant que le débat s'engage de nouveau, demande que M. le président veuille bien donner lecture à MM. les jurés des déclarations faites par-devant M. le juge d'instruction, le jour même du crime, par Aglaé Chaurelle. M. le président procède à cette lecture.

La déposition a été reçue par Mᵉ Cramail. Ce magistrat commence ainsi son procès-verbal :

« *Nous avons constaté que quoique extrêmement faible, cette malade jouissait de la plénitude de ses facultés intellectuelles, et nous avons reçu, ainsi qu'il suit, sa déclaration au moyen d'interpellations multipliées.*

« Il y a quatre mois environ que je connais le nommé « Boulet; je l'avais rencontré dans la rue; j'allai quel- « quefois chez lui; il venait rarement ici et jamais il n'y « passait la nuit. Je dus ensuite épouser le nommé Na- « poléon, et dès lors je ne voulus plus voir Boulet; « j'ai su qu'il y avait eu des explications entre Napoléon « et Boulet, et qu'ils devaient se battre en duel. *Napo-*

« *léon m'avait fait suivre et avait su que j'allais chez*
« *Boulet ;* Napoléon venait chez moi le soir, mais il n'y a
« jamais couché.

« Le lit que j'occupe et qui est le seul dans ce loge-
« ment, je le partage avec la dame Martin. Boulet me di-
« sait que je serais malheureuse avec Napoléon, mais il
« ne m'adressait d'ailleurs aucune parole désagréable, ni
« surtout de menace ; il disait seulement qu'il fallait que
« Napoléon cessât ses visites.

« C'est dimanche dernier que je suis allée pour la der-
« nière fois chez Boulet ; il est vrai que je ne voulais plus
« le voir, mais il m'en avait tant prié ! C'est le matin que
« j'y suis allée et j'y suis restée environ quatre heures.
« Loin de me faire des menaces, il me témoignait beau-
« coup d'amour ; il me donna rendez-vous, pour le mar-
« di, dans le passage Cendrier. Je m'y trouvai ; il conti-
« nua toujours à me tenir le même langage, toujours sans
« m'adresser de menaces. *Hier soir j'ai vu Napoléon, il*
« *est venu ici et m'a dit qu'il irait* ce matin chez Boulet
« lui dire de ne plus revenir. — Ce matin je me suis le-
« vée à six heures ; vers huit heures j'ai entendu frap-
« per longtemps à la porte de Mme Martin, absente ; je
« ne voulais pas ouvrir, car bien que je n'eusse pas en-
« tendu la voix de Boulet, *quelque chose me préve-*
« *nait.*

« La jeune apprentie vint me dire que Boulet m'avait
« demandée ; quelque temps après, Mme Martin rentra,
« et Boulet, à ce qu'il paraît, s'étant caché dans l'esca-
« lier, entra derrière elle, puis, au lieu de la suivre dans
« l'atelier, pénétra dans la chambre où je me trouvais

« debout entre la fenêtre et la cheminée, il me dit : — *Ma-*
« *demoiselle, regardez-moi en face.* — Je vis qu'il avait
« la figure pâle ; au même instant il tira sur moi ses pis-
« tolets, je tombai, mais sans perdre connaissance ; je le
« vis se donner deux coups, puis il se jeta sur moi et me
« dit : Je t'aime, Aglaé ! je ne pus pas entendre autre chose.
« On arriva et l'on me mit au lit.

« Nous faisons entrer dans la chambre l'inculpé Boulet
« qui avait été jusque-là retenu dans l'atelier. La demoi-
« selle Chaurelle interpellée de dire si c'est de lui qu'elle
« a entendu parler, répond *oui*, et lui tend la main. —
« L'inculpé interpellé si c'est là la femme qu'il a frappée,
« répond *oui*.

« Nous ne croyons pas devoir faire durer plus long-
« temps l'opération en présence de la malade dont l'état
« de faiblesse paraît s'augmenter.

« Nous faisons lecture à la demoiselle Chaurelle de sa
« déclaration, elle dit persister et ajoute : Je réclame
« votre indulgence pour Boulet ; *c'est moi seule qui suis*
« *coupable, je n'ai pas eu le courage de cesser de voir*
« *Boulet, je l'aimais.* Je n'ai cependant pas de reproches
« à faire à Napoléon qui *m'a toujours donné des conseils*
« *sages et que je n'ai pas suivis ;* je veux parler du con-
« seil qu'il me donnait de ne plus voir Boulet *qui était*
« *trop jeune pour m'épouser.* Je voulais épouser Napo-
« léon à cause de ma famille, parce qu'il devait recon-
« naître un enfant que j'avais eu précédemment. *J'affirme*
« *qu'aucun autre homme n'avait avec moi de rapports*
« *qui puissent exciter la jalousie, soit de Napoléon, soit*
« *de Boulet.*

« Pressée de questions, la déclarante nous fait connaître que son père demeure rue du Rocher, 4. »

Après cette lecture, Mᵉ Charles Ledru prie M. le président de donner aussi connaissance à MM. les jurés du premier interrogatoire subi par Boulet, immédiatement après l'assassinat.

M. le président fait droit à cette demande.

Réquisitoire du Ministère public.

La parole est à M. l'avocat général Plougoulm.

« Messieurs, dit-il, la défense, au commencement de cette audience, a voulu qu'il vous fût donné connaissance des touchantes et généreuses paroles échappées presqu'au moment de sa mort à la victime tombée sous les coups de Boulet. On a voulu sans doute, l'intention était trop évidente, vous prévenir tout d'abord contre la sévérité de notre voix. Il n'était pas dans notre intention, Messieurs, de dissimuler ce que ces paroles avaient de touchant; aussi, le dirons-nous en commençant, nous ne connaissons rien de plus touchant au monde que ces paroles, presque les dernières de cette jeune victime tombée sous les balles de celui qui disait l'aimer; je ne connais rien de plus touchant au monde que cette jeune Aglaé frappée de deux coups, et tendant la main à son meurtrier, demandant sa grâce au premier magistrat envoyé sur les lieux par la justice; je ne connais rien de plus touchant: mais quel avantage, s'il vous plaît, en voudriez-vous tirer? Imagineriez-vous, par hasard, que dans une cause aussi grave, aussi solennelle, les juges jugeront par émotion? Ils jugeront par justice ; ils n'oublieront pas ce qu'ils doivent à l'accusé, à son âge, à sa faiblesse, à l'entraînement de la jeunesse ; mais ce qu'ils n'oublieront pas surtout, c'est ce qu'ils doivent aux grands intérêts de la société. Ah ! Messieurs, l'intérêt de la société est immense. Il s'agit ici d'un meurtre, et certes il n'est pas de fait plus grave, qui intéresse plus profondément l'ordre social ; il n'en est pas surtout de plus grave quand il se rencontre dans les temps où nous sommes, en présence de doctrines sur lesquelles nous n'avons pas à nous étendre, mais dont tout le monde reconnaît et apprécie la funeste influence, sous l'égide desquelles on voit tant de jeunes gens qui se croient autorisés sans doute à disposer facilement de leur propre vie et de la vie d'autrui. Certes, dans une pareille époque, où les assassinats se succèdent, ainsi que les suicides, avec tant de rapidité, vous n'imaginerez pas, sans doute, qu'un fait de cette gravité puisse, sans outrage pour la conscience publique, être suivi d'un acquittement.

« Il n'y a pas, Messieurs, et qu'on ne voie pas dans ce que nous allons dire une offense aux illusions si respectables de la défense, il n'y a pas d'honnête homme qui ne comprenne ici quels sont les intérêts de la justice et de la société. Dans une accusation aussi grave et aussi pénible, nous n'éprouvons qu'un embarras, c'est de la soutenir. Le crime est constant, le meurtrier est devant vous, la peine doit être prononcée. Voilà ce que dans sa simplicité l'accusation devrait vous dire. Il est cependant quelques réflexions qui peuvent avoir leur utilité. C'est donc moins pour vous démontrer la culpabilité de l'accusé que nous prenons la parole, que pour donner aux faits leur véritable caractère, que pour leur rendre leurs véritables couleurs.

« Ces faits vous sont connus. L'accusé, quel est-il ? un malheureux jeune homme que tout, il faut le dire, préparait à une catastrophe semblable ; né dans la plus honnête famille, il pouvait y trouver une de ces existences à la fois honorables pour l'homme et utiles pour la société. Trop jeune, hélas ! il fut l'objet de trop grandes faiblesses paternelles. Au lieu de cette éducation dont la vie a besoin, qui doit servir plus tard à détruire les illusions de la jeunesse, il se fit artiste ; mais loin de suivre avec fruit les leçons de son maître, le célèbre Ingres, il n'eut de la vie de l'artiste que la vie licencieuse. Il ne s'adressa pas à la gloire qui quelquefois la couronne. »

M. l'avocat général montre ici Boulet se séparant avant vingt ans de sa mère. Dans ses études, dans ses lectures, il voit le germe naissant du crime qu'il doit commettre plus tard. Boulet se nourrit, après de trop superficielles études, de cette fausse, ridicule, odieuse littérature, qui a déjà égaré tant de jeunes cœurs : l'objet de son admiration, de ses préférences, ce sont ces pièces de théâtre qui créent quelquefois les scènes réelles de la cour d'assises. Dans son ardente imagination, ce jeune homme s'était bercé de cette chimère si naturelle à son âge : une jeune fille, une jeune fille que le ciel ne pouvait, au gré de son imagination, créer assez pure. Il la rencontre un jour ; il la trouve ; où ? Dans la rue. Il la suit, il l'accoste, et bientôt une liaison est formée. A qui appartient-elle cette jeune fille ? A cette pauvre femme que vous avez vue ici, n'osant regarder le meurtrier; à cet homme qui a si naïvement raconté le premier désordre de sa fille. C'était à ces simples gens qu'appartenait Aglaé ; le père, cet honnête et laborieux ouvrier, vous l'a dit, vous l'avez entendu accuser l'homme coupable qui, le premier, a corrompu leur enfant et qui l'a arrachée à leur tendresse. Cet homme, ce médecin devrait être au nombre des témoins, mais il n'a pas paru.

Une voix dans l'auditoire : Il paraîtra ! il faut qu'il paraisse ! (Marques d'étonnement dans l'auditoire.)

M. l'avocat général : Quelle est la personne qui m'interrompt? qui parle en ce moment dans l'auditoire ?

La même voix : C'est moi, le père, et je dis que le médecin paraîtra.

M. l'avocat général : Que dit-il? est-ce que ce médecin est arrivé?

M. le Président : N'interrompez pas M. l'avocat général.

M. l'avocat général reprend son réquisitoire qu'a interrompu un moment cet incident. Il retrace les circonstances dans lesquelles l'italien Sotto-Cornotto se lie avec Aglaé : « Celui-ci est animé d'intentions pures; il veut se marier à la jeune fille; il se résout à un sacrifice qui montre la sincérité de ses intentions; il veut reconnaître l'enfant fruit de premières erreurs. Mais Boulet ne voudra pas qu'elle revienne au bien; et, faible qu'elle est, elle renonce à l'honnête ouvrier qui veut unir sa destinée à la sienne, et renoue sa coupable liaison avec *l'artiste.* Dès lors elle tombe d'erreurs en erreurs; bientôt elle est conduite au dernier degré de l'abjection : la voilà

qui entre chez ce Leroux que vous avez entendu, que
vous avez vu avec mépris. (Mouvement.) Oui, Messieurs,
avec mépris, car pour ce Leroux, il n'y a pas d'excuse.
Du moins ils ont pour eux les autres, le prestige de la
jeunesse, leurs vingt ans, leurs vingt-cinq ans; mais lui,
c'est un homme de quarante-cinq ans, un père de famille !
Et vous l'avez entendu, Messieurs, comme dans sa déposition il jouait en quelque sorte avec ses paroles,
comme s'il eût voulu insulter à la mémoire d'Aglaé, et se
laver de reproches, en disant qu'elle n'avait pas résisté.
Comment l'a-t-il connue? elle avait besoin de 10 francs
pour la nourrice de son enfant; elle va les demander à
cet homme, elle espère toucher son cœur... Quand une
mère parle de son enfant, qui la refuserait? Par les raisons qu'elle lui donne pour avoir ces 10 francs, elle va
devenir sacrée à ses yeux... Au contraire. Il va abuser
de sa position, de l'urgence de sa nécessité; et parce
qu'elle a besoin de 10 francs il s'empare d'elle. Vous
croyez qu'il va les lui donner, ces 10 francs : non, il les
redemande. Il la tourmente pour qu'elle ait à lui rendre
le salaire de son abjection. Nous disons, Messieurs, qu'il
n'y a rien de plus méprisable qu'une pareille action.
(Mouvement prolongé.)

« La voilà cette pauvre fille arrivée au dernier degré de sa vie; la voilà vendue à Leroux; cet homme
que nous avons dû flétrir, car il faut que justice soit rendue à tous, ne se contente pas de son action ; il voit passer dans son voisinage Sotto-Cornotto : il l'accoste, lui
raconte ce qui s'est passé, et lui montre comme preuve
une lettre. De ce moment, naît le désir de la vengeance

dans le cœur de Sotto, dans son cœur italien. Il va trouver Aglaé, il lui fait des reproches ; il prétend avoir averti Boulet. A ce moment Aglaé pâlit; car si elle s'est livrée à Sotto-Cornotto, dans l'espérance du mariage, si elle s'est livrée à Leroux, poussée par l'impérieuse nécessité, c'est à Boulet qu'elle a conservé son amour. La résolution de l'Italien est arrêtée ; il va le lendemain trouver Boulet, il lui dit tout : il entre dans le détail de l'infamie de celle que ce jeune homme aime avec passion ; car nous ne cherchons pas à le dissimuler, la passion de Boulet était ardente. Celui-ci entre donc dans un état de fureur; il se roule sur son lit, il se désole, puis il s'arme d'un poignard, de ses pistolets, et sort avec Sotto-Cornotto ; il le quitte, et se dirige vers la demeure où il croit trouver Aglaé. Par une fatalité bien déplorable, Boulet en ce moment rencontre Leroux, et celui-ci lui répète ce qu'il a dit la veille à Sotto ; il n'en faut pas plus : Boulet s'élance dans la maison de la demoiselle Martin. »

M. l'avocat général retrace ici les circonstances du crime de Boulet : «Quelle est maintenant sa défense? Il a tué Aglaé, il vous l'a dit, parce qu'il était amoureux et jaloux : ce sera là toute la défense de Boulet; il n'en a pas d'autre. On s'est efforcé de préoccuper l'opinion de cette pensée, que Boulet était un héros d'amour ; mais, en vérité, il ne peut même pas trouver cette consolation d'intérêt dans cette audience. Qu'est-il donc, Boulet? Comment a-t-il pu concevoir qu'il eût quelque droit sur la vie de cette jeune fille ? Qu'était-elle pour lui, sinon ce qu'étaient aussi plusieurs autres ?

« Messieurs, réduisez avec nous cette affaire à sa plus

simple expression. Il est constant que Boulet a tué cette jeune fille, qu'il a voulu lui donner la mort. Imaginez donc pour un moment qu'un verdict d'acquittement (pardonnez-moi cette injure) sorte de votre délibération ; quelle en sera la conséquence ? Que l'on aura le droit d'assassiner la femme dont on se dira jaloux. Un acquittement serait une calamité publique : aussi le résultat ne peut-il être douteux. »

M. l'avocat général, passant à la circonstance de préméditation, définit le caractère de cette préméditation et développe ce que l'on peut dire pour l'établir, et ce que la défense ne manquera pas d'opposer pour la combattre. Quant aux circonstances atténuantes, elles peuvent ressortir de l'extrême jeunesse de l'accusé, de son exaltation, du paroxisme de fureur dans lequel il était lorsqu'il a commis le crime.

« Si nous avions l'honneur de siéger parmi vous, messieurs les jurés, dit en terminant l'avocat général, nous répondrions affirmativement sur la seconde question, et nous admettrions des circonstances atténuantes. »

Cet éloquent réquisitoire, pendant toute la durée duquel l'accusé a tenu la tête baissée et cachée presque entièrement derrière la barre, en versant d'abondantes larmes, est suivi d'un long murmure approbateur dans l'auditoire.

Défense de Boulet par M° Charles Ledru.

M° Charles Ledru a la parole :

« Messieurs,

« Vous remplissez une belle et noble mission quand

vous êtes appelés à juger les actions des hommes ; mais
il y a des circonstances où elle est en même temps bien
difficile, bien redoutable.

« C'est, par exemple, lorsque l'intérêt que vous res-
sentez naturellement pour une grande infortune est combattu, dans vos consciences, par l'intérêt bien plus important, bien plus sacré de la morale, de l'ordre et des
lois.

« Malheur à l'accusé dont la chute est pesée en face
de considérations si graves, si exigeantes, si légitimes !
il ne reste plus pour lui ni indulgence, ni miséricorde.
L'humanité, la sainte humanité se tait, et la terrible voix
du bien public étouffe les plus bienveillants et les plus
doux instincts de l'âme.

« Ne croyez donc pas, Messieurs, que je me fasse illusion sur les dispositions où vous êtes : je les connais trop
bien ! je sais même que le ministère public n'a pas eu besoin de vous les inspirer. Avant qu'il vous eût fait entendre sa trop éloquente parole, avant qu'il eût si dignement imploré vos sévérités, au nom de la société dont il
est l'organe, déjà vous vous étiez dit intérieurement que
la paix et la sécurité des familles vous appelaient à leur
secours..., que vous deviez les rassurer, et, qu'au milieu
des scandales, qui, chaque jour, affligent les honnêtes
gens, vous ne voudriez pas du moins concourir au scandale contagieux de l'impunité....

« N'est-il pas vrai, Messieurs, que telle était votre résolution quand vous fûtes appelés à prendre place sur
vos siéges ?

« Moi-même, je vous l'avouerai, lorsqu'on vint me

prier de consacrer à ce jeune homme les efforts de mon zèle, je répondis que je ne me sentais pas le courage d'accepter un fardeau si ingrat.

« Que puis-je faire? disais-je; et que me demandez-vous?

« Le crime est certain, avoué.... Comment détruirais-« je un fait irrécusable?

« Sans doute, en d'autres temps, il eût été possible de « faire descendre la pitié dans le cœur des jurés, mais, « aujourd'hui, qui oserait le tenter?

« Lisez ce journal qui m'arrive, il y a quelques ins-« tants : voyez celui d'hier, voyez-les tous.

« Ce n'est qu'une longue nomenclature de crimes. Le « vol à main armée et l'assassinat, les attentats à la pu-« deur de l'enfance sont rangés indifféremment parmi « les nouvelles ordinaires; on est presque blasé sur le « parricide !

« Je le sens donc moi-même, c'est un devoir impérieux « pour la société de se défendre avec énergie contre l'in-« vasion d'une immoralité inouïe dans les annales du « monde.

« Ainsi, ne me parlez plus de l'accusé dont le malheur « vous touche si profondément; ne me parlez plus de « cette parenté si honorable, ni de tout un avenir perdu « à vingt ans. Je vous le répète; je ne puis rien ! Il y a « une nécessité plus forte que la volonté et que les lar-« mes du jury lui-même... Il faut que cette nécessité « s'accomplisse... Accordez-moi, du moins, qu'elle s'ac-« complisse hors ma présence. »

« Cependant, Messieurs, j'avais consenti à un entre-

tien de quelques instants avec le prisonnier : car, vous
ne l'ignorez pas, c'est un privilége de notre ministère de
pouvoir apporter quelquefois des consolations à ceux
qui souffrent.

« Je le vis donc. Je le priai de me raconter comment
il avait pu tomber dans un si grand malheur. Il me dit
tout... : sa vie antérieure, ses études, ses rêves d'ambition, ses faiblesses, son fatal amour, les circonstances qui
avaient préparé le funeste drame de la rue d'Antin....
son délire frénétique, ses remords..., ses implacables remords !...

« Je l'écoutais depuis près d'une heure, aussi agité
que lui... Je ne le laissai pas terminer, et je l'interrompis pour lui dire :

« Mon ami, j'avais refusé votre défense : à présent,
« c'est moi qui vous la demande... Je vous dois une ré-
« paration ! je vous la donnerai... Oui, je paraîtrai de-
« vant vos juges... Je leur parlerai, ce sera moi... ; et,
« si je puis vous faire comprendre d'eux comme je vous
« comprends moi-même, votre vie, votre liberté, votre
« honneur... ou plutôt votre mère, votre bonne mère,
« et votre frère, ce digne jeune homme qui vit au Palais,
« parmi nous, et votre sœur, que vous aimez tant, seront
« sauvés. Je vous le promets. »

« Et aujourd'hui, Messieurs, je viens vous supplier de
m'aider à tenir ce saint engagement; je viens vous dire
ce qu'est Boulet ! pourquoi vous ne devez pas le déshé-
riter de votre indulgence, de votre protection, de votre
pitié...; et pourquoi vous devez me pardonner à moi-même
de n'avoir pas désespéré de votre bonté, de votre justice!

« On vous a dit de vous prémunir contre les efforts que la défense allait faire pour vous émouvoir, pour parler à votre sensibilité au lieu de s'adresser à votre raison.

« Ne craignez rien de pareil.

« Je ne vous apporte au contraire qu'un récit simple, que des paroles sans art, sans recherche, sans ornements.

« Écoutez-moi donc sans défiance.... Je ne veux comme vous que le triomphe de la vérité.

« Boulet a vingt ans. Vous savez quelle est sa famille : il n'y reçut jamais que des exemples d'honneur. Pourquoi suis-je obligé de dire que, malheureusement, son père était aussi faible que bon.

« Cette faiblesse le laissait sans défense dans la direction de ses affaires personnelles. Un seul fait qui vous a été révélé par l'honorable Mᵉ Beaumé nous en offre la triste preuve. M. Boulet jouissait notoirement d'une fortune de douze à quinze mille livres de rente. A sa mort, il avait si mal disposé ses affaires, qu'on ne retrouva ni titres, ni documents pour asseoir sa position, et tout ce que sa veuve et ses enfants ont pu retrouver se borne à une cinquantaine de mille francs.

« Il avait le même laisser-aller, le même abandon dans la conduite de sa famille. L'accusé surtout était de sa part l'objet d'une fatale tendresse. Il l'avait eu à soixante ans : c'était l'enfant de sa vieillesse. Par cette raison et aussi, peut-être, à cause de quelques avantages physiques qui ont bien leur influence sur le cœur des parents, c'était son fils de prédilection.

« Dès sa plus tendre adolescence, Boulet avait pris l'habitude de régner, sans efforts, sur la volonté de celui qui était préposé par la Providence pour former et dompter son caractère. A quinze ans il était libre, libre comme l'air, disait-il dans sa puérile vanité.

« Doué d'une imagination vive, ou plutôt d'une imagination de feu, la carrière d'artiste lui sembla celle à laquelle l'appelait sa vocation : et en effet, c'est là que Boulet mieux dirigé aurait pu se faire une place honorable.

« Mais impatient comme ceux que dévore une ambition précoce, imprudent comme ceux qui manquent de guide, et d'ailleurs trop facile à la séduction des sophismes à l'aide desquels on se persuade si aisément à vingt ans, qu'on peut se dispenser de ce travail sérieux, assidu, qui seul mène au succès, il se flatta d'activer, de féconder son imagination d'artiste, de se donner du génie, peut-être, en se livrant à des lectures qui ne laissaient dans son esprit que le trouble, le désordre et l'incendie.

« Jour et nuit il dévorait des romans, et quand il s'était épuisé, quand il avait embrasé tout son sang à cette lecture opiniâtre, sa distraction était d'aller voir représenter sur la scène les caractères et les passions qu'il avait étudiés dans les livres.

« N'allez pas croire, cependant, que l'accusé eût le moindre penchant pour cette littérature obscène et basse dans laquelle toutes les dépravations ont leur théorie et leurs modèles. Non ! ce n'était pas une imagination corrompue. C'était une imagination inquiète, vagabonde, malade de ses propres excès... en un mot, c'était une imagination romanesque.

« Ses lectures, sans altérer la douceur de son caractère qui, quoique fier et exalté, était néanmoins plein de bienveillance, lui avaient donné je ne sais quelle attitude guerrière qui contrastait avec sa situation de jeune et obscur artiste.

« Il aimait à aller au tir ; il portait toujours un poignard, et son habitation écartée lui avait fourni un prétexte pour se présenter souvent armé de pistolets. Cette manie guerrière qui sans doute ne tenait qu'à un besoin d'imiter instinctivement les héros du moyen âge au milieu desquels il vivait plus intimement qu'avec ses camarades d'atelier, en était venue à tel point qu'un jour (il y a de si étranges révélations au cœur d'une mère), Mme Boulet n'avait osé entrer dans un salon où son fils avait déposé, sur un piano, cet arsenal d'écolier.

« Malgré ces travers de tête, le cœur de Boulet était resté droit et pur. Son esprit seul était faussé. Ainsi, quoique les romans eussent exercé sur lui une influence de tristesse et de mélancolie qui lui inspiraient un dégoût anticipé de la vie ; quoique ce jeune homme à peine entré dans le monde en fût réduit aux sinistres pensées de suicide, il avait conservé toute la fraîcheur de son âme pour le plus respectable et le plus vrai de tous les sentiments, pour le plus noble de tous les amours.

« On vous a dit dans les débats qu'il aimait sa mère. Je sais que ce n'est point là un éloge, car, qui n'aime pas sa mère ? Mais chez lui ce n'était pas simplement de l'affection, ce n'était pas une tendresse ordinaire ; c'était une sorte de passion et de culte, c'était, si j'ose ainsi dire, une douce et sainte poésie.

« Vif, animé, bouillant dans les discussions avec tous autres..., un mot, un regard, un signe de sa mère, calmait à l'instant cette tempête ; et si par malheur il avait attristé cette pauvre femme par quelque parole imprudente, aussitôt il s'accusait lui-même, et vous auriez vu ce jeune homme de vingt ans s'asseoir sur les genoux de sa mère, la couvrir de ses baisers et de ses larmes, en lui demandant pardon.

« Aussi, malgré les défauts de son fils, elle vivait sans inquiétude. Peut-être même, lorsqu'elle le voyait entamer des controverses insensées, était-elle heureuse des écarts que son fils devait effacer bientôt par une si douce expiation ?

« L'état moral de Boulet a été admirablement caractérisé par une parole recueillie dans l'instruction. Il avait une *fièvre chaude permanente*, a dit M. le comte Pouget de Nadaillac.

« C'est surtout à l'occasion des femmes que son imagination s'exaltait. C'était là le sujet de ses conversations, non pas de ces conversations que l'âge excuse lors même que la pudeur s'en effraie : je veux dire que ses discours exprimaient le même enthousiasme, ou si vous voulez la même folie romanesque.

« L'objet de tous ses rêves, c'était une vierge ! une jeune fille pure, candide, dont aucun souffle n'eût approché le cœur... qui l'aimât sans partage... C'était le fantôme que nuit et jour il poursuivait, lorsque vers la fin de février, se promenant sur la place des Victoires, il lui sembla voir l'image de cet être inconnu, mystérieux, qu'il demandait à tous les échos, qu'il respirait dans l'air, et qui ne lui était encore apparue que comme une ombre fugitive et insaisissable.

« Et ici, Messieurs, permettez-moi d'entrer dans un détail qui serait indigne de cette audience, si tout n'était grave quand il s'agit de pénétrer les mystères du cœur humain.

« Il y avait une raison pour que Boulet sentît à la vue d'Aglaé que la destinée devait rapprocher leurs âmes.

« Elle était belle, mais de cette beauté qui devait exercer le plus d'empire sur une âme mélancolique.

« La pâleur de son visage, me disait l'accusé, le bleu « voilé de ses regards, sa paupière brune, exprimaient une « tristesse et une douceur ineffables. »

· « Boulet voulut lui parler : elle ne répondit pas. Il la suivit au Marché des Innocents, l'attendit longtemps à la porte d'une maison où elle était entrée ; enfin il l'avait accompagnée jusque près de la rue d'Anjou, lorsqu'à la fin, vaincue par ses prières, elle consentit à ce qu'il la rencontrât sur son passage le jeudi suivant.

« Dans l'intervalle, Aglaé lui avait écrit cette lettre :

« Monsieur, comme on ne doit jamais manquer à une « parole donnée, je viens m'acquitter de la promesse que « je vous ai faite, lundi soir, de vous écrire. Peut-être « ai-je tort de tenir cette promesse : cette lettre ne fera « qu'augmenter la mauvaise opinion que vous vous êtes « sans doute faite de moi. Je conviens que les apparences « ne me sont pas favorables, car c'est toujours d'après les

« apparences que l'on juge les femmes. — Vous avez cru,
« je n'en doute pas, lorsque je vous ai demandé votre
« adresse, que j'étais une femme sans retenue, et facile à
« faire tomber dans un piége. Détrompez-vous, lorsque
« vous me connaîtrez mieux, vous me jugerez moins lé-
« gèrement. *Rappelez-vous que je ne vous ai fait cette*
« *demande que lorsque j'ai su que vous étiez artiste. Le*
« *nom d'artiste, c'est un titre pour moi. Il me semble*
« *que ce nom inspire une confiance qui n'est pas ordi-*
« *naire, envers ceux qui le portent.* C'est cette même
« confiance qui m'a fait consentir à vous revoir et à vous
« écrire. J'espère, Monsieur, que vous n'en abuserez pas.
« C'est avec cette persuasion que j'ai l'honneur de vous
« saluer.   « AGLAÉ.

              « 21 février 1838. »

    « Je vous ai dit, Messieurs, que le rêve de Boulet était
une jeune fille innocente et vertueuse, qu'il pût aimer de
toute son âme.

    « Aglaé n'avait plus la couronne des vierges, mais sur
son front brillait l'étoile du malheur. Cette circonstance,
au lieu d'éteindre l'affection de Boulet, ne fit que la rendre plus vive, plus irrésistible.

    « Dans ses épanchements mélancoliques, elle lui avait
raconté qu'au sein de sa famille, où elle vivait innocente,
un homme l'avait indignement trompée. C'était un médecin qui, abusant de la confiance d'un père, l'avait amenée
chez lui et lui avait préparé un breuvage qu'elle avait bu
sans défiance... : elle s'était assoupie pour s'éveiller dans
les bras du séducteur !

« Dès le début, Boulet se trouvait ainsi jeté dans une de ces situations qui donnent tant de force à la passion dans les âmes ordinaires, et qui devait exalter bien davantage un esprit enthousiaste et romanesque.

« Aglaé exerçait donc sur lui la séduction si puissante du chagrin et des larmes ; et en même temps, il l'aimait encore, si j'ose ainsi parler, de toute la violence des tourments dont il était dévoré en songeant que celle qu'il appelait son ange avait été la victime d'une si coupable trahison.

« Une lettre, en date du 15 avril, exprime bien tout ce qui se passait alors en lui. Je la lis pour vous prouver combien était déjà profond ce sentiment que M. l'avocat général consent à peine à reconnaître chez Boulet.

« Mon bon ange,

« Je t'écris dans un état complet de tristesse et de dé-
« moralisation, suite des misères inévitables dont la car-
« rière d'artiste est semée, alors qu'on la parcourt sans
« fortune. Quand donc cessera-t-elle de me poursuivre
« en tout, cette fatalité infernale qui m'empêche de réussir
« en quoi que ce soit, m'ôte toute confiance en moi, et
« ne manque jamais d'ajouter un chagrin amer à toutes
« les rares satisfactions que je puis avoir ? » . . . . . .
. . . .

La suite de la lettre d'Adolphe Boulet est l'expression de la plus violente jalousie. Il poursuit en ces termes :

« Oh ! quand on a quelque délicatesse de sentiments,

« et que cette horrible idée se présente à l'esprit, qu'on
« donnerait volontiers sa vie pour pouvoir se trouver face
« à face avec celui qu'on hait, lui reprocher son infâme
« lâcheté et la lui faire expier par la mort !

« Pardonne-moi de te rappeler encore cela. C'est que,
« quand on souffre, on éprouve le besoin de parler de
« son chagrin. Tu le sais, *car toi aussi, tu as souffert*
« *beaucoup, et cela n'a sans doute pas peu contribué à*
« *établir entre nos deux âmes cette sympathie qui les lie*
« *si étroitement;* et d'ailleurs c'est à la destinée et non
« pas à toi que je reproche le passé : à toi, mon doux
« ange, à qui je dois les seuls moments de bonheur que
« j'aie eus dans ma vie. J'aimerais mieux mourir que de
« te faire un reproche.

« Qu'il est doux de t'avoir des obligations ! Et comment
« ferais-je, maintenant, si je voulais cesser de t'adorer,
« *toi, si douce, si bonne, qui as bien voulu avoir pitié*
« *de moi et me donner ton amour?*

« Vois-tu, quelles que soient les circonstances qui arri-
« vent, je te jure que je garderai toujours un suave et
« délicieux souvenir de toi. . . . .

« Adieu, chérie, il n'y a pas d'expressions qui puissent
« te dire combien t'aime ton

« ADOLPHE. »

» Vous voyez donc quelle était déjà la force de l'affection du jeune artiste, lorsqu'à la date du 13 mars, trois

semaines après cette liaison formée par la sympathie de la douleur, il reçut de Mlle Martin la lettre que voici :

« 13 mars 1838.

« Monsieur,

« Mlle Aglaé m'a chargée de vous écrire, ne pouvant le
« faire elle-même. Son départ a été plus prompt qu'elle
« le pensait. Sa mère lui en avait caché le jour pour lui
« ôter le temps de la réflexion, parce qu'elle savait bien
« que vos intentions n'étaient pas de partir avec eux. J'ai
« fait tout mon possible pour les détourner de cette idée
« et je n'ai rien obtenu. Depuis quelque temps elle ren-
« trait fort tard : ce qui a fait soupçonner la vérité à sa
« mère, et l'a empêchée de suivre sa première intention
« qui était de la laisser chez moi. Je pense, cependant,
« qu'elle ne tardera pas à revenir.

« Elle m'a fait part de vos craintes, il est de son devoir
« de vous tirer du doute. Rien que ce motif la décidera
« à tenter tous les moyens de quitter ses parents. Elle doit
« m'écrire une fois par semaine : elle mettra un mot pour
« vous.

« Si vous voulez lui répondre vous pourrez m'adresser
« vos lettres, et je les lui ferai passer *sans aucun* danger
« qu'elles tombent en *des mains* étrangères.

« J'ai l'honneur de vous saluer,

« F. MARTIN. »

« Rue d'Anjou-Saint-Honoré.

« Faites en sorte que vos lettres m'arrivent dans la

« matinée, afin qu'elles ne *fussent* décachetées que par
« moi. »

« Boulet avait aussitôt supplié Mlle Martin de dissiper
ses craintes : il reçut une nouvelle lettre que je recommande à votre attention.

« 15 mars 1838.

« J'aurais désiré répondre à votre lettre si *je n'avais*
« *espéré vous voir ce matin,* d'après ce que vous aviez
« dit à la portière à *qui j'avais donné l'ordre de vous*
» *laisser monter.* — J'ai besoin de vous parler *au sujet*
« *d'Aglaé* afin de dissiper les craintes que vous avez.
« Soyez bien persuadé, Monsieur, qu'elle n'a nullement
« l'intention de ne plus vous voir. Dépositaire de toutes
« ses pensées, je puis vous assurer que son plus grand
« regret en partant était de vous quitter ; et qu'elle n'au-
« rait pas fait ce voyage si elle n'avait eu la certitude de
« revenir bientôt.

« Prenez patience. Et s'il est vrai que vous aimiez A.
« autant que vous le dites, vous chasserez de votre esprit
« des soupçons qui deviendraient injurieux pour elle.

« *J'ose espérer, Monsieur, que vous ne refuserez pas*
« *de venir ; je compte sur vous et vous attends demain*
« *dans la matinée.*

« Je vous salue,

« F. MARTIN. »

« Ces lettres pourraient donner lieu à quelques réflexions de nature à prouver pourquoi Mlle Martin a été

peu favorable à Boulet : mais je m'en abstiendrai. Je me bornerai à dire que le fond de cette correspondance n'était pas vrai. Aglaé n'avait pas quitté Paris.

« Pourquoi Mlle Martin avait-elle inventé la fable d'un départ? C'était, je veux le croire, dans un but très-pur, très-honorable : mais elle eût mieux fait de dire la vérité. La voie la plus droite est toujours la meilleure.

« Ce qui est positif, c'est que, malgré les bonnes intentions de Mlle Martin, elle excitait, en définitive, Boulet à conserver des espérances qu'elle s'attachait d'un autre côté à rendre vaines.

« Quoi qu'il en soit, cette séparatian dura six semaines, et ici j'éprouve le besoin de relever un mot dont M. l'avocat général aura regret, j'en suis sûr.

« Il a dit que Boulet, infidèle, *livré à la débauche*, n'avait pas le droit d'invoquer à titre d'excuse une passion qu'il n'avait jamais éprouvée pour Aglaé, et la preuve de l'accusation, ce sont les lettres signées Adélaïde, Irma, Maria.

« Ma réponse est simple. D'abord, je dirai que pas un mot de ces lettres n'autorise la sévérité des paroles du ministère public. Cette nuit encore, je les ai relues *toutes*, et je porte à l'accusation le défi d'y trouver, je ne dirai pas des preuves *de débauche*, mais des preuves d'intimité entre Boulet et les jeunes personnes qui lui ont adressé ces lettres. Ce sont bien des propos tendres, de ces choses qui sont le fond éternel de toute correspondance entre un jeune homme de vingt ans et de jeunes filles de seize à dix-huit, mais rien de plus.

« Au reste, il y a un témoin positif : c'est la dame

Élisabeth Ferté, qui a dit dans l'instruction écrite : « Qu'il
« n'y avait jamais eu de relations intimes entre Adélaïde
« et Adolphe, et qui a ajouté : Je suis convaincue qu'il
« en a été de même à l'égard d'Irma. »

« Je vais plus loin, car je tiens à ce qu'il ne reste sur
ce point aucune incertitude dans vos esprits. Quelque in-
nocentes que fussent ces relations de Boulet, elles n'ont
existé que pendant sa rupture avec Aglaé.

« En effet, les lettres sont du 26 mars, 7 avril, 9 avril :
ce qui se trouve dans les six semaines qui ont suivi le
prétendu départ de Mᶫᶫᵉ Chaurelle. Quant à celles du
28 janvier, 21 et 24 février, elles sont antérieures à l'é-
poque où ils se sont connus.

« L'accusé a dit avec ingénuité que des relations avec
d'autres jeunes filles, pendant l'absence d'Aglaé, n'a-
vait été pour lui que des moyens de *distraction*... et à ce
mot le ministère public s'est indigné.

« Et pourquoi donc? n'est-il pas vrai qu'à vingt ans,
le remède qu'un père lui-même conseillerait à son fils
contre le mal d'amour, ce serait quelques-unes de ces affections qui, sans laisser de traces, occupent néanmoins
l'esprit et consolent le cœur?

« Vivre dans l'isolement, y pleurer une ingrate, se
nourrir de larmes, serait plus poétique sans doute : mais,
se distraire par quelques légèretés de cet âge, ce n'est
point *se livrer à la débauche*... Non! et je suis sûr que
le ministère public désavoue lui-même une parole qui,
sans doute, a mal rendu sa pensée.

« Cependant, la rupture durait depuis six semaines;
Boulet était en proie à une agitation extrême.

« Un matin, après une nuit sans sommeil, une nuit de trouble et de fièvre, il veut savoir si Aglaé a réellement quitté Paris. Il se rend rue d'Anjou, et là il apprend que la veille encore on l'avait vue à Paris : que sans doute elle était allée demeurer avec Mlle Martin, dans son nouveau domicile. Il veut voir cette dame..., lui parler. Elle était absente... En l'attendant, il entre dans un cabinet de lecture : et là, pendant une heure entière, il tient, m'a-t-il dit lui-même, un journal sans pouvoir en lire une seule ligne.

« Aglaé arriva : elle tenait par la main la jeune fille de Mlle Martin. Il l'accosta... elle était pâle, et lui restait sans voix... Il la suivit... En entrant chez elle, Aglaé cacha sa tête dans son mouchoir et se mit à sangloter.

« Elle répondit à ses reproches que si elle avait fui, c'était dans la crainte de devenir mère. C'est dans cette entrevue qu'elle lui donna connaissance des propositions de Sotto-Cornotto. Je dois même avouer qu'elle lui manifesta le désir d'épouser cet homme et de continuer à voir Boulet *comme ami*.

« Celui-ci ne se sentait pas assez de force pour un pareil rôle, et il lui conseilla de rompre avec Sotto-Cornotto.

« M. l'avocat-général a jeté un blâme bien sévère sur ces conseils.

« Eh bien ! moi, Messieurs, je ne blâme pas Boulet de les avoir donnés : je l'en loue.

« Et à ce sujet, je dirai que j'ai été surpris des reproches adressés à Boulet pour avoir empêché Aglaé d'épouser un homme qu'elle n'aimait pas.

« On a beaucoup parlé de morale dans cette cause. Qu'y a-t-il donc de plus contraire à la morale que des unions comme celle qui était projetée avec Sotto-Cornotto?

« Oui, vous avez raison de vous affliger du relâchement de la morale et du désordre qui règne au sein des familles : mais voulez-vous en connaître une des causes premières? Elle est précisément dans ces stipulations honteuses, décorées du nom de mariage, qui vicient les mœurs publiques à leur source même.

« La société n'eût rien gagné à ce que Sotto-Cornotto devînt l'époux d'Aglaé : ce n'a été qu'un mauvais exemple de moins. Je dois vous apprendre, d'ailleurs, messieurs les jurés, que la demoiselle Chaurelle avait bien d'autres raisons que les avis de Boulet pour refuser les hommages de Sotto-Cornotto.

« Cet homme, qui s'est posé si digne à l'audience, qui aurait voulu couvrir de son honneur les fautes de la mère en se faisant le père de la fille..., mérite-t-il bien les éloges qui lui ont été donnés du haut de ce même siége d'où des censures si sévères sont tombées sur Boulet?

« Écoutez Aglaé elle-même. Voici la lettre qu'elle lui adressait à la date du 5 avril 1838 :

« ... *Vous ne pouvez pas dissimuler votre caractère* « *jaloux, jaloux jusqu'à l'excès, et je serais très-mal-* « *heureuse d'être soupçonnée...*

« *Je voudrais en me mariant que mon enfant de-* « *vienne le vôtre; qu'il ait votre amitié; et le calcul*

« *d'intérêt que vous faites, prouve bien qu'il n'en serait*
« *pas ainsi.* — Après avoir bien réfléchi, je vois qu'il est
« impossible que je sois heureuse avec vous : trop d'obs-
« tacles s'y opposent : — un enfant d'abord que vous ne
« pouvez aimer... »

« Quand donc M. Sotto-Cornotto développait ici avec
tant d'abandon ses vues honorables et désintéressées...
peut-être ne voulait-il que vous tromper.

« Mais je ne veux rien anticiper : je reviendrai à cet
homme avec lequel nous avons à régler bien d'autres
comptes. Veuillez seulement garder bon souvenir de son
caractère *jaloux*, jaloux *à l'excès*, et des calculs d'intérêt qui s'accordent si peu avec les vertueux élans de
l'audience.

« Depuis que Sotto-Cornotto avait reçu cette lettre,
Aglaé et Boulet avaient repris leur douce existence. Ils
étaient heureux, si on peut l'être, même par l'amour,
quand il n'a pas été consacré par la loi et béni par la religion.

« Je vous ferai connaître quelques détails de cette
existence... Vous excuserez, messieurs, des longueurs
qui me fatigueront moi-même, mais auxquelles je suis
condamné pour vous apprendre des choses que le débat
ne vous a pas fait connaître, et que vous ne devez pas
ignorer.

« Ces détails, d'ailleurs, auront bien aussi quelque intérêt ; c'est la conversation de deux amants dont l'un est
mort victime d'une passion que l'autre expie sur les bancs
de la cour d'assises !

« Ange chéri,

« Tu as voulu que je t'écrivisse et je le fais avec bon-
« heur : cela me fournit l'occasion de te répéter que je
« t'aime de toutes les forces de mon âme ; toi si jolie et
« qui veux bien être à moi, pauvre artiste qui justifie si
« bien le proverbe. Je te l'ai dit, chère, jamais avant toi
« une bouche aimée ne m'avait dit : Je t'aime.

« Ah ! pourquoi donc à ce bonheur-là s'est-il mêlé
« aussi des souffrances si cruelles et si poignantes que je
« me prends souvent à regretter d'avoir trop de cœur et
« de ne pas être lâche ? C'est que, sans doute, si cela
« n'eût pas été, je me fusse trouvé trop heureux et que
« je suis destiné à ne l'être jamais complétement. Certes,
« cette conviction que j'ai profonde, n'a pas peu con-
« tribué à me plonger dans cette tristesse qui fait mon
« état normal, ainsi qu'à me détacher de la vie que j'en-
« trevis si belle, alors que j'y entrai.

« Mais, puis-je donc dire que je suis malheureux, alors
« que j'ai l'espoir de te voir demain ? Ah ! que vingt-qua-
« tre heures vont paraître longues à ton

« ADOLPHE.

« Demain samedi, à sept heures et demie, rue de la
« Michodière, — n'est-ce pas ? »

« Voilà quels étaient les sentiments de Boulet.
« De son côté, Aglaé lui exprimait les choses les plus
tendres :

« Mon cher Adolphe,

« Tu veux que je t'écrive. De quelle expression pour-
« rai-je me servir pour te dire que je t'aime de toute la
« force de mon âme?

« Que l'absence prolongée fera trouver doux le bon-
« heur tant désiré; ce bonheur *qui doit peut-être* BIENTÔT
« FINIR. Oh! Adolphe, je t'en supplie, cache-le-moi le
« mot fatal, ce mot : Je ne t'aime plus.

« Si plus tard l'affection *que tu as pour moi disparais-*
« *sait, viens me voir quelquefois, je souffrirai moins.*

« Je t'en prie, aide-moi à éloigner de ma mémoire ces
« idées qui me font tant de mal : tu es bien jeune; et
« puis, tes prétentions à l'avenir peuvent te mettre à même
« d'obtenir quelqu'un plus élevée que moi; moi pauvre
« ouvrière peu habituée aux usages du monde.

« Je crains bien de t'ennuyer, mais je t'aime tant, que
« cela doit te faire passer sur bien des défauts, dont je
« n'accuse que la nature et mon éducation négligée.

« Si bientôt le destin nous sépare, pense à moi sans
« colère.

« Adieu, jusqu'au bonheur de te voir. Je t'embrasse
« mille fois comme je t'aime.

« Aglaé CHAURELLE.

« De l'indulgence, je te prie. »

« Quelques jours après cette lettre, et à la date du
20 mai (notez bien cette date), voici ce qu'elle écrivait :

« Adolphe,

« Il m'est de toute impossibilité de me trouver au ren-

« dez-vous convenu, attendu que l'ouvrage me commande,
« et tu sais que, dans ma position, je ne dois pas refuser.

« De plus, *on m'a remis deux lettres anonymes*. Je
« ne doute que *sur la personne qui est venue chez toi le*
« *jour où j'y étais. Probablement elle se venge ; mais elle*
« *se venge bien mal ;* car, moi, je n'en ferais pas autant.

« Ainsi donc, écris-moi le plus tôt possible. Il y a bien
« longtemps que je ne t'ai vu. Cette privation me coûte
« beaucoup, tu sais.

« Contre la force, tu connais le proverbe. Je t'en prie,
« ne m'accuse pas d'indifférence. Si tu peux te trouver
« demain, lundi, à deux heures précises, au passage
« Cendrier, tu me feras le plus grand plaisir. J'ai à te
« parler de vive voix. N'y manque pas, je te prie. Aime-
« moi toujours bien, je serai heureuse encore.

« Je t'embrasse du fond du cœur,

« AGLAÉ. »

« La lettre dans laquelle il est question d'écrits anonymes, de cette arme des lâches, qui donc désigne-t-elle
dans son vague ? Quel est cet homme qui a soif de vengeance ?

« Vous l'avez déjà deviné : son nom est sur toutes les
lèvres dans cet auditoire. (Sensation.)

« Mais écoutez : c'est Aglaé qui va le nommer elle-
même. Sur son lit de mort elle a dit : « Une personne
« avait soupçonné mes relations avec Boulet : cette per-
« sonne m'avait fait suivre...

— D. Qui était cette personne ?

— R... Sotto-Cornotto. » (Sensation générale.)

« Vous avez vu en quels termes Aglaé écrivait le 20.
Voici ce que le 21, le lendemain, elle adressait à Boulet :

« Monsieur,

« J'ai beaucoup réfléchi, je renonce entièrement à
« vous. Je vais rentrer en moi-même. Trop longtemps je
« me suis égarée. Il est un peu tard, il est vrai, mais
« l'âge me donne un conseil sage, je dois le suivre. Ainsi
« donc, cessez vos visites ; elles deviendraient inutiles,
« attendu que je ne veux plus vous revoir.

« AGLAÉ. »

« Boulet croit rêver en recevant cette lettre ; il devine
d'où part le coup. Je n'excuse pas ici sa conduite ; mais,
du moins elle est empreinte de franchise ; il va trouver
son adversaire, il agit, si j'ose m'exprimer ainsi, à la
française ; il veut une explication avec Sotto ; et il lui fait
remettre, par Niclot, sa carte. Le lendemain, Sotto-
Cornotto arrive : « Est-ce vous qui avez écrit à Aglaé
« cette lettre ? lui demanda Boulet.—Oui, c'est moi, répond l'Italien ; Aglaé est ma fiancée. »

« Un duel est proposé.

« Savez-vous comment Sotto-Cornotto entend ce genre
de combat qui, dans sa barbarie, a du moins des règles ?

« J'accepte, dit-il, mais sans témoin... à bout portant. »

« C'est l'homme au caractère jaloux, *excessivement*

jaloux; c'est l'homme aux lettres anonymes, l'homme qui fait suivre mystérieusement Aglaé, l'homme désireux de vengeance qui parle ainsi. Enfin, c'est celui qui, hier, se drapant devant vous comme un spadassin endurci, racontait nonchalamment son désir d'envoyer Boulet dans le *royaume des taupes.*

« Très-bien, Monsieur Sotto-Cornotto... très-bien ! je le reconnais, à l'audience vous êtes un brave ! (Sensation.)

« Mais dites-moi, vous qui vous êtes plaint devant MM. les jurés d'avoir attendu votre adversaire pendant quinze jours, durant lesquels bouillonnait votre courage, est-il bien vrai que vous voulussiez d'un duel en y mettant de pareilles conditions?...

« Un duel sans témoins..., à bout portant..., y songez-vous? Mais si l'un des combattants se retournait tout à coup, et si de sa dague il perçait le cœur de son rival, comme cela, dit-on, s'est fait quelquefois en Italie... (Sensation profonde.)

« Et c'est vous, Monsieur, qui, après de pareilles propositions, avez encore le courage d'insulter l'accusé sur ce banc ! Il vous sied bien, en vérité, d'insinuer que ce jeune homme est un lâche parce qu'il a compris, lui, qu'un duel n'était pas un guet-apens et une sorte d'auxiliaire pour l'assassinat !

« Je reprends mon récit.

« C'est quelques jours après cette scène de duel que Boulet s'adressa encore à Mlle Martin pour la supplier de lui dire où était Aglaé.

« On a beaucoup insisté sur un mot *inconvenant* qui se trouve, par je ne sais quelle fatalité, mais qui se trouve *seul* dans toute la correspondance. Permettez-moi de répondre aux inductions qu'on en pourrait tirer, en vous lisant une lettre qui vous donnera sur les façons de vivre, sur l'éducation, sur le caractère tout entier de Boulet, des renseignements qui n'ont pas été préparés pour la cause.

« Voici en quels termes il écrit à Mlle Martin, le 23 mai :

« Madame,

« Je vous demande mille pardons de vous adresser des « questions qui, eu égard au peu d'intérêt que vous « prenez à Aglaé et par suite à moi, vous paraîtront sans « doute étranges.

« Je désirerais, Madame, que vous voulussiez bien me « donner le moyen de revoir Aglaé, et si cela n'est pas « en votre pouvoir, ceux qui pourraient m'aider à la « retrouver. Une seule considération pourrait vous em- « pêcher de le faire : *ce serait l'espoir que vous auriez* « *de voir M. Sotto-Cornotto continuer des projets de* « *mariage qui, après les trois lettres de rupture qu'il a* « *reçues, les choses qu'il a apprises, et l'assurance qu'il* « *m'a donnée à plusieurs reprises,* QU'IL NE TENAIT PAS « A ELLE, *seraient,* vous l'avouerez, excessivement sin- « guliers.

« Dans cette hypothèse même, vous ne devriez pas me « refuser ce que j'ai l'honneur de vous demander ; car, « pour que ce mariage ait lieu, il faut qu'elle y consente, « et je vous donne l'assurance que si, *dans ce cas, elle* « *me signifie de vive voix de ne plus chercher à la voir,*

« je lui obéirai, quoique, je ne le cache pas, il doive
« m'en coûter énormément de le faire.

« Si, Madame, oubliant les sujets de plainte que vous
« pensez avoir, vous vous donnez généreusement la peine
« de répondre d'une manière détaillée à mes questions,
« il n'y aura pas d'expressions possibles pour vous té-
« moigner l'excessive gratitude de

« Votre très-humble et obéissant serviteur,

« A. BOULET. »

« P.-S. Si ce n'est pas trop abuser de votre complai-
« sance, je vous prierai, puisque vous avez souvent
« occasion de le voir, de dire à M. Sotto-Cornotto de
« vouloir bien *se hâter de trouver un témoin* (les affaires
« de la nature de celle qui nous intéresse tous deux
« demandent à être terminées *le plus vite possible*) ; et
« de le prévenir que si, samedi, je n'ai pas reçu de ré-
« ponse, je penserai *qu'il a jugé à propos de ne pas
« donner suite à notre querelle,* où j'agis généreusement,
« en consentant à me battre alors que je ne suis pas lésé;
« car il est vrai que je n'aurai de graves motifs de ven-
« geance qu'alors qu'Aglaé m'aura quitté définitivement
« pour lui.

« Mardi matin, 23 mai. »

« Je dois me hâter : je m'abstiendrai de réflexions sur
cette lettre : elle suffit sans commentaires, pour faire apprécier l'accusé et le témoin.

« Cependant, Mlle Martin tenait toujours Aglaé éloignée de Boulet, lorsque, dans des recherches continuelles, il parvint à découvrir sa retraite. Un jour la jeune fille de Mlle Martin elle-même, qu'il avait vue le soir sur la porte, lui dit ingénûment qu'Aglaé était seule... Boulet entra, se précipita dans ses bras, la couvrit de baisers et de larmes... Bientôt tout fut oublié. On oublie si aisément dans le bonheur !

« Je ne vous dirai pas les circonstances de cette réconciliation. Ce qui importe, c'est que vous sachiez que le 10 juin les deux amants avaient passé quatre heures ensemble au domicile de Boulet : qu'ils s'étaient revus le mardi... et qu'un rendez-vous était donné pour le jeudi suivant, à dix heures du matin.

« Ici, messieurs, une nouvelle carrière s'ouvre devant moi... Ce n'est pas de la vie antérieure de Boulet qu'il est réellement question au procès : si je vous l'ai fait connaître, c'était uniquement pour répondre à des réflexions que je crois peu méritées ;... mais en réalité, il n'y a qu'un jour, un seul, dont j'aie à vous rendre compte. Jour fatal...

« Nous y arrivons : mais, avant d'aller plus loin, je vous rappellerai quels sont les acteurs et les témoins principaux de cette effroyable scène !

« Mlle Martin, vous la connaissez : c'était alors la future de l'ami intime de Sotto-Cornotto : aujourd'hui c'est sa femme. Elle a épousé, il y a peu de jours, le sieur Niclot.

« Sotto-Cornotto, c'est l'auteur des billets anonymes, le duelliste sans témoins, c'est un Italien, un Italien jaloux... et qui a soif de vengeance.

« Quant à la triste héroïne de ce drame, je ne vous dirai rien, en ce moment, de son caractère.

« Pauvre jeune fille ! elle a été bien avilie à cette audience. Mais, de grâce ! suspendez votre jugement sur elle ; c'est l'accusé qui vous en supplie par ma voix.

« Nous qui ne savions d'elle que ce que nous en avaient appris la procédure et l'instruction, nous avions ajouté foi à ces témoignages d'un Sotto - Cornotto, d'un Leroux.....

« Boulet plus éclairé que nous, parce qu'il jugeait avec son cœur celle qu'il a si tendrement aimée, a découvert avec les lumières qui nous manquaient une trame infernale, où l'innocente est tombée victime....

« Je n'en suis que plus coupable, me disait-il.... mais
« puisque je ne puis rendre la vie à Aglaé, au moins je
« serai, par votre organe, le défenseur de sa mémoire...
« Hélas ! elle n'a plus que moi ! car son père trompé
« comme les magistrats eux-mêmes, son père l'a mau-
« dite : il a été jusqu'à défendre à sa femme de pleurer
« une fille couverte d'opprobre......... Vous consolerez
« ces braves gens auxquels je voudrais donner ma vie en
« expiation ! Vous consolerez aussi l'ombre d'Aglaé...
« Vous la consolerez, en vengeant son honneur, en lui
« rendant cette partie d'elle-même que la tombe n'en-
« ferme pas. »

« Oui, messieurs, Boulet en savait plus que nous ! c'est à lui que nous devons d'avoir saisi le fil d'une intrigue abominable... Je vous ferai pénétrer vous-mêmes dans cet odieux dédale... ; en attendant, ce que je vous demande avec supplication, c'est d'oublier tout ce que ces hommes vous ont raconté... Oubliez-le donc, car ils mentaient!

« Je vous disais, il y a quelques instans, que Boulet et Aglaé s'étaient donné rendez-vous, à dix heures du matin, pour la journée du lundi, 14 juin.

« La veille avait fini, pour lui, sous de saints auspices. Le jeune artiste s'était rendu au quai aux Fleurs : là, il avait acheté un pot d'œillets à sa mère..., il le lui avait apporté..., et comme elle était couchée, il s'était retiré avec la douce pensée de la surprendre, à son réveil, par le pieux hommage de sa tendresse.

« L'infortunée, au moment où elle le recevait, son fils était aux mains de la justice! et pourtant c'est un souvenir qu'elle conserve avec une espèce de culte. De tout ce qu'elle a de son fils, c'est celui qui est le plus cher...., et chaque jour vous la verriez arroser de larmes ces tristes fleurs! » (Émotion dans l'auditoire.)

(Les yeux se dirigent vers Mme Boulet qui cache son visage baigné de pleurs.)

« Cependant Boulet s'était endormi plein de bonheur.... Et pourquoi vous tairais-je un détail qu'il m'a donné?.... Il avait rêvé..., dans ce songe il se voyait couronné pour une œuvre qui plaçait son nom au rang de ceux que la renommée environne.

« Sa peinture qu'on admirait, c'était le portrait d'Aglaé...., c'était pour cette œuvre qu'on lui avait décerné une couronne.... Pourtant il y avait parmi les fleurs dont elle était formée quelque chose que Boulet avait peine à démêler... il croyait apercevoir sous une des

fleurs le dard d'un serpent... puis cette image dispa-
raissait...

« Tout à coup.... on l'arrache à ce songe.... il entend
qu'on frappe... à demi éveillé, et encore plein de souvenirs fugitifs de son rêve..... il se précipite vers la
porte.....

« Que voit-il? C'est Sotto-Cornotto !

« Je m'arrête... je ne sais pourquoi un souvenir étranger à ces débats se présente à ma pensée... (Mouvement
de curiosité dans l'auditoire.)

« Mais non, cela n'est pas étranger à ce qui se passe
ici..... permettez-moi donc, messieurs, de vous faire la
confidence de ce souvenir qui m'oppresse.

« Il y a trois siècles, un de ces génies que la Providence envoie sur la terre comme pour rehausser et ennoblir par ce qu'il y a de divin en eux l'humanité tout
entière... le grand Shakespeare conçut une des plus belles
créations de l'esprit humain.

« Il voulut nous apprendre ce que peut renfermer de
noirceur l'âme d'un traître. Il plaça cette âme ténébreuse
dans le corps d'un Italien... Il l'appela Iago.

« Iago est envieux, il est jaloux;... il veut se venger !
tuera-t-il son ennemi?... La mort que donne le fer ou le
poison est trop douce ! l'enfer lui suggère des tourments
plus horribles.

« Il fera entrer dans le cœur d'Othello... quelque chose
de bien pis que la mort et ses tortures : il y fera entrer la
jalousie et tout son cortége de supplices.

« Mais comment? Les fêtes nuptiales s'accomplissent à
peine ! Osera-t-il élever le soupçon dans un noble cœur

le jour même où la jeune Desdemona lui sacrifie son père, son père si tendrement aimé ?... et puis par quel moyen flétrir la vierge que la gloire seule d'Othello a pu enivrer de ses rayons ?

« Cela est impossible ! Non, non, il n'y a rien d'impossible à la haine, assez froide, assez maîtresse d'elle-même pour comprendre tout ce que l'apparence d'une amitié perfide possède de ressources, lorsqu'elle veut agiter une âme inexpérimentée dans la ruse et qui s'ouvre sans défiance aux atteintes de la jalousie.

« Il faut à Iago... des complices. Il en trouvera !

« Tout lui est bon : l'amitié, la haine, les sentiments les plus nobles et les passions les plus basses seront disposées et mises en jeu pour concourir à l'œuvre d'enfer qu'il a méditée.

« Sa femme... l'amie de Desdemona..., elle qui donnerait sa vie pour sa pauvre maîtresse, deviendra à son insu le premier ministre de sa vengeance.

« L'Italien peut multiplier les rouages... : peu lui importe leur nombre : il sait bien comment on brise *sans témoins* l'instrument dont on s'est servi pour un crime... (Mouvement.)

« Mais Othello voudra des preuves plus fortes que des témoignages peut-être trompeurs... Eh bien ! il en aura ; car Iago a appris que la jalousie est aussi crédule qu'elle est soupçonneuse.

« Enfin, l'infortuné Maure voudra voir de ses yeux, entendre de ses oreilles..... et tandis que chacune des paroles de Desdemona s'échapperont de son sein comme la douce expression de sa candeur et de son innocence, elles se traduiront dans l'âme bouleversée d'Othello en aveux de honte et d'infamie.

« Et puis, quand l'orage sera formé.... Iago n'aura plus à craindre que les soupirs de la pauvre colombe n'attendrissent le courroux d'Othello..., car la tempête n'écoute personne : cris, larmes, soupirs, désespoir...; elle engloutit tout !

« Vous l'avez vu, messieurs, vous l'avez vu, non pas froid et décoloré comme je vous le représente, ce terrible drame qui, bien différent de tant d'œuvres justement flétries dans cette enceinte, est avant tout une des plus hautes leçons qui aient été adressées aux hommes !

« N'est-il pas vrai que le grand Shakespeare a tracé des caractères fidèles...'? et n'est-il pas vrai aussi que spectateur de cette lugubre représentation, quand vous maudissiez l'abominable Iago... vos sympathies, vos affections, vos larmes se partageaient entre le meurtrier et la victime... (Mouvement.)

« Voyez-vous, à présent, à la lueur des grandes vérités que le poëte vous a révélées... voyez-vous Sotto-Cornotto qui frappe à la porte de son rival? Voyez-vous comme il se félicite par avance, se disant à lui-même comme Iago : ennemi, je n'ai pu le perdre ! eh bien ! je me ferai *ami*; le moyen est plus sûr... (Nouveau mouvement.)

« Le voilà entré...- il a le sourire sur les lèvres... il apporte la paix... Plus de querelles entre nous, dit-il : je viens, au contraire, vous rendre un service... A ces mots, Boulet s'apprête à quelque confidence heureuse, car son âme, avec tous ses défauts, est du moins loyale et franche..., et il ne soupçonne pas que sous des paroles de bienveillance puisse se cacher une noire trahison...

« Il écoute donc...

« Savez-vous, pauvre jeune homme, que vous êtes trompé ?

« — Trompé ! par qui donc ?

« — Par Aglaé...

« — Elle... grand Dieu ! avec qui ?

« — Je vous l'avais caché : c'était pour moi un devoir. Sa conduite m'a dégagé de mes serments, et aujourd'hui je viens vous ouvrir les yeux..., elle vous a trompé... *avec moi-même...* Elle était ma maîtresse... »

« Comprenez-vous, messieurs, quelle révolution dut, à ces premières paroles, se passer dans l'âme de Boulet !

« Car, rappelez-vous-le bien : à peine il s'éveillait... à peine il sortait de ce rêve d'or... ; il y a quelques minutes, c'était le portrait d'un ange qu'il contemplait avec adoration... et le voici sans transition en face de ces confidences horribles...

« Il se roule sur son lit ; il arrache ses cheveux... ses sanglots oppressent sa poitrine... Mais voyez Iago... comme il est heureux, et que son bonheur est calme !

« Comme il savoure les tortures de sa victime ! elle est là, dans sa main... il la tient toute palpitante sur ce lit qui, après avoir été le théâtre de tant d'ivresse, est enfin le théâtre de la vengeance...

« Avec quelle joie il contemple sa proie... comme il enfonce lentement le poignard... de peur d'épuiser trop tôt le plaisir dont son âme s'abreuve...; il compte chaque sanglot, il en jouit avec délices, tel qu'hier, à votre audience, lorsque répétant à tout instant ce mot : « *ma maîtresse,* » pour désigner Aglaé, il semblait, en fixant l'accusé, boire à longs traits, dans ses yeux, la volupté de son supplice et se complaire à crucifier son rival sur ce banc..., sur ce banc des assises où le crime lui-même est sacré ! (Sensation profonde.)

« Boulet prend en hâte ses vêtements... il s'habille... place ses pistolets dans sa redingote... La fureur qui le pousse est si violente que Sotto-Cornotto s'épouvante de son ouvrage... oui, oui, cela est vrai... : il avait peur. (Mouvement.)

« En effet, si tout à coup Boulet se tournait vers lui... s'il le punissait !...

« Mais Sotto-Cornotto a prévu le moyen de se mettre à l'abri du danger; il va devenir ami plus tendre encore.

« Mon pauvre Boulet, dit-il, vous êtes bien agité : « calmez-vous... ou je ne vous dirai plus rien... vous « ne savez pas le reste... — Dites... dites : je suis « calme. »

« L'infortuné a besoin d'apprendre tout... il se fait une affreuse violence...

« Et c'est alors que le barbare, laissant tomber goutte à goutte tout le venin de sa bouche, raconte en détail ces turpitudes dont le pauvre enfant, dans sa noble résistance aux ordres de M. le président lui-même, n'a pas osé salir cette audience... Il lui retrace la fable de ces sales banquets d'immoralité dont Leroux aurait eu sa part, et enfin ce sacrifice infect consommé dans son antre, sur un comptoir !

« Oui, oui, je le comprends. A ce récit la rage entre dans l'âme de Boulet... Oui..., il veut du sang, je le crois... ou plutôt il ne veut rien... ; mais dans la fièvre du délire qui agite sa tête... il se jette sur ses armes...

« Quant à l'Italien... il est toujours tranquille ! —— Au milieu de ce désespoir, de ces apprêts de mort, il examine... quoi ?... un tableau, un portrait qui ressemblait à Aglaé, dit-il..., il le contemple en se croisant les bras...

« Vous croirez que j'invente... non ! c'est lui-même qui l'a dit dans l'instruction ; qui l'a répété hier à cette audience... comme s'il attendait que la justice, par l'organe de ses magistrats, le récompensât d'un si noble maintien.

« Ils sortent tous deux..., Sotto-Cornotto ne veut pas que Boulet s'égare..., il le met sur la route qui conduit chez Aglaé... ; il l'accompagne jusqu'au Palais-Royal.

« De temps à autre il lui répétait : « Pauvre Boulet, « que je vous plains d'avoir été trompé. —— Elle « n'en trompera plus d'autres, répondait Boulet, dont « chaque parole de Sotto-Cornotto attisait le déses- « poir..., je la tuerai, et je me tuerai après. »

« Au moment de quitter Sotto-Cornotto, une lueur de raison était revenue à l'infortuné. « Si cet homme m'a- « vait trompé ? se disait-il à lui-même, » et il songe à lui demander son adresse pour le punir, s'il en avait imposé. Mais, il insiste à peine..., et ils se séparent.

« Cependant Boulet parcourait à grands pas l'espace

qui le séparait de la rue Saint-Nicolas. Sa tête était en feu, ses idées se confondaient... tout avait changé d'aspect pour lui, comme si un voile enchanté était tombé de devant ses yeux. Sotto-Cornotto, Leroux et Aglaé passaient successivement, comme des ombres rapides, dans son esprit, et sa pensée tournoyait entre l'assassinat, le duel, le suicide, mais toujours dans les régions de la mort.

« Pourquoi ne rencontra-t-il pas alors Aglaé... une parole de son amie eût rendu peut-être la lumière à son intelligence égarée... Il se serait jeté à ses pieds : il eût imploré et obtenu son pardon...

« Il va chez Mme Latombe où elle travaillait habituellement ; Aglaé n'y était pas...

« Elle serait donc chez Mlle Martin ? Il se dirige de ce côté..., car il faut qu'il la voie...

« Mais tout était prévu par Sotto-Cornotto. Chacun était à son poste. Au moment où le pauvre enfant arrive à la demeure d'Aglaé, la sentinelle placée par l'Italien est là qui l'attend...

« Leroux s'avance...; cet homme qu'il ne connaissait pas, vient à lui d'un tel air que Boulet lui adressant la parole :

« Serait-ce vous, dit-il, qui avez vu hier soir M. Sotto-« Cornotto ? — Oui, c'est moi. »

« — Ce que vous lui avez dit d'Aglaé est-il vrai ? — « Si vous en doutez, je puis vous en offrir la preuve ; » et, tout en répétant dans son grossier cynisme, les circonstances de sa propre infamie, il le mène dans son atelier, et là il lui montre la lettre où Aglaé avait écrit son déshonneur...

« Les yeux de Boulet ne voient rien... Ce que dit cette lettre, il l'ignore : et nous savons par Leroux lui-même que ces lignes étaient pures..., mais... à l'aspect du nom seul qu'il voit au bas, les incertitudes ont cessé... il croit tout... Aglaé n'est plus Aglaé : c'est une femme descendue jusqu'à l'ignominie d'un Leroux !

« Le voilà aussitôt chez Mlle Martin..., mais voyez quelle fatalité !

« Mlle Martin, étonnée de sa pâleur, tremblant d'ailleurs qu'il ne revoie Aglaé, dont elle veut pour toujours le tenir éloigné..., lui oppose tous les prétextes qu'elle peut inventer...

« Hélas ! tous ces obstacles ne font que l'irriter encore : ce n'est qu'une digue contre laquelle les eaux du torrent se gonflent et s'amoncellent.

« Enfin, il triomphe de toutes les résistances... Il va toucher le seuil de la porte fatale..., Aglaé est devant lui... La pauvre enfant, tout conspire contre elle : tout, et la place même où elle se tient !... C'est près de la fenêtre que debout, effrayée, elle voit arriver Boulet... Il s'élance vers la même place : « Regardez-moi en face, » dit-il en lui frappant de la main sur l'épaule, et en plongeant ses regards jusqu'au fond de l'âme de cette jeune fille épouvantée.

« Son visage pâlit, elle se trouble... Donc elle est coupable, se dit-il : Oui... et c'est pour cela qu'elle se cachait à ma vue... Ce trouble est l'aveu de sa faute...

« Et au moment où la foudre s'échauffe dans son imagination, à toutes ces pensées qui la traversent et s'y entrechoquent, que voit-il ?

« Grand Dieu ! quelle fatalité nouvelle ! la fenêtre était ouverte. Aglaé s'y tenait appuyée... Devant cette fenêtre est la maison de Leroux... Là cet antre..., là le comptoir...

« Que faisait donc Aglaé à cette fenêtre ?...

« A cette vue... le peu de raison qui lui reste s'évanouit... Un instinct de mort lui met à la main les armes qu'il a prises sous l'inspiration de Sotto-Cornotto... Deux coups de tonnerre plus prompts que la pensée, messagers de vengeances plus rapides que la volonté même, se font entendre...

« Malheur ! malheur horrible... Mais ne détournez plus vos regards... Quelle touchante image, au milieu même de cette scène de mort !

« Boulet vient de frapper. C'est la haine, dit-on, qui armait son bras ! la haine ? voyez-le donc ! Quand la crise du délire est passée... il redevient lui-même... Oui, voyez-le..., le voici à terre près de sa victime, il l'embrasse, il suce le sang qui coule de ses blessures : « Aglaé, ma pauvre Aglaé, je t'aime. »

« Il se lève, revient encore..., il se frappe... La mort ne veut pas de lui... ; car il n'est pas facile à la main que conduit une volonté délirante, de tuer avec le poignard ; et d'ailleurs, ne l'oubliez pas, Messieurs, la Providence, qui se joue si aisément de nos frêles existences, permet rarement à celui qui veut cesser de vivre, d'accomplir l'œuvre impie du désespoir.

« Quand l'infortuné Boulet sortit de ce rêve de sang..., il était aux mains de la justice...

« Ici, Messieurs, permettez que le digne magistrat qui commença l'instruction reçoive mes hommages !

« Comme il comprenait ce pauvre jeune homme, et que lui-même était compatissant et bon ! De quelle noble charité son cœur était embrasé, lorsque, suspendant les rigueurs de son ministère, il permettait à Boulet d'approcher d'Aglaé, de cueillir le baiser du pardon sur ses lèvres, où il avait cueilli tant de baisers d'amour...

« Oh ! son témoignage est bien puissant, et c'est lui que j'invoque pour vous apprendre tout ce que ressentait alors l'accusé, que M. l'avocat du roi vous représentait tout à l'heure comme une sorte de froid acteur d'une épouvantable tragédie !

« J'ai admiré l'éloquence de vos paroles : Vous avez accablé le pauvre enfant de votre facile indignation... Vous avez dit qu'il ne savait que s'égratigner de vingt et un coups de poignard, et que tout son courage s'était épuisé sur sa victime... Oui, ces paroles étaient belles : mais étaient-elles vraies ?

« Consultez donc le témoin le plus sûr de cette lamentable scène... Ah ! pour elle, elle ne s'y est pas trompée...
« C'est la jalousie, a-t-elle dit... Pardonnez-lui..., il
« n'est pas coupable... » Et enfin ce mot si touchant adressé à Mlle Martin... : « Si je guéris, Boulet sera-t-il
« acquitté?.... S'il en doit être ainsi, soignez-moi bien :
« car je veux vivre pour le sauver. »

« Et lui..., quelles pensées l'occupent?... Aglaé et sa mère : « Ma mère, ma pauvre mère, quelle
« douleur pour elle ! » Et pendant que le juge dresse ses procès-verbaux, quelle grâce l'amant demande-t-il à Mlle Martin : C'est de lui donner à chaque instant des nouvelles de la victime... Dans la poésie de sa dou-

leur il veut aussi qu'on lui donne des mèches de ces beaux cheveux qu'il aimait tant !

« Il veut, avant d'entrer dans sa prison, se couvrir de ces saintes reliques... Comment donc tout cela ne vous inspire-t-il pas quelque pitié ? Invoquez, si vous voulez, toutes les rigueurs de la loi contre lui ; mais ne dites pas qu'il a été impassible et froid... Ne dites pas que ce n'est point l'amour qui l'a perdu... Vous voyez bien qu'autour de ce corps sanglant il n'y a qu'amour et désespoir ! (Sensation profonde.)

« Messieurs, j'arrive à un autre point. Vous avez vu quel rôle ont joué Sotto-Cornotto et son digne complice... ; mais vous ne savez encore rien de ces hommes. Pour que vous puissiez apprécier comment Boulet a dû succomber... apprenez donc ce qu'ils sont.

« Je parle preuves en mains : on ne me démentira pas.

« Le croiriez-vous ? tout ce que ces hommes-là ont dit à votre audience n'était pas seulement de la bassesse, c'était encore du mensonge effronté.

« Leroux s'est fait ici bien infâme... Eh bien ! messieurs... tout ce qu'il vous a raconté n'était qu'une fable monstrueuse... cet homme ne s'est pas souillé des infamies qu'il vous a racontées d'un ton si dégagé... il se vantait !

« Ce brocanteur, qui spécule sur toutes sortes de marchandises, et qui, parmi les objets de son magasin, aurait aussi une conscience à livrer au plus offrant, et à brocanter, n'a servi que d'auxiliaire à l'intrigue imaginée par Sotto-Cornotto ; et quant à l'Italien, c'est en désespoir de cause que ne pouvant obtenir Aglaé, il s'est dit que du moins pour l'enlever à Boulet, il saurait bien, à l'aide de ses propres turpitudes et de celles de Leroux, la plonger dans la fange.

« Je ne calomnie pas : je prouve.

« D'abord, sachez, messieurs, que cet Italien est avant tout un imposteur. Souvent dans les procès on rencontre des témoins dans la déposition desquels on parvient à découvrir quelques mensonges... ce qu'on chercherait vainement dans toutes les paroles de Sotto-Cornotto... c'est une vérité.

« Que vous a-t-il avoué lui-même à l'audience ? qu'il avait menti dès sa première entrevue avec Boulet.

« Alors, vous a-t-il déposé, j'ai déclaré à Boulet « que je n'avais jamais eu de relations avec Aglaé. J'ai « agi de la sorte parce qu'elle m'avait fait promettre « sur l'honneur de ne rien avouer à son amant de mes « intimités avec elle.

« Quel rôle pour le futur ? celle qui doit être sa femme le conjure de ne point inquiéter son amant...; il est question d'un duel... et Sotto-Cornotto consent à mentir en face de son adversaire !

« Étrange façon... d'obéir à l'honneur !

« Dans l'instruction, nouveau mensonge : mensonge gratuit... péché d'entraînement et d'habitude.

« On a trouvé chez lui un *Moniteur républicain*. D'où vous vient-il ? lui demande le magistrat.—Sotto-Cornotto avait le droit de ne rien répondre ; mais il n'hésite pas. — Ce moniteur de la république lui a été distribué *par des personnes qu'il ne connaît pas...* l'une d'elles était un jeune homme d'une vingtaine *d'années, vêtu d'un habit*

*bleu, cheveux bruns : il faisait sa distribution du côté
de la rue Saint-Martin...* Le juge écrit sous sa dictée...
quand tout à coup l'Italien change de thême.

« Tout ce que je viens de vous dire, déclare-t-il, n'est
« pas vrai. » Et alors, nouvelle histoire improvisée avec
le même aplomb que la première.

« Ces numéros, il les a trouvés *tous les deux par terre,*
« *rue Coq-Héron, enveloppés... c'était un petit rou-*
« *leau,* etc. »

« C'est absolument comme hier à l'audience.

« Je lui avais demandé comment il avait pu *s'indigner*
de ce qu'Aglaé ne lui eût pas *avoué* le 13 le rendez-vous
du 14, puisqu'il venait déclarer qu'il ne savait pas ce
rendez-vous...

« Alors il s'est jeté dans ses phrases entortillées... *il
savait,* puis ne savait pas..., puis encore dans ce flux de
mensonges il assignait les dates de ses premières intimités
avec Aglaé : c'étaient des souvenirs bien fidèles, bien
positifs : il citait le 3 avril, le 12 mai... avec une mémoire
impitoyable... je lui fais remarquer qu'une lettre irrécusable d'Aglaé lui donne un démenti sur ce chef... c'est
que je me trompe de date, dit-il : et il faut, pour le tirer
d'embarras, que M. le Président réponde pour lui, qu'il
est bien difficile de citer exactement des jours et des dates.

« Cela est bien difficile, c'est vrai, mais cependant, tout
à l'heure, Sotto-Cornotto ne le trouvait pas ainsi, et il dé-
bitait ses mensonges avec tout l'aplomb qu'on met à dire
la vérité.

« Nouveaux mensonges *écrits!* Boulet a pris en sa présence les pistolets. C'était une circonstance bien digne

d'attirer son attention..., l'Italien a intérêt à dire qu'il n'a rien vu : il l'affirme : et *pour preuve* il ajoute : « Je regardais, en ce moment, un portrait. »

« Quelle occupation au milieu d'une telle scène ! et quelle excuse !

« Dans le trajet qu'il fait avec Boulet, celui-ci lui fait entendre ces paroles qu'il a la franchise d'avouer, quoique ce soit la plus forte charge contre lui : « Je la tuerai et je « me tuerai après. » L'Italien n'a rien entendu de pareil..., il ne s'en souvient pas..., comme si le propos n'était qu'une légèreté sans conséquence et sans portée !

« Enfin hier encore, ici, à l'audience, comment expliquait-il les contradictions que je lui opposais : « J'avais « exagéré, » et un moment après, « je n'exagérais pas. » De telle façon qu'il n'y a pour la justice aucun moyen de saisir ce Protée de cour d'assises qui, lorsqu'il ne peut vous échapper sous une forme, se sauve aussitôt sous une autre, et trouve ainsi, dans son audace, l'impunité de ses parjures.

« Voilà l'homme. Voyons le fait :

« Je nie la dégradation d'Aglaé : j'affirme que cela n'est que l'invention des deux complices. Écoutez-les eux-mêmes.

« Vous savez que les menteurs, si habiles qu'ils soient, se prennent toujours dans leurs fables. Jugez-en.

« Et d'abord : quel jour Leroux est-il venu faire à Sotto-Cornotto la confidence dont il est question ? Tous deux dans l'instruction ont dit que c'était le 13. Voici les paroles textuelles de Sotto-Cornotto : « Le 13, *au soir,* « comme je sortais de chez la fille Chaurelle, Leroux,

« qui paraissait m'attendre, me prit par le bras. »

« Voici celles de Leroux : « Le 13, *au soir,* ayant
« rencontré ce jeune homme, je lui parlai tant de tout ce
« qui s'était passé avec moi que de ce que j'avais recueilli
« d'un côté et d'autre. »

« Et lorsque Boulet, au moment même du crime raconte au magistrat tout ce qui s'est passé, il dit : « Sotto-
« Cornotto ajouta que nous n'étions pas les seuls qui
« fussions accueillis par Aglaé : qu'il était allé chez elle
« *la veille au soir,* et qu'au moment où il sortait, un
« sieur Leroux, marchand de meubles, lui avait dit, etc. »

« Dans le même interrogatoire, déposant des circonstances qui ont suivi, il déclare : « Je rejoignis Leroux,
« je lui dis : Est-ce vous qui avez parlé à Napoléon *hier*
« *au soir...?* — Oui, monsieur. »

« Plus tard on s'est aperçu que cette date était en opposition avec les déclarations d'Aglaé, et que le mensonge
serait découvert. On l'a changée. Ce n'est plus le 13 que
Leroux a confessé ces turpitudes à Sotto-Cornotto : c'est
le 12...

« Mais comment Leroux s'était-il trompé d'abord; et
comment est-il aujourd'hui si sûr de cette erreur?

« C'est, s'il faut l'en croire, que le 13 il est allé aux
« Variétés : qu'il est rentré tard, et qu'ainsi il n'a pas vu
« Leroux ce soir-là. »

« Ressouvenir étrange ! Le lendemain de l'assassinat les
mémoires sont infidèles... elles sont fidèles aujourd'hui...

« Mais passons.

« Quelle pièce jouait-on le 13 aux Variétés, ai-je demandé hier à Leroux ?

· « Leroux l'a oublié. — Ainsi il se rappelle la date 13 au lieu de la date 12... et les pièces auxquelles il s'est intéressé, qui l'ont tenu attentif pendant trois heures, il n'en sait plus ni le nom, ni le sujet !

« Passons sur cette première preuve de l'accord mensonger de Sotto-Cornotto et de Leroux, de leur conspiration honteuse... En voici d'autres plus fortes encore.

« Sotto-Cornotto dit : « Le 13 *au soir,* Leroux me » désigna, entre autres, *comme ayant des relations avec* « *Aglaé,* un jeune homme *qu'à son signalement* je re- « connus être Boulet. »

« Ainsi le 13, Leroux *désignait* et *signalait* Boulet.

« Mais s'il ne l'avait jamais vu, s'il ne le connaissait pas même le 14 avant huit heures du matin, que penser de cette déposition ?

« Or, écoutez Leroux, sa parole est écrite : Je lis dans l'instruction. « *Le lendemain matin* (le 14) un jeune « homme QUE JE NE CONNAISSAIS PAS, mais que *j'ai re-* « *connu dans l'inculpé Boulet,* me demanda des détails « sur ce que j'avais dit à Napoléon. »

« Est-il possible d'être pris en mensonge plus flagrant ?

« Continuons. D'après le nouveau récit de Sotto-Cornotto et de Leroux, la confidence du soir aurait eu lieu le 12.

« Qu'a donc fait Sotto-Cornotto de sa soirée du 13 ?

« Aglaé, dit-il, est venue *chez lui.* Mensonge ! C'est Aglaé elle-même, Aglaé sur son lit de mort qui confond l'imposteur.

« *Hier soir,* dit-elle, j'ai vu Napoléon. Il est venu ICI « et m'a dit qu'il irait, *ce matin,* chez Boulet, lui dire « de ne plus revenir. »

« Quant à l'acte de prostitution dont Leroux salit la mémoire d'Aglaé, il est matériellement impossible.

« Oui, Messieurs, et daignez m'excuser si je suis condamné à descendre à de si honteuses circonstances. J'ai vu le repaire du brocanteur. C'est une petite chambre que remplit tout entière un métier à tisser... Dans les seules parties de la pièce que ce métier n'occupe pas sont empilées pêle-mêle des planches, de vieux meubles, tout le digne attirail du négociant dont je parle... De comptoir... de meubles équivalents? Point. — Avec la meilleure volonté du monde, il lui est impossible de faire de ce lieu le vil autel où s'accompliraient les sacrifices dont son imagination unie à celle de Sotto-Cornotto a pu concevoir le rêve...; encore un coup, cet homme s'est vanté !

« Mais poursuivons encore, car je ne veux leur faire aucune grâce.

« Quel jour Leroux aurait-il exécuté cette débauche dont il est si fier ?

« Il vous a dit, et je lui ai fait répéter *deux fois* dans les débats, que c'était non pas le jour même où Aglaé est venue le voir pour lui emprunter dix francs..., mais le lendemain.

« Eh bien ! nouveau manque de mémoire : car les menteurs en manquent toujours. Voici ce qui est écrit dans l'instruction :

« Une fois, elle vint dans mon atelier. Je consentis à
« lui prêter dix francs pour payer un mois de nourrice :
« et à cette occasion je dois vous déclarer qu'elle se li-
« vra à moi DANS L'ATELIER MÊME OU NOUS NOUS TROU-

« VIONS. Il y a de cela trois semaines, et depuis je ne l'ai
« pas vue. »

« Je continue. Leroux a ajouté que la pauvre Aglaé
(je demande pardon à son ombre de répéter cette saleté)
lui avait communiqué je ne sais quelle lèpre dont il se
dit couvert.

« L'autopsie a répondu... mensonge! mensonge! et
comme si ce n'était pas assez de se citer lui-même, cet
homme a cité aussi, à titre d'exemples, des individus qui
auraient été empoisonnés comme lui, à la source du
même mal... Mais, quels sont-ils? Il a *entendu dire*... il
ne sait pas les noms! l'invention est bien digne de l'auteur. Eh quoi! malheureux! parce que vous auriez fait
l'avance de 10 francs à une pauvre fille dont la dépravation même aurait quelque chose d'excusable, s'il était
vrai que pour nourrir son enfant elle se fût laissée flétrir
par un baiser de votre haleine..., parce que vous les lui
auriez avancés, à titre de prêt, vous vous croyez le droit
d'exiger, comme intérêt, non-seulement sa chair, mais
les débris de son honneur....., la seule chose qui reste
d'elle à sa triste famille...

« Ignorez-vous donc, dans votre réceptacle, ce qui
dans les repaires officiels des vices les plus immondes est
observé comme une règle inviolable?... car, au sein du
déshonneur le plus abject, il y a encore certaines règles,
certaines observances, comme il y a une sorte de probité
même dans les cavernes de brigands... Ignorez-vous donc
qu'il y a un crime placé, par la bassesse qu'il révèle, au-
dessous de tous les crimes qui peuvent se commettre au
monde... c'est de vendre l'honneur d'une femme, même

quand on l'a à sa discrétion... et vous, celui que vous avez brocanté, vous ne l'avez jamais eu... vous *l'avez volé!* (Sensation profonde.)

« Je ne veux rien dissimuler, Messieurs ; il y a une objection au système que je vous présente, bien moins encore dans l'intérêt de Boulet que pour satisfaire à ce que je ressens moi-même pour la pauvre fille que ces hommes ont salie de leur boue.

« Mlle Martin a déclaré qu'Aglaé lui avait fait des confidences relatives à Leroux.

« Quelques temps après (après le 21 mai), dit-elle,
« j'appris par Aglaé que, dans un moment où elle avait
« besoin d'argent pour son enfant, elle avait cédé aux dé-
« sirs de Leroux, mais j'ignore dans quelles circonstan-
« ces. Je ne suis pas assez certaine qu'elle m'ait fait
« d'autres aveux du même genre relativement à d'autres
« hommes. »

« Je dirai avec franchise ma pensée sur cette déposition : elle n'est pas conforme à la vérité.

« Loin de moi d'accuser Mlle Martin : je me rappelle qu'elle a reçu les derniers soupirs d'Aglaé. Mais, d'un autre côté, je ne puis oublier qu'elle est la femme de l'intime ami de Sotto-Cornotto ; que quand elle n'était que sa fiancée, elle avait déjà, par une *fraude pieuse,* toute dans l'intérêt de cet Italien, simulé un voyage d'Aglaé : que tous ces petits mensonges, tout honnête qu'en soit le but, sont écrits dans l'instruction ; de sorte que l'on peut logiquement admettre que Mlle Martin a voulu, après l'événement fatal, venir en aide à Sotto-Cornotto, placé sous la menace d'un procès capital.

« Ce ne sont là que des suppositions : j'arrive aux preuves.

« Il n'est pas possible que si Mᴵˡᵉ Martin eût connu un déréglement pareil à celui qu'on reproche à Aglaé, elle l'eût conservée chez elle. Elle ne se fût pas couchée, côte à côte, près d'une femme atteinte de contagion.

« Ce qui est bien moins possible encore, c'est qu'Aglaé ait avoué un Leroux quand elle se cachait pour Boulet... et, certes, si elle faisait mystère de cette liaison, si douce à son cœur, pour ne pas contrarier les projets de mariage conçus par Mᴵˡᵉ Martin avec Sotto-Cornotto, elle n'eût pas révélé une honte qui lui enlevait et l'amitié de Mᴵˡᵉ Martin et son estime.

« Ce que je dis, mademoiselle Martin le déclare elle-même.

« En effet, ne lisons-nous pas, dans une de ses dépositions, qu'elle ne soupçonnait pas que Boulet eût à faire à Aglaé les moindres reproches d'infidélité? C'est ce qu'elle a déposé le 25 juin.

« Elle raconte une conversation qu'elle eut avec Aglaé la veille de sa mort :

— Que redoutiez-vous donc? dis-je à Aglaé :

— Hélas! je craignais les reproches de Boulet.

— Qu'avez-vous donc fait pour les craindre?

— Hélas! je l'avais trompé... »

« Elle l'avait trompé ! c'était une douloureuse confidence qu'elle faisait *avant de mourir...* donc il est faux que Mᴵˡᵉ Martin *sût rien alors.*

« Que signifie cet aveu d'Aglaé? dira-t-on ; je n'y crois pas, je le déclare. Je pense, au contraire, que Mlle Martin a déposé de cette prétendue conversation pour confirmer un système favorable à Sotto-Cornotto; mais, ce qui, dans tous les cas, résulte de ses paroles, c'est que si elle a dit vrai d'un côté, elle n'a pas dit vrai de l'autre... et que, conséquemment, toutes les preuves que je vous ai données restent inébranlables devant son témoignage.

« Au reste, Messieurs, il y a un témoin irrécusable : il va parler.

« Écoutez donc la pauvre fille sur son lit de douleur. Elle s'y avoue coupable... bien coupable... Mais de quoi est-elle coupable? « de n'avoir pu le quitter, *parce « qu'elle l'aimait.* »

« Et que cet aveu ne vous étonne pas. Aglaé avait été déjà purifiée par le ministre de la religion. Elle ne voyait plus son amour qu'à travers les élans de son repentir... elle allait paraître devant Dieu... elle était dégagée de tout ce qui met ici-bas le mensonge dans les bouches humaines.

« Entendez encore quelques mots de cette infortunée. Ils ne sont ni équivoques ni suspects... Le magistrat lui demande si elle a donné lieu aux soupçons jaloux de celui qui était son amant...

« Ah ! si elle pouvait en imposer au moment de paraître devant le Juge éternel, après que son ministre l'a absoute, ce serait pour s'accuser... Car elle voudrait être criminelle pour que Boulet le fût moins... ; mais elle ne l'est pas et, comme elle ne peut mentir, même pour sau-

ver celui qu'elle aime, elle répond en affirmant : *Qu'au-*
« *cun autre homme n'avait eu avec elle de rapports qui*
« *aient pu exciter la jalousie* » soit de son amant, soit
de celui qui la voulait pour épouse.

« En faut-il plus, Messieurs, pour répondre au témoignage de Mᴸˡᵉ Martin qui, je le répète, n'est ici, malgré
la pureté de son intention, que l'écho trop docile et
trop crédule de l'Italien Sotto-Cornotto ?

« Messieurs les jurés, je n'insiste plus : ma démonstration est complète. Vous savez que Leroux s'est fait
infâme pour venir en aide aux projets du rival de Boulet : et quant à celui-ci, la preuve que jamais il ne fut
l'amant d'Aglaé est dans les lettres qu'elle lui adresse
longtemps après l'époque où il fait remonter ses relations.

« Non-seulement, en effet, ces lettres n'attestent aucune intimité, mais elles expriment, au contraire, des
refus motivés sur la jalousie et l'égoïsme de Sotto-
Cornotto.

« Or, si Aglaé ne voulait pas de l'Italien pour époux ;
si ce mariage qui lui eût donné une position était un sacrifice au-dessus de ses forces... Comment eût-elle consenti à se livrer à un homme qu'elle n'aimait pas... ou
plutôt qu'elle méprisait ?

« Non ! non ! l'Italien ne fut jamais l'amant d'Aglaé,
et c'est parce qu'il ne réussit pas à l'être qu'il conçut la
pensée de cette machination bien digne de son auteur et
du complice.

« Et à présent, Messieurs, je vous le demande : le cou-
« pable du meurtre de la rue d'Antin est-il sur ce banc ? »

« Peu importe, dit-on, l'intrigue de Sotto-Cornotto et de Leroux : tout cela est en dehors de la cause. Le sang a été versé : Le sang demande justice.

« Oui, justice ! mais c'est ici que je m'adresse à la loyauté de mon redoutable adversaire.

« Le 14, à sept heures du matin, Boulet méditait-il l'assassinat ? Songeait-il à tremper ses mains dans le sang de son amie ?

« L'orateur auquel je réponds a concédé, avec cette franchise de discussion qui caractérise les forts, que Boulet avait agi sans *préméditation ;* mais que, si cette circonstance pouvait être écartée, il n'en restait pas moins un crime à punir.

« Matériellement oui : le fait existe ; mais la criminalité, où donc est-elle ?

« Vous le savez, Messieurs, c'est un principe que *l'ivresse* n'est pas une excuse : car on oppose, avec raison, à celui qui l'invoque, que c'est à lui-même qu'il doit s'en prendre de la circonstance dont il excipe.

« Toutefois si un infortuné avait bu, à *son insu,* une liqueur traîtresse, un poison subtil, qui eût égaré sa raison ; si en s'éveillant, et prenant la coupe qui ne devait que rafraîchir son palais, il y avait trouvé le délire, et si, dans le trouble de ses sens, il avait attenté à la vie d'un citoyen... pensez-vous que cet homme, *surpris* involontairement par cette *ivresse* impossible à prévoir, dût répondre devant la loi d'une fatalité à laquelle il ne pouvait échapper ?

« Évidemment cet homme échapperait à toute action pénale. Eh bien ! ici que voyez-vous ?

« Le poison de la jalousie, le plus terrible, le plus violent de tous, n'a-t-il pas été versé à ce pauvre jeune homme au moment où il s'éveillait plein d'espérance ! Est-ce lui qui s'est arraché de lui-même à ses délicieux rêves pour tomber dans l'affreux délire qui, tout à coup, s'est emparé de son âme ?

« Quoi ! vous l'avez vu, dans l'égarement de sa raison, s'en remettre sans défiance à la foi de celui qui venait l'enlever à son bonheur pour l'immoler froidement..... Vous l'avez vu comme un jouet aux mains exercées de Sotto-Cornotto... Et aujourd'hui, c'est à l'aveugle instrument que vous demandez compte des actes de la pensée infernale qui l'a jeté dans le crime, comme le vent pousse les flots de la fumée qu'il fait tourbillonner devant lui au gré de son caprice.

« Nous comprenons, dit le ministère public, que les confidences de Sotto-Cornotto aient été de nature à agiter vivement Boulet. Mais c'est toujours une passion violente qui conduit au crime : et s'il fallait absoudre ceux qui obéissent à de pareils instincts, ce serait proclamer par avance l'impunité de tous les coupables.

« Boulet devait avoir la force de se maîtriser : il devait dompter sa fureur... D'ailleurs, avait-il un droit légitime sur Aglaé ? et la justice admettra-t-elle qu'il invoque devant elle ses désordres eux-mêmes comme une justification ?

« Loin de moi de proclamer jamais une doctrine qui puisse porter atteinte aux principes d'ordre et de moralité publique. J'espère que de ma vie cela ne m'arrivera.

« Mais je ne puis me dispenser de vous rappeler que si la loi ne capitule jamais avec le crime, il y a des cas où elle prend en considération notre faiblesse et la force irrésistible des passions : c'est, Messieurs, que la loi est juste, et que ce serait une souveraine injustice de méconnaître que trop souvent elle nous trouve aux prises avec des circonstances telles, que les plus nobles courages, que les cœurs les plus droits paient eux-mêmes tribut aux misères de l'humanité.

« Ainsi, par exemple, elle *excuse* le meurtre de la femme surprise en flagrant délit d'adultère...

« Ce n'est pas, croyez-le bien, que le meurtre soit moins odieux quand celui qui se fait justice à lui-même, immole *la mère de ses enfants...* ; mais le législateur a compris que tout horrible que soit la vengeance du mari outragé, il valait mieux encore l'absoudre que de proclamer une culpabilité que le juge prononcerait en disant : « Néanmoins, j'aurais fait comme lui. »

« La douleur de Boulet n'était pas, je l'avoue, de celles dont le législateur excuse formellement les écarts. Mais, qu'est-ce à dire? de ce qu'il y a des choses que la pudeur de la loi l'oblige à voiler, en résulte-t-il que vous qui êtes juges de la *criminalité* du fait, ne deviez pas tenir compte d'une analogie de raisons trop évidente?

« Il faudrait, Messieurs, pour apprécier avec équité la situation où s'est trouvé Boulet le 14 juin, quand Sotto-Cornotto se jeta sur sa proie, nous transporter par la pensée hors de cette audience, nous isoler de ces solennités où nous cessons d'être nous-mêmes, pour nous grandir jusqu'au rôle qui nous est confié... Il faudrait redevenir homme du monde tels que nous l'étions hier, tels que nous le serons demain !

« Mais, écoutez-moi. Je vais vous citer un nom qui en dira plus que tous nos discours et qui confondra notre vanité à tous tant que nous sommes ; nous qui, du haut de nos siéges, parlons si haut et si bien, oubliant que ceux que nous jugeons avec tant de sévérité tiendraient aisément le même langage si le hasard les avait fait nos juges et si nous comparaissions accusés devant eux !

« Vous croyez que le cœur agité par les tourments de l'amour peut se diriger lui-même sur cette mer tumultueuse : eh bien ! laissez là, j'y consens, toutes les preuves de l'histoire ; je n'en oppose qu'une seule à votre argumentation : mais celle-là les résume toutes.

« Sachez donc ce que devint sous l'influence d'un amour inquiet, non pas une jeune imagination de vingt ans, une tête folle d'artiste, mais un génie que l'histoire a déjà proclamé un des plus grands génies de l'humanité... et qui, guerrier, législateur, réunissait à toutes les qualités qui distinguent les grands hommes, le privilége qu'ils ont eu rarement eux-mêmes d'avoir su s'affranchir de la domination des femmes !

« C'est Napoléon qui écrit à celle qu'il aime...

« *Ma vie est un cauchemar perpétuel.* Un pressenti-
« ment funeste m'empêche de respirer. Je ne vis plus :
« j'ai perdu plus que la vie, plus que le bonheur, plus
« que le repos... Je t'expédie un courrier, il ne restera
« que quatre heures à Paris et m'apportera ta réponse.
« J'ai tant de torts envers toi que je ne sais comment les
« expier... Pardonne-moi : *l'amour que tu m'as inspiré*

« *m'a ôté la raison*. Je ne la retrouverai jamais : *on ne*
« *guérit pas de ce mal-là*... Mes *pressentiments* sont si
« funestes, *que je m'abandonnerais à te voir, te presser*
« *deux heures contre mon cœur et mourir ensem-*
« *ble !*

« Je ne suis rien sans toi : je conçois à peine com-
« ment j'ai existé sans te connaître... Ah ! si tu eusses
« connu mon cœur, serais-tu restée depuis le 29 jus-
« qu'au 10 pour partir ?

« Aurais-tu prêté l'oreille à des amis perfides qui vou-
« laient peut-être te tenir éloignée de moi ? Je soupçonne
« tout le monde : j'en veux à tout ce qui t'entoure...

« Toi ! toi ! voilà ce qui m'occupe nuit et jour ! Sans
« appétit, sans sommeil, sans intérêt pour l'amitié, pour
« la gloire, pour la patrie...

« Toi ! toi ! et le reste du monde n'existe pas plus pour
« moi que s'il était anéanti. — *Je tiens à l'honneur,*
« *parce que tu y tiens*, à la victoire, parce que cela te
« fait plaisir..... » — C'est Napoléon qui parle ! s'écrie
Me Ledru en s'interrompant. (Sensation.) — « Sans quoi
« j'aurais tout quitté pour me rendre à tes pieds !

« ..... Dans ta lettre, ma bonne amie, aie soin de me
« dire que tu es convaincue que je t'aime au delà de ce
« qu'il est possible d'imaginer; que tu es persuadée que
« tous mes instants te sont consacrés; que jamais il ne se
« passe une heure sans penser à toi; que jamais il ne
« m'est venu dans l'idée de penser à une autre femme;
« qu'elles sont toutes à mes yeux sans grâces, sans beauté,
« sans esprit; que toi, toi tout entière, telle que je te
« vois, telle que tu es, pouvais seule me plaire et absor-

« ber toutes les facultés de mon âme ; que tu en as tou-
« ché toute l'étendue ; que mon cœur n'a pas de replis
« que tu ne voies, point de pensée qui ne te soit subor-
« donnée ; que mes forces, mes bras, mon esprit sont tout
« à toi ; que mon âme est dans ton corps, et que le jour
» où tu aurais changé, ou bien où tu cesserais de vivre,
« serait celui de mourir...

« La nature, la terre, ne sont belles à mes yeux que
« parce que tu les habites. Si tu ne crois pas tout cela, si
« ton âme n'en est pas convaincue, pénétrée, tu m'affliges,
« tu ne m'aimes pas.

« Il est un fluide magnétique entre les personnes qui
« s'aiment.

« Tu sens bien que jamais je ne pourrais te voir un
« amant : *encore moins t'en offrir un !....* LUI DÉCHIRER
« LE CŒUR ET LE VOIR, *serait pour moi la même chose ;*
« *et après, si je l'osais...* PORTER LA MAIN SUR TA PER-
« SONNE SACRÉE... *non, je ne l'oserais jamais, mais je sor-*
« *tirais d'une vie...* »

« Voilà, Messieurs, le cœur humain : voilà Napoléon
lui-même au moment où les destinées de la nation française étaient confiées à ses mains ; où guerrier il brisait
la coalition du Piémont et de l'Autriche, avec une armée
sans vivres, sans habits, sans argent ; où législateur
préoccupé des plus hautes questions politiques, il était
sollicité par le Directoire pour exécuter le 18 fructidor.

« Lisez ses autres lettres dans le précieux recueil de
M. Thibaudeau, vous y verrez que le conquérant d'Italie, que le futur dictateur qui déjà rêvait les grandeurs
impériales sous les tentes victorieuses.... délibérait en

face de sa passion pour Joséphine, s'il ne déserterait pas son camp, la victoire et l'honneur !

« Après un tel exemple, serez-vous sans pitié pour un enfant égaré par le traître Sotto-Cornotto ?... L'oserez-vous ?

« Reste un seul argument de l'accusation : celui-là est de nature à troubler vos consciences.

« Frappez Boulet, vous dit-on, sinon vous encouragez les attentats nombreux qui désolent la société : car c'est l'impunité qui fait cet amas de crimes dont chacun s'épouvante....

« Ici, Messieurs, j'irai plus loin que le ministère public lui-même. Il vous a signalé, avec une éloquence à laquelle je n'essaierai pas d'atteindre, des maux inouïs. Eh bien ! au lieu d'atténuer l'horreur du tableau, j'ajouterai que si le présent est affreux, l'avenir, selon moi, est plus effrayant encore.

« Mais qu'est-ce à dire ! Qu'y a-t-il de commun entre la maladie générale qu'on vous a signalée et le délire de l'accusé ?

« Dans chaque procès criminel nous entendons le ministère public s'exprimer comme si chaque verdict de culpabilité devait apporter quelque baume sur cette grande plaie qui ronge les entrailles du corps social tout entier.

« Eh quoi donc ! Si les pénalités sont un remède efficace, qu'avez-vous à désirer ? Pourquoi vous plaignez-vous ? Les prisons regorgent, et bientôt il vous faudra élargir les bagnes.

« Votre erreur est d'attribuer à la *répression* une

vertu qui est en dehors des moyens légaux. Je sais quelle monomanie s'est emparée de tous les esprits, mais parce que la *légalité* est bonne et utile dans l'ordre des droits politiques, on s'est imaginé presque généralement qu'elle était *tout*.

« Déplorable hérésie ! Croyez-vous donc que la punition du *coupable* inspire l'amour du bien.

« Elle donne la crainte du châtiment, je le confesse : mais cette crainte elle-même a-t-elle jamais été le mobile d'une bonne action ?

« Est-ce que tous ceux qui commettent un crime n'espèrent pas qu'il sera inconnu ? Ne s'enveloppent-ils pas de toutes les ombres qui peuvent cacher leurs infractions? si la loi est plus sévère, la répression plus probable, ils seront plus attentifs; vous y gagnerez plus de précautions de leur part.... mais s'ils ne redoutent que *la loi*, n'espérez point qu'elle les fasse plus moraux. Car, pour corriger les hommes, il ne s'agit pas de leur apprendre *la peur* du châtiment qui suit le mal, il faut leur apprendre à détester le mal lui-même et à aimer la vertu.

« Or, pour cela, votre loi est vaine.

« Où donc est le remède, me direz-vous? Je l'ai déjà dit, messieurs, et je ne crains pas de le répéter : ce qui engendre cette série lamentable de crimes dont M. l'avocat général vous a tracé si éloquemment le tableau, c'est l'absence du sentiment religieux.

« La vie morale de la société ne se maintient pas à l'aide de ressorts matériels ni au moyen de gendarmes, de geôliers, de bourreaux.... Elle ne puise sa force que dans les croyances... mais malheureusement la foi de nos pères s'est éteinte, et nos enfants ont presque oublié que le plus beau livre du monde, c'est l'Évangile.

« Tant que l'irréligion s'est tenue dans les classes élevées de la société, ses conséquences ont été inaperçues. Dans ces régions, il y a toujours un certain ordre, de certaines règles qui s'observent encore comme convenances quand ce n'est plus comme devoirs.

« D'ailleurs, ceux qui sont en possession des jouissances de la vie veulent les conserver; et, tout en faisant bon marché pour eux-mêmes des principes qui maintiennent la société, ils affectent pour ces principes, qu'ils méconnaissent intérieurement, une sorte de respect et de culte public.

« Mais quand l'irréligion est descendue dans les classes inférieures, elle n'y connaît ni retenue ni réserve : elle s'y développe avec une logique effrayante.

« Si ceux qui sont privés de tout ici-bas croient qu'il y a un avenir de consolations pour les misères qu'ils auront endurées avec un esprit humble et un cœur résigné, ils peuvent supporter une courte vie de souffrances en échange d'une récompense éternelle. Mais que direz-vous à des populations sans foi lorsqu'elles ont faim et soif? De la part du chrétien le sacrifice est sublime : de la part de l'incrédulité, il est absurde.

« Le peuple est bon logicien. Quand la foi disparaît de chez lui, il *pratique* l'irréligion avec une rigueur de raisonnement impitoyable.

« Jetez un regard sur l'intérieur de ces familles dans nos grandes cités où l'esprit du dix-huitième siècle règne sur les classes inférieures ; qu'y voyez-vous?

« Bientôt le mariage sera l'exception , et le concubi-nage sera la règle.

« Or, quelle est la conséquence?

« Lisez les comptes rendus de la justice criminelle :

« Parmi les accusés en 1835, on comptait 1,192 fem-« mes, ou 17 0₁0, comme l'année précédente. Près du « *tiers* de ces femmes avaient eu des enfants naturels ou « avaient vécu en concubinage avant leur mise en juge-« ment. » (Comptes rendus de la justice criminelle.)

« Ainsi un tiers des infortunées livrées au désordre des mœurs est destiné par avance, et comme par une sorte de loi fatale, à passer par la justice criminelle..... Et cependant *la loi* ne peut rien contre une cause si fé-conde en calamités!

« Ce n'est pas tout. Un tiers sera flétri par la prison : mais la terrible suite de l'immoralité première ne s'ar-rête pas à ces malheureuses, elle s'étend, en vertu d'une règle constante, sur leur descendance. Les statistiques nous révèlent, en effet, que sur *sept filles publiques* , il y a au moins une fille naturelle.

« Ces résultats nous étonnent. Ils sont exacts !

« Ajouterai-je un mot? C'est pour vous apprendre que suivant Duméril, et en admettant le chiffre de M. Nec-ker pour 1784 , le rapport des enfants trouvés à la po-pulation aurait presque triplé en quarante ans.

« De 1820 à 1831, il a augmenté de 20,878; en 1822, malgré une subvention départementale de 400,000 fr., l'hospice de Paris s'est trouvé en déficit de 747,243 fr.

« ...Je m'arrête, Messieurs, ces détails m'effraient...

« A présent, Messieurs, ai-je besoin d'en dire davantage pour indiquer la cause réelle de ce qu'ici nous déplorons tous?

« Permettez-moi cependant un seul mot.

« J'ai voulu savoir si les *faits* étaient partout d'accord avec la simple théorie du bon sens : ces faits, les voici d'après les documents les plus respectables.

« Les hommes qui ont observé le plus attentivement la population des prisons ont remarqué dans tous les pays que le défaut d'éducation religieuse était la cause principale des crimes et des délits.

« Sir Richard Phillips, un des shérifs de Londres, dans une lettre à G. Cumberland, Esq., à Bristol, disait : « J'appris que presque tous les prisonniers ignoraient ce « que c'était que la religion. »

« M. Ducpétiaux cite M. Forde, chapelain de la prison de Newgate : « J'ai en ce moment treize condamnés « à la peine de mort : *tous* sont *dans l'ignorance la « plus complète relativement à la morale et à la Religion.* »

« Madame Fry, fondatrice du comité des dames de Londres pour la visite des prisons, a constaté, par rapport aux femmes détenues à Newgate : « Qu'un tiers ne « sait pas lire du tout; un tiers ne sait lire qu'imparfai- « tement : *presque aucune n'a de religion.* »

« M. B. C. Smith, chapelain de la maison d'Auburn, aux États-Unis, s'exprime ainsi, dans une note annexée au rapport annuel des inspecteurs de ces établissements : « L'un des faits qui frappent le plus générale- « ment les personnes qui s'occupent de l'instruction re- « ligieuse des prisonniers, c'est celui de *leur complète*

« *ignorance de leurs rapports avec Dieu* et des *devoirs*
« *qui résultent de ces rapports.* »

« ...Le nombre de ceux sur lesquels le frein d'une
« éducation chrétienne a été impuissant est *proportion-*
« *nellement si faible,* lorsqu'on le compare aux infortu-
« nés qui n'ont jamais été initiés aux importantes vérités
« de la Religion, que l'observateur impartial ne peut s'em-
« pêcher d'être frappé de la différence et d'y voir une
« preuve directe et concluante de *l'influence des saintes*
« *écritures ,* et de *la nécessité de leur propagation et de*
« *leur enseignement.* »

« Je finirai par les paroles de Brougham ; écoutez ce
qu'il dit dans un discours sur l'éducation :

« Ouvrez des écoles, instruisez, moralisez les classes
« pauvres où se recrutent presque exclusivement les cri-
« minels, et vous aurez plus fait pour déraciner le crime
« que ne font les pontons, Botany-Bay, le pénitencier et
« le Tread-Mill. »

« Que résulte-t-il de tout ceci, Messieurs? C'est qu'en
présence de la cause *avouée* par tout ce qui pense, de la
cause générale et trop réelle de la multiplicité des crimes, c'est tomber dans l'erreur et la déclamation que de
faire éternellement appel au salut public pour obtenir
des condamnations qui peuvent bien effrayer comme
exemples, mais qui, comme remèdes, sont stériles et im-
puissantes.

« Non, Messieurs, ce ne sont pas des condamnations
qui formeront jamais une digue contre ce torrent de mal
qui nous inonde?

« Après tout, en effet, ces condamnations mêmes à quoi se résument-elles ?

« Hélas ! Messieurs, est-il possible qu'on oublie qu'une des sources les plus fécondes de crimes, ce sont les prisons et les bagnes ! Qui ignore qu'au lieu d'être des asiles de purification et de repentir, ce sont là des égouts où les mauvaises passions fermentent pour se répandre ensuite plus contagieuses et plus terribles encore sur la société ?

« Ai-je besoin devant les magistrats qui m'entendent de proclamer pour la millième fois, qu'au lieu de venir en aide à leur justice, les seuls châtiments dont ils disposent ne servent pour ainsi dire qu'à l'alimenter, à l'empêcher de chômer un seul jour ! Je n'exagère pas, voici des chiffres :

« Suivant M. Appert (*Journal des prisons*, 1832, n° 10), il y a 30 récidives sur 100 condamnés aux galères, 31 sur 100 condamnés aux prisons centrales, 42 sur 100 condamnés aux prisons départementales.

» En 1830 on compta jusqu'à 5,670 récidives, 1,370 pour crimes, et 4,300 pour délits. (Mouvement.)

« Aussi, Messieurs, les esprits les plus élevés, les plus nobles cœurs s'évertuent à *corriger le remède* lui-même.

« Comment se débarrasser de la population qui encombre les prisons ? comment l'améliorer ? Comment empêcher qu'en rentrant dans le sein de nos villes elle n'y répande la corruption ?

« C'est là la grande thèse de notre époque.

« Des hommes de bien, égarés par une généreuse philanthropie, vont demander à l'Angleterre et à l'Amérique un système pénitentiaire.

« Tout cela ne mérite que des éloges ; mais ce n'est qu'une magnifique illusion, qu'un vertueux enfantillage. Non, non ! Messieurs, la question n'est pas là.

« Il s'agit bien moins de guérir les infortunés qui croupissent dans les bagnes, que de guérir ceux mêmes qui les y envoient.

« C'est nous tous qui sommes malades, nous tous qui avons rejeté ce qui seul maintient l'ordre et l'harmonie dans le monde. Nous avons proscrit Dieu... ne nous étonnons pas qu'il nous abandonne.

« Il y a une parole qui a dit : *Et quia projecisti me post corpus tuum, et nunc porta scelus tuum.*

« Oui, Messieurs, ces crimes que nous détestons sont notre ouvrage à tous tant que nous sommes, et il y a de la cruauté à nous de nous en prendre à la liberté, à la vie de pauvres enfants pour les punir d'avoir été atteints du souffle qui emporte hors de ses voies la société tout entière.

Quelles sont, en effet, les doctrines reçues, publiées, représentées ? M. l'avocat général s'est indigné contre cette jeunesse insensée qui, dès son entrée dans la vie, parle déjà de dégoût de l'existence, et n'habite que dans les régions du suicide...

« Eh bien, est-ce leur faute ou la nôtre si de jeunes imaginations tombent dans de pareils écarts ?

« Toutes ces pensées fausses, n'est-ce pas le résumé des livres que nous mettons en leurs mains, des représentations auxquelles nous les convions, des discours qu'ils entendent de notre bouche... et, parce que naïfs et simples comme on l'est à leur âge, ils prennent au sérieux nos tristes théories, nous les traitons sans pitié !

« Ne croyez pas, Messieurs, que je veuille par ces considérations conclure à l'impunité des crimes.

« Mais il semble qu'il est de toute justice de faire une distinction qui est dans la nature même des choses.

« Il y a des aberrations qui méritent merci, parce qu'elles sont involontaires : cela ne veut pas dire que vous deviez rester sans défense contre les agressions du crime.

« Je m'explique.

« Il m'a toujours paru que la société était comme une citadelle exposée aux attaques d'un ennemi qui ne se repose jamais.

« L'ennemi, ce sont les hommes pervers. Ce sont ces natures malheureuses qui ont la passion du mal comme les bonnes natures ont la passion du bien.

« Si je voulais citer des exemples, je vous montrerais ces populations que les bagnes vomissent régulièrement et qui, après s'y être perfectionnées dans la science de tous les vices ne rentrent dans le sein de vos villes que pour s'y constituer en hostilité ouverte avec la sécurité publique.

« A cet ennemi, rendez guerre pour guerre : c'est-à-dire défendez-vous contre lui ; ce n'est pas seulement un droit, c'est un devoir.

« Mais si parmi ceux qui soutiennent avec vous l'assaut qu'on vous livre, si au sein de la citadelle qui renferme les honnêtes gens, il s'était déclaré une sorte d'épidémie morale : si elle était devenue si générale que les plus forts en fussent plus ou moins atteints... serait-il juste, serait-il équitable que ceux mêmes qui, par une sorte de privilége, seraient échappés à la contagion, se montrassent sans entrailles pour les victimes qui combattaient à côté d'eux l'ennemi commun ?

« Votre conscience répond que non... eh bien ! ayez donc pitié d'un pauvre enfant qui, en succombant au mal, n'a pas cessé d'aimer le bien, et recevez à merci le jeune soldat dont la cause est la vôtre, et qui veut consacrer sa vie à combattre sous votre drapeau !

« Messieurs, encore un mot et j'ai fini :

« Dans les affaires de la nature de celle-ci, la tâche de l'avocat ne se borne pas à faire entendre quelques paroles en faveur d'un accusé. Une plus haute idée le préoccupe.

« Il ne suffit pas, en effet, de sauver un homme de la mort, du bagne ou de la prison. Si notre mission ne se bornait qu'à ce triste ministère, elle serait bien vaine... Notre devoir, Messieurs, c'est de sauver la moralité de ceux dont des familles honnêtes nous ont confié la défense : c'est de leur rendre foi en eux-mêmes, de les soutenir, au sortir de l'audience, dans la voie du bien.

« Permettez-moi donc de vous rappeler ce qui est arrivé dans une affaire qui a une sorte d'analogie avec celle-ci. J'eus alors l'occasion de m'adresser à la raison, à l'intelligence du jury. Eh bien ! l'homme dont la défense m'avait été confiée, m'a été remis par des hommes honnêtes comme vous. Savez-vous, messieurs les jurés, quelles ont été les conséquences de cet acte ? Je suis fier de vous dire ce qu'il est aujourd'hui qu'une déclaration du jury, en l'enlevant aux sévérités de la loi, l'a renvoyé dans la société. C'est du pauvre Ferrand que je veux parler. Lui aussi avait une mère qui pleurait déjà son enfant, qui le réclamait avec larmes à son défenseur. Le défenseur a eu la consolation de le rendre à sa mère. Ce pauvre jeune homme vient souvent me voir, et quand il me visite, c'est pour verser des larmes sur sa faute, c'est pour en demander pardon à Dieu, c'est pour se demander à lui-même comment son imagination a pu s'égarer au point de concevoir la pensée du meurtre et de l'exécuter.

« Voilà un exemple pour la société ! N'est-ce pas, Messieurs, que notre ministère est beau, quand nous avons la joie de vous donner de pareils résultats ? (Mouvement.)

« Écoutez-moi encore.....

« Vous tous, Messieurs, appartenez à des familles qui respectent les lois, la morale, qui pratiquent le devoir. Vous êtes bien sûrs que jamais ceux qui naîtront de votre sang ne commettront de ces actions basses qui déshonorent. Il y a un honneur héréditaire qui fait votre garantie.

« Mais, dites-le moi, n'est-il pas possible qu'un de vos enfants que vous enverrez dans les écoles, soit pour y apprendre les lois, soit pour y cultiver l'art si noble de guérir, soit pour suivre, au milieu de tous les dangers, la carrière des arts, n'éprouve aussi les atteintes d'une passion funeste....

« Ah ! Messieurs, si par malheur votre fils cédait à l'une

de ces illusions qui ont entraîné le pauvre Boulet... si
sur son passage se trouvait un Sotto-Cornotto pour verser dans sa coupe un fatal breuvage qui le jetterait dans
l'ivresse... Si à la suite de son délire, il commettait une
action comme celle de Boulet.... et si un avocat, touché
d'une si grande infortune, venait supplier ceux qui vous
succéderaient sur ces siéges, de pardonner à une frénésie
involontaire...

« Messieurs, n'est-il pas vrai que le défenseur de votre
honneur et de l'honneur de votre sang remplirait une
noble et sainte tâche !

« Oh ! oui, Messieurs, c'est, je le répète, que notre
ministère est beau ! c'est qu'il est vraiment saint... quand
nous venons supplier d'honorables chefs de famille de
pardonner à un égarement expié par tant de remords !

« Il faut un exemple ! mais quoi ! quand la société serait débarrassée pour un temps de Boulet, la morale publique y aura-t-elle gagné ? S'agit-il ici d'un ennemi qui
veuille attaquer la sécurité publique. Fait-il donc partie
de cette masse d'hommes pervers avec qui elle ne peut
avoir ni paix ni trêve. Vous savez bien qu'il n'en est pas
ainsi.

« Boulet, à peine a-t-il commis le crime, qu'il s'en repent, qu'il le maudit. Voyez-le se précipiter sur sa victime et la couvrir de ses baisers; sa douleur est si touchante, son désespoir si profond, que le juge d'instruction qui en est le témoin, lui permet de s'approcher de
sa victime et d'en recevoir le baiser de réconciliation.
Est-ce là, encore une fois, un ennemi irréconciliable de
la société, et dangereux à son repos ? Grâce, grâce donc

pour Boulet. Je vous la demande à genoux! je vous la demande avec larmes!.... Jamais je n'ai plus désiré trouver de ces expressions qui font comprendre aux autres le sentiment dont on est profondément pénétré... jamais de ma vie je n'ai plus désiré être inspiré de cette force de parole qui émeut et qui persuade... jamais je n'ai plus désiré trouver de ces élans qui entraînent... O mon Dieu! pourquoi n'y a-t-il rien de tout cela dans mes paroles? Comme je souffre de ne pouvoir vous exprimer ce que je sens?... Pauvre enfant... il me semble que c'est moi qui l'abandonne et qui le sacrifie! (Sensation profonde.)

« On vous a dit, Messieurs, que d'honnêtes gens ne consentiraient pas à rendre Boulet à la liberté. Eh bien! essayez-le. Oui, essayez de me le confier; et je promets, solennellement, je prends devant vous l'engagement qu'il ne se passera pas un jour sans que je le voie, sans que je lui parle de sa faute et des expiations auxquelles elle le condamne.

« Ah! donnez-le-moi, messieurs les jurés, je m'oblige à le diriger... ce sera mon ami, ce sera mon frère!

« Et quand vous rentrerez dans vos familles, ne craignez pas que le remords vienne y troubler vos âmes. Non! ne craignez aucun reproche de vos consciences... Je vous jure que vous serez contents de vous-mêmes... Rendez-le-moi! »

Mᵉ Ledru, les yeux baignés de larmes, retombe épuisé sur son banc. Des applaudissements se font entendre, et la voix sévère de M. le président est obligée de les interrompre.

Réplique de M. l'avocat général.

« Messieurs, les dernières paroles du défenseur, animé
d'un si noble zèle, ses émotions brûlantes, ont pu produire quelque impression sur votre cœur, qui est une
région bien différente de la raison ; mais c'est à cette raison seulement que nous en appelons. J'étais, je dois le
dire, impatient de connaître le terrain sur lequel se placerait la défense. Il n'y en avait pas de possible ; il a donc
fallu échafauder un système, lequel, je dois le dire, ne
repose que sur des allégations, qui, vraies, ne pourraient
servir d'excuse, et qui, erronées, s'écroulent. Boulet,
on vous l'a représenté comme la victime d'une machination horrible ; on a imaginé des suppositions que nous ne
croyons pas réelles, mais que nous acceptons pour un
moment ; car, voyez quelle est la puissance de l'accusation qui vous est soumise, il n'y a qu'à la montrer à nu,
qu'à montrer ce sang, ce sang versé, pour vous faire
sentir la nécessité d'une punition que réclame de vous la
société. »

M. l'avocat général reprend un à un les chefs divers de
l'accusation, et combat le système de l'habile défenseur.
Des déclarations mêmes d'Aglaé, des dépositions de
Melle Martin et d'autres témoins, il tire la preuve qu'Aglaé
est bien réellement tombée dans les égarements les plus
extrêmes. Il lui paraît impossible que l'Italien Sotto-Cornotto ait ourdi la trame infernale que lui attribue le défenseur.

Revenant sur la scène où la malheureuse Aglaé est
tombée victime, et analysant, dans une éloquente discus-

sion, les sentiments qui ont été le mobile de Boulet, l'organe du ministère public cite cette maxime d'un ancien : « que tout crime est le résultat d'une fureur, » il ne peut admettre que la fureur puisse être une excuse.

« Le crime est certain, dit en terminant M. l'avocat général, le défenseur a dédaigné de plaider la préméditation et les circonstances atténuantes ; peut-être trop de confiance l'a égaré ; moi, Messieurs, je maintiens les doutes que j'ai présentés au jury. Vous aurez à réfléchir sur ce que j'ai dit de la préméditation, et à Dieu ne plaise que je retire rien des paroles que j'ai prononcées. La préméditation, c'est le crime vu face à face ; c'est la dernière limite du crime, et c'est pour cela que la loi la punit de la dernière limite de sa sévérité. Boulet, égaré par sa fureur, n'a pas peut-être vu son crime face à face, vous le déciderez dans le calme de vos délibérations et de vos consciences. Quant aux circonstances atténuantes, je n'en dirai qu'un mot : le malheureux, à vingt ans, est à la place qu'occupait dernièrement un scélérat, Valin ; voilà pourquoi je demande à vos consciences des circonstances atténuantes.

« Le défenseur, Messieurs, avec un talent qui était beau parce qu'il était vrai, vous a demandé de lui rendre Boulet ; moi, au nom de la société, je dis : Vous ne pouvez le lui rendre ; la société elle-même ne veut pas qu'on le lui rende, parce que ce serait pour elle un exemple d'impunité et de scandale ; parce que toutes les fois que l'on verrait passer Boulet, on dirait : « Voilà un « homme qui a tué sa maîtresse : on peut donc tuer sa maî- « tresse quand on est jaloux ; cela n'est pas inscrit dans

« la loi, mais le jury a jugé ainsi ; il a décrété l'impunité. »
Il y a, Messieurs, des arrêts de justice qui ont rassuré la
société ; il y a des verdicts qui peuvent l'alarmer. »

M. l'avocat général termine en disant que, quelles
qu'aient été la longueur et la vivacité du débat, il se croira
forcé de répondre, si le second conseil de l'accusé, que
l'on va entendre, croyait devoir présenter un système différent de celui développé par le premier défenseur.

M⁰ *Dugabé* réplique à M. Plougoulm.

A sept heures le jury entre en délibération.

A huit heures la sonnette du jury se fait entendre ; la
Cour rentre en audience, et au milieu d'un silence plein
d'anxiété, M. le chef du jury, la main sur le cœur, donne
lecture de la déclaration suivante :

« Sur le fait principal, première question : l'accusé
Adolphe Boulet est-il coupable d'avoir, le 15 juin 1838,
commis volontairement un homicide sur la personne
d'Aglaé Chaurelle? — Oui, à la majorité.

« *Circonstances :* L'homicide volontaire a-t-il été commis avec préméditation? Non. — A la majorité, oui, il y
a des circonstances atténuantes. »

L'accusé est ramené à l'audience; il est pâle, mais sa
contenance est assurée.

M. l'avocat général requiert l'application des articles
304 et 463 du Code pénal.

M⁰ Dugabé sollicite de l'humanité de la Cour l'application de l'article 403, qui prononce la peine de la réclusion.

La Cour ordonne qu'il en sera délibéré. Pendant que
la Cour s'est retirée, l'accusé cause avec ses deux défen-

seurs, paraît calme et ne manifeste aucune émotion.

Après un quart d'heure de délibération, la Cour rentre en audience. M. le président prononce l'arrêt qui condamne Adolphe Boulet, par application des articles 304, 463, 19 et 22 du Code pénal, à la peine des travaux forcés pendant dix années, et le dispense de l'exposition.

Après un séjour de quelque temps à la *Roquette*, Boulet a été envoyé au bagne de Rochefort.

Rien de plus touchant que sa correspondance avec Me Ledru pendant son séjour au bagne. Nous l'avons sous les yeux. Le respect à la *chose jugée* et les égards dus à de hautes situations ne nous permettent pas de reproduire des lettres qui portent avec elles un grand enseignement. Mais nous en citerons quelques paroles qui font bien connaître de quelle reconnaissance l'infortuné jeune homme était pénétré pour son avocat.

« Laissons de côté l'ignoble et le vil... et parlons du « beau et du noble.., parlons de votre défense.

« Je l'ai lue et relue avec un plaisir qu'il m'est impos-« sible de vous dire. Je l'ai goûtée, je l'ai bue, je la sais « presque par cœur. — Elle est adroite, elle est com-« plète, elle est belle, elle est admirable. Cela, du reste, « tout le monde vous l'a dit, et les applaudissements qui « l'ont suivie le prouvent assez. Mais ce que tout le monde « n'a pu vous dire, *c'est que vous avez si bien compris* « *celui que vous défendiez, qu'il me semble que, doué* « *d'un pouvoir magique, vous avez lu dans le fond de* « *mon âme.* J'ai un regret pourtant, c'est que vous ayez « été trop généreux envers.... — Quand on possède un « si divin talent que le vôtre, on doit, sans pitié, pren-

« dre de pareils misérables par les cheveux, les traîner à
« l'égout, où est leur place...

« Monsieur Ledru : je vous ai surtout une immense
« obligation... *vous l'avez défendue* (Aglaé), — rien que
« cela vous donnerait des droits à mon dévouement éter-
« nel, et vous en avez bien d'autres ! Or, croyez-le bien,
« quand je vous jure que je vous serai dévoué toujours,
« je fais autre chose que de prononcer un mot, je prends
« un engagement sacré ; — voyez-vous, je n'ai presque
« jamais trouvé que des gens qui m'ont fait du mal, —
« j'ai donc bien peu d'affection au monde. — Mais c'est
« un bonheur, parce que tout ce que j'ai de bonnes qua-
« lités (et j'en ai plus qu'on ne le croit), je les réserve pour
« ceux que j'aime, — et vous savez, vous à qui j'ai parlé
« comme à un confesseur, vous savez si vous êtes du
« nombre de ceux-là. — Soyez-en donc convaincu : dans
« toutes les circonstances possibles, il y aura toujours un
« être prêt à entreprendre tout, absolument tout ce qu'il
« sera possible de tenter pour vous... et cet être, ce
« sera celui que vous avez honoré du titre d'ami..., ce
« sera *Adolphe Boulet.* »

Et dans une autre lettre :

« Si vous saviez comme M. et Mme X..... m'ont sou-
« vent parlé de vous ! Ils vous aiment bien sans vous
« connaître..; que serait-ce s'ils avaient eu affaire à vous!
« — S'ils savaient comme vous gagnez vite l'affection de
« ceux que vous défendez ! ils vous admirent aussi pour
« avoir lu ma défense : et, pas plus tard que ce matin,

« mademoiselle... m'écrivait qu'elle ne pouvait s'empêcher
« *de pleurer toutes les fois* qu'elle lisait ces phrases si
« admirables, si touchantes, par lesquelles vous finîtes
« votre discours qui m'eût sauvé si.....

« Je vois avec plaisir souvent votre nom dans les
« journaux. Oh! oui, mon bon défenseur a un magni-
« fique avenir; et j'aspire au moment où sa voix élo-
« quente fera retentir la tribune en faveur de la cause
« sacrée de la liberté.

« Je n'ai écrit cette lettre que pour vous montrer que
« je pense toujours avec bien de la reconnaissance à celui
« qui m'a si bien *et presque seul compris.*

« Vous avez tant d'occupations que j'ose à peine vous
« supplier de me répondre; mais vous êtes si bon que je
« suis sûr que vous trouverez moyen de jeter quelques
« lignes à la poste pour votre

« Ami dévoué de corps et d'âme,

« AD. BOULET. »

On voit dans le cabinet de M⁰ Ledru la peinture d'un
noir cachot... Un artiste contemple sa voûte... C'est une
œuvre de Boulet: L'artiste qu'il a représenté... c'est lui!
—La clémence du roi est venue l'arracher à sa peine,
et le rendre à son honorable famille après un exil de
cinq ans.

V

Grammatici certant et adhuc sub judice lis est.
(Horace.)

Un sous-préfet peut bien ignorer la grammaire,
Mais devant la science il doit savoir se taire.

M. JULES DEGOVE, SOUS-PRÉFET DE SENLIS.

On a pu remarquer déjà que si les opinions politiques
de M. Charles Ledru ont une franchise qui ne connaît
jamais la moindre dissimulation, sa parole si véhémente
qu'elle soit porte toujours le cachet de l'homme du monde
qui, tout en étant intraitable quant aux principes, reste
sans animosité à l'égard des hommes. M. Charles Ledru,
même quand il s'indigne avec le plus de force, est plutôt irrité contre le mal que contre le méchant. D'ailleurs
son arme naturelle n'est pas l'épée qui tue, c'est la plaisanterie qui amène le sourire sur les lèvres du juge, et

lui ôte sa sévérité. Il y a des orateurs qui semblent se plaire à déchirer leur victime par une ironie sanglante et pleine de fiel : l'ironie de M. Charles Ledru, si vive qu'elle soit, n'est jamais que de la gaîté.

Nous allons en citer un exemple qui vivra comme modèle du sarcasme le plus acéré, et pourtant le plus gracieux et du meilleur goût.

Il s'agissait à Senlis d'un procès entre un sous-préfet et un professeur de l'Université. Tout l'arrondissement s'était donné rendez-vous au tribunal, et voici à quelle occasion se livrait le débat.

M. le sous-préfet de Senlis, présidant la distribution des prix dans l'institution de M. Cossin, prononça un discours qui parut injurieux à M. Denys Jacquet, prédécesseur de M. Cossin. Après la cérémonie, une scène eut lieu entre M. le sous-préfet et M. Amable Jacquet qui, prenant fait et cause pour son frère, se serait plaint en termes insultants des attaques dirigées par M. le sous-préfet contre M. Denys Jacquet.

De là un double procès. Prévention contre M. Amable Jacquet d'outrages publics envers M. le sous-préfet, et plainte en diffamation par M. Denys Jacquet contre M. le sous-préfet.

A l'ouverture de l'audience, M. le procureur du roi expose que, dans la première affaire, il n'a fait assigner qu'un seul témoin, M. Fauvel ; que sans doute les autres témoins assignés à la requête de MM. Amable et Denys Jacquet sont pour la seconde affaire ; qu'à l'égard de ces témoins, il se réserve de s'opposer à leur audition, en présentant une exception résultant de l'art. 75 de la con-

stitution de l'an VIII, qui s'oppose à ce qu'un fonctionnaire public soit traduit en justice pour faits relatifs à ses
fonctions, sans que le poursuivant ait obtenu l'autorisation du conseil d'État.

« *M. le Président.* Il s'agit en ce moment de la première affaire, et les témoins cités à la requête de M. Jacquet (Amable) peuvent être entendus.

« *M⁰ Ch. Ledru,* avocat de M. Jacquet. Parmi ces témoins, il en est un qui ne s'est pas présenté : c'est M. Jules Degove, sous-préfet de Senlis. »

Ici, M. l'avocat du roi donne lecture d'une lettre dans
laquelle M. le sous-préfet annonce qu'il a reçu une assignation de M. Jacquet, pour comparaître comme prévenu
d'une prétendue diffamation. Mais il doit à son caractère
de ne pas se présenter, attendu que, comme fonctionnaire, il n'est pas justiciable du tribunal correctionnel,
puisque le plaignant n'a pas obtenu l'autorisation nécessaire. Quant à l'assignation qui lui est délivrée comme
témoin dans la première affaire, M. Degove a écrit à M. le
président pour lui faire savoir qu'il est obligé de présider
un conseil de révision des conscrits à Creil.

« *M⁰ Ledru.* La présence de M. le sous-préfet, qui est
partie plaignante, est indispensable.

« *M. l'avocat du roi.* M. le sous-préfet m'a remis le
discours qu'il a prononcé. Ce témoin muet satisfera probablement la défense.

« *M. le Président.* Nous entendrons toujours les témoins. Si, après cela, le défenseur croit la présence de
M. Degove importante, le tribunal statuera à cet égard. »

Le premier témoin est M. Fauvel, adjoint de Senlis.

M. Fauvel se trouvait à la distribution des prix de la pension Cossin. Il a entendu le discours de M. le sous-préfet, et après ce discours il a entendu M. Jacquet (Amable) disant à ce magistrat, à voix haute : « On vous a appelé « magistrat ; eh bien ! moi, je dis que vous êtes un « saltimbanque, et, qui plus est, un imbécile. » (On rit.)

« *M. le Président.* Ne s'est-il rien passé de plus ?

« *Le témoin.* M. le sous-préfet a répondu : « Le drôle ! « le polisson ! » M. le sous-préfet a ajouté : « Je le souf-« fletterais si ma position ne m'imposait le devoir de don-« ner à cette affaire des suites plus graves. »

M. le docteur Bellenger dépose qu'il a assisté à la distribution des prix à laquelle M. Degove a lu un discours. Le témoin se rappelle que ce discours contenait des phrases dont il ne peut reproduire le texte littéral, mais qui étaient à peu près celles-ci : « Les familles ont dû être scandalisées du désordre qui s'était introduit dans la pension sous le directeur qui avait succédé à M. Cossin (M. Denys Jacquet). Heureusement M. Cossin a repris possession de son établissement. A Paris, tout est permis ; les maîtres peuvent se donner certaines libertés ; mais ici, à Senlis, ils ne doivent pas se montrer dans les fêtes. » Le témoin termine en disant que, dans ce discours, les maîtres de la pension étaient désignés comme légers... mais, du reste, comme de *jeunes savants.*

M. Galtier, professeur chez M. Cossin, dépose que M. le sous-préfet exprimait cette idée, qu'on avait vu avec peine M. Cossin se retirer pour livrer son établissement aux mains inhabiles de M. Jacquet (Denys).

« *M. le Président.* A-t-il nommé M. Jacquet? — R.
Non; il a dit : « le successeur de M. Cossin. » Mais ce
successeur est M. Jacquet. M. le sous-préfet a dit ensuite
que le désordre qui s'était introduit dans la maison avait
dû alarmer les familles; mais que, grâce à la rentrée de
M. Cossin dans l'établissement, on pouvait se rassurer.
Enfin M. le sous-préfet ne s'est pas seulement adressé à
M. Jacquet; il nous a désignés, nous, professeurs de l'é-
tablissement, comme des gens de conduite légère, fré-
quentant les lieux publics, courant les fêtes.

« *M. le Président.* Avez-vous entendu M. Amable Jacquet injurier M. le sous-préfet? — R. M. Jacquet l'a appelé saltimbanque et imbécile. M. Degove priait M. le
procureur du roi, qui était présent à la distribution, de
dresser procès-verbal. »

M. Casimir Périer, professeur, se rappelle très-bien
que M. le sous-préfet a dit que la maison de M. Cossin
était tombée, sous M. Jacquet, en des mains inhabiles...;
que le désordre s'était introduit avec lui dans la pension;
que la conduite des professeurs était légère.

M. Delaunay, marchand de farines, est introduit.

« *M. le Président.* Dites ce que vous savez.

« *M. Delaunay.* Ce que je sais? Vous en savez autant
que moi : vous y étiez. (Hilarité.) »

Le témoin, du reste, ne se rappelle pas bien les expressions dont le sous-préfet s'est servi.

« *M le Président.* Quelle impression avez-vous ressentie de l'ensemble du discours?

« *Le témoin*, élevant la voix. Pour ça, quant à moi,
ç'a m'a blessé... oui... ç'a a fait une très-mauvaise im-

pression sur moi. (On rit.) M. Jacquet a appelé M. Degove saltimbanque et imbécile. »

M. Corbie, interrogé sur ce qui s'est passé, répond
à M. le président : « Vous êtes à même d'en juger mieux
« que moi ; vous étiez tout près. (On rit.) Les paroles, je
« ne m'en souviens pas. Il *admonétisait*, quoi ! il insultait
« l'établissement ; il disait que les professeurs fréquen-
« taient les lieux publics ; que ce n'était pas leur place...
« Je ne me rappelle pas les mots. »

« *M⁐ Ledru.* Le témoin, qui paraît impressionnable,
pourrait-il nous rendre compte de ses impressions en entendant le discours ?

« *Le témoin.* Eh bien ! *j'ai impressionné* très-défavorablement (on rit), très-défavorablement... C'est que
j'ai mon fils dans l'établissement ! »

M. Odent, maire de Senlis. La mémoire de ce témoin
ne lui rappelle pas exactement le discours du sous-préfet ;
et quant à ses impressions, il ne croit pas devoir les faire
connaître ; cela serait nul. « Je n'ai pas, ajouta-t-il, entendu M. Jacquet prononcer les paroles incriminées. Si-
tôt qu'on a eu fini, j'ai pris ma canne et mon chapeau
et je me suis dépêché de m'en aller. J'ai seulement entendu M. le sous-préfet prononcer le mot « drôle. » Je
ne savais même pas à qui cela s'adressait. »

« *M⁐ Ledru.* Malgré la nullité dont se préoccupe M. le
maire, dans l'intérêt de la loi sans doute..., je voudrais
bien savoir quelle impression a produite sur lui l'ensemble du discours de M. le sous-préfet ?

« *Le témoin.* Je ne crois pas devoir répondre à cette
question.

« *Une voix dans l'auditoire.* Puis-je parler, monsieur le Président?

« *M. le Président.* Quelle est la personne qui demande la parole?

« *M. Fauvel,* adjoint (témoin déjà entendu). C'est moi, monsieur le Président. Je désire faire connaître mes impressions. (Marques d'étonnement.)

« *M. le Président.* Le défenseur ne s'y oppose pas?

« *Me Ledru.* Nullement, monsieur le Président; nous serons charmés de connaître les impressions du témoin. »

M. l'adjoint s'avance et, au moment de parler : « Permettez, Messieurs, dit-il; j'ai besoin de réfléchir un moment. » En effet, le témoin, après une courte pause, tient à peu près ce langage :

« Mes impressions, les voici, car je veux dire la vérité. M. le sous-préfet a considéré dans son discours M. Cossin comme tout le monde le considère, c'est-à-dire qu'il en a fait un éloge long et mérité. Il a dit qu'après lui l'établissement était tombé dans des mains inexpérimentées. Il a dit que la confiance des parents commençait à s'éloigner; qu'il était temps que M. Cossin revînt. M. le sous-préfet a envisagé ensuite d'une manière générale le professorat; il a dit que ce n'était pas un métier, un état, mais bien un sacerdoce qui ne devait être exercé que par des personnes à l'abri de tout reproche... Eh bien ! mon impression est que cette partie du discours (je le déclare en âme et conscience), c'est, dis-je, que cette partie du discours n'était pas applicable à M. Amable Jacquet, qui est un jeune homme estimable, qui s'est toujours parfaitement bien conduit. Il faut donc faire une distinction...

A l'égard de Denys Jacquet, Jacquet l'aîné, le discours du sous-préfet ne lui a fait ni bien ni mal ; il est resté après ce qu'il était avant. »

« *Me Charles Ledru.* M. l'adjoint, qui s'est levé d'inspiration pour nous apporter toute la vérité, voudrait-il bien expliquer ses dernières paroles ?

« *Le témoin,* après un instant de réflexion. Je veux dire que l'impression a été que M. Jacquet aîné s'est... s'est... fourvoyé avec de bonnes intentions.

M. Vatin, propriétaire, commandant de la garde nationale, frère de M. le président, a essayé d'office, et sans autre inspiration que celle de son désir de la paix, d'amener une conciliation. Il aurait désiré que des lettres réciproques missent fin à toute hostilité. Du reste, il n'a rien à dire, attendu que, dans ce qu'il a fait, il n'a agi que de lui-même et sans mission de M. le sous-préfet. »

Les témoins étant tous entendus, le tribunal remet la cause à huitaine, après avoir consulté Me Ledru, pour que M. le sous-préfet, retenu pour plusieurs jours à des conseils de révision, puisse venir déposer lui-même.

Audience du 2 octobre.

Le tribunal est envahi, comme à la dernière audience, par une foule que peut à peine contenir son étroite enceinte. Les fauteuils et bancs réservés sont garnis par les notabilités féminines de Senlis, de Clermont, de Chantilly, de Pont-Sainte-Maxence. M. le maire, MM. les adjoints, le commandant de la garde nationale, enfin toutes les autorités sont venues assister à cette solennité judiciaire.

A midi un coup de sonnette se fait entendre. On croit d'abord que c'est le tribunal qui arrive. C'est M. le sous-préfet qui se présente comme témoin assigné à la requête du prévenu. Il va s'asseoir sur une chaise placée en face du siége de M. le Président.

Un nouveau coup de sonnette annonce le tribunal.

Quand le silence est rétabli, M. le président avertit M. le sous-préfet qu'il a été assigné à l'occasion du discours qu'il a prononcé, et qui, dans le système de la défense, aurait *provoqué* M. Jacquet à adresser au témoin les expressions de *saltimbanque* et d'*imbécile*.

« *M. le sous-préfet.* J'ai présidé le 20 août, en qualité de fonctionnaire, la distribution des prix de M. Cossin. Il était dans l'ordre de mes attributions de faire ce que j'ai fait. J'ai pu adresser un blâme sévère, comme chargé de la surveillance qu'il appartient à l'autorité d'exercer ; mais il est trop évident que je n'ai pu ni voulu insulter qui que ce soit. Au reste mon discours est entre les mains de M. le procureur du roi, et je l'autorise à le communiquer au défenseur de M. Jacquet.

« *Me Ledru.* M. le sous-préfet nous dit qu'il a présidé à la solennité scolastique en qualité de fonctionnaire. Aurait-il la bonté de dire en vertu de quelle loi il occupait le fauteuil de la présidence, et en vertu de quel article il est chargé de surveiller la distribution des prix ?

« *M. le sous-préfet.* J'ai agi en vertu de mon droit ; c'est tout ce que j'ai à répondre.

« *Me Charles Ledru.* J'ai compris : c'est très-bien. A présent M. Degove voudrait-il nous dire si c'est lui qui a adressé les invitations pour assister à la distribution des prix, ou si, au contraire, il n'aurait pas été *invité* lui-même par M. Cossin ?

« *M. le sous-préfet.* J'ai reçu une invitation.... (On rit.)

« *M⁵ Ch. Ledru.* M. le sous-préfet se rappelle-t-il avoir eu une discussion personnelle avec M. Denys Jacquet, dans une des séances de la société d'agriculture, où M. Jacquet aurait émis la proposition de choisir pour président un homme du métier plutôt qu'un fonctionnaire?

« *M. Degove.* Je n'ai eu aucune discussion avec M. Jacquet.

« *M⁵ Ledru.* M. Jacquet qui est à mes côtés affirme le contraire.

La parole est à M. l'avocat du roi.

M. Dujarié se lève.

« Nous étions arrivés, Messieurs, à l'époque du 20 août dernier, époque de triomphes pour une partie de la jeunesse senlisienne, et de félicités pour les familles. C'était le jour qui avait été choisi par M. Cossin, chef d'institution privée en cette ville, pour distribuer à ses élèves les récompenses dues à leurs travaux.

« Aucun incident n'avait troublé la joie occasionnée par cette touchante cérémonie. Déjà les parents des lauréats quittaient la salle d'audience du tribunal, consacrée ce jour-là à cette classique solennité, heureux et fiers de compter les premiers succès de leurs enfants. Chacun prenait part à la commune allégresse.

« Les uns formaient dans leurs prévisions paternelles de brillants projets d'avenir pour leurs fils.

« D'autres, attirés par les charmes d'un spectacle tou-

jours suivi, toujours envié, parce qu'il est intéressant
comme l'enfance, pur et vrai comme la vertu, regret-
taient avec le passé l'émulation active du collége en se
livrant à des illusions nouvelles parées de toute la fraîcheur des riants souvenirs du jeune âge.

« L'aspect varié de cette réunion à laquelle j'assistais
moi-même m'inspirait ces consolantes pensées, qu'il
existe dans notre belle France des institutions utiles destinées à répandre sur toutes les intelligences le goût des
fortes études, et à faire naître, par les progrès d'une raison éclairée, des sources de gloire nationale.

« Tel était le tableau animé qui frappait alors nos regards ; et pendant que ces émotions diverses, aussi cour-
tes que le bonheur, aussi mobiles que le plaisir, agitaient
tous les cœurs, qui l'eût soupçonné, Messieurs, un jeune
professeur de l'institution de M. Cossin, chargé par sa
mission de participer à cette fête, en disposant les livres et les
couronnes, comprimait silencieusement dans son âme les
mouvements d'une indignation froide, mais réfléchie,
qui, plus tard, devait éclater en outrages contre
le premier magistrat de la cité, M. le sous-préfet de
Senlis !

« Quel motif avait pu déterminer ce jeune homme à
rendre le public témoin de cette provocation injurieuse
et inattendue ? M. Amable Jacquet vous le déclare dans
son interrogatoire devant M. le juge instructeur.

« Je suis, vous a-t-il dit, le frère de celui qui, plu-
« sieurs mois auparavant, avait dirigé l'institution de
« M. Cossin, dont il était l'acquéreur. Jamais je n'ai eu
« l'occasion de parler à M. le sous-préfet, mais le dis-

« cours qu'il a prononcé en cette circonstance m'a paru
« injurieux pour moi, pour mon frère aîné et pour l'éta-
« blissement de M. Cossin ; ces paroles que la prévention
« m'impute, je ne les rétracte pas, elles sont le résultat
« de l'impression que ce discours m'a laissée.

« Quant au caractère du fait incriminé, il est impossible de le contester. Le sieur Amable Jacquet a pris
soin de le spécialiser lui-même en apostrophant ainsi
M. Degove : *Monsieur le sous-préfet, plusieurs personnes
vous appellent magistrat ; moi, je vous appellerai saltimbanque, et, qui, plus est, imbécile.*

« Ainsi le prévenu, après l'avoir qualifié de sous-préfet, après avoir dit qu'on l'appelait magistrat, lui dénie
cette dénomination et oppose à sa qualité deux épi-
thètes injurieuses et dérisoires.

« N'est-ce pas la même chose que si M. Amable Jacquet s'était exprimé de la sorte : « Qu'on vous appelle
« magistrat, j'y consens, c'est un titre attaché à vos fonc-
« tions, à votre qualité ; mais vis-à-vis de moi vous ne
« méritez pas cette qualification, et voici comment je vous
« nomme..... »

« Je le demande de bonne foi, peut-on entendre cette
phrase dans un autre sens?

« N'oublions pas que M. Amable Jacquet est instruit ;
bachelier ès sciences ; il connaît la valeur et la portée
d'une expression. Il a donc fait sciemment, et avec préméditation, tomber l'outrage, non sur la personne privée
de M. Degove, mais sur son caractère de magistrat.

« C'est parce que, dans l'opinion erronée de M. Jacquet jeune, M. Degove aurait abusé de sa qualité, dé-

passé les limites de ses attributions, que ce jeune professeur s'est permis les outrages qu'on lui reproche.

Après une discussion de droit sur le caractère du délit, M. le procureur du roi finit en ces termes :

« Il fut un temps, Messieurs, où le culte qui entourait la magistrature paraissait être le résultat d'une tradition populaire, inhérente aux mœurs de nos ancêtres ; cette époque est loin de nous ! Deux révolutions successives ont miné les bases de notre organisation sociale ; tout semble remis en question et livré à l'incertitude ou à la variété des systèmes. Des institutions qui ont reçu la sanction indélébile des siècles sont méconnues, dédaignées, pour faire place à d'imprudentes théories, à des doctrines pernicieuses, et l'on a vu de nos jours les magistrats insultés jusque sur leurs siéges !...

« Malgré cette perturbation funeste qui ne pouvait être de longue durée, les citoyens paisibles ont compris qu'il fallait se réfugier dans le temple de la justice comme dans un asile tutélaire où ils sont sûrs de trouver encore les soutiens courageux des opprimés, les gardiens fidèles de leurs droits, les ardents défenseurs de leurs libertés les plus chères.

« L'exécution sage des lois, le respect pour la magistrature et l'appui énergique des grands pouvoirs de l'État, doivent seuls consolider l'édifice constitutionnel.

« Voilà, Messieurs, ce que le bon sens public proclame ; voilà quels sont les principes conservateurs du salut de tous, et que chacun est intéressé à maintenir.

« Magistrats de l'ordre judiciaire, magistrats administratifs, réunissons nos communs efforts pour ne pas souffrir qu'il y soit porté la moindre atteinte ; acceptons ensemble la solidarité de cette noble tâche.

« Plus les circonstances seront difficiles , plus notre mission sera belle ; nous devons à nos concitoyens le sacrifice de nos labeurs, de notre repos, de notre vie ; mais qu'en échange de ces sacrifices, ils nous défendent, ils nous protégent à leur tour s'il arrive que, sous un prétexte frivole, on tente de faire perdre à un magistrat d'une juridiction différente de la nôtre cette considération puissante qui se reflète sur lui-même et l'indemnise généreusement de ses peines, parce qu'elle est la plus douce jouissance de l'homme de bien.

« Juges de Senlis ! si vous demeurez convaincus que le sous-préfet de cette ville, sans motifs, sans provocation aucune, a été vivement outragé lorsqu'il venait de remplir un impérieux devoir, couvrez-le de votre égide ; ne donnez pas une prime d'impunité à celui qui l'a poursuivi ostensiblement de ses injures.

« Ne consacrez pas un si dangereux exemple dans un moment surtout où l'on cherche à rallumer dans notre ville des brandons de discorde et d'insurrection heureusement éteints dans une autre contrée, et prouvez enfin par votre jugement que la répression n'est efficace qu'autant qu'elle est proportionnée à la gravité de l'offense, à la situation réciproque des parties et au caractère inviolable dont le magistrat est revêtu,..

« *M. le Président.* Maître Ledru, avant que vous commenciez, le tribunal croit devoir vous exprimer son vœu et son espoir que vous garderez la mesure qu'exige cette cause ; qu'enfin votre plaidoirie sera conforme à la modération que vous avez apportée à la première audience.

« *Mᶜ Charles Ledru.* Je remercie M. le président des paroles qu'il vient de m'adresser. Le vœu qu'il manifeste était dans mon cœur avant qu'il eût la bonté de l'exprimer en termes si bienveillants pour moi. Je profiterai de cet incident pour vous révéler, Messieurs, que ce matin même, au moment où je méditais ce que je devais avoir l'honneur de prononcer devant vous, j'ai appris qu'un discours d'une violence extrême devait être tenu à cette audience par un avocat arrivé tout exprès de Paris pour faire entendre une diatribe audacieuse contre l'autorité en général et contre M. le sous-préfet de Senlis en particulier.

« On a ajouté (j'en frémis encore!) que cet avocat, après avoir déversé l'insulte et l'outrage sur tout ce qui est digne de respect, ne songeait à rien moins qu'à lever au sein de votre ville, et jusque dans le sanctuaire de la justice, le drapeau de la discorde, de l'anarchie et de l'insurrection.

« Permettez, Messieurs, qu'en commençant cette défense, je rassure les colporteurs bienveillants d'une si noire prophétie, en leur déclarant tout haut qu'il ne s'agit dans cette affaire ni de politique générale ni de haine privée; que je ne veux être méchant à l'égard de qui que ce soit, pas même à l'égard de M. le sous-préfet; que je n'ai le projet de renverser rien, pas même le gouvernement, et qu'enfin (quoi qu'on en ait pu dire) il est assez dans mes habitudes de ne manger personne, pas même les petits enfants. (Explosion d'hilarité à laquelle prend part le tribunal lui-même.)

« Cette grande affaire qui tient Senlis en émoi et qui a rassemblé ce brillant auditoire est, après tout, fort peu de chose. En effet, il n'est question, au fond, que d'un mauvais discours. Or, dans le siècle où nous sommes, un mauvais discours de plus, sur la quantité, mériterait à peine d'être coté pour mémoire, si le personnage qui l'a prononcé n'occupait une de ces positions où le moindre mot emprunte une haute importance à la situation même et à la qualité de l'orateur. (On rit.)

« Je n'abuserai pas, Messieurs, de tout l'avantage que me donne l'éclat officiel dont l'adversaire est environné. J'aime à respecter toutes les illustrations, si modestes qu'elles soient. Il faut un culte pour les notabilités d'arrondissement comme pour les célébrités nationales... et je serai aussi modéré envers M. le sous-préfet que si je n'avais devant moi qu'un simple garde-champêtre de village ou le bedeau de la paroisse. (On rit.)

« Je n'ai pas besoin de vous exposer les faits : je pourrais dire comme deux des témoins de la cause : « Vous « en savez plus que moi..., car vous étiez présents à la « cérémonie..., et moi je n'y étais pas. » Grâce au ciel, je n'ai pas entendu la harangue. Toutefois, les témoins ont donné aux absents eux-mêmes une idée suffisante de ce qui s'est passé le 20 août dernier, dans cette distribution des prix à laquelle assistaient toutes les autorités et toute l'élite des habitants de Senlis. C'est à ces témoins que je veux en emprunter le récit et non à M. le procureur du roi qui nous en a donné assurément une description bien touchante, tout à fait pastorale, car il a fait vibrer le cœur des pères, des mères, des petits lauréats,

et il n'a vu dans M. Jacquet qu'une espèce de sauvage
de la forêt de Senlis, apparaissant tout à coup pour troubler les douces émotions des triomphateurs !

« Cette narration était éloquente, je l'avoue. Néanmoins, qu'on me permette de le dire, si j'avais eu à ma
disposition les brillantes couleurs avec lesquelles M. l'a-
vocat du roi nous a fait le tableau sentimental des ova-
tions de la jeunesse de Senlis, j'aurais dépeint comme lui
les larmes d'attendrissement qui coulaient dans cette fête
de famille... Mais c'eût été pour demander à M. Degove
de quel droit, lui, le premier fonctionnaire de l'arrondissement, il était venu sans motifs, sans prétexte, jeter
les brandons de la discorde parmi des joies si pures ?

« M. le sous-préfet nous dit : « Je suis bien innocent ;
« mon discours était inoffensif ; j'accomplissais mon de-
« voir... » Et il a la bonté de nous offrir, comme preuve
sans réplique, le précieux manuscrit. (On rit.)

« Je ferai remarquer d'abord que ce témoin *muet*
(comme l'a appelé M. l'avocat du roi) n'est pas celui
qui a figuré à la distribution des prix. Ce qui démontre
cette allégation, c'est *l'en-tête du discours*. En effet, on y
lit : « Copie du discours prononcé, etc... » Donc, nous
n'avons pas l'original ; donc, ce témoin muet aurait probablement subi une autre opération avant de paraître à
cette audience. Oui, Messieurs, quoique ce morceau d'é-
loquence, tel qu'on vous le produit, me suffise parfaitement pour établir mon système de défense, je suis obligé
de dire qu'il n'est plus tel que M. le sous-préfet l'a prononcé. C'est, du reste, fort naturel. M. Degove, qui, ce
jour-là a voulu trancher du Cicéron, a cru que, pour

ressembler davantage aux grands écrivains de l'antiquité, il méritait bien de paraître « *expurgatus,* » et, plus heureux que ses devanciers, il s'est amendé et corrigé lui-même. (On rit.)

« Mais les dépositions que vous avez entendues à l'audience dernière sont encore dans vos esprits. Que disent-elles? Je commence par un témoin que M. Degove ne récusera pas : c'est M. Fauvel, adjoint de la commune ; M. Fauvel qui, faisant en quelque sorte le rôle d'avocat d'office en faveur de M. le sous-préfet, plutôt que celui de témoin, s'est levé tout à coup, comme inspiré, comme frappé d'une illumination soudaine, et qui, après s'être calmé devant le tribunal auquel il a demandé quelques minutes de réflexion pour annoncer les belles choses qu'il avait à dire, a déclaré en résumé : « que M. Degove avait « dit que les familles avaient été scandalisées du désordre « qui s'était introduit dans l'établissement avec M. Denys « Jacquet... »

« *M. l'adjoint.* Je n'ai pas dit cela.

« *M. le Président.* M. le greffier peut consulter ses notes.

« *Me Charles Ledru.* Je crois devoir prévenir M. l'adjoint que j'ai la mémoire assez bonne, et que, de plus, j'ai eu l'honneur de prendre des notes quand il a parlé ; j'ai recueilli ses paroles avec tout le soin que mérite ce qui tombe de sa bouche... Les voici sur ces notes. J'y lis outre que M. le sous-préfet aurait désigné les professeurs comme des « jeunes gens de conduite légère, courant les « fêtes, les lieux publics... »

« *M. l'adjoint.* Je n'ai pas dit cela.

« *M* *Ledru*, souriant. M. le conseiller municipal serait-il assez aimable pour me permettre de continuer ma
plaidoirie? (Rire général. M. Fauvel ne rit pas.)

« Non-seulement, Messieurs, mes notes disent ce que
j'énonce, mais le sténographe de la *Gazette des Tribunaux*, certes celui-là s'y connaît, rapporte la déposition
dans les mêmes termes.

« M. l'adjoint a ajouté que M. le sous-préfet avait fait
un grand éloge de M. Cossin; il a même dit (ce n'était
sans doute pas à titre de compliment pour l'orateur) que
l'éloge avait été *long*... et mérité. (M. Fauvel fait des signes d'assentiment.) Il a ajouté de plus que M. le sous-
préfet avait représenté les fonctions de professeur, non
pas comme un métier, comme un état, mais comme un
sacerdoce. (M. Fauvel fait de nouveaux signes d'assentiment.) Vous voyez bien, Messieurs, que la *Gazette des
Tribunaux* et moi-même avons pris des notes très-fidèles.
Les signes de M. Fauvel l'attestent, et sa dénégation première ne peut être attribuée qu'à un moment d'erreur
bien excusable! (On rit.)

« M. l'adjoint a ajouté qu'après avoir fait un très-vilain
portrait de M. Jacquet, M. Degove en avait fait un très-
beau de M. Cossin. Que cet honorable officier municipal
donne le fait comme circonstance atténuante en faveur
du sous-préfet, c'est possible; mais j'en tirerai un argument tout opposé, car il me paraît que le diable n'est jamais si laid que quand on le met à côté d'un saint. (Hilarité générale.)

« Quant au *sacerdoce* des professeurs, c'était un singulier moyen d'ennoblir celui de M. Jacquet que de placer

le sanctuaire dans les lieux publics. Si c'est ainsi que M. l'adjoint rédige ses certificats de moralité, je ne crois pas que cela doive beaucoup flatter ses administrés. Je sais bien qu'à leur place j'aimerais mieux m'en passer que d'en obtenir de pareils. (L'hilarité continue.)

« M. l'adjoint a fini sa déposition en nous disant que M. Amable Jacquet, le prévenu, était un jeune homme d'une conduite exemplaire, digne de toute estime. Quant à M. Denys Jacquet... il était resté après le discours ce qu'il était *auparavant.*

« Il était impossible de dire avec plus de tact et d'esprit qu'après comme avant le discours, M. Denys Jacquet ne valait pas grand'chose. Voilà pourtant l'effet du discours de M. le sous-préfet! Demandez à M. l'adjoint d'où lui vient cette opinion flatteuse sur M. Jacquet, homme de science, d'étude, qui vit de grec, d'hébreu, de latin, de chimie, de physique, qui n'est pas un bachelier ès-lettres comme nous le sommes tous, mais bachelier ès-sciences, licencié ès-sciences... et, ce qui vaut mieux encore, un homme d'un immense mérite... La seule raison, c'est que M. le sous-préfet, comme les grands orateurs, a produit dans l'esprit de M. l'adjoint une impression ineffaçable. Et pourquoi M. le sous-préfet lui-même a-t-il eu l'idée de transformer son fauteuil de présidence en une tribune de diffamation? Je vais vous l'apprendre, car c'est le mot de l'énigme : tout cela est une affaire de vanité blessée.

Pour être sous-préfet, on n'en est pas moins homme.

Un jour, dans une séance de la Société d'Agriculture,

M. Jacquet a émis cette pensée audacieuse que pour présider une société agricole il faudrait quelqu'un qui se
connût, tant bien que mal, en agriculture. Or, il lui paraissait évident que M. le sous-préfet, qui peut tout juste
distinguer le foin de la luzerne, n'était pas le président
indispensable, *indè iræ!* (Rire général.)

« J'ai prouvé au moyen du témoignage très-étendu,
trop étendu de M. l'adjoint, que le discours de M. le sous-
préfet était injurieux pour M. Jacquet. Je le prouve à
présent par le silence de M. le maire.

« M. l'adjoint a parlé trop ; M. le maire n'a rien dit du
tout, si ce n'est qu'il s'était dépêché de prendre sa canne
et son chapeau....... et de s'en aller au plus vite. (On
rit.) Je ne lui en fais pas de reproche. M. Odent est le père
de la commune ; il a cru qu'en se taisant il apaiserait les
dissensions ; si sa réserve n'est pas tout à fait légale, elle
est honorable. Mais j'en induis que si M. le maire avait
pu, en conscience, parler avec éloge du discours, il n'y
aurait pas manqué ; et que si, sans compromettre M. le
sous-préfet, il avait pu, du moins, nous communiquer ses
impressions... il n'aurait pas été si chatouilleux sur le
chapitre des nullités.

« Mais, à défaut de M. le maire, nous avons dix autres
témoins. Ceux-là ont été nets. Je ne rappellerai pas les
dépositions si unanimes des professeurs, celle de l'honorable docteur Bellenger constatant avec tant de précision
les torts graves de M. Degove ; je me bornerai à MM. Delaunay et Corbie.

« Le premier, paisible négociant en farine, n'est ni
ami ni ennemi des parties ; il n'a pas non plus l'habitude

de voir les choses trop en noir. (On rit.) Eh bien! que vous a-t-il dit? qu'il avait été blessé du discours, et la blessure était si vive, qu'à l'audience son langage s'en ressentait encore.

« M. Corbie a encore été plus ému du scandale qu'avait causé le fonctionnaire. Rappelez-vous ses paroles et ses gestes..... Cet estimable citoyen a ressenti une indignation si profonde, que ne trouvant pas dans la langue française tout entière (qui pourtant est riche) un mot assez fort pour rendre tout ce qu'il éprouvait à un tel souvenir.... il a inventé tout exprès une expression aussi nouvelle que la circonstance. (Explosion d'hilarité. — M. Corbie rit beaucoup lui-même.) Oui, a dit M. Corbie, avec ce ton qui n'appartient qu'à la vérité, M. le sous-préfet a *admonétisé* M. Jacquet et les professeurs!... Et pourquoi, messieurs, ce bon M. Corbie était-il si agité? c'est que personne plus que lui ne devait comprendre l'injustice de l'outrage. Car, ainsi qu'il vous l'a appris, M. Corbie fils, deuxième du nom, est dans l'établissement... Comment son heureux père aurait-il laissé diffamer une maison où l'on fait de tels élèves? (On rit.)

« Parlons sérieusement, messieurs; que résulte-t-il de tout ceci? N'est-il pas démontré que cette fête qui a fourni à M. l'avocat du roi une mélancolique description sur le ton de l'idylle plutôt que sur celui du réquisitoire, n'a été troublée que par le sous-préfet, c'est-à-dire par celui-là même qui, lorsque l'orage s'annonce dans l'arrondissement, est chargé de calmer les vents et d'enchaîner la tempête.

« Une telle infraction, avouez-le, aurait mérité un

blâme sévère. Eh bien! M. le sous-préfet en a été quitte pour deux mots, et lesquels? on s'est contenté de lui dire, du ton le plus calme et le plus aimable : « vous êtes un *saltimbanque...* et un *imbécile...*» Cette apostrophe a eu lieu en public, c'est vrai; en présence de tout le corps municipal, du juge de paix, du commandant, du greffier et des lauréats, je l'avoue; mais ce n'est pas M. Jacquet qui avait choisi la place. C'est là que M. le sous-préfet avait débité son oraison.... c'est là, par conséquent qu'il devait entendre la réplique : (On rit.) C'est toujours comme cela partout où s'exerce l'art de la parole. (Hilarité nouvelle.)

« Je pourrais, aux termes de l'art. 20 de la loi de 1819, placer M. le sous-préfet dans une situation assez délicate; car il se plaint d'avoir été insulté en qualité de fonctionnaire; et, à l'égard des fonctionnaires, la preuve des faits est permise. Je serais donc admis en principe à démontrer que M. le sous-préfet est, en effet, ce qu'il se plaint d'avoir été appelé ; mais je conçois que cela pourrait le contrarier... et je ne veux pas lui causer le moindre chagrin ; je fais le sacrifice de mon droit, par convenance et par égard pour l'autorité. (On rit.)

« J'aime mieux prouver d'abord que les expressions de *saltimbanque* et d'*imbécile* adressées à M. Degove n'offrent aucun caractère de culpabilité.

« Qu'est-ce qu'un saltimbanque? qu'est-ce qu'un imbécile? Voilà des questions préliminaires qui valaient bien la peine d'être traitées sérieusement et dont l'accusation n'a seulement pas daigné s'occuper. On s'est borné à dire avec des exclamations animées : « Le comprenez-

« vous, Messieurs, et vit-on jamais pareil scandale....
« quoi ! appeler un sous-préfet saltimbanque ! l'appeler
« imbécile ! » — Pourquoi pas ? (On rit.) si ces expressions n'ont rien d'injurieux ?

« D'après tous les auteurs, un mot plus ou moins
agréable pour celui auquel on l'adresse ne suffit pas pour
constituer un outrage. Je vais prouver que des expressions beaucoup plus fortes que celles qui sont incriminées sont très-innocentes. Si je fais cette preuve, la conséquence est claire. Eh, bien ! voici, à cet égard ce qui
est jugé, non par un tribunal de première instance, mais
par les cours royales et par la cour de cassation.

« Ne sont pas injures verbales des propos même *gros-
« siers* qui ne tendent point à attaquer la probité, l'hon-
« neur, la réputation de quelqu'un ou à porter atteinte
« à son crédit et à la considération dont il jouit... Ainsi,
« avoir dit que les ministres du culte sont fort experts à
« expliquer la Bible, mais qu'au surplus ils sont des *ânes*,
« n'est pas avoir injurié un ministre du culte. »

« Voilà ce qu'a décidé la cour de cassation. (*Voir* Sirey,
t. X, 1, 278.)

« Vous voyez que d'après cette jurisprudence M. Jacquet aurait pu se lever immédiatement après le discours
de M. Degove, et dire : « Jeunes élèves, M. le sous-préfet
« peut présider à merveille le conseil de révision, où il
« n'y a que des conscrits ; mais, au surplus, je vous le
« dis en vérité, le sous-préfet n'est qu'un *âne*. » (On rit.)

« Autre exemple. « Le fait d'avoir dit à haute voix,
« sur un chemin public, en présence d'un grand nombre
« de personnes, à un maire décoré de son écharpe, qui

« conduisait un mort sur le refus du curé : — Venez voir
« un prêtre de nouvelle espèce, un f... curé qui ne chante
« pas, qui, au lieu de marcher devant, marche derrière,
« un enterreur de bêtes, — ne présente pas le caractère
« d'outrage à un fonctionnaire public dans l'exercice de
« ses fonctions. » (*Voir* Dalloz, t. XXXII, 1, 212.)

« Et pourtant, remarquez-le, Messieurs : M. le maire
était décoré de son écharpe, tandis que chez M. le sous-
préfet le costume était comme le style..... bourgeois.....
très-bourgeois... (On rit.)

« Enfin, voici un point de jurisprudence bien plus
avancée. Il ne s'agit plus ici ni d'un prêtre, ni d'un maire;
il s'agit d'un procureur du roi (lisez Dalloz, ce grand jurisconsulte, t. XXVI, 2, 231), et vous y verrez « que celui
« qui, se trouvant la nuit chez une courtisane, descend sur
« la porte et prend le titre de procureur du roi, pour
« faire retirer des individus qui veulent entrer forcément
« dans la maison, ne se rend pas, par là, coupable de
« diffamation envers le procureur du roi. »

« En fait, les personnages mentionnés dans l'arrêt
s'étaient rendus à la porte de Mlle Thérézine, choriste du
théâtre de Nîmes. (On rit.) Ils frappent, on leur répond:
« Vous vous trompez. »Ils insistent : la fille Mont-Méjan,
domestique de Mlle Thérézine, répond qu'elle va avertir
la personne qui est chez sa maîtresse; que cette personne
est le procureur du roi. Refus. Alors, M. C..., avoué,
qui se trouvait chez Mlle Thérézine, descend sur la porte
et dit : « Je suis le procureur du roi! » Sur ce, procès
d'outrage envers un magistrat, non pas dans l'exercice
de ses fonctions (on rit), mais, comme dans l'espèce, à

raison de sa qualité : le tribunal de première instance condamna l'avoué trop jovial; mais la cour, pour l'honneur des principes, déclara qu'il n'avait commis ni crime ni délit. Il n'a peut-être même pas été appelé devant le conseil de discipline. (On rit.)

« Les principes étant posés par la cour de cassation et les cours royales, faisons-en l'application.

« Qu'est-ce donc qu'un saltimbanque, et ce mot est-il plus outrageant que tout ce que je viens de citer?

« J'ose dire, Messieurs, que si M. le sous-préfet avait connu la valeur de l'expression il n'eût pas fait le procès. Mais voici ce qui est probablement arrivé. En s'entendant appeler ainsi par un savant professeur, M. Degove qui sans doute ne s'est pas promené souvent dans le jardin des *racines grecques*, se sera dit : « Saltimbanque... ah! « c'est une injure : c'est quelque vilain mot qui vient du « *grec* et qui doit être à peu de chose près aussi grossier « que ceux que j'ai adressés à M. Denys Jacquet qui n'a « pas le droit d'insulte puisqu'il n'est pas sous-préfet. » Là-dessus M. Degove a prié, séance tenante, M. le procureur du roi d'en lever procès-verbal. La sagesse de mon honorable contradicteur qui n'a levé que les épaules, en voyant le pétulant personnage, aurait dû l'apaiser; mais point. M. Degove a voulu le procès dont il *jouit* en ce moment. (On rit.)

« Je suis donc obligé d'apprendre à M. le sous-préfet que *saltimbanque* ne vient point du grec; que ce n'est pas un outrage, mais le mot propre et en même temps le plus poli dont ait pu se servir M. Jacquet. (On rit.)

« Ouvrez le Dictionnaire de l'Académie : « Saltimban-
« que, mauvais orateur à grands gestes, *à figures dé-
« placées.* »

« Mauvais orateur ! eh bien ! n'est-ce pas cela ? (Rire
général.) C'est évident. Je ne sais pas si M. Degove allon-
geait trop le bras en pérorant... ; mais, à la musique on
peut, jusqu'à un certain point, se faire une idée de l'instrument : et je crois que si dans ce monde il y a une
hypothèse probable, c'est que le sous-préfet a le geste
conforme à son éloquence : c'est d'ailleurs l'opinion de
M. Fauvel... qui nous a avoué que tout cela était fort *long.*
(On rit.) En résumé, d'après l'Académie... le mot saltimbanque est non-seulement exact, mais un de ces mots
heureux qu'on chercherait en vain à l'aide de la réflexion
et qui ne viennent que quand on est inspiré par le sujet
lui-même. (Explosion d'hilarité.)

« On me répondra peut-être que saltimbanque ne désigne pas toujours un mauvais orateur, qu'il exprime
aussi une profession. Eh bien ! que s'ensuit-il ? Est-ce
que l'application à tel ou tel individu du nom appartenant
à une profession honnête peut-être considérée comme
une insulte ? Quand saltimbanque voudrait dire *Debu-
reaux* ou *Auriol*, est-ce qu'un sous-préfet pourrait se
plaindre d'une dénomination qui rappelle des hommes
distingués dans l'art qu'ils exercent ? Un journal qui dépense tous les matins plus d'esprit que M. Degove n'en
use dans toute son année, le *Charivari* de ce jour, dit
avec une haute philosophie, cachée sous des formes légères, qu'il y a beaucoup de saltimbanques qui feraient
d'assez bons sous-préfets, tandis qu'il ne connaît guère de

sous-préfets qui pussent faire même de médiocres saltimbanques. (On rit.)

« Prétendre que le nom qui désigne un état est une
injure, c'est une impertinence envers tous ceux qui vivent
de cet état. Si on se plaint aujourd'hui d'être appelé saltimbanque, demain on se plaindra d'être rangé dans une
autre classe; et au moyen de cette logique, il n'y a pas
de raison pour que, de conséquence en conséquence, un
sous-préfet ne se trouvât insulté par la dénomination
d'épicier (on rit), et pourtant.....

« J'ai cité l'Académie pour vous prouver combien le
mot saltimbanque est inoffensif. Permettez-moi de trancher la question par une autorité bien autrement grave
en cette matière que toutes les classes de l'Institut.

« Un journal a examiné *ex professo*, dans son feuilleton du 23 septembre dernier, la thèse qui nous occupe :
écoutez Jules Janin, car il est l'auteur de l'article ; et
pour celui-là, on ne dira pas qu'il a de l'esprit comme
quatre : il en a, sans flatterie, au moins autant, à lui seul,
que tous les sous-préfets de France. (On rit.)

« Ce qui sera curieux, dit-il dans son feuilleton, ce
« sera de revoir les *Saltimbanques* dans cette salle toute
« dorée (salle des Variétés). Que va dire Odry, le saltim-
« banque par excellence, se retrouvant dans toute cette
« opulence? On disait que désormais c'était fait des sal-
« timbanques au théâtre des Variétés, mais il est impos-
« sible qu'on s'en passe, le saltimbanque est le héros de
« la société moderne. »

Le *héros*... M. le sous-préfet n'est pas content de n'être
qu'un héros ! et notez que Jules Janin ne dit pas seule-

ment le héros de Senlis, ce qui déjà ne serait pas mal (on rit), mais le héros de la société moderne ! Je continue l'article :

« Il est passé à l'état de mythe, comme on dit aujour-
« d'hui. »

« M. le sous-préfet n'est pas content d'être passé à l'état de mythe... on ne dira pas du moins qu'il pèche par modestie !...

« Vous le retrouvez partout, en haut et en bas de
« l'échelle sociale. Il est le fils aîné de Sganarelle, un des
« enfants de Molière : il a été tenu sur les fonts baptismaux
« par cette bonne Mme Jourdain ; son nom est devenu bien
« mieux qu'une injure, il est devenu une qualité. » (On rit.)

« M. Degove se fâche de ce que nous l'avons cru un homme de qualité ! que lui faut-il donc ? Aimerait-il mieux qu'on eût dit qu'il n'a pas la moindre qualité : pas même comme orateur. (On rit.)

« Aujourd'hui dites à un homme... saltimbanque ! si
« cet homme est bien élevé, il vous demandera : saltim-
« banque de quoi ? Le saltimbanque est partout, il est
« bon à tout, il est prêt à tout ; il est la vie, le mouve-
« ment et l'intérêt de la société moderne. » Quelle vérité... ici même nous en avons la preuve. Voyez quel intérêt excite M. Degove ! on dirait que tout l'arrondissement a voulu se réunir dans cet auditoire pour entendre sa louange. (Rire général.) « Otez le saltimbanque de la sur-
« face du monde, le monde éperdu s'arrête dans sa mar-
« che ; il a perdu sa croyance, il a perdu son mythe, il
« a perdu son héros. »

« Sans lui le monde s'arrêterait... (le monde! c'est encore plus vaste qu'une sous-préfecture) ; eh bien ! sans le sous-préfet, le monde s'arrêterait, dit Janin, et le sous-préfet ne trouve pas l'éloge digne de lui ! il va plus loin, il s'en fâche ! Au nom du ciel, si ce n'est pas assez pour M. Degove d'être un héros, un mythe, une espèce de grand ressort de la machine entière... que veut-il donc ?... et vous, Messieurs, consacrerez-vous des prétentions si exagérées ?

« Le mérite a des droits, je l'accorde... mais l'ambition la plus légitime doit avoir ses bornes (hilarité), et il n'y a pas de raison pour que celle de M. Degove ne soit pas *bornée.*

« Et d'où vient son courroux ? Dira-t-il que cette définition n'est pas sérieuse ? qu'elle est faite dans un esprit mauvais ? Je n'ai qu'un mot à répondre : elle est dans le journal le plus orthodoxe de tous ceux qui entretiennent les sous-préfets dans les bonnes doctrines : elle est dans le *Journal des Débats,* auquel je ne suppose pas que M. Degove ait tentation de faire un procès !

« M. Jacquet a ajouté : *et qui plus est un imbécile,* le *qui plus est,* est un *lapsus linguæ,* il eût fallu dire : *qui moins est ;* mais vous comprenez que dans la chaleur de l'improvisation, le prévenu a pu se tromper sur la valeur des termes : ce n'est pas comme M. Degove, qui avait aligné, dans le calme du cabinet, les petites malices qu'il a lues en public.

« Je dis qu'*imbécile* est un terme extrêmement convenable dans la circonstance. Ouvrez le Dictionnaire : « Imbécile, qui est faible, les enfants au-dessous de sept

« ans, les vieillards à quatre-vingts sont dans un âge
« imbécile. »

« Ainsi l'innocence et la candeur du jeune âge... il n'y
a pas de quoi compromettre la vertu de M. Degove ! d'un
autre côté je ne suppose pas qu'il puisse se formaliser
d'avoir été comparé à ces Nestors dont la belle vieillesse
est l'orgueil de son arrondissement! le mot est même
aimable; en effet, le Dictionnaire ajoute : « on appelle
« aussi le *sexe imbécile*... les femmes. » M. Degove serait-il donc blessé d'être assimilé à la plus belle moitié
de l'espèce humaine ? (Hilarité générale.)

« Enfin le Dictionnaire dit encore : « Les personnes
« peu spirituelles écoutent avec une attention imbécile. »
Ceci évidemment ne s'applique pas à M. Degove qui était
l'orateur, et j'ose dire qu'aucun de ceux qui l'ont entendu n'a mérité le reproche prévu par le grammairien.

« En résumé l'interprétation la plus défavorable au
prévenu consisterait à dire que, dans l'opinion de M. Jacquet, M. Degove serait un peu *faible*... comme orateur.
Imbécile, c'est comme s'il avait dit : « pas fort ! pas fort ! »
(On rit.)

« Eh bien ! ici je dois parler avec toute la franchise qui
appartient à mon ministère, ou plutôt je m'en rapporte
à vous-mêmes : Messieurs, lisez le discours, jugez si c'est
calomnier l'orateur, que d'avoir laissé échapper sur son
œuvre une opinion si mesurée pour le fond et dans la
forme.

« Voici de sa prose:

« L'établissement de M. Cossin était tombé en des
« mains inaccoutumées à cet *esprit* d'ordre, de prudence,

« de conduite, etc. , etc. » Des *mains* qui ont de l'*esprit!* des mains qui ont de l'esprit de conduite!... Que vous semble de ce style?

« Parce que M. Degove aura lu dans quelque circulaire qu'un sous-préfet devait tenir les rênes de son petit État d'une *main* ferme, il a cru qu'on pouvait mettre ce *mot* à toute... (Une voix au banc où est placé Mᵉ Ledru, *à toute sauce.* — On rit.) Non, dit Mᵉ Ledru, mais il a cru qu'on pouvait l'appliquer en toute occasion.

« Sachez-le, monsieur le sous-préfet, les mains n'ont pas d'esprit, pas plus que... quelqu'un que je pourrais nommer. (on rit); et quand on a l'imprudence de leur en donner, il faut écouter la voix du professeur instruit qui vous rappelle à l'ordre, à la politesse, au bon goût... et, si c'est possible, à la raison.

« Eh bien ! Messieurs, tout le discours est dans le même genre.

« J'ai parlé des *mains* : voulez-vous une phrase où il est question de têtes. Écoutez M. le sous-préfet, il dépeint ces têtes légères qui *courent les plaisirs et les fêtes...* des têtes qui *courent*, des têtes lancées dans un bal, en escarpins... des quadrilles de crânes... quelles figures de rhétorique! quelle poésie administrative! (On rit.) Si le saltimbanque est un orateur à *figures déplacées*, comme dit l'Académie, certes, M. Degove, c'est bien vous, ou je ne m'y connais pas! car, en conscience... tout ceci est terriblement tiré par les cheveux.

« Je ne veux pas vous citer toutes les beautés qui m'ont frappé au premier coup d'œil, et que j'ai prises pour ainsi dire au vol dans le manuscrit que M. le procureur du roi me communique à l'instant : j'en ai rencontré à vue de pays un assez curieux échantillon, pour que vous puissiez apprécier si le jugement que M. Jacquet a porté sur l'œuvre et l'auteur est trop sévère, ou si M. Degove est ce qu'on appelle un homme fort, d'une belle force! (On rit.)

« Et encore, ceci c'est le discours revu, raccommodé, rapiécé depuis deux mois par les ravaudeurs de la sous-préfecture... Que diriez-vous donc de la production *premier jet,* de celle qui, par une sorte d'attraction, mettait tout à coup M. Corbie en train de barbarisme pour être à l'unisson de l'autorité? (Rire général.)

« Mais laissons là le discours et parlons de l'orateur ; me permet-il, à moi, qui suis parfaitement désintéressé dans la question, n'ayant pris parti ni pour les classiques ni pour les romantiques, de lui donner mon opinion?... — Je ne me servirai pas du mot qu'a employé M. Jacquet, puisque ce mot déplaît à M. Degove, et que j'ai promis de ne rien lui dire qui puisse effleurer son tendre épiderme (on rit); mais je lui avouerai en conscience, que tout homme de tact et de goût lui aurait dit, après l'avoir entendu : « Ce que vous avez débité là, monsieur le sous-« préfet, c'est une sottise! » et si l'ami le plus intime de ce candidat à l'éloquence lui confessait, en ce moment, ce qu'il pense de ce qui a suivi, il lui dirait en outre : le discours, première *sottise;* mais le procès, seconde sottise, pire que la première: Dieu vous garde d'une troisième! car, vous le savez, c'est le troisième coup qui tue!

« Eh bien! *imbécile* était moins rude et plus *coulant*

(on rit) ; et d'ailleurs, parmi les nombreuses expressions qui sont dans le Dictionnaire, on ne prend pas toujours la meilleure, M. Degove le sait mieux que personne! (On rit.)

« Cependant il a porté plainte, mais il va en avoir bien d'autres à former. Lisez les journaux de Paris et de la province, c'est à qui désormais sera le plus sévère à son égard, tant il est vrai, qu'une faute, même littéraire, ne reste jamais impunie !

« Le nom de M. Degove est en ce moment un des noms les plus connus de France. A Paris, dans les départements, il n'est question que de lui... et de son discours. Nous ne l'avions appelé tout bonnement qu'*imbécile*..... voilà le *Journal de Rouen* qui le désigne sous le nom du *Cicéron* de l'Oise (on rit), Cicéron... l'entendez-vous?

« Le *National* va plus loin, il l'appelle *Démosthènes*. La feuille du Havre a trouvé une plaisanterie plus cruelle encore, elle le nomme *Bossuet* administratif; l'aigle de Meaux à côté du roitelet de Senlis. (Rire général.)

« Faites des procès à ces journaux, à la bonne heure, je le comprendrai. L'abbé que Boileau a immortalisé, riait lui-même de ce vers :

On est assis à l'aise aux sermons de Cotin.

parce que c'était un honnête homme qui dans le for intérieur se disait : « c'est juste, » comme aurait pu répondre M. Degove à M. Jacquet, s'il avait su se modérer (on rit), et se rendre justice.

« Mais ce bon abbé Cotin devenait furieux à cette ironie sanglante :

> Cotin à ses sermons traînant toute la terre,
> Fend les flots d'auditeurs pour aller à sa chaire. (On rit.)

« Jai prouvé que *saltimbanque* et *imbécile* sont des termes irréprochables : je veux, par hypothèse, admettre le contraire, et j'établis que quand même ils contiendraient l'injure la plus atroce, M. Degove l'eût méritée, et que le prévenu serait à l'abri de tout reproche. Car, il a été provoqué par l'insolente sortie de M. le sous-préfet ; et ici, Messieurs, permettez-moi de m'élever du ton le plus sérieux contre les reproches qui viennent de tomber du banc où siége l'accusation...

« On nous dit : « c'est du scandale qu'on veut ! » Comment du scandale ! Qui donc a fait le procès..... est-ce moi Amable Jacquet ? n'est-ce pas vous, M. Degove, vous si pressé de paraître devant les tribunaux, que vous aviez prié, séance tenante, M. le procureur du roi de dresser procès-verbal de... votre éloquence apparemment ! — Du scandale ! et là-dessus des phrases magnifiques, je l'avoue, mais des phrases qui se résument à ceci :

> Cet animal est fort méchant,
> Quand on l'attaque il se défend. (Rire général.)

« Non, M. Degove, nous ne vous avons pas prié de faire ce que j'ai pris tout à l'heure la liberté d'appeler votre seconde sottise. Car, au fond, ce n'est pas chose si amusante, croyez-le bien, que de vous accompagner en police correctionnelle, en présence de ces magistrats municipaux, de ces populations empressées, accourues de tous les coins du département pour contempler ici leur sous-préfet!... (Rire général.)

« C'est même fort désagréable (on rit) pour un homme qui n'aime pas, comme vous, à parler en public : mais que vous vous en plaigniez... c'est trop fort; cela passe les bornes de la plaisanterie autorisée par l'usage.

« Je dis donc que la provocation détruirait la criminalité, si la criminalité avait pu exister. C'est ce qu'établissent tous les auteurs : « *Injuriæ mutuâ compensatione tolluntur.* » C'est ce que proclament tous les arrêts de la cour de cassation et entre autres un arrêt très-connu, cité par Dalloz (t. XXVII, 1-511).

« M. le sous-préfet n'a pas provoqué, dit-on : il a rempli un devoir, un devoir pénible. Chargé de surveiller, il a dû faire entendre des paroles de blâme...

« Je ne suis pas fâché de faire remarquer qu'on avoue le blâme et que cela, par parenthèse, prouve quels ravages ont faits les calomnies de M. le sous-préfet; car M. le procureur du roi lui-même est encore sous l'impression et comme sous le charme irrésistible du discours. En effet, il est tout naturel qu'il se dise : « Il faut « bien qu'il y ait quelque chose contre M. Jacquet; car, « sans cela, pourquoi voulez-vous que le sous-préfet, « qui est le chef de la police dans l'arrondissement, ait « signalé des désordres, des scandales imaginaires? »

« Eh bien! non, M. Degove ne remplissait pas un devoir dans la circonstance ; d'abord parce que ses allusions étaient sans fondement, sans prétexte, calomnieuses. Je me sers du mot propre. Et en second lieu parce que M. Degove n'exerçait, à la distribution des prix, aucune fonction administrative.

« M. l'avocat du roi concède que le sous-préfet n'a tenu sa mission officielle que de l'invitation de M. Cossin. Je le remercie de cet aveu : il en résulte que ce jour-là M. Cossin, donnant l'investiture à un sous-préfet au moyen du cérémonial fort simple d'un billet d'invitation, était plus que le préfet lui-même..., il était roi de France. (On rit.) Je suis bien sûr qu'en adressant sa circulaire il ne songeait guère à usurper la couronne dont on vient de lui faire un si gracieux hommage. (On rit.)

« Mais en droit, le système qui consiste à considérer M. Degove comme exerçant, dans une institution, l'autorité administrative, ou plutôt, dans l'espèce, une autorité littéraire, est insoutenable.

« Quelle loi invoque-t-on ? la loi du 17 pluviôse an VI, qui porte que « les pensionnats sont sous la surveillance « spéciale des administrations municipales de chaque can-« ton ; » et celle du 28 pluviôse an VIII, qui ajoute : « Les « fonctions jusqu'alors exercées par les administra-« tions municipales sont transférées aux sous-préfets. » C'est très-bien ; mais lisons la loi de l'an VI. Que dit-elle ?

« En conséquence l'administration municipale fera, au « moins une fois par chaque mois, à des époques impré-« vues, la visite desdites maisons qui se trouvent dans « l'arrondissement. »

« J'affirme en fait que M. le sous-préfet ne visite pas

une fois par mois, ni une fois par trimestre, la maison Cossin... Donc, à moins qu'on ne soutienne ici que ce fonctionnaire viole la loi aussi aisément qu'il viole la grammaire, il faut rejeter cet article.

« La loi d'ailleurs parle de visites à des *époques imprévues,* ce qui, évidemment, ne s'applique pas aux distributions de prix, c'est-à-dire à une fête scolaire prévue depuis le jour de la rentrée des classes.

« Ce qu'il y avait d'imprévu, ce n'était donc pas la cérémonie, c'était l'éloquence... qui est tombée au milieu de la joie générale comme un accident.

« Voyons les autres articles de la loi de l'an VI ; la visite a pour but de constater : « Si l'on observe les déca- « dis, si l'on y célèbre les fêtes républicaines, et si l'on s'y « honore du nom de citoyen. » (On rit.)

« Je suis bien sûr que M. Degove ne s'occupe pas de tout cela (rire général) ; il y a longtemps qu'on lui eût demandé sa démission. C'est qu'en effet, Messieurs, il n'est pas plus question aujourd'hui de la loi de pluviôse an VI, que de celle de l'an VIII, qui ont été remplacées par les lois constitutives de l'Université, c'est-à-dire par la loi du 17 mai 1808 et celle du 25 novembre 1811.

« Loi du 17 mars 1808, article 1er : « L'enseignement « public, dans tout l'empire, est confié exclusivement à « l'Université. »

« Quels sont les fonctionnaires de l'Université ? « Art. « 29, même loi. — Le grand-maître, conseillers, recteurs, « doyens, inspecteurs, censeurs, proviseurs, chefs d'in- « stitution, maîtres de pension, etc.... » Pas plus de sous-préfets que de gardes-chiourmes !

« De quelle autorité dépendent les maisons d'éducation ? Qui en a la police ?

Art. 103. — « Les chefs d'institution et les maîtres de « pension ne pourront exercer sans avoir reçu du grand- « maître un brevet portant pouvoir de tenir leur établis- « sement. »

Art. 104. — « Sur la proposition des recteurs, l'avis « des inspecteurs, et d'après information faite par les « conseils académiques, le grand-maître, après avoir con- « sulté le conseil de l'Université, pourra faire fermer les « institutions et pensions où il aura été reconnu des abus « graves et des principes contraires à ceux de l'Uni- « versité. »

      Ces principes sont ceux... de la littérature
      Classique... et non pas ceux de la sous-préfecture.

« Qu'est-ce qu'on objecte ? La loi du 15 novembre 1811, qui dit :

Art. 33. — « Il n'est pas dérogé au droit qu'ont nos « préfets et au devoir qui leur est imposé de surveiller les « établissements d'instruction placés dans leurs départe- « ments respectifs. »

Art. 34. — « Ils s'attacheront spécialement à examiner « si les dispositions sur le régime de ces établissements « sont exactement observées ; si les mœurs et la santé des « élèves sont convenablement soignées. »

Art. 36. « Ils pourront déléguer les sous-préfets. »

« Je réponds : que ces articles ne seraient, en tous cas, applicables qu'aux préfets, sauf délégation ; or, M. Degove n'a reçu aucune délégation pour assister à la distribution des prix... Il a reçu une simple invitation comme un mortel ordinaire... très-ordinaire. (On rit).

« Au reste les préfets eux-mêmes n'ont pas les prérogatives universitaires qu'on veut leur octroyer, en vertu de cette loi de 1811. Les articles précités n'apprennent rien de nouveau en proclamant que les préfets sont les chefs de la police dans leurs départements respectifs; en cette qualité, ils surveillent... Mais on ne surveille jamais si bien que quand on ne paraît pas. Le système que consacre la loi de 1811 n'est donc plus celui de la loi de l'an VI qui voulait des visites officielles une fois par mois : c'est une simple inspection de police et rien de plus.

« Si cette surveillance produit une découverte... (et M. Degové peut faire des découvertes comme un autre, — on rit); le fonctionnaire administratif n'a pas pour cela le droit de mettre le pied sur le terrain universitaire; il avertit les chefs; et, en définitive, le grand-maître ou le recteur, ou l'inspecteur, ou les autres autorités, dans leur compétence hiérarchique, prennent les mesures convenables.

« Quant au préfet, encore une fois : « Il examine si « les dispositions... sont bien observées... » Mais là loi lui dit : « Regardez... n'y touchez pas! » Quant à la santé et aux mœurs, c'est aussi une affaire de police générale, d'hygiène physique et morale, qui lui appartient partout, et là comme ailleurs, mais sans extension d'attributions.

« Je ne l'ai pas inventé ; lisez l'art. 40, même décret:

« Nos préfets ne pourront rien ordonner, rien changer à
« l'ordre administratif des lycées ou colléges, ni rien pres-
« crire. Mais ils sont tenus d'adresser à notre ministre de
« l'intérieur les informations qu'ils auront recueillies, et
« ils les accompagneront de leurs observations et en in-
« struiront le grand-maître. »

« Voilà, j'espère, qui est clair !

« Voulez-vous voir, dans le Code universitaire lui-
même, comment la loi s'exécute? Lisez page 776,
art. 2343, § 8 : « Les recteurs (et non les sous-préfets!)
« s'assureront des bonnes mœurs, de la capacité des
« maîtres, etc. Ils adresseront au grand-maître l'état des
« régents, répétiteurs, etc. »

Page 777, art. 2346, § 3 : « Lorsqu'un des agents de
« l'instruction publique aura commis quelque faute grave,
« le recteur lui interdira provisoirement les fonctions de
« l'enseignement, et il fera de suite son rapport au grand-
« maître, etc... »

« Ce n'est pas tout ; les professeurs sont tellement sous
l'œil de l'Université, qu'ils n'ont pas même le droit de sortir de l'Académie sans l'*exeat* du recteur, qui pourra refuser cet *exeat*, en rendant compte de ses motifs à la
commission de l'instruction publique. (Décision du 19 mai
1819, citée. — *Ibid.*, 704.)

« Enfin, il y a plus, et ceci semble avoir été fait tout
exprès pour la cause : la loi qui n'a pas voulu que tout
parleur eût le droit de ternir de son éloquence l'éclat
d'une distribution de prix, dit : « Qu'aucune distribution
« ne peut être faite publiquement, ni aucun discours pro-
« noncé à cette occasion, sans l'autorisation du recteur. »

(Article 219 , statut du 4 septembre 1821, Recueil de M. Cousin.)

« Ainsi voilà le sous-préfet en contravention. (On rit.) Je ne sais pas trop comment il se défendra en police correctionnelle... à moins qu'il n'élève un conflit d'attributions entre M. Dufaure et M. Narcisse de Salvandy, qui remplit les fonctions de grand-maître. »

Une voix : C'est M. Villemain.

« *M*ᵉ *Ledru.* C'est juste! tant pis pour M. Degove; car M. Villemain ne plaisante pas avec la mauvaise prose.

« M. le sous-préfet veut-il donc, après avoir troublé la distribution des prix, jeter à présent une pomme de discorde entre le ministre de l'instruction publique et le ministre de l'intérieur (on rit) ; le veut-il en présence d'attributions diverses si bien définies? Cependant sa conduite à la distribution et le système qu'on présente en sa faveur à l'audience vont tout droit à une question d'empiétement administratif et à un duel ministériel. (On rit.)

« En deux mots, Messieurs, l'Université est l'Université, et les sous-préfets n'en font point partie. Je pourrais en donner des raisons très-plausibles ; la première, c'est que le moindre grade dans le département de l'instruction publique s'acquiert autrement que les fonctions de l'intérieur, et que pour exercer les secondes on peut très-bien se passer de ce qui est indispensable dans les colléges et dans les pensions. Je n'en dis pas plus : M. Degove me comprendra. (On rit.)

« Ce n'est pas moi qui le veut, c'est l'intérêt public et

littéraire de la France. Car, à part le scandale de l'administration s'introduisant de vive force sur le sol universitaire, je vous demande ce que deviendrait notre beau
pays, au point de vue littéraire, si le premier sous-préfet
venu avait le droit de pérorer, quand la démangeaison
lui en prend, devant de pauvres jeunes gens qui, après
avoir sué sang et eau sur les auteurs de l'antiquité, pour
se former au bon goût et aux saines doctrines, seraient exposés tout à coup à perdre le fruit de tant de veilles, en entendant tomber, par exemple, du haut d'une tribune officielle, un langage dans le genre de celui qui scandalisait,
le 20 août dernier, MM. Delaunay, Corbie, et tout le conseil municipal lui-même !

« Il vaudrait bien la peine d'enseigner à la jeunesse les
préceptes de l'éloquence, pour lui offrir comme modèles,
après ceux du Forum, des orateurs comme M. Degove !
En ce cas, à quoi bon les classes? pour tant faire que
d'instruire l'enfance à pareille école, ce serait beaucoup
plus court et plus économique de l'envoyer en masse
comme surnuméraire dans les bureaux de la sous-préfecture. (On rit.)

« Messieurs, ne calomnions pas Napoléon, le père de
l'Université. En créant cette fille chérie, il n'a pas entendu la prostituer aux mains des profanes. Il la fit forte
et libre ! il la dota d'une existence indépendante et propre.
Conseils supérieurs, académies, recteurs, inspecteurs...
Voilà l'Université, voilà sa cour. Mais cette reine, insti-
tuée pour les conquêtes de l'intelligence, n'a été faite
que pour la science et par la science. Rien de commun
entre sa noble milice, sa légion sainte, et les légions ad-

ministratives et policières. Ce sont deux mondes séparés de toute la distance qu'il y a entre le Démosthènes athénien et celui du département de l'Oise, arrondissement de Senlis. (Rire général.)

« Cependant, Messieurs, ne croyez pas, qu'injuste envers M. Degove, je veuille le dépouiller de celles de ses attributions que la loi lui confère réellement en matière d'éducation publique.

« Je ne nierai donc pas qu'il y a dans le domaine de la sous-préfecture quelques pensionnats..... En effet, l'ordonnance du 3 avril 1829 (art. 2) en a confié une subdivision à l'autorité administrative ; ce sont les pensionnats de demoiselles. (Rire général.) Là, on ne fait pas de grec : c'est plus facile. (Explosion d'hilarité.)

« Quand on a une mission si honorable et si délicate à la fois, on aurait tort de se plaindre et d'en usurper d'autres beaucoup moins flatteuses et moins agréables. Il y a bien des recteurs tout chamarrés de diplômes qui troqueraient volontiers tous leurs grades contre la douce et pure mission de former, de diriger, d'administrer un sexe toujours aimable. (On rit.)Tandisqu'en général les écoliers le sont fort peu, surtout envers les officiers de l'Université.

« Je vais plus loin. Quand même M. Degove aurait la surveillance des institutions mâles de son arrondissement, j'ai prouvé qu'il pourrait seulement, en sa qualité, adresser des rapports à ses chefs qui les transmettraient au ministre de l'intérieur pour arriver de celui-ci au ministre de l'instruction publique. Voilà la hiérarchie.... et il est curieux que ce soit nous qui l'apprenions à un si habile administrateur.

« Mais M. le sous-préfet fût-il recteur, inspecteur, tout
ce qu'on voudra, encore ne devrait-il pas moins être considéré comme provocateur d'injures, si, au lieu de régir
et d'inspecter les élèves, il se permettait d'insulter publiquement les maîtres. Le droit de destitution lui-même,
celui sur lequel les fonctionnaires amovibles ont le plus
médité (on rit), ce droit n'implique pas le droit de diffamation. Pouvoir de briser n'est pas pouvoir d'avilir, et
voici pourquoi, si l'acquittement de M. Jacquet ne devait
pas terminer tous ces débats, vous verriez M. Denys Jacquet demander à son tour une condamnation exemplaire
contre le fonctionnaire diffamateur.

« Il est si vrai que diffamer, même dans l'exercice de
ses fonctions, est un délit, que M. Degove lui-même va
en convenir. Je m'oblige à lui arracher cet aveu.

« Supposons, en effet, qu'au lieu du sous-préfet, l'orateur de la cérémonie eût été M. Jacquet le prévenu,
M. Jacquet professeur de l'établissement et membre
distingué de l'Université. Quant à lui, il eût été dans son
rôle légal... et certainement les auditeurs ne s'en seraient
pas plaints... (On rit.) Supposons en outre que, profitant
de la circonstance, et abusant du droit le plus légitime de
la parole publique, M. Jacquet eût fait le petit discours suivant : « Jeunes gens, vous entrerez bientôt dans le monde;
« évitez ses dangers! évitez surtout de devenir fonction-
« naires.... les meilleures dispositions se pervertissent
« par le contact seul du pouvoir. Voyez ce sous-préfet qui
« est là... C'était autrefois un très-bon élève en thème. Eh
« bien! aujourd'hui non-seulement il n'est plus très-so-
« lide même sur la grammaire... il a oublié jusqu'aux rè-

« gles enseignées par la civilité puérile et honnête. » (On rit.) M. Degove n'aurait-il pas eu le droit de se lever à cette harangue et de dire tout haut : « Qui m'a bâti un « Iroquois et un imbécile de professeur comme celui-« là... d'où vient ce mal appris? » Certes, il en aurait eu le droit; et, pour mon compte, je déclare que si M. Degove, traduit à cette occasion devant votre tribunal, m'avait fait l'honneur de me confier sa défense, je me serais engagé à obtenir de votre justice un acquittement complet... et en pareille occasion il pourrait compter sur tout mon zèle.... (On rit.) Eh bien ! qu'il fasse sur lui-même un retour, et qu'il se demande d'où lui viendrait le privilége de la diffamation; d'où lui viendrait surtout le privilége de ne pouvoir être en aucun cas considéré comme provocateur, si on lui répondait comme il l'eût mérité.

« M. Degove croit peut-être que les écoliers n'auront pas compris. Détrompez-vous, Monsieur le sous-préfet, détrompez-vous. Les écoliers comprennent tout.... même vos discours. (On rit.) Ils saisissent surtout avec un instinct merveilleux toute attaque contre leurs maîtres. C'est comme cela depuis Adam, et croyez-vous qu'il faille un grand effort d'intelligence pour se dire entre camarade : « Il paraît que notre professeur qui parle si bien « morale quand il nous explique la vie de Socrate, ne se « gêne guère dans la pratique... M. le sous-préfet l'a jo-« liment traité, lui qui nous punit si lestement. Si on le « mettait au pain sec quand il va danser avec les griset-« tes, ce serait son tour plus souvent que le nôtre. »

« Ce n'est pas tout. Voilà les élèves en vacances; tout

le monde sait que c'est le moment où l'on s'explique en liberté sur sa pension... Il est de principe de ne pas pousser loin les scrupules à l'égard des professeurs ; car, si bons qu'ils soient, ils ont tous le défaut de faire digérer plus de grec et de latin que n'en voudraient de jeunes estomacs.... Que sera-ce donc quand leurs petites rancunes auront à développer un texte comme celui que leur avait fourni M. le sous-préfet?...

« Ah! Messieurs, la circonstance était grave, le moment critique, et si je ne savais que M. Jacquet est un homme de tact, d'esprit, de bon sens, je l'aurais jugé au discours par lequel il a , comme un général habile, raffermi les bons, découragé les mauvais, entraîné les douteux ; enfin maintenu la discipline déjà ébranlée et chancelante, et comprimé peut-être des séditions en germes qui, plus tard, seraient sorties musique en tête de la pension Cossin pour venir assiéger à coups de dictionnaires les remparts déjà trop peu solides de la sous-préfecture. (On rit.)

« Je veux répondre à une dernière objection. M. l'avocat du roi eût toléré la réponse de M. Jacquet si elle avait été immédiate , si l'affront avait été rendu aussitôt que reçu. Ce serait alors un acte de premier mouvement et d'inspiration, et les fautes sont toujours plus excusables dans l'improvisation que quand elles sont méditées... comme celles par exemple qui ornent le discours de M. le sous-préfet. (On rit.)

« M. l'avocat du roi ne remarque pas quand il parle ainsi, que jamais, au contraire, la réflexion n'a dû autant exalter l'indignation d'un homme offensé! Quoi, Mes-

III   14

sieurs, il a fallu que M. Jacquet, homme bien élevé, incapable de troubler la cérémonie de la distribution, appelât lui même tous les triomphateurs, et qu'il observât le regard malin de chacun de ces écoliers qui, en venant recevoir son prix, avait l'air de lui dire : « N'appelez- « vous pas aussi bientôt le nom de celui des professeurs « qui a gagné le prix de danse. » (On rit.)

« Enfin, quelle preuve aussi positive de la non-culpabilité de M. Jacquet, que l'éloge fait publiquement de son caractère et par M. l'adjoint dont le témoignage n'est pas suspect, et par le ministère public lui-même? Pourquoi voulez-vous que cet homme si paisible, si honorable, se soit, sans motifs irrésistibles, exposé aux colères, aux rancunes.... que dis-je? à la foudre du Jupiter qui trône à Senlis? M. Jacquet a du jugement : il sait que ce n'est pas peu de chose que de se heurter contre le premier fonctionnaire de l'endroit... et que les inimitiés avec les grands des petites localités sont mille fois pires que les guerres avec les potentats... Cette considération seule prouve de quelle nature était la provocation : elle est l'explication du reste.

« Cependant, suivant le système de l'accusation, M. Jacquet aurait dû digérer l'affront en silence.... Que dis-je? Il aurait dû peut-être remercier M. Degove de ses attentions délicates en disant :

> Ah! grand merci... Monsieur le sous-préfet,
> Que vous êtes gentil! quel orateur parfait.

Puis M. Cossin et ses maîtres auraient ajouté en chœur, en faisant la révérence :

> Voici, Monsieur, les professeurs,
> Qui sont vos humbles serviteurs.

« Ici, je ne peux m'empêcher de vous communiquer un souvenir judiciaire relatif à des faits où il est précisément question de *Senlis*...., ville ancienne et dont les autorités ne figurent pas pour la première fois en police correctionnelle (on rit) comme on peut le voir dans le traité de *Dareau* et *Fournel*. Or, par arrêt de la Tournelle, du 8 mai 1557, le lieutenant-général de Senlis (c'était le sous-préfet de l'époque,—on rit) fut condamné pour sa *mauvaise langue* à 200 livres d'amende envers le lieutenant criminel de Robe-Courte, et à 100 livres envers le roi pour avoir dit que le lieutenant criminel de Robe-Courte n'allait pas à *confesse* (on rit) et ne recevait pas son créateur.

« Et quelle différence ! M. le sous-préfet n'a pas seulement dit que M. Jacquet et ses collègues n'allaient pas à confesse... Il a insinué qu'ils *couraient* ailleurs. (On rit.)

« Il n'a pas seulement dit que ces messieurs ne recevaient pas leur *créateur*, il a laissé entrevoir qu'ils n'accueillaient pas trop mal la créature. (Rire général.)

« Je vous le demande, en conscience, est-il donc possible que des propos mille fois plus calomnieux que ceux qui valaient une condamnation sévère à M. le lieutenant-général, ne soient pas considérés au moins comme une provocation ?

« Quoi qu'il en soit, je n'ai pas été fâché de citer l'anecdote, pour vous prouver, Messieurs, que, *même sous l'ancien régime*, il n'était pas permis, fût-ce à l'autorité supérieure, de faire de la calomnie, et que, quand elle prenait cette licence, les magistrats y mettaient bon ordre. Je regrette seulement que cette ville si paisible ait de temps immémorial le privilége de posséder des fonctionnaires trop enclins à la parole. (On rit.)

« Et néanmoins, Messieurs, le ministère public s'est étonné de notre audace. Oser vous plaindre d'un sous-préfet? et alors M. l'avocat du roi a exhaussé ce fonctionnaire sur un magnifique piédestal; il s'est même étonné que l'avocat de la cause ait eu la hardiesse de placer un professeur au niveau de M. Degove !

« Oui, j'ai placé le courageux professeur *au-dessus même du sous-préfet* : j'ai dit que la science était de plus d'une coudée supérieure à la fonction officielle ; j'ai dit que ces parchemins acquis à force de veilles et d'études valaient un peu mieux que quelques lignes qui annoncent dans le *Moniteur universel* que l'arrondissement a été pourvu d'un nouvel administrateur. C'est, voyez-vous, que, pour moi, une des plus nobles missions dans ce monde, c'est d'instruire les hommes... Je les appelle des fonctionnaires sublimes, ces modestes savants auxquels nous confions, en leur remettant nos enfants, notre avenir, et les destinées de la patrie, et la civilisation elle-même !

« Vous parliez de l'antiquité, il y a quelques instants; eh bien ! rappelez-vous en quels termes Cicéron s'exprimait sur Archias, son maître; rappelez-vous de quels rayons de gloire et de quelle sainte auréole il entourait son front quand il revendiquait pour lui les droits de

cité romaine. Et c'était Cicéron qui parlait ainsi, humiliant en quelque sorte sa tête couronnée devant celui qui
lui valait toutes ses couronnes ! (Sensation profonde.)

« Il n'y a rien de commun, direz-vous peut-être, entre
M. Degove et l'immortel disciple d'Archias (ce n'est peut-
être pas l'opinion du sous-préfet : — on rit) ; mais en
tous cas ne dites plus que la science est éclipsée par la
broderie ! ! !

« Au reste, ne vous y trompez pas ; Napoléon n'a pas
voulu que ses professeurs pussent pâlir, même du côté
de l'uniforme qui décore notre adversaire.

« Nous savons tous que le costume officiel de M. Degove se réduit à quelques insignes assez ternes. (On rit.)
Or, voici le costume légal des membres de l'Université.

« Robe et toque noire, cravate de batiste ; pour les of-
« ficiers des académies, chausse avec un passe-poil d'her-
« mine, et pour les membres de l'Université, sans passe-
« poil, palme en soie bleue et blanche. »

« Il me semble que ceci est fort élégant. (Rire général.)

« Je reviens à la provocation et je dis : elle a été sans
prétexte, hors des fonctions de M. Degove, et en tout état
de cause elle est impardonnable.

« Maintenant, rappelez-vous dans quelles circonstances
M. Jacquet vous a châtié, et examinons si ses paroles ne
sont pas excusables ; que dis-je ? si elles n'étaient pas
commandées par le devoir et l'honneur.

« Devant qui, lui, son frère, ses collègues, étaient-ils
désignés d'une façon si injurieuse ? devant leurs élèves,
devant ceux à qui ils enseignent que leurs parents ont

droit à un respect presque religieux et pour qui ils tiennent lieu de cette parenté même.

« C'est en présence de cette jeune génération et en présence de vous-mêmes, Messieurs, qui aviez daigné assister à la distribution des prix, comme pour apprendre aux triomphateurs qu'il n'y a de triomphe ici-bas que ceux que la justice avoue et qu'elle consacre!... C'est ici, dans l'enceinte même où je parle (1), et où vous rendez vos oracles; c'est dans une solennité si simple et à la fois si élevée que M. Degove s'est plu à arracher aux professeurs présents comme à celui qui n'y était plus, cette considération, cette respectueuse confiance qui faisaient et leur récompense et leur orgueil, et la garantie des succès de l'institution.

« On s'indigne de la réponse qui a été faite à ses injures, et on trouve tout naturel qu'il ait, pour ainsi dire, souffleté les généraux en face de l'armée !

« Et que M. Degove ne me démente pas ! Il a bien essayé dans le discours qu'il nous a communiqué de voiler un peu ses attaques, de mesurer ses expressions... Cela n'est plus si rude que l'édition première. Néanmoins, les insinuations sont encore fort transparentes, et nous n'admettons pas en justice les précautions oratoires du prédicateur qui, signalant la conduite d'une de ses paroissiennes, croyait échapper à toute censure parce qu'il avait dit : « Je ne la nommerai pas..., mais voilà son chien « qui passe. » (Rire général.)

« En résumé donc, Messieurs, si nous descendons des

(1) C'est dans la salle d'audience du tribunal qu'avait eu lieu la distribution et que M. Degove avait débuté comme orateur.

hauteurs poétiques où M. l'avocat du roi a placé la question ; si nous voyons la chose au point de vue purement prosaïque et vrai ; si nous la dégageons de tout l'accessoire pour ne voir que le fond, quel rôle a joué M. Degove dans tout ceci ?

« Je suis fâché de le dire ; mais, en somme, M. le sous-préfet a agi comme agirait un homme mal élevé qui, invité par un hôte recommandable, aurait accepté l'invitation, se serait rendu au banquet... et, là, aurait insulté l'hôte lui-même et les convives.

« Cela s'est vu, je le sais. Il y a des gens qui, une fois en pied dans la maison, prétendent y gouverner en maître absolu... mais cela n'est pas encore tellement passé en usage que, quand au lieu de mettre de tels docteurs à la porte, on se borne à leur dire leur fait, on soit exposé à être sévèrement puni.

« Pareille prétention rappellerait trop l'histoire de cet excellent Pierre Clavier dit Blondeau, dont Paul-Louis Courier nous a conservé l'histoire.

« Ce pauvre Blondeau était au service du premier fonctionnaire de sa commune, M. de Beaune. Ce magistrat ne faisait pas de procès-verbaux : en le servant, on ne risquait que d'être *assommé*. Mais Blondeau s'était conduit avec tant de prudence qu'au bout de deux ans, il sortit de chez lui sans contusion ni blessure : en quoi, dit-il lui même, il ne fut pas si bête.

« Malheureusement M. le maire, en le renvoyant, ne lui avait pas payé ses gages de trois mois, 50 fr. qu'il lui devait. Quand Blondeau demanda son argent : « Tu me « le paieras, » lui dit le maire. En effet, peu après il fut accusé d'avoir dit à M. le maire, causant avec lui dans son parc : « Allez vous promener. »

« Bref, Blondeau fut condamné, pour ce, à un mois d'enprisonnement, en vertu de jugement du 5 mars 1849, rendu par le tribunal correctionnel de Tours, pays célèbre par ses pruneaux. (On rit.)

« Messieurs, je ne crains pas que vous imitiez cette jurisprudence. Les prétentions de M. Degove sont d'une autre époque : c'est un anachronisme.

« Il ne suffit pas, en effet, d'être un grand administrateur, de construire des routes (qui par parenthèse ne sont pas très-bonnes dans l'arrondissement), de donner des encouragements à l'agriculture. (Ceci paraît être, en effet, la partie favorite de M. Degove. — On rit.....) Tout cela est à merveille ; mais un peu de politesse et d'égards envers les gens qui vous invitent à les honorer de votre présence ne gâterait rien ; et il me semble que M. l'avocat du roi, au lieu de prouver que M. Degove était une espèce de petit Sésostris, aurait aussi bien fait de prouver que son discours n'était pas une offense et une déclamation injurieuse.

« Ce n'est pas tout d'être un grand homme, il faut encore être un homme supportable. (On rit.)

« Je ne voudrais pas finir cette discussion sans dire un mot d'un hors-d'œuvre très-brillant qui a servi de péroraison à M. l'avocat du roi... Le premier fonctionnaire de l'arrondissement ne peut être condamné, même aux dépens, a-t-il dit ; une telle sentence ruinerait l'autorité déjà si affaiblie dans ces temps de désordre...

« Ceci est fort beau, mais peu solide. D'abord, il n'est

pas question de *dépens*, puisque M. Degove ne s'est pas constitué partie civile ; ensuite, il ne s'agit pas de savoir si notre adversaire est le premier ou le dernier de la paroisse. Il s'agit de savoir s'il a été insulté ou si c'est lui qui a fait l'insulte. — Une condamnation marquerait *le front* de l'administrateur d'une tâche ineffaçable... — Cela serait fort fâcheux sans doute ; mais M. le sous-préfet n'est pas le seul qui ait un front et qui veuille le conserver pur. Croyez-vous que mon client n'en ait pas un au moins aussi large et aussi beau que celui de M. Degove ? Pourquoi donc le tribunal voudrait-il le flétrir plutôt que celui sur lequel doit être imprimé la faute ?

« Phrases que tout ceci, Messieurs, phrases et déclamations... Et le talent de mon honorable contradicteur ne m'enpêchera pas de dire que ce vain épouvantail de mots ne peut en imposer à vos consciences.

« Il faut d'ailleurs en rabattre beaucoup sur le danger que court en ce moment l'autorité dans la personne de M. le sous-préfet. Ces craintes exagérées me prouvent (et j'en félicite l'arrondissement) qu'on y vit, en général, dans une paix très-profonde.

« A Paris, on ne se serait pas ému du tout des paroles qui ont entraîné M. Degove dans un défilé où je ne crois pas qu'il se félicite beaucoup de s'être engagé. (On rit.)

« On a dit tout haut qu'il était un *imbécile*... Les ministres eux-mêmes s'abonneraient bien volontiers à ce régime-là. (Rire général.) Il n'y en a pas un qui le matin, en prenant son café, ne s'entende apostropher, non pas seulement devant le maire et l'adjoint de cette belle commune, mais devant la France entière, de mots beaucoup plus incisifs.

« Celui-là même qui est incriminé a été appliqué en maintes circonstances.

« Voici le *Charivari;* c'est une autorité, car vous pensez bien que M. l'avocat du roi examine à la loupe chacune des nouvelles de ses trois hommes d'État. Eh bien ! le jeudi 12 septembre on y lisait : — Le *Journal des Débats* parle du ton beaucoup trop leste avec lequel les délégués du sucre colonial parlent du ministre actuel du commerce ; puis il ajoute : Pour qui prend-on M. Cunin-Gridaine ? — Et parbleu pour un *imbécile !*

« Le *Corsaire* du 1er septembre répondant à un reproche que pourrait lui faire la justice, se défendait ainsi :... Le *Corsaire* n'a pas la moindre envie de pousser à la haine et au mépris du gouvernement... en parlant de *bêtes.*

« M. Cunin-Gridaine, disait le 3 septembre le *Charivari,* s'est rendu à Eu pour solliciter un dégrèvement sur les *machines :* il a dû parler comme pour *lui.*

« Enfin le n° du 5 contenait des nouvelles sur l'Orient, en ces termes : On apprend qu'un envoyé de Méhémet-Ali est arrivé avec une *bête :* c'est sans doute pour avoir un interprète auprès du gouvernement.

« Ne croyez pas, Messieurs, que les ministres seuls soient exposés à ces piqûres. Chaque position élevée a son expiation. C'est une compensation qui dédommage les petits. Or, tous les jours, depuis quelques mois, deux hommes auxquels M. Degove ne rougira pas d'être comparé, même au point de vue de l'art oratoire, MM. Dupin et Sauzet font, à leurs dépens, le bonheur des abonnés du *Charivari*.

« Vous savez que rien n'est de plus mauvais ton que les calembours; c'est, dit-on, l'esprit de ceux qui n'en ont pas. Eh bien! sous forme de *rebus*, de logogriphe, de charade, tous les jours les deux illustres personnages sont censés correspondre ensemble par calembours ; et savez-vous ce qu'on leur fait dire : des choses dans le genre de celle-ci :

« A la demande de M. Dupin : — Pourquoi le dieu Mars eût-il éprouvé une vive répugnance à recevoir les sacrements de l'Église catholique ? — M. Sauzet a répondu : — Parce qu'il eût craint d'être appelé *marsouin* (Mars-oint). (Rire général.)

« A la demande de M. Dupin : — Quelle différence y a-t-il entre moi et un mandarin ? — M. Sauzet a répondu : — C'est qu'un mandarin est *lettré* et que tu es *trèslaid*.

« Et néanmoins, Messieurs, nous savons tous que M. Dupin n'est pas mal. (Explosion d'hilarité).

« J'espère, après de tels exemples, que M. le procureur du roi se calmera et qu'il cessera de voir des tempêtes dans de faibles nuages, semblables tout au plus à la vapeur légère dont il nous parlait dans son exorde.

« Au reste, je vais le tranquilliser davantage encore; car je ne suis pas venu ici pour y apporter le trouble ; j'apporte au contraire des paroles de paix et d'union. Il dépend de vous, Messieurs, que cette affaire se termine par une transaction honorable pour toutes les parties; cette transaction, je vais vous la proposer, non dans no-

tre intérêt, mais dans l'intérêt de M. le sous-préfet, qui
doit être guéri de sa manie processive. Déclarez, Messieurs, que vous êtes incompétents, tout sera fini ; et l'on
s'embrassera. (On rit). Car nous, nous n'en appellerons
pas ; et je suppose que M. Degove engagera lui-même le
ministère public à ne pas le traîner, dans l'intérêt de la
loi, devant d'autres juridictions.

« Votre incompétence est écrite dans trois arrêts de
cassation qui décident que les outrages à un fonctionnaire à raison de sa qualité sont de la compétence des
cours d'assises. (Dalloz, 34, page 104. *Gazette des Tribunaux*, 19 mars 1834.)

« Je n'ai proposé le moyen décisif qu'à la fin, parce
que c'était mon devoir de prouver à M. le sous-préfet
que si nous aimions la paix, nous sommes armés pour la
guerre ; que si nous l'avons épargné (on rit), nous pourrions, comme d'autres, faire quelques ripostes à qui nous
voudrait porter de trop rudes coups.

« Nous préférons suivre les nobles inspirations du
commandant de la garde nationale de Senlis, de cet
excellent et judicieux M. Vatin qui, ne voulant ni procès
ni scandale, et ne consultant que ses inspirations d'honnête homme, est intervenu entre les deux parties belligérantes avec une loyauté et une franchise à laquelle je
m'en voudrais de ne pas rendre un solennel hommage.
(Mouvement d'approbation.)

« Que si vous repoussiez le moyen d'incompétence,
Messieurs, je ne suis pas alarmé des considérations par
lesquelles on a essayé d'émouvoir vos consciences.

« Je suis de ceux qui croient au bon droit, surtout

quand ce sont des hommes comme vous à qui il est soumis. On vous a dit qu'il fallait vous défier des tentations de la popularité... je ne sais pas si c'était pour complimenter M. le sous-préfet (on rit), mais ce que je sais, c'est que si votre indépendance s'élève au-dessus de la popularité même, elle ne s'abaissera jamais jusqu'à trahir, au profit de considérations mesquines, la noble mission qui vous est confiée.

« Les questions qui s'agitent ici, Messieurs, peuvent être décidées par le plus simple bon sens comme par la science des jurisconsultes, elles sont à la portée de cet auditoire comme à la nôtre : est-ce le provocateur ou le provoqué qui mérite les châtiments de la loi?... voilà la thèse. Peu importe, après cela, que votre décision soit agréable ou non à tel ou tel personnage. Ces raisons sont bonnes dans des bureaux d'arrondissement et pour des commis de sous-préfectures ; elles sont indignes de magistrats, et comme je suis devant des magistrats : « Je « jure, en présence de cet auditoire, que votre décision « sera celle que l'opinion publique attend avec respect « de votre justice. »

L'audience est suspendue pendant un quart d'heure : à la reprise, M. Dujarié a répliqué.

Mᵉ Ledru réplique à son tour avec une verve nouvelle, et plus piquante encore. Il excite tantôt les émotions les plus profondes, tantôt une hilarité générale dans l'auditoire. Il trouve moyen d'égayer une discussion aride de droit romain, et divers arrêts de cassation cités par le ministère public, par une foule de traits heureux qui transportent les nombreux administrés de M. Degove d'un véritable enthousiasme. Le respect même qu'inspire la présence du tribunal ne peut contenir l'auditoire, et des applaudissements couvrent les dernières paroles de l'orateur.

Lorsque le calme est rétabli, M. le président s'adresse ainsi au prévenu : « M. Jacquet, avez-vous quelque chose à ajouter à votre défense ?

« *M. Jacquet.* Je n'ai rien à ajouter aux paroles de M⁰ Ledru.

« *M. le Président.* Le moment de l'irritation est passé, celui de la froide et impartiale justice va commencer ; j'aurais désiré en ce moment entendre sortir de votre bouche, non point des paroles d'excuses, mais quelques expressions de regret ; ces paroles n'eussent pu qu'être honorables pour vous ; un bon citoyen ne doit point rougir de déclarer loyalement, quand il s'est laissé aller à un mouvement irréfléchi , qu'il a failli à la loi, qu'il a manqué aux convenances. »

Le tribunal se retire. Après un quart d'heure de délibération , il rentre en séance, et M. le président prononce un jugement en vertu duquel M. Amable Jacquet est condamné à 25 francs d'amende et aux frais du procès.

La foule s'écoule lentement. M⁰ Charles Ledru et M. Jacquet sont entourés d'un concours nombreux de spectateurs qui leur adressent les plus sincères et les plus vives félicitations.

La veille du procès qui se termina par une condamnation de 25 francs, une dame pleine d'esprit, de grâce et de beauté, disait à un ami de M. Jacquet : « engagez-le à « *s'exiler* pour deux ou trois années seulement ; *en poli-*

« *tique*, le tout est de gagner du temps.., et son crime
« sera effacé par l'oubli. » — M. Jacquet eut l'audace de
préférer la justice à un exil volontaire !

Le 14 novembre suivant, M⁰ Charles Ledru plaidait
devant le premier conseil de guerre de Paris, pour le
capitaine Lombard, accusé d'avoir porté des coups de
bâton, la nuit, à un de ses chefs qui avait été ainsi assommé. La plainte reposait sur la dénonciation de deux
femmes auxquelles l'accusé aurait avoué son crime. La
défense n'a été qu'un tissu de plaisanteries qui égayèrent
tout l'auditoire, et les membres du conseil eux-mêmes,
pendant plus d'une heure. Lombard fut acquitté.

J'ai ri, me voilà désarmé.

Le *Moniteur parisien* raconte ainsi ce procès :

M. le capitaine Girard rapporte qu'il rentrait au quartier à dix heures, lorsque deux hommes apostés de chaque
côté de la porte l'assaillirent à coups de bâton ; les assail-
lants s'enfuirent. On fit une visite dans les chambrées,
personne n'y manquait. Les enquêtes se continuèrent
trois jours sans résultat. Enfin le 25 septembre, la femme
Lepelletier lui a fait les révélations dont il a donné connaissance aux magistrats.

« *M⁰ Charles Ledru.* M. Girard, dans sa juste indignation, n'a-t-il pas dit *qu'il donnerait beaucoup d'argent*
pour connaître les auteurs du crime ?

« *M. Girard.* Oui, c'est fort naturel. »

La femme Lepelletier dépose de tous les faits qu'elle a
dénoncés. Elle déclare qu'elle n'agit par aucun sentiment
de haine ; que, du reste, Lombard lui a annoncé ses pro-

jets criminels le 1er juin, en présence de Mme Dutfoy; que toutes deux lui ont fait de vaines représentations sur le danger auquel il s'exposait. Le lendemain, Chevillot lui apprit que l'attentat avait été commis, mais que les mesures avaient été si bien prises, que rien ne serait découvert. Le témoin dit qu'elle n'aurait rien révélé; mais que, menacée, maltraitée et abandonnée par Chevillot, elle a dû songer à protéger sa vie qui était en danger, ainsi que celle du capitaine Girard. (Elle fond en larmes.)

Me Charles Ledru annonce qu'un témoin présent à l'audience pourrait donner des renseignements sur la moralité de la femme Lepelletier. Le défenseur passe au conseil un billet qui lui arrive, écrit au crayon, et sur lequel on lui désigne ce témoin, qui est une dame Chevalier.

«*M. le Président.* Mme Chevalier, approchez: nous allons vous entendre en vertu de mon pouvoir discrétionnaire.»

La dame Chevalier, aux questions vives et pressantes de M. le président, qui lui demande comment et pourquoi elle se trouve à l'audience, le témoin répond avec calme qu'un gendarme dont la femme travaille chez elle lui a parlé de l'affaire, et qu'alors elle est venue *voir juger.* (On rit.) Elle avait accueilli par pitié la femme Lepelletier: celle-ci a mis au Mont-de-Piété un drap qu'elle lui avait prêté. Il a fallu que le témoin s'adressât au juge de paix.

Mlle Davignon, jolie personne de dix-huit ans, avoue qu'elle a été sensible pour Lombard. Du reste, elle ne sait rien.

La dame Dutfoy est introduite. (Vif mouvement d'impatience.)

« *M. le Président.* Quels sont vos noms, âge et profession ?

« Mme *Dutfoy.* Vingt-quatre ans, Monsieur ; fabricante de couleurs fines, pour mon mari. (On rit.)

« *M. le Président.* Avez-vous vu Mme Lepelletier le 31 mai ? — R. Oui, Monsieur.

« D. De quoi a-t-il été question entre vous ? — R. Elle m'a demandé si je voulais avoir un amant. »

La femme Lepelletier, de sa place. — Oh ! oh !

« *M. le Président.* Le 1er juin que s'est-il passé ? — R. Je suis allée à une heure chez madame ; elle y était avec M. Lombard. M. Lombard a envoyé Mme Lepelletier au quartier à trois heures moins un quart ; elle est revenue à six. »

Le témoin déclare que la femme Lepelletier était chargée de remettre les 20 fr. à Chevillot pour les distribuer aux quatre canonniers désignés pour l'attentat : que pendant l'absence de cette femme il l'avait mise au courant de ce qui devait avoir lieu le soir.

Le maréchal-des-logis Faulon est appelé.

« Me *Ledru.* Lombard ne vous a-t-il pas prié d'aller près de cette dame pour lui signifier ce qui s'appelle militairement son *congé,* sa démission. (On rit.) » Le témoin répond affirmativement.

M. Tugnot de Lannoy soutient l'accusation.

Me Charles Ledru, dans une plaidoirie qui a duré une heure et qui a constamment égayé l'auditoire et les membres du conseil eux-mêmes, a représenté ce procès comme une spéculation de la femme Lepelletier. En outre, sa dénonciation lui servait comme moyen de vengeance pour punir un infidèle. Quant à Mme Dutfoy, elle pousse même un peu loin la loyauté, car sa première parole aux interpellations de M. le président a été « qu'elle préparait des *couleurs fines* à son mari. » Mais cette dame, qui avait reçu sa *démission*, par une estafette extraordinaire, a bien pu conserver aussi un peu de rancune, surtout quand l'Andromaque qui succédait à Hermione dans le cœur du Pyrrhus de la 4° batterie était aussi jolie que le jeune témoin qui a paru à l'audience. D'ailleurs la femme Lepelletier, qui se charge de procurer un amant dans les vingt-quatre heures, avait un terrible empire sur Mme Dutfoy, au mari de laquelle elle pouvait révéler que Lombard avait souvent dirigé le char de son *astre* vers l'hôtel du *Soleil d'or*, à la barrière de la Cunette.

La femme Lepelletier, interrompant. —C'est-il possible!

« *M. le Président.* Taisez-vous, Madame, et subissez les conséquences de votre conduite.

« *M° Ledru.* Mme Lepelletier se plaint de mes sévérités, eh bien! j'espère cette fois qu'elle ne se fâchera pas. Car enfin, sans la compromettre, je puis bien la comparer à la reine de Tyr. Or, voulez-vous savoir tout ce qu'il y a de haine dans une âme possédée du démon de la jalousie? Voyez Didon. Énée lui avait aussi donné sa démission... ou plutôt, il avait, lui-même, pris un congé illimité. Didon ne va pas, comme Mme Lepelletier, chez le commissaire de police (on rit) : mais, s'il faut en croire Virgile, elle se désespère de n'avoir pas eu l'heureuse idée de déchirer le corps du héros troyen, de jeter ses membres épars dans la mer, ou bien encore, de lui servir, à l'ordinaire, son fils Ascagne.

Patriisque epulandum apponere mensis.

« On me dira que ceci est de l'histoire profane : d'accord. Voulez-vous de l'histoire sacrée? Il y a précisément, dans la Genèse, une dame dont le nom commence
comme celui de Mme Pelletier, par un P..., c'est Mme Putiphar (on rit); Joseph résiste à ses charmes... que fait-
elle? elle fait bien pis que de le dénoncer au capitaine
Girard...; le pauvre jeune homme est accusé de tentative criminelle sur la femme du *général* Putiphar, son
bienfaiteur! et comme les femmes ne manquent jamais
de preuves, la plaignante dépose le fatal manteau comme
pièce de conviction. »

Après une discussion dans laquelle l'avocat s'est attaché
à représenter cette affaire comme un véritable cancan,
Me Charles Ledru termine par des considérations graves
dans lesquelles il reconnaît qu'un grand crime a été
commis, mais que les coupables ne sont pas sur les bancs
des accusés. L'honneur d'un régiment, dit-il, ne sera pas
livré en holocauste à la jalousie de deux femmes que les
garnisons se lèguent successivement comme partie du
matériel de la caserne.

« *M. Tugnot de Lannoy.* Malgré la spirituelle discussion que vous avez entendue, je persiste. »

Le conseil se retire.

Après cinq minutes de délibération, il déclare à l'*unanimité* les trois accusés non coupables.

Sans la spirituelle plaidoirie de Me Charles Ledru, ils
eussent été peut-être condamnés à être fusillés!...

VI

> Qu'y a-t-il de commun entre la gloire d'é-
> gorger un homme et le témoignage d'une âme
> droite, et quelle prise peut avoir la vaine opi-
> nion d'autrui sur l'honneur véritable, dont
> toutes les racines sont au fond du cœur?
>
> (Jean-Jacques Rousseau.)

M. SOMERS, MEMBRE DU PARLEMENT ANGLAIS. — LES CINQ CENTS SMITH.

Les débats du procès entre M. Thomas Wentworth-
Beaumont, et M. Somers, jugé par défaut, produisirent
une trop vive impression dans le public, pour que nous
ne jugions pas à propos d'insérer ici la plaidoirie où
M. Charles Ledru exposa des principes si conformes, à
l'honneur et à la morale publique.

M. Beaumont avait été frappé, dans le jardin des Tuileries, de plusieurs coups de cravache par M. Somers, et,

au lieu de l'appeler en duel pour lui demander raison de cette grossière insulte, il le traduisit en police correctionnelle. Les débats eurent lieu devant la 6ᵉ chambre, audience du 4 décembre 1838.

Une affluence nombreuse remplit l'enceinte du tribunal. Elle se compose surtout d'étrangers, parmi lesquels on remarque le général Cass, M. le prince Czartorisky, le célèbre poëte Niecemwitz, le général Serawski, le général Pynn ; MM. les colonels Belli et Gallois, M. le comte de Tourguenief, ancien ministre d'État de l'empereur de Russie ; M. Brumell, de Londres ; le docteur Tarral.

Mᵉ Charles Ledru est à la barre avec MM. Odilon Barrot et Philippe Dupin. M. Beaumont, plaignant, est assis près de ses conseils. A l'appel de la cause, M. Somers ne répond pas. Le tribunal donne défaut contre lui et ordonne qu'il sera passé outre aux débats.

« *Mᵉ Charles Ledru.* Deux témoins très-importants dans cette affaire, MM. White et O'Brien, ne répondent pas à l'appel qui leur a été fait. Ils ont pris la peine de nous prévenir qu'ils n'osaient pas remplir un devoir aussi sérieux que celui de témoigner en justice. M. Somers leur fait peur !... et ce sentiment les a éloignés de cette audience, où la loi leur enjoignait de se rendre. Je vous prie d'ordonner qu'ils soient assignés séance tenante, et de prendre des mesures pour qu'ils paraissent devant vous.

« *M. le Président.* Si leur témoignage est indispensable, le tribunal ordonnera leur comparution. Mais ne pourrait-on pas toujours commencer les débats ?

« *M. l'avocat du roi.* Cette affaire a une très-grande gravité sous le rapport moral. Nous prions le tribunal de prononcer défaut contre les témoins qui ne paraissent pas et de les faire réassigner audience tenante.

« *M. le Président.* Si les témoins défaillants ne se présentent pas durant l'audition des premiers témoins, le tribunal statuera.

« *M. le Président*, à M. Beaumont. Monsieur, vous avez porté plainte contre M. John Somers ; il paraîtrait que le 13 de ce mois, M. Somers, dans un lieu public, se serait porté, contre votre personne, à des voies de fait ?

« *M. Beaumont.* Oui, Monsieur, cela est la vérité.

« *M. le Président.* Vous vous êtes porté partie civile, Monsieur ; nous ne requerrons donc pas de vous le serment. Quels sont vos noms, âges, qualité et domicile ?

« *M. Beaumont.* Je me nomme Thomas Wenworth-Beaumont, je suis âgé de quarante-cinq ans.

« *M. le Président.* Votre profession ?

« *M. Beaumont.* Gentilhomme.

« D. Votre domicile ? — R. Hôtel de Bristol, place Vendôme.

« *M. le Président.* Veuillez, Monsieur, raconter au tribunal les circonstances de l'attaque et des injures dont vous auriez été l'objet.

M. Beaumont. Il y a quinze jours aujourd'hui, le mardi, au moment où j'entrais aux Tuileries, le sieur Somers s'est porté sur moi avec violence ; il m'a frappé de trois ou quatre coups de cravache, dont j'ai été atteint à l'épaule gauche. Au moment où il me portait les coups, il s'est écrié : *vilain ! vilain, caitiff !*

« *M. le Président.* Ces mots ont été prononcés en anglais ; quel en serait l'équivalent en notre langue ?

« *M. Beaumont.* Ce mot veut dire, je crois, *chétif, misérable !* Il ajouta avec une exaspération toujours croissante : « Vous voulez donc ôter le caractère de votre ancien ami ! »

« *M. le Président.* Par le mot *caractère,* en cette occasion, ne voulait-il pas dire *honneur, considération ?*

« *M. Beaumont.* Cela est probable.

« D. Monsieur, avant cette rencontre, cette attaque, n'aviez-vous pas eu avec l'agresseur, M. Somers, quelque querelle, quelque démêlé ? — R. En effet, Monsieur, il existait un point de difficulté.

« *M. le Président.* Veuillez faire connaître quelle elle était.

« *M. Beaumont.* Quelques minutes avant cette affaire, je m'étais trouvé chez M. Dillon Browne, hôtel Wagram. C'est M. White qui m'avait annoncé que M. Browne désirait me voir, et je m'étais, en conséquence, rendu chez lui. Là, M. Browne m'avait assuré que M. Somers déclarait ne m'avoir fait aucune proposition d'argent. Je répondis que cela était parfaitement clair et distinct dans ma mémoire ; qu'au moment où cette demande m'avait été faite à l'île de Whight, je l'avais déclaré à M. White. En effet, cette proposition m'a été faite, et je m'y suis refusé avec fermeté. M. Dillon Browne me dit alors que M. Somers n'était pas homme à faire une pareille proposition ; je l'assurai sur l'honneur que la proposition avait été faite; qu'après en avoir instruit M. White, à qui j'en avais exprimé mon indignation, j'en avais instruit le même jour M. Nugent; qu'enfin, ainsi que je l'avais déclaré immédiatement après la conversation avec Somers, cette proposition était une affaire d'argent et non une affaire d'honneur.

« M. Browne chercha à me faire revenir sur mon sentiment; il me dit que je me trompais; je l'interrompis en lui déclarant qu'il était inutile de continuer cette conversation. Alors M. Browne me dit : « Vous vous trompez, Monsieur; il faut en référer à un ami. » Je répliquai que je n'y consentirais jamais; que je disais la vérité, comme doit faire un loyal gentilhomme, et que je persisterais dans cette vérité. « Alors, me dit M. Browne, il faut vous préparer à *quelque indignité.* »

« *M. le Président.* Quel était le sens de ce mot? M. Browne voulait-il dire qu'il fallait vous préparer à quelque violence ? Ce mot a beaucoup de gravité.

« *M. Beaumont.* J'ai compris qu'il s'agissait de quelque violence, je répondis alors à M. Browne : « Je suis préparé à toute indignité, et je préfère la subir que de manquer à l'honneur en rétractant la vérité. »

« Le premier témoin, Romain (Étienne), le soldat du 9e régiment d'infanterie de ligne, qui se trouvait de faction à la grille du jardin des Tuileries, au moment où M. Beaumont a été l'objet des violences de M. Somers, dépose ainsi :

« Pour lors, j'étais de faction, de 2 à 4 heures de l'après-midi, à la grille de la rue de Rivoli, lorsque j'ai vu entrer ce monsieur...

« *M. le Président.* Quel monsieur? Était-ce la personne ici présente? (M. Beaumont quitte le banc des défenseurs et s'approche du soldat, qui déclare ne pas le reconnaître.)

« *M. le Président.* Continuez votre déposition.

« *M. Étienne Romain.* Pour lors j'étais donc de faction, quand ce monsieur entre, une cravache à la main. Je ne fais pas attention à ce qu'il devient, comme de juste, car cela ne regarde pas la consigne, lorsqu'un moment après, le garde national qui était de faction conjointement avec moi s'approche, et me dit comme cela : « Dites donc, Monsieur le militaire, regardez donc là-bas, sur la terrasse; est-ce que vous ne voyez pas ce monsieur, comme il donne des coups de cravache à un bourgeois?» Je ne voyais pas d'abord, mais, en regardant, je reconnus le particulier; il ne frappait plus, mais il gesticulait d'un air furieux, puis bientôt revint sur ses pas, et passa devant nous pour sortir par la même grille. Il croyait peut-être que j'allais l'arrêter, mais pas du tout, car cela n'est pas dans la consigne. (Mouvement d'hilarité.)

« *M. le Président.* Le monsieur qui avait été l'objet des violences de cette personne a-t-il fait résistance? Y a-t-il eu collision?

« *Étienne Romain :* Le monsieur n'a opposé aucune résistance. J'ai parfaitement vu la cravache que l'autre agitait ; elle était noire et blanche et à pomme d'argent.

« D. Puisque vous étiez placé assez près pour voir aussi précisément la cravache, vous pouvez dire quelle était l'attitude de la personne insultée? — R. Son attitude était calme et impassible, à ce point que dans le premier moment je ne savais pas si entre ces deux messieurs il ne s'agissait pas tout bonnement de plaisanter.

« *Le second témoin,* grenadier au 9ᵉ de ligne : Un de mes camarades descendait de faction à quatre heures; en rentrant au poste, il nous raconta qu'il avait vu sur la terrasse un monsieur qui en avait frappé un autre avec sa cravache. Je ne puis rien dire de plus au Tribunal, car je n'ai rien vu personnellement.

« *M. le Président :* Votre camarade, en racontant la scène dont il venait d'être témoin, a-t-il dit que la personne insultée ait résisté, ait rendu violence pour violence.

« *Le témoin :* Non, mon colonel. (Hilarité.) Non, Monsieur le président, notre camarade n'a pas dit cela ; il a dit au contraire que cette personne ne s'était pas *revengée.* »

Paul Jones, autre grenadier qui se trouvait au poste le même jour au moment où Romain racontait la scène qui venait de se passer, dépose des mêmes faits et à peu près dans les mêmes termes.

« *M. Louis Guibert,* apprêteur de tissus, âgé de trente-sept ans, demeurant rue Saint-Martin : J'étais de garde au poste du Château (garde nationale), et à deux heures j'avais été posé de faction à la grille qui forme vis-à-vis à la rue du 29 Juillet, lorsque, en me promenant sur la terrasse, je vis deux messieurs, l'un plus jeune, l'autre plus âgé, qui avaient une altercation assez vive. Un de ces messieurs, c'était le plus jeune, porta trois ou quatre coups de cravache au plus âgé. J'étais à une certaine distance, mais cependant pas assez éloigné pour ne pas voir très-distinctement ce qui se passait. Je fis part de ce que je remarquais au soldat de la ligne placé à la grille ainsi que moi.

« *M. le Président :* De l'endroit où vous vous trouviez, vous avez pu voir très-distinctement, venez-vous de dire; avez-vous remarqué si la personne qui ne portait pas la cravache avait à la main une canne, un bâton?

« *M. Louis Guibert :* Je n'ai pas remarqué cette circonstance; cette scène a été très-rapide, et presque aussitôt la personne qui avait frappé a passé près de nous en brandissant sa cravache au-dessus de sa tête.

« *M. le Président :* La personne qui avait été l'objet d'outrages a-t-elle opposé quelque résistance?

« *M. Louis Guibert :* Aucune, Monsieur; il m'a bien paru qu'il y avait d'abord discussion, mais ce n'était qu'aux gestes seulement que je pouvais le reconnaître, car j'étais à une trop grande distance pour pouvoir entendre et en juger autrement. »

L'huissier appelle M. Conté.

M. Conté prête serment et déclare être âgé de vingt-trois ans, négociant domicilié à Londres, en ce moment à Paris.

« Je ne connais rien de directement relatif à l'affaire. Je ne m'y suis pas trouvé présent, et ce n'est que par les journaux que j'en ai eu connaissance.

« *M. le Président :* Étiez-vous en relations avec MM. Beaumont et Somers, connaissiez-vous ces messieurs?

« *M. Conté :* Je connais M. Somers, je n'avais pas l'honneur de connaître M. Beaumont. Dans les premiers jours du mois, j'ai appris que M. Somers était à Paris, et comme il me devait pour fournitures de vins de champagne une somme pour laquelle il m'avait souscrit un billet, j'allai le trouver aussitôt que j'eus connaissance de son domicile. Il me reçut avec infiniment de politesses, je les lui rendis, puis j'en vins à l'affaire qui m'amenait, et je lui parlai de mon paiement. (On rit.) Vous voici à Paris, lui dis–je, aujourd'hui 14, et le billet que vous m'avez souscrit, payable à Londres, échoit le 18; vous ne pourrez assurément pas le payer. M. Somers m'interrompit pour me dire que son effet serait assurément payé, et qu'il avait pris pour cela ses mesures. Je ne le crois pas, lui répondis-je, ou du moins j'en doute ; mais, dans tous les cas, je vous avertis que si le billet n'est pas payé, je le ferai revenir, je me mettrai en mesure, et je vous ferai arrêter ici. Il me pria instamment de n'en rien faire, et m'assura que le billet serait payé.

« *M. le Président :* Il ne vous parla pas d'autre chose?

« *M. Conté :* Il me dit que, la veille, il avait eu une querelle avec M. Beaumont, et qu'il l'avait frappé à coups de cravache.

« *M. le Président :* Il vous a dit qu'il l'avait frappé?

« *M. Conté :* Il me l'a dit, et je me rappelle ses propres termes : « Je me suis rencontré avec M. Beaumont, me « dit-il, et je lui ai donné des coups de cravache. »

« *M. le Président :* Vous êtes certain qu'il vous l'a dit?

« *M. Conté :* J'en suis certain, et si certain que je lui répondis qu'il avait le plus grand tort. Ce qui me faisait dire cela, c'est que j'avais appris que M. Beaumont avait fait beaucoup de bien à M. Somers.

« *Mᵉ Charles Ledru :* Monsieur le président, voudriez-vous bien demander au témoin si dans les fournitures qu'il a faites à M. Somers, et qui sont l'origine de la dette, M. Beaumont n'est pas entré pour quelque chose.

« *M. Conté* : M. Somers m'avait parlé de M. Beaumont; il m'a fait une commande de 1,400 fr., et lorsque je lui portai les objets, il me proposa de me payer en une acceptation de lui à trois mois.

« *M. le Président* : Reçûtes-vous l'acceptation?

« *M. Conté* : Je voulus avant prendre quelques informations sur lui.

« *M. le Président* : Enfin, oui ou non, est-ce à la considération de M. Beaumont que vous avez fait les fournitures?

« *M. Conté* : Oui, monsieur; voici l'affaire. (Mouvement d'attention.) M. Somers me dit : « J'attends un de « mes amis, M. Beaumont, qui va arriver, et je vous « mettrai en rapport avec lui. Je vous procurerai sa pratique. » Je connaissais très-bien M. Beaumont de réputation; je savais que sa fortune est immense, et je n'ai pas insisté pour être payé de M. Somers, dans l'espoir d'être mis en relation avec M. Beaumont. »

(En retournant à sa place, le témoin Conté remet à Mᵉ Charles Ledru la lettre de change signée Somers, qui n'a pas été acquittée à échéance le 18, et lui a été retournée de Londres le 19, avec une lettre d'avis du notaire qui l'avise qu'il n'y avait pas de fonds pour y faire honneur à l'adresse indiquée de M. Somers.)

L'huissier appelle le dernier témoin, M. le colonel *Gallois*, frère de l'amiral de ce nom, et qui commandait lui-même une brigade dans la dernière guerre de Pologne. Le colonel, qui déclare être âgé de quarante-trois ans, dépose ainsi : « N'ayant pas été témoin de l'attaque brutale dont M. Beaumont a été l'objet, je n'ai rien à dire sur le fait lui-même ; seulement M. Beaumont, avant de porter son offense devant votre tribunal, ayant voulu avoir l'opinion de quelques Français, et m'ayant fait l'honneur de s'adresser à moi, je n'ai pas hésité à lui dire que son devoir comme son droit était de s'adresser à votre justice, et que personnellement, dans sa position, je n'agirais pas autrement.

« A cette occasion, j'ai été, ainsi que l'honorable colonel anglais Belli, en rapport avec deux personnes qui auraient dû paraître ici comme témoins, et qui ne se sont pas présentées, assure-t-on, par un sentiment de faiblesse que je m'abstiendrai de qualifier ; je suppose que c'est pour suppléer à ce qu'ils auraient pu dire plus directement que le tribunal veut m'interroger. »

Le premier de ces témoins est M. White. Il s'agissait de savoir de lui si M. Beaumont, en sortant de chez M. Somers, dans l'île de Wight, lui avait raconté que dans l'entrevue qui venait d'avoir lieu, il s'agissait d'argent. « M. White nous a déclaré, au colonel Belli et à moi, que M. Beaumont, en descendant de chez M. Somers, et avant même de respirer, ce sont ses propres expressions, lui avait dit : « Mon cher White, vous aviez « raison, c'est une affaire d'argent. » S'il était nécessaire d'invoquer le témoignage du colonel Belli, il est ici à l'audience, on peut l'interroger. Je suis convaincu que si nous avions exigé dans le moment que M. White écrivît sa déclaration, il n'eût pas hésité à le faire.

« Il y a quelques jours, M. Beaumont m'a fait prier de passer chez lui. Le colonel Belli, habitant Versailles, n'a pu m'accompagner. J'ai vu là un monsieur qu'on m'a dit être M. O'Brien ; celui-ci m'a déclaré que dans le mois de février ou de mars 1837, M. Somers l'avait rencontré à Londres, et lui avait dit :« Je suis bien fâché de « ne pas m'être trouvé mêlé dans l'affaire de M. Beaumont « avec un monsieur que je crois inutile de nommer à cette « audience, sans cela j'aurais fait payer à M. Beaumont « 30 ou 40 mille livres sterling : *c'est un coup manqué.* « (Ces derniers mots ont été dits en français par « M. O'Brien.) Ce dernier a ajouté qu'ayant revu M. So- « mers au mois de novembre, alors que celui-ci revenait « d'Irlande, il lui avait dit que l'affaire Beaumont était « *revived.* Il s'est servi de cette expression anglaise, qui « veut dire ressuscitée. »

« Mon intervention dans cette affaire s'explique par la sympathie qui nous est commune à M. Beaumont et à moi, pour la noble cause polonaise, qu'il a servie aussi dignement que j'ai cherché à le faire moi-même. J'ai dû lui donner cet avis qu'il devait s'en référer à votre justice plutôt que de se battre, car j'étais convaincu dès lors, comme je le suis encore, qu'il ne s'agissait dans cette affaire que d'un sale tripotage d'argent.

L'audition des témoins présents est terminée.

M. l'avocat du roi Croissant se lève, et, attendu que les témoins White et O'Brien, dûment cités, et sans alléguer aucun motif d'empêchement légitime, ne se sont pas présentés à l'audience, requiert le tribunal, faisant application des art. 80 et 157 du Code d'instruction criminelle, les condamner en 50 fr. d'amende et aux dépens. M. l'avocat du roi requiert ensuite qu'il soit passé outre aux débats.

Le tribunal rend un jugement dans ce sens, et donne la parole à M⁄ Charles Ledru, avocat de la partie civile, qui s'exprime en ces termes :

« Messieurs,

« Au moment où la question du duel préoccupe tous les esprits sérieux, vous êtes appelés à rendre un jugement qui doit, sans aucun doute, hâter sa solution plus que ne l'ont fait les écrits des moralistes, des jurisconsultes et les arrêts solennels de la Cour de cassation elle-même.

« Cela vient de ce que les meilleures théories ne valent jamais les bons exemples. Bien des gens pensent comme M. Wentworth-Beaumont; mais il y a peu de cœurs assez fermes, peu de caractères assez sûrs d'eux-mêmes... il faut le dire aussi, peu d'hommes assez haut placés dans l'estime publique, et, ce qui vaut mieux encore, dans leur propre conscience, pour ne pas craindre ce qu'il a osé.

« Heureusement, il a trouvé des juges dont les sentiments ne sont pas au-dessous des siens ; et si nous sommes redevables à un étranger d'un grand acte de courage moral, c'est à des magistrats français que nous devrons la répression sévère d'une certaine espèce de spéculation qui, je l'espère, restera sans imitateurs quand vous lui aurez arraché le masque dont elle se couvre pour lui appliquer la flétrissure qu'elle mérite.

« Pour moi, Messieurs, dont le rôle est si peu de chose

entre le vôtre et celui de l'honorable plaignant à qui vous allez donner, par votre justice, la sanction de la force qu'il a puisée dans l'élévation de son âme, je vous avoue cependant que je suis fier du ministère que je remplis aujourd'hui.

« Car, je le répète, ce n'est pas d'un intérêt ordinaire qu'il s'agit en ce procès. C'est un point de morale et de civilisation que votre sagesse va fixer ; et ce qui agrandit encore votre mission, c'est que la France ne profitera pas seule de la sentence que vous porterez.

« La position du demandeur, l'autorité de son nom en Angleterre, la qualité de l'adversaire lui-même, membre de la Chambre des communes, tout enfin se réunit pour que la décision qui sortira de cette enceinte restitue, en quelque sorte, à l'honneur véritable tous ses droits et toute sa dignité parmi les deux premières nations du monde.

« Ne craignez pas toutefois que l'importance philosophique de cette cause me fasse oublier combien, après tout, l'exposé en est simple. Je n'abuserai pas de vos instants, et quelques mots me suffiront pour vous raconter les faits.

« J'aurais désiré les dire en présence de M. Somers, car on éprouve un sentiment pénible à accuser, et surtout à accuser d'une manière si grave un adversaire absent.

« Du moins, vous savez, Messieurs, que s'il n'est point là pour répondre à des attaques loyales, la faute n'en est point à nous. A une dernière audience nous aurions pu, en restant dans la légalité la plus parfaite, requérir condamnation contre l'homme qui, après s'être rendu coupable d'un outrage grossier, ne s'était senti que le courage de fuir votre justice.... Nous n'avons pas voulu d'un pareil triomphe. Pour nous,

Non omne quod licet honestum est.

« Quoique l'adversaire ne méritât point tant d'égards, nous l'avons, comme autrefois dans les luttes de gentilshommes, sommé de comparaître à jour fixe, en lui donnant le temps de se préparer au combat... Mais ce preux, qui avait si bien su traverser la mer pour venir incognito commettre une indigne action, n'a pas retrouvé ses vaisseaux quand il s'est agi de venir en face de nous, sous l'œil des magistrats, faire décider s'il était digne qu'on l'acceptât pour adversaire. (Sensation.)

« Nous sommes donc condamnés, et nous l'en avions prévenu, à le traîner, absent ou présent, devant votre tribunal et devant celui de l'opinion publique.

« Je n'ai pas, Messieurs, à vous parler de M. Beaumont, et à vous dire qui il est. Il y a des positions, des caractères d'une notoriété telle que les louer c'est presque leur faire injure. Je me bornerai à vous dire que, depuis cette avanie, jamais un honnête homme n'a reçu plus de marques de considération et d'honneur ; même à cette audience, un spectacle vous est donné qui en dit bien plus que ne pourraient le faire mes paroles.

« Mon client a l'insigne privilége d'y être escorté par une des gloires les plus hautes, les plus pures, les plus

saintes du monde ; l'illustre ami qui a voulu s'asseoir devant vous à ses côtés le venge bien dignement d'un affront
parti de si bas. (Tous les regards se portent sur le prince
Czartorisky.)

« Quant à M. Somers, je suis obligé de l'avouer,
M. Beaumont a eu le triste avantage de l'avoir autrefois
pour ami. Cette liaison remonte, il est vrai, à une date
ancienne ; mais je ne dois rien vous cacher, et je commence par faire cette triste confession.

« Voici du reste comment cette liaison s'est formée.

« M. Beaumont est né avec une fortune immense, immense même en Angleterre, où certaines existences sont
si considérables.

« Naturellement une foule de cœurs allèrent au-devant
de son amitié.

« Il y a des gens que la nature a créés avec une sorte
de prédisposition à devenir les Pylades de tout personnage tant soit peu millionnaire. (On rit.)

« Au milieu de beaucoup d'amis dévoués il eut entre
autres M. John Patrick Somers.

« Je dois le dire encore, la jeunesse de M. Beaumont ne
fut pas exempte de cette dissipation, de ces tristes plaisirs
auxquels on se soustrait si difficilement au sein d'une si
grande fortune ; et selon l'usage il s'était établi pour ces
jouissances frivoles une espèce de société en participation
entre lui, qui en était le bailleur réel de fonds, et d'autres
qui, comme M. Somers, n'y apportaient, à titre de capital, que des qualités semblables à celles qui distinguaient
les roués de la régence.

« Heureusement pour M. Beaumont et malheureusement pour ses compagnons de joyeuse vie, tout cela ne devait avoir qu'un temps.

« Il y a dix ans, M. Beaumont eut le bonheur de contracter une liaison qui élevait à toujours une barrière entre lui et les amitiés dont je n'ai donné qu'une faible esquisse..... par égard pour les absents. (On rit.)

« Puisqu'il est question de M. Somers, dont M. Beaumont s'est alors chargé, ce n'était pas qu'il eût rompu violemment avec lui. Il y a une manière plus polie de laisser comprendre aux gens qu'ils peuvent permettre à la flamme de leur amitié de se calmer un peu... On ne leur ferme pas la porte de sa maison ; mais quand ils s'y présentent, quelqu'un est chargé de leur dire que leur ami est sorti. (On rit.)

« Depuis dix ans donc, M. Beaumont avait cessé ses relations avec M. Somers. Quand il le rencontrait il ne le fuyait pas : il lui parlait avec le ton qu'un homme bien élevé doit à un ancien camarade qu'il ne voit plus qu'en passant ; mais là se bornait leur liaison.

« Je considère comme un devoir de conscience de déclarer que, de son côté, M. Somers gardait une réserve du meilleur goût vis-à-vis de M. Beaumont. Ce n'était pas un de ces débiteurs importuns qui viennent fatiguer leurs créanciers, qui leur répètent sans cesse : « Patientez, je « vous paierai demain, la semaine prochaine, dans un an, « dans deux, quand je pourrai... » Non ! jamais un mot. Discrétion absolue ; silence exemplaire... De sorte que M. Beaumont, qui a pourtant une mémoire fort remarquable, a dû être provoqué par nos questions pour se rappeler qu'il avait eu la douce satisfaction de placer des sommes importantes sur la bonne renommée, l'amabilité et l'insouciance fastueuse de son ancien compagnon de plaisirs.

« Aussi ne lui disait-il en aucune circonstance : « Eh « bien ! quand pourrez-vous me payer? » De sorte que, de son côté, M. Somers n'avait pas l'occasion de lui répondre : « Jamais. » (Rire général.)

« Depuis deux ans M. Beaumont n'avait même pas vu le visage de M. Somers. Il le croyait perdu, depuis son entrée au Parlement, dans les plus hautes régions de la politique, lorsque dans le mois d'octobre dernier, se trouvant à l'île de Wight avec sa famille, et au milieu d'un dîner auquel il avait convié plusieurs amis, il reçoit un courrier très-pressé.

« C'était une lettre du membre du parlement pour Sligo, M. John Patrick Somers.

« Cette lettre demandait un rendez-vous immédiat pour une affaire particulière qui n'admettait pas le moindre retard.

« En effet, le bateau à vapeur qui avait transporté M. Somers à l'île de Wight était arrivé à cinq heures, et sans laisser jouir M. Beaumont d'un droit écrit chez tous les peuples civilisés,

Qu'on ne dérange pas l'honnête homme qui dîne, (On rit.)

le nouveau débarqué avait expédié ses dépêches au milieu du repas.

« Tout autre que M. de Beaumont se serait imaginé que peut-être il s'agissait de quelque grande nouvelle

politique ; M. Beaumont réfléchit un instant et se dit :
« Ceci vient de la part de M. Somers ; la chose est pres-
« sée... Ce doit être une affaire de finances. » (On rit.)
Et, sous l'influence de cette pensée, il répondit qu'il
était à table avec des amis ; qu'il ne pouvait se rendre
chez lui ; que, quant à l'affaire *particulière*, il ne pouvait rien faire pour lui *à ce sujet*.

« Après le dîner, et au moment où la société se rendait
au salon, M. Beaumont prétexta qu'il sortait un moment
pour prendre l'air de la mer, et il se rendit chez M. Somers, logé Marin'-Hôtel, sur le rivage même. »

Ici M⁰ Charles Ledru dit qu'il est dans les habitudes
françaises de ne jamais faire intervenir dans des débats
judiciaires que les noms qu'on est obligé de prononcer.
Ainsi il gardera une extrême réserve. Il ne veut pas expliquer certaines circonstances délicates ; il se bornera à
dire qu'il y a deux ans un projet de duel avait eu lieu
entre M. Beaumont et un personnage qu'il appellera
M. X***.

« Des témoins avaient été désignés de part et d'autre.
Toute satisfaction convenable avait été donnée ; cette
affaire avait été terminée comme cela doit être entre gens
d'honneur. La scène se passait à Sligo, en Irlande.

« Quinze jours après, quand M. Beaumont voyageait
et se trouvait à Dublin, et par conséquent à une époque
où il n'était plus question de duel, M. Beaumont crut
satisfaire à un devoir de délicatesse et de conscience en
écrivant à la personne qui *avait été* son adversaire une
lettre *spontanée* exprimant des sentiments dignes d'un
cœur comme le sien. Dans cette lettre il disait que si au

duel avait eu lieu, lui, M. Beaumont, *n'aurait pas tiré* sur son adversaire.

« Assurément, Messieurs, une pareille déclaration était une démarche pleine de franchise, de délicatesse et de dignité.

« Eh bien ! c'est pour tirer parti de cette lettre que M. Somers arriva à l'île de Whigt, *deux ans* après l'affaire terminée.

« Quel parti pouvait-il en tirer *raisonnablement?* On ne le comprend guère.

« Ne vous y trompez pas, Messieurs ; M. Somers est homme à profiter de pareil document.

« La lettre est honorable et digne ; mais il y a des gens qui savent tout ce qu'on peut porter d'inquiétude dans une maison quand on la menace d'appeler sur elle le scandale, de jeter ainsi peut-être le trouble dans le cœur d'une jeune femme qui a droit à cette paix si sainte de la famille en échange des charmes qu'elle répand sur l'existence de son mari. (Mouvement d'approbation.)

« Ainsi donc, M. Somers a parlé du danger de la publicité de cette lettre... Tout cela néanmoins n'était pas le fond de la question : cette préface de ses conversations avec M. Beaumont, puis avec M. White, n'annonçait pas son intention véritable. A la fin, lassé des longueurs de son exorde entortillé, il va au but... Écoutez-le : il devient affectueux et tendre ; il prend la main de son ancien ami...
« Mon cher Beaumont, autre chose, dit-il. — Quoi? —
« M. X... a des embarras d'argent... il faudrait lui en
« prêter...» M. Beaumont s'indigne. «Calmez-vous, mon

« cher, cela se peut faire. — Non. » Et M. Beaumont se
retire, et immédiatement avant d'avoir *respiré,* comme a
dit M. le colonel Gallois, qui tient le mot de M. White,
il raconte ce qui vient d'avoir lieu.

« M. Somers retourne à Londres ; trois semaines après,
M. Beaumont y vient à son tour. A peine arrivé, M. Somers veut entamer de nouvelles négociations : il s'adresse
à M. White. Celui-ci informe M. Beaumont qu'il ne veut
accorder aucune *référence* dans cette affaire, où il ne
voit qu'une question d'argent.

« M. White donne à Somers communication de ce refus
de M. Beaumont et des motifs qui l'ont dicté.

« Alors le ministre plénipotentiaire qui était venu à
l'île de Wight, dans l'intérêt *pécuniaire* de M. X...,
disait-il, tandis que peut-être en réalité il n'agissait que
de lui-même et dans son propre intérêt..., oublie tout à
coup l'ambassade *assez extraordinaire* dont il avait été
chargé.

« On m'a insulté, dit-il, en déclarant que j'avais fait
« des propositions d'argent. »

« Qui donc l'a insulté ? Lui-même, sans doute. Il veut
nier. Il charge un de ses amis de demander à M. Beaumont s'il veut déclarer n'avoir pas entendu ce qu'il a
entendu... M. Beaumont s'y refuse sans bruit, sans éclat,
mais avec fermeté... et il part avec sa famille pour un
voyage d'Italie, projeté depuis longtemps.

« A peine arrivé en France, M. Somers l'y suit.
M. Withe, qui apparaît toujours dans les différentes
phases de cette affaire et qui aurait bien dû se présenter
devant la justice, propose un rendez-vous à l'hôtel Wa-

gram : là se passe la scène dont M. Somers vous a donné les détails.

« Il paraît que M. Somers jouait là encore un singulier rôle.

« Où donc était-il, pendant la conférence entre M. Beaumont et M. Brown?

« Il écoutait derrière une porte. M. le membre de la chambre des communes avait daigné se placer dans les *soulisses*. C'est de là qu'il avait tout entendu. (On rit.)

« Mes yeux ne l'y ont pas vu : M. Beaumont n'en a pas la preuve; mais je l'affirme !

« Car, à peine était-il sorti de chez M. Brown et avait-il mis le pied dans les Tuileries, que Somers se précipite vers lui, l'injurie, et lui adresse l'outrage que nous avons déféré à votre sévérité.

« Voilà les faits.

« Messieurs, j'ai eu l'honneur de recevoir les premières confidences de M. Beaumont, et de lui donner les premiers conseils. J'aime à prendre la responsabilité de mes actions. Je déclare donc publiquement que, sur son récit, et connaissant d'ailleurs la respectabilité de mon client, j'ai dit : « Il faut traduire M. Somers en police correctionnelle. »

« Toutefois, Messieurs, comme cette affaire était d'une nature telle que le ministère de l'avocat pouvait ne pas résoudre entièrement les questions qui s'y rattachent, j'ai ouvert une opinion à laquelle M. Beaumont s'est immédiatement rendu.

« J'avais délibéré en présence de l'image de l'homme dont la mémoire rappelle tout ce qu'il y a eu jamais de plus pur, de plus noble sur le terre ! Si Armand Carrel vivait, ai-je dit à M. Beaumont, c'est lui que je voudrais pour arbitre. Je vous propose deux de ses amis intimes.

« L'un, mon honorable ami, le colonel Belli, dont l'infortuné Carrel disait que, « parmi les étrangers qu'il avait connus, il était un de ceux qui lui avaient inspiré le plus d'estime et le plus d'amitié. »

« L'autre est le brave Gallois. Tout le monde sait en France que son autorité en matière de point d'honneur est une autorité en dernier ressort.

« Ce tribunal d'honneur a examiné l'affaire sous le point de vue où l'expérience de ces Messieurs avait plus d'autorité que mon opinion de jurisconsulte, et ils ont dit : « Cet homme mérite la police correctionnelle ; il ne mérite que la police correctionnelle. »

« Mes honorables confrères Odilon Barrot et Dupin ont partagé cet avis, et nous venons aujourd'hui, Messieurs, vous demander la condamnation qu'a méritée M. Somers. (MM. Odilon Barrot et Dupin donnent une marque d'assentiment.)

« Les témoins vous ont fait connaître ce qu'il y a au fond de toute cette histoire...

« Si MM. White et O'Brien avaient obéi à la justice, s'ils n'avaient pas tremblé devant l'accomplissement d'un devoir, vous auriez appris que tout cela est une machination de vieille date.

« En leur absence, le colonel Gallois, devant lequel ils ont dû s'expliquer, parce qu'en homme de cœur il a voulu s'éclairer entièrement, vous a fait connaître que depuis longtemps M. Somers éprouvait le regret d'avoir laissé

échapper une belle occasion. C'était *un coup manqué...*
C'était dommage, car on aurait pu extorquer à M. Beaumont trente ou quarante mille livres sterling.

« Mais il avait cru trouver l'occasion de *ressusciter* l'affaire : et comment ? avec des menaces de *publier* une
lettre.

« C'est pourquoi cet homme politique prend la peine
de se rendre à l'île de Wight.

« En vain les témoins *trembleurs* prennent une si
odieuse conduite sous la protection de leur silence, Gallois, qui ne tremble pas et qui a entendu leurs déclarations, vous a révélé toute cette intrigue, qu'il a si bien
caractérisée en vous disant : « Ce n'est qu'un sale tripotage d'argent. » (Approbation.)

« En résumé donc, Messieurs, un membre du parlement est venu aborder un homme d'honneur, son ancien
ami, son ancien *caissier,* celui dont le nom lui sert de
lettre de crédit auprès des marchands de vins de champagne (on rit), et il est venu, sans façon, lui faire une
demande qui en bon français signifie : « *La bourse...* ou
du scandale ! »

« Et M. Beaumont ayant dit : « On veut m'extorquer
de l'argent. » M. Somers a eu l'audace de croire qu'il
pourrait donner à sa spéculation la tournure de ce qu'on
appelle une affaire d'honneur... Alors il a fait au texte
une variante ; ce n'a plus été la *bourse ou du scandale.*
M. Somers s'est redressé pour dire : « La bourse ou la
vie ! »

« Oui, Messieurs, M. Beaumont a fait une chose honorable et digne en ne permettant pas à l'homme qui te-

nait une pareille conduite d'espérer qu'une vie comme la sienne fût mise dans la balance en face de celle d'un tel spéculateur !

« S'il avait consenti à se mesurer avec lui, il eût fait une lâcheté. Voilà ce qu'ont dit les arbitres qu'il a choisis pour juges, voilà ce que diront tous les honnêtes gens de tous les pays, de tous les partis, tous ceux enfin qui croient que l'existence d'un honnête homme n'est pas à la discrétion du premier personnage qui, se trouvant pris en flagrant délit d'une mauvaise action, demande le sang de celui qui a sauvé son argent de ses mains.

« Mais M. Somers triomphe ! Tandis que nous l'accusons ici, il se rit de sévérités qui ne doivent pas l'atteindre. Il a daigné faire à la France l'honneur de la choisir pour le théâtre de ses exploits... ; mais il se dit en lui-même, et on a même imprimé, qu'il était à l'abri de toute atteinte.

« Vous vous êtes trompé, Monsieur Somers. Si la justice ne vous atteint pas matériellement, sa main imprimera sur votre front de ces marques qui restent même lorsque le coupable n'est pas là en personne pour recevoir le châtiment. (Mouvement.)

Non, votre action ne sera pas impunie. Vous appartenez à une nation élevée par sa loyauté, par le sentiment de ce qui est juste et bien. Quand l'opinion de votre pays apprendra pour quelle cause vous avez été condamné et quels hommes vous ont jugé... elle ratifiera la sentence qui vous attend.

« Messieurs, poursuit Me Ledru, nous ne demandons pas de dommages-intérêts, nous n'en voulons pas ; nous laissons à M. Somers tout ce qui a rapport à des questions d'argent. Quoiqu'on sache quel usage ferait M. Beaumont de la somme qu'il obtiendrait, il ne veut pas mettre à côté de sa conduite la moindre chose qui rappelle le but des démarches de son adversaire.

« Pareille demande d'ailleurs n'est pas dans les mœurs françaises ; et enfin... il faut laisser aux créanciers de M. Somers tous leurs droits sur lui. (On rit.)

« Mais, Messieurs, nous sollicitons de votre justice une pénalité sévère.

« La loi vous autorise, en cas de *préméditation*, à élever la peine. Faites-le hardiment : votre jugement ne peut pas être au-dessous de la fermeté dont M. Beaumont vous a donné l'exemple.

« Il faut que votre sévérité flagelle d'une façon inusitée M. le législateur, qui croit qu'on viole si facilement l'hospitalité que la France assure à tout étranger qui compte sur la protection de ses lois. Je vous en supplie, Messieurs, faites qu'elle ait quelque chose d'assez rude pour ressembler moralement à l'instrument dont Somers s'est armé contre la personne du courageux citoyen qui invoque votre justice.

« Après cela, M. Somers triomphera, si pareils triomphes sont de son goût.

« Quant à vous, Messieurs, vous aurez donné une grande et belle leçon en apprenant à M. Somers que si ce membre de la législature d'un peuple qui compte tant et de si pures renommées que nous sommes fiers d'accueillir, veut désormais avoir l'honneur de fouler le sol de la France, ce ne sera qu'à une condition, c'est qu'il aura passé par les prisons de l'État pour s'y purifier. »

Des applaudissements éclatent dans l'auditoire. Mᵉ Ledru reçoit les félicitations de ses confrères.

M. Croissant, avocat du roi. « Vous êtes, Messieurs,
à même d'apprécier les conséquences morales des charges
qui viennent d'être développées devant vous. Vous avez
entendu les témoins qui sont venus déposer des faits qui
se sont passés le 13 novembre ; vous savez qu'en présence
de l'outrage grave commis sur sa personne, M. Beaumont
était resté calme, n'avait pas répondu à la violence. Les
voies de fait sont donc prouvées. Quant au fait d'outrages
par paroles et d'injures, il ne nous paraît pas suffisamment établi.

« Les circonstances dans lesquelles le délit a été commis sont graves, et le sont d'autant plus qu'il s'agit aujourd'hui de donner une haute sanction aux arrêts de la
Cour de cassation en matière de duel. Vous avez compris
que la scène de la rue de Rivoli n'avait d'autre but qu'une
provocation à un duel. En résistant comme il l'a fait à
cette provocation, M. Beaumont a donné un grand exemple en France. Nous espérons qu'il trouvera des imitateurs, et nous sommes sûrs que dans cette circonstance
solennelle, où il fait appel à votre justice, elle ne lui
manquera pas. (Mouvement d'approbation.)

« M. Somers nous paraît d'autant plus coupable, qu'il
doit savoir, lui qui fait partie d'une chambre législative,
qu'il n'est permis à personne de se faire justice à lui-
même, et qu'il existe des lois chargées de faire respecter
les personnes, les existences menacées par des attaques
de la nature de celle qui vous est déférée aujourd'hui.

« Vous ferez, Messieurs, au sieur Somers une application sévère de la loi pénale; vous réprimerez, comme il appartient de le faire, des violences qui trop souvent sont suivies des plus lamentables résultats. Vous donnerez aussi une haute sanction aux arrêts de la Cour suprême. Vous veillerez aussi à l'exécution des lois, à la sûreté des particuliers, au repos des familles, qui vous en récompenseront par leurs bénédictions. »

Le tribunal, sans se retirer dans la chambre du conseil, et après une courte délibération, rend le jugement suivant :

« Le tribunal,

« Attendu qu'il est établi par les débats que, le 13 novembre dernier, Somers a, sans provocation, porté volontairement et avec préméditation des coups de cravache à M. Beaumont;

« Délit prévu par l'article 311 du Code pénal ;

« Adjugeant le profit du défaut donné contre Somers, le condamne à deux ans de prison, 100 francs d'amende et aux dépens. »

LES CINQ CENTS SMITH.

On sait que le nom de Smith est très-commun en Angleterre. On raconte à ce sujet qu'un individu désolé de ne pouvoir trouver de place au théâtre de *Covent-Gorden*, eut l'idée de crier à l'entrée des couloirs : « On demande « M. Smith ! sa maison est en feu. » A ce cri, la moitié de la salle fut tout à coup dégarnie, et le plaisant put choisir son siége.

Or, à Rouen, aux audiences des 24 et 25 août 1839,

sous la présidence de M. Lévesque, Me Charles Ledru, dans l'affaire Rupp, plaidait un procès de *faux*, dont les détails ont été reproduits dans tous les journaux du pays, et où il était question de la signature *Smith de Londres*.

M. l'avocat général soutenait, dans son système, que la pièce devait naturellement s'appliquer à un complice de ce nom, parce que ce complice était de Londres, qu'il demeurait dans la *cité*, qu'il était marchand, et que tous ces caractères prouvaient la culpabilité.

Me Charles Ledru avait intérêt à prouver qu'il pouvait y avoir plusieurs Smith, marchands, habitant Londres et la partie de cette ville qu'on nomme la cité.

« *M. le Président.* Cela serait possible, mais peu probable.

« *Me Charles Ledru.* Au moins c'est possible. »

L'avocat n'en avait pas dit davantage; de sorte que l'orateur du ministère public ne manqua pas d'établir la culpabilité de l'accusé au moyen des probabilités nombreuses qui se réunissaient pour la démontrer.

Quand ce fut le tour de Me Charles Ledru, il eut l'air de combattre sérieusement l'avocat général.

« Au reste, dit-il, il y a moyen de lever la difficulté. Je viens d'envoyer chercher *l'Almanach des adresses de Londres*. Nous allons voir s'il y a plusieurs personnes portant le nom de Smith. »

Et Me Charles Ledru, avec un aplomb imperturbable et un sang-froid britannique, lut Smith 1er, Smith 2e, Smith 3e, etc...., etc.... A chaque nom, et sur la profession exercée par chaque Smith, il faisait de ces réflexions qui jetèrent l'auditoire dans un rire inextinguible pendant la lecture des cinq cents noms qu'il lut tous sans en omettre un seul. M. le président restait grave et impassible comme une statue de marbre au milieu de l'hilarité universelle. Après avoir épuisé la liste, Mᶜ Charles Ledru finit ainsi : « Voici plus de Smith qu'il n'en faut pour « combattre l'accusation et son système de probabilités. « Et voyez quelle coïncidence providentielle, le premier « de la dynastie des Smith est un pharmacien, et la liste « finit par un apothicaire. »

Le ridicule, dans les mains de Mᶜ Charles Ledru, est une arme terrible : peu d'avocats ont manié l'ironie avec tant de succès, mis aussi bien en usage ce précepte d'Horace :

Ridiculum acri
Fortiùs ac meliùs magnas plerumque secat res.

Voici, dans la même affaire, le côté sérieux de son caractère. Son courage en faveur de son client va jusqu'à une noble témérité. Nous citerons textuellement le *Journal de Rouen*, numéro du 25 août 1839. L'avocat est tellement pénétré de la bonté de sa cause, qu'il s'expose, pour accomplir son devoir, aux colères du magistrat qu'il prend à partie personnellement, en l'accusant en quelque sorte, au nom sacré de la justice.

« L'affaire Rupp avait encore attiré, hier, un grand nombre de curieux. A l'ouverture de l'audience, M. le président a demandé aux accusés s'ils n'avaient rien à ajouter à leur défense ; ils ont successivement répondu : *Non.*

« Lange seul a pris la parole en ces termes :

« Je n'ai rien à ajouter à ce qu'a dit Me Charles Ledru ; mais je désirerais lui exprimer tout ce que j'éprouve de reconnaissance pour ce qu'il vous a fait entendre en ma faveur... Je le remercie profondément d'avoir si bien dit tout ce qu'il a trouvé pour moi dans son cœur. »

« Lange s'est rassis vivement agité.

« M. le président a fait ensuite son résumé.

« Au moment où il annonçait qu'il allait faire connaître les questions à MM. les jurés, Me Charles Ledru s'est levé.

« *M. le Président.* Maître Ledru, voulez-vous prendre la parole ? les débats sont terminés.

« *Me Charles Ledru.* Je prie la cour de me permettre de prendre des conclusions.

« *M. le Président.* Sur quoi ? On ne peut prendre des conclusions après le résumé du président.

« *Me Charles Ledru.* Mes conclusions portent sur le résumé lui-même. Les voici :

« Il plaise à la cour :

« Attendu que M. le président, dans son résumé, a ajouté un grand nombre d'arguments à ceux qui avaient été produits par le ministère public, tandis qu'il a omis de présenter la plupart des moyens de la défense ;

« Qu'il résulte de là que, contrairement au vœu de la loi et au vœu de M. le président lui-même, qui en est l'organe, les accusés ont été privés du droit le plus sacré de tous les droits, celui de la défense ;

« Attendu, *spécialement,* que M. le président a développé un système dont l'accusation n'avait rien dit, et qui se résume à prétendre *que le jury ne doit pas s'occuper des questions de droit plaidées devant lui; qu'il n'a ni l'instruction ni les lumières nécessaires pour une telle mission ;*

« Que néanmoins, et malgré ce principe avancé d'office par M. le président, ce magistrat a exposé, dans l'intérêt de l'accusation, une théorie *nouvelle*, et dont M. l'avocat général n'avait pas dit un seul mot, sur le *droit*, en ce qui concerne les sociétés commerciales, sur ce qui est de leur essence et sur les principes qui doivent les régir ;

« Que M. le président a, en outre, soutenu dans son résumé, quand cela ne l'avait pas été par le ministère public, que le jury ne pouvait être juge de la question de savoir si la chose jugée à Paris devait protéger Lange dans le procès actuel.

« Que cela est d'autant plus grave que toute l'argumentation du ministère public et du défenseur, sur ce point, avait consisté, de la part de M. l'avocat général, à soutenir *qu'en fait* les circonstances du procès actuel n'étaient pas les mêmes que celles du procès terminé, à Paris, par l'acquittement de Lange; et, de la part de la défense, au contraire, que ces circonstances étaient absolument identiques.

« Donner acte de ces faits sous toutes réserves.

« CH. LEDRU. »

« Me Gambu a adhéré.

« Ces conclusions, lues par Me Ledru d'une voix ferme, produisent une impression profonde. L'avocat dit qu'il va les développer.

« Une lutte très-vive s'engage entre lui et M. le pré-sident,

« M⁰ *Ledru.* Permettez-moi de lire l'opinion de M. Dupin...

« M. *le Président.* Vous n'avez pas la parole.

« M⁰ *Ledru.* Je la demande.

« M. *le Président.* J'inviterai M. l'avocat général à requérir.

« M⁰ *Ledru,* toujours levé, montre l'ouvrage de M. le procureur général Dupin dont il désire lire l'opinion sur la question.

« M. *le Président.* La cour va se retirer.

« En effet, M. le président se lève ; alors M⁰ Ledru prend ses livres et manifeste l'intention de se retirer lui-même du banc de la défense ; mais il ne prononce plus un seul mot.

« La cour se retire pour délibérer sur les conclusions de l'honorable avocat.

« Pendant la suspension, toutes les personnes qui entourent M⁰ Ledru le félicitent sur sa fermeté et sur le bon exemple qu'il a donné à l'occasion d'un abus signalé si énergiquement par M. le procureur général de la cour de cassation , et qui jamais peut-être ne s'était manifesté d'une manière plus affligeante.

« Après dix minutes de délibération, la cour rentre en séance. M. le président lit l'arrêt suivant :

« Vu les articles 335 et 336 du Code d'instruction criminelle ;

« Attendu qu'après l'ordonnance de clôture des débats nul ne peut prendre la parole ;

« Attendu que le résumé des débats est confié par la loi à la conscience du président de la cour d'assises, et n'est soumis à aucun contrôle ni aucune critique ;

« Attendu que les conclusions des défenseurs de Rupp et de Lange, outre qu'elles sont inexactes en fait et dans leurs suppositions, sont d'ailleurs une violation de la loi et une atteinte au respect dû à la justice.

« La cour rejette les conclusions.

« Aussitôt que cet arrêt est rendu, Mᵉ Charles Ledru passe des conclusions nouvelles à son confrère Mᵉ Gambu, qui se lève et lit ce qui suit :

« Il plaise à la cour ;

« Attendu qu'après avoir demandé acte de la manière dont M. le président avait résumé les débats, l'avocat a sollicité la permission de développer les conclusions prises à cet égard ;

« Que, sur son insistance, et lorsqu'il voulait présenter à la cour l'opinion de la cour de cassation qui permet au défenseur de prendre la parole lorsque M. le président a jeté, dans le résumé, des faits et des arguments nouveaux, et s'appuyer sur l'ouvrage de M. le procureur général Dupin, qui soutient que ce droit existe en faveur de la défense, M. le président a dit : « La cour se retire, » et qu'en effet les magistrats se sont levés pour se retirer ;

« Que le respect de l'avocat pour la magistrature lui a interdit d'aller plus loin, mais que, son silence forcé compromettant la liberté de la défense, il est dans la douloureuse nécessité de constater ce refus.

« Donner acte de ces faits, sous toutes réserves.

« CHARLES LEDRU.   GAMBU. »

« La cour, vu les articles 335, 336 du Code d'instruction criminelle, a rejeté ces nouvelles conclusions.

« Le jury est entré en délibération à midi, il est sorti à onze heures et demie du soir. Il avait eu onze cents questions à résoudre. Son verdict déclare tous les accusés coupables.

« Après la lecture de la réponse du jury, Mᵉ Ch. Ledru prend des conclusions pour demander acte de ce que M. le président, ayant l'entrée du jury dans la salle de ses délibérations, avait dit :

« Si vous trouvez des circonstances atténuantes, vous
« devrez le déclarer ; » et qu'il avait ajouté : « La con-
« séquence de l'admission des circonstances atténuantes
« est de faire baisser la peine d'un degré, et même de
« donner à la cour le pouvoir de l'abaisser ensuite, si
« elle le juge convenable, d'un second degré. Ainsi une
« condamnation qui entraînerait la peine des travaux
« forcés se réduit, de droit, par le fait de l'admission des
« circonstances atténuantes, à la peine de la réclusion, que
« la cour peut encore abaisser jusqu'à l'emprisonnement. »

« Or, cet avertissement est, selon Mᵉ Ledru, une violation de l'article 342 du Code d'instruction criminelle portant : « Ils manquent à leur premier devoir lorsque,
« pensant aux dispositions des lois pénales, ils considè-
« rent les suites que pourra avoir, par rapport à l'accusé,
« la déclaration qu'ils ont à faire. »

« Mᵉ Ledru dit, dans ses conclusions, que la défense n'ayant pas le droit de parler de la peine, ce droit est interdit a fortiori au président, qui pourrait ainsi influencer illégalement le jury.

« La cour se retire, et, après une demi-heure de délibéré, elle rend un arrêt qui refuse de donner acte du fait
signalé par M⁰ Ledru, par la raison que la demande de la
défense est tardive.

« M. le président demande ensuite aux accusés s'ils
n'ont rien à dire sur l'application de la peine.

« MM⁰ˢ Gambu, Lecœur et Quesné discutent l'application de la loi.

« *M⁰ Charles Ledru.* Je ne me lève pas pour demander votre indulgence..... quand vous appliqueriez la
moindre peine, elle n'est pas moins le déshonneur, c'est-
à-dire, pour un homme comme Lange... la mort !... Mais
je puis vous demander le respect de la loi.

« M⁰ Ledru soutient alors que la *chose jugée* à Paris par
le tribunal qui a acquitté Lange peut être invoquée devant la cour, et que, malgré la décision du jury, aucune
peine ne doit être prononcée.

« L'avocat, s'adressant à M. le président, lui dit :

« Vous avez annoncé au jury dans votre résumé que
ce n'était pas devant lui que nous pouvions opposer la
chose jugée, mais devant la cour de cassation, en nous
pourvoyant contre l'arrêt de renvoi... Eh bien ! vous vous
êtes trompé. Aux termes de l'art. 299, le pourvoi était
impossible... Vous vous êtes trompé, et quand j'ai voulu
signaler votre erreur vous m'avez fermé la bouche.....
Si j'avais pu dire que vos paroles induisaient le jury en
erreur... ce jeune homme qui est derrière moi ne serait
pas condamné (1). Réparez donc votre erreur... Cette

(1) M⁰ Ledru ne défendait pas les autres accusés ; il était l'a-
vocat de Lange *seul.*

réparation serait noble et digne... Osez la faire! »

« M⁰ Ledru, profondément agité, annonce qu'il veut, dans ses dernières paroles, rendre hommage à M. l'avocat général, qui a opposé des armes loyales à des armes loyales... « Vous m'avez vaincu : je suis accablé de douleur, dit-il, mais vous avez porté des coups en face... vous n'avez pas empêché votre adversaire de vous répondre... »

« M⁰ Ledru termine en disant à la cour :

« Je m'adresse à votre conscience... c'est le seul mot par lequel je veux à mon tour résumer ces douloureux débats. »

« La cour, après avoir délibéré, condamne :

« Rupp, à deux ans de travaux forcés à ajouter à une condamnation de dix de travaux forcés déjà prononcée contre lui par la cour d'assises de Saint-Omer ; Lange, Haunel-Lion, Michel et la veuve Azure à deux ans d'emprisonnement. »

VII

Tel que le vieux pasteur des troupeaux de Neptune,
Protée, à qui le ciel, père de la fortune,
    Ne cache aucuns secrets,
Sous diverse figure, arbre, flamme, fontaine,
S'efforce d'échapper à la vue incertaine
    Des mortels indiscrets...
        (JEAN-BAPTISTE ROUSSEAU.)

VIDOCQ.

Il entrait dans la destinée de M. Charles Ledru de compter au nombre de ses clients, des hommes extraordinaires, les natures les plus excentriques.

Il y a en France un homme qui s'est acquis une célébrité immense. Son nom est populaire à l'égal des plus grands noms. Que l'on parcoure les campagnes, que l'on visite à demeure les artisans : partout on trouvera un livre qui raconte sa vie orageuse et ses mille aventures, ses malheurs et les hasards de sa destinée étrange. Aux yeux de la foule qui se passionne aisément pour de tels personnages, c'est un type accompli d'audace, d'intrépidité, d'adresse et de force. A la terreur qu'il inspire se mêle, le croirait-on? un sentiment mal défini de sympathie et d'admiration !

Une intelligence ardente et vaste, une imperturbable présence d'esprit, une complexion d'athlète, servie par une volonté toute-puissante, de l'habileté et du courage, voilà cet homme qui a reçu de Dieu de merveilleuses facultés. Son œil fixe, hardi, scrutateur, toujours à l'affût des idées qui naissent dans l'âme d'autrui, atteste une détermination prompte, une résolution inébranlable, une audace sans bornes. C'est une nature prédestinée à l'action, au bruit, au mouvement, capable de tout, douée de cet ascendant qu'exercent sur les faibles des caractères fortement trempés. Tel est Vidocq, tel le peint le *Bulletin des Tribunaux*.

Né au sein d'une révolution, alors qu'il suffisait d'être intelligent et brave pour conquérir un noble sort ou un avenir glorieux, officier à dix-huit ans, il s'est trouvé aux journées homériques qui ont sauvé la France. Il a combattu aux côtés de Dumouriez et de Kellermann. Ne pouvait-on pas alors lui prédire de magnifiques destinées? Que les balles l'épargnent, et il sera vaillant comme Murat, intrépide comme Kléber, habile comme Desaix !

Il n'en est point ainsi : un fatal concours de circonstances le pousse dans une prison ; il en sort flétri. C'est dans une atmosphère empoisonnée que son intelligence puissante se développe et grandit ; ses pensées prennent une direction nouvelle. Vainement il veut reculer et se rejeter en arrière, un pouvoir invincible le maintient dans cette voie maudite. Sa conduite, son dévouement, les services éminents qu'il rendra à l'ordre social, rien ne le réhabilitera, rien ne le réintégrera dans sa dignité première. Comme l'archange rebelle que la vengeance d'en-haut a précipité dans l'abîme, il ne peut s'affranchir de l'anathème qui pèse sur lui. Lui aussi il porte au front une cicatrice qui ne se fermera jamais : le sillon qu'a laissé la foudre ! lui aussi il ne trouvera de consolation que dans les profondeurs insondables de son orgueil !

Qui n'a lu les *Mémoires* de Vidocq où il a dessiné, d'une main si ferme, les portraits et les types dont M. Eugène Sue a fait plus tard la peinture? Il est facile de le reconnaître, pour l'énergie, le courage et l'intelligence ; Vidocq, moins la magnificence, est le type du prince Rodolphe des *Mystères de Paris !*

Vidocq est né à Arras, le 23 juillet 1773. Bien jeune, il fut soldat ; soldat, il a payé sur presque tous nos champs de bataille sa dette à son pays. Il était bien jeune encore lorsqu'une correction militaire, suite d'une querelle, l'envoya quelques jours en captivité dans la tour de Saint-Pierre, à Lille. Là un projet fut conçu par quelques hommes audacieux, celui de faciliter l'évasion d'un vieux prisonnier, nommé Boitelle, *père de sept enfants*, condamné aux fers pour vol de quelques boisseaux de blé qu'il avait enlevés pour nourrir sa famille, pendant la disette de 1793. Ces prisonniers empruntèrent la chambre de Vidocq, sous prétexte d'y rédiger un placet ; mais, abusant de sa complaisance, ils y fabriquèrent un faux ordre de mise en liberté pour le pauvre Boitelle;

de là accusation de faux : Vidocq fut poursuivi comme complice. Épouvanté, il s'évade ; repris, il s'évade encore: et plusieurs évasions successives, consommées avec audace, avec la précaution de déposer à chaque sortie de prison sa carte et ses fers chez le lieutenant de la gendarmerie, et chez le procureur du roi, lui donnèrent la réputation dangereuse d'un homme capable de tout, et irritèrent contre lui l'action de la justice, réduite à l'impuissance par sa témérité. Livré enfin à des juges indignés, il fut condamné à huit ans de fers. Vidocq a toujours protesté contre sa culpabilité.

De là sa vie si extraordinaire, vie affreuse, remplie d'angoisses, de périls, d'aventures de toutes sortes; vie où toutes les tortures, toutes les misères, tous les affronts, toutes les tentations, ont tour à tour éprouvé son énergie, mais sans l'abattre. Il connut les bagnes avec leurs chaînes, leurs ténèbres, leurs joies terribles, leurs douleurs, leurs mystères infernaux. Toutes les fois qu'il lui en prit fantaisie, il s'échappa de ces affreux repaires; mais ces évasions furent suivies de nouvelles misères, d'angoisses, de déceptions amères.

Tour à tour soldat, matelot, marchant à pas de géant dans ces carrières brillantes, il fut précipité de nouveau dans les fers. Toujours le châtiment fatal rompait ses projets, brisait ses carrrières commencées, le replongeait dans l'ignominie du bagne, le rattachait violemment à cette chaîne de forçats que le génie de son désespoir avait brisée. Prisonnier ou libre, repoussé de tous les hommes honnêtes, jeté dans les sociétés des plus redoutables malfaiteurs ; aux prises, dans ses misères, avec toutes les tentations du crime, et toujours luttant contre elles, résistant à ces terribles amitiés, condamné aux corruptions de leur contact sans qu'il en conservât une souillure ; et parfois, pour secouer leurs odieuses tyrannies, inconnu, sans autre profit que de se soustraire à leurs affreuses avances, forcé de les livrer à la justice, ils ne laissaient à son désespoir que ce seul moyen d'échapper à la séduction ou à leurs menaces, comme il le fit pour les chauffeurs du nord, pour les assassins de Lyon : voilà, pendant quinze ans, quels furent les luttes, le supplice et la vie de Vidocq ! Et cependant ce ne fut là que le prélude de ses malheurs et de son expiation.

En 1819, Vidocq, rejeté dans la captivité par des misérables dont il avait repoussé l'association, offrit à l'autorité ce dévouement courageux, ce génie inventif, cette activité infatigable qu'il avait vainement consacrée à se préserver d'un châtiment qu'il savait immérité. On comprit cet homme, on accepta son offre, et bientôt se révéla par ses nombreux bienfaits cette redoutable police qu'il a créée, dont il eut le génie, et qui vingt ans protégea la société tout entière contre cette autre société occulte et pervertie qui vit au milieu d'elle dans les ténèbres, mais comme une bête malfaisante, pour se nourrir de son sang et de sa substance, la dévorer, la corrompre, la noyer dans son sang ou l'étouffer dans les flammes !

Dire tous les tourments, tous les déboires, tous les périls de cette vie exceptionnelle, est impossible. Comment peindre Vidocq, plus ingénieux encore que le Protée de la fable, cherchant sous toutes les formes, dans tous les repaires, sous tous les déguisements, le crime pour le dévoiler, le prévenir, ou amener son châtiment ; et cette terrible mission, la remplissant au prix de tous les périls, et sachant y joindre des sentiments d'humanité étranges, qui ont souvent appelé sur sa tête la bénédiction de ceux dont il avait causé la perte, provoqué la punition légitime. Quelle existence que celle où, pour remplir un devoir cruel, on n'a plus de sœur, de famille, de nom même, qui vous appartiennent ; où, jusqu'aux traits de son visage, on est obligé de tout sacrifier pour devenir un être mystérieux, un génie invisible, et présent néanmoins partout, épiant sa proie dans l'ombre, devenant la terreur de ceux-là même qui sont la terreur de tous ; et cela sans profit, sans honneur ; et, grâce aux préjugés que tout le monde partage, inspirant aux gens honnêtes qu'on préserve une répugnance égale à l'effroi qu'on répand chez les criminels qui les menacent.

Placé deux fois à la tête de la police, Vidocq en est sorti deux fois volontairement. Son génie actif lui fit tenter une de ces œuvres utiles, salutaires à la société. Je veux parler de cette fabrique de carton qu'il fonda à Saint-Mandé, dans laquelle il n'admettait au travail que des forçats libérés repoussés de toutes les industries par un préjugé barbare qui les rejette dans le crime ! Malheureusement sa fortune ne lui permit pas de soutenir cette belle création ! Il a donné du moins un utile exemple ! Que d'attentats seraient souvent épargnés à la société si la main qui s'arme pour vous tuer trouvait le travail, aliment et soutien nécessaire de la vie de celui qui n'a rien ! L'aumône, la plus conforme aux vues de la divine Providence, et la plus utile sans contredit à la société, c'est l'aumône du travail que le riche fait au pauvre !

Réduit à vivre de son industrie, Vidocq crut pouvoir demander à la longue expérience de sa vie, à ses facultés propres, consacrées pendant vingt ans au service de tous, une existence honorable. Il créa une agence d'affaires, une police au profit du commerce, et pour faire la guerre, une guerre implacable aux faillis, aux banque-routiers, aux escrocs, aux agioteurs, aux industriels et aux malfaiteurs qui le trompent et le dépouillent. Moyennant une rémunération modique et déterminée, il s'engagea de lui livrer les noms, les habitudes, l'état des affaires de ces habiles qui exploitent sa crédulité ; de démasquer ces gueux titrés qui roulent en calèche, ont un hôtel en ville et un château en province, mais qui dépensent, achètent et ne paient pas ; d'obtenir des pirates du commerce la restitution de leur gains illicites ; de poursuivre contre eux le recouvrement des créances perdues. Mais on ne pénètre pas impunément dans les secrets des familles ; on ne démasque pas en vain les fourbes ; on ne se mêle pas, sans amonceler sur sa tête de terribles orages, aux divisions intestines, aux haines, aux passions des hommes, aux sales tripotages du commerce frauduleux, des gains illicites ! La témérité de Vidocq fait vraiment frémir !

Dans les émeutes qui ont battu de leurs tempêtes le trône nouveau de juillet, Vidocq a rendu d'éminents services au gouvernement. Ainsi, dans les journées des 5 et

6 juin 1832, quand l'insurrection était sur le point de triompher, il associa son énergie au courage du préfet de cette époque. Seul, à la tête de quelques hommes dévoués, il reconquit l'île de la cité sur l'insurrection. Point de mire des troupes elles-mêmes, trompées par son déguisement et par le drapeau rouge qu'il portait, il s'avança sous le feu, et alla sauver, au centre même du foyer où l'avait cerné l'émeute, une compagnie de garde nationale au milieu de laquelle se trouvaient des hommes distingués, dont la reconnaissance proclama qu'ils lui devaient la vie.

Dans la multitude des procès qui suivirent les diverses émeutes, Vidocq traînait les insurgés à la barre des tribunaux, et les accablait de ses témoignages. Il traquait partout leurs complices ; il n'y avait point de ténèbres ni de retraites qui pussent les dérober à ses redoutables investigations.

Quand l'insurrection était vaincue dans les rues et enfermée dans les prisons de l'État, M. Charles Ledru acceptait toujours la périlleuse mission d'en défendre les auteurs contre les poursuites du pouvoir. Dans ces luttes judiciaires, il était presque toujours aux prises avec un redoutable témoin, Vidocq. Charles Ledru s'indignait qu'on invoquât et qu'on écoutât les dépositions d'un tel homme ; il le combattait avec une extrême énergie, l'accablait de ses dédains et des invectives les plus puissantes de son éloquence. Il reprochait au pouvoir d'accepter les services et les témoignages d'un forçat libéré.

Vidocq, qui a mis tant de monde aux mains de la justice, car il lui a livré vingt-cinq mille malfaiteurs, devint lui-même l'objet de poursuites judiciaires à cause de son agence d'affaires et de son bureau de renseignements. Il fut lui-même arrêté. Terrible droit que donnent nos lois contre notre liberté individuelle ! Au moyen d'une simple action judiciaire, il est possible, en France, de s'emparer de tous les papiers d'un homme, de saisir sa pensée la plus intime dans un écrit déposé dans un porte-feuille, de mettre la main sur toutes ses lettres, et ainsi de compromettre d'une manière affreuse non-seulement celui qui les possède, mais encore les personnes qui se sont confiées à son honneur et à sa loyauté ! Et cette énormité s'accomplit avant tout jugement, sous une sim-plé prévention, avant qu'il soit possible à la victime, souvent innocente, de réclamer contre une mesure si odieuse, contre la violation de droits sacrés qu'aucune loi ne peut prescrire. Espérons que ce droit sauvage qui est la honte de nos codes, en disparaîtra entièrement ! On enleva à Vidocq, *administrativement*, quatre mille dossiers dont il ne fut dressé aucun inventaire. Un haut personnage, dit-on, avait intérêt à se saisir de pièces im-portantes et compromettantes.

C'est dans cette circonstance que Vidocq eut recours à M. Charles Ledru. La réponse que l'avocat fit à l'an-cien chef de la brigade de sûreté nous peint toute l'ori-ginalité de son caractère. Cette lettre et la réponse de Vidocq sont trop curieuses pour que nous ne croyions pas devoir les reproduire telles qu'elles ont été publiées dans les journaux du temps :

« Je voudrais ne refuser mon ministère à aucun de « ceux à qui il peut être utile ; cependant je vous dé-

« clare avec franchise que vous ne m'inspirez pas assez
« d'intérêt pour que je consente à vous défendre gratui-
« tement.

« D'un autre côté vous devez comprendre qu'un avo-
« cat ne doit pas recevoir d'honoraires de Vidocq.

« Je ne vois donc pas moyen de concilier votre désir
« avec mes scrupules, à moins qu'il ne vous convienne
« de porter aux sœurs de Saint-Vincent-de-Paul une
« somme de mille francs, à laquelle je fixe ce qui me se-
« rait dû, si j'acceptais votre cause.

« A cette condition, et à cette condition seulement,
« vous pourriez compter sur mon zèle.

« Ce serait une bonne œuvre dont vous auriez tout le
« mérite, et elle vous placerait sous une protection qui,
« à mon sens, vaut bien celle des polices passées, pré-
« sentes et futures.

« CHARLES LEDRU. »

Voici la réponse de Vidocq :

« Monsieur,

« Je vous ai choisi pour me défendre, parce que vous
« êtes un des avocats qui ont attaqué les actes de mon
« administration avec le plus de fermeté.

« Je ne m'en suis souvenu que pour vous prier de
« m'accorder votre appui, car j'ai désiré trouver dans
« mon avocat mon premier juge et le juge le plus sévère;
« c'est assez vous dire que je ne crains rien.

« J'accepte, Monsieur, la condition que vous m'impo-
« sez. Vous n'avez qu'à ordonner; les mille francs vous

« seront remis aux jour, heure et minute que vous au-
« rez fixés.

« J'aurai l'honneur de me rendre chez vous, si vous le
« permettez, entre trois et quatre heures; votre secré-
« taire m'a dit que c'était le moment où vous étiez vi-
« sible.

« Agréez par avance, Monsieur, toute ma gratitude et
« le respect profond avec lequel je suis votre très-humble
« et très-obéissant serviteur.

« VIDOCQ. »

Conformément à cette lettre, Vidocq, en se présentant à son défenseur, lui apporta la quittance suivante :

*Reçu de Monsieur .... la somme de mille francs
pour être distribuée aux pauvres.*

*Pour ma sœur Boulet, supérieure des sœurs
de Saint-Vincent-de-Paul,*

Sœur HENRIETTE.

Ayant imposé à Vidocq des conditions aussi rigoureuses et si nobles avant de l'admettre dans son cabinet; celui-ci y ayant satisfait et s'étant ainsi placé sous la protection d'une bonne œuvre, M. Charles Ledru crut qu'il
était de son devoir d'étudier son caractère. Il pria
M. Fossati de se rendre chez lui. Vidocq était parfaitement inconnu au docteur.

Ce phrénologiste distingué examina soigneusement
le crâne de l'individu que lui présenta M. Charles Ledru, et dit qu'il portait les signes du plus grand courage,

d'une extrême perspicacité et surtout d'une *bénévolence* extraordinaire. Et, développant cette idée sous une forme de comparaison, il s'exprima en ces termes : « Il y a « dans l'inconnu que vous me présentez trois personnes : « un lion, un diplomate, et quelque chose d'une sœur de « charité. »

L'inconnu était Vidocq lui-même !

M. Charles Ledru fit ressortir avec beaucoup d'énergie tout ce qu'il y avait d'odieux dans la violation de la loi dont son nouveau client avait été victime. Il trouva dans la magistrature une protection tutélaire contre l'erreur vraiment extraordinaire dont il était victime, et la chambre du conseil décida, après une instruction où furent entendus plus de deux cents témoins, qu'il n'y avait lieu à poursuivre à l'occasion des accusations que lui avaient valu de petites rivalités policières, et peut-être l'intérêt, comme l'a toujours prétendu Vidocq, qu'*une personne avait à se saisir* de certains papiers. On n'avait pas dressé d'inventaire, et cette violation demeura impunie !

Lors du procès fameux que Vidocq soutint en 1843, Me Charles Ledru, appelé comme témoin, cita un fait étrange. Voici sa déposition :

« *Me Charles Ledru,* avocat à la cour royale de Paris. « J'ai été le conseil de Vidocq, et j'ignore quel témoi- « gnage la justice attend de moi.

« *M. le président.* Évidemment ceux qui ne touche- « raient pas aux confidences professionnelles.

« *Me Jules Favre.* Je désirerais que Me Ledru, qui « a été conseil de Vidocq, et qui l'a connu dans di-

« verses circonstances, exprimât son opinion sur lui.

« *M° Charles Ledru*. J'ai eu un tort envers Vidocq;
« et, dans les circonstances pénibles où il se trouve, je con-
« sidère comme un devoir de le réparer hautement. Lors-
« qu'en 1837 Vidocq fut poursuivi et qu'il fit appel à mon
« ministère, je refusai, ou plutôt j'imposai à mon accepta-
« tion une condition trop dure. J'exigeai qu'avant d'avoir
« l'entrée de mon cabinet, il allât déposer mille francs
« aux sœurs de Saint-Vincent-de-Paul, ce qu'il exécuta
« à l'heure même.

« Ce fait, qui a été publié, a été interprété d'une ma-
« nière trop sévère contre le prévenu. Je dois dire que
« ma conduite n'était déterminée que par des souvenirs
« récents qui se rattachaient seulement à l'intervention de
« Vidocq comme témoin dans un grand nombre de pro-
« cès politiques que j'avais plaidés à la suite des journées de
« juin. Vidocq était souvent dans ces procès le témoin
« principal ; car celui qui, se jetant au milieu des barri-
« cades de la Cité, avait, au péril de sa vie, étouffé
« l'insurrection, devait en connaître tous les ac-
« teurs.

« Ses dépositions amenèrent beaucoup de condamna-
« tions, et comme elles avaient porté la désolation dans
« beaucoup de familles qui m'intéressaient vivement, je
« lui gardais, en raison de son rôle dans ces procès, des
« sentiments qui se sont exprimés trop énergiquement
« par la condition exorbitante que je lui ai dictée quand
« il crut devoir s'adresser à moi, à son tour, dans l'ad-
« versité.

« Pour effacer autant qu'il est en mon pouvoir l'effet

« de la sévérité que je lui ai témoignée, je dirai un fait qui
« se rattache aux mêmes événements, et qui lui fait hon-
« neur ; c'est de sa part un généreux témoignage de res-
« pect et de reconnaissance pour la magistrature.

« Voici ce fait. Après son acquittement des poursuites
« dans lesquelles il avait eu recours à moi, il m'avait
« exprimé combien il serait heureux de manifester sa
« gratitude profonde à deux magistrats dont l'équité, la
« fermeté, l'indépendance avaient concouru puissam-
« ment à la justice qu'il avait obtenue. C'était M. Zan-
« giacomi, alors juge d'instruction, et M. Franck-Carré,
« procureur général. L'occasion qu'il recherchait si vi-
« vement arriva, lors de l'insurrection du 12 mai.

« Vidocq apprit que plusieurs insurgés avaient le des-
« sein de se rendre chez M. le procureur général pour
« lui faire un mauvais parti. Aussitôt il se munit de tou-
« tes armes et alla se poster en sentinelle dans le quartier
« du magistrat, décidé, si les insurgés voulaient péné-
« trer jusqu'à lui, à ne les y laisser parvenir que sur son
« corps.

« J'appris cette courageuse détermination le lendemain
« à cinq heures du matin. Deux jeunes gens que j'avais
« défendus en cour d'assises, et précisément après *juin,*
« s'étaient malheureusement retrouvés dans la révolte de
« la veille. Traqués de toutes parts, ils étaient venus à
« minuit et demi m'éveiller pour me demander ce qui ne
« se refuse jamais en pareil cas, un asile. Ils avaient
« passé la nuit chez moi, et le lendemain, dès la première
« lueur du jour, je m'apprêtais à les mettre en lieu de
« sûreté, lorsque Vidocq fut annoncé. A ce nom, ils fu-

« rent épouvantés. Je les rassurai et je fis entrer Vidocq
« dans mon cabinet en lui disant qui ils étaient. C'est
« alors, et par ces jeunes gens, que j'appris ce qu'avait
« fait Vidocq, et qu'il me raconta lui-même l'avoir fait,
« en témoignage du dévouement sans bornes qu'il avait
« voué au magistrat dont l'indépendance avait garanti sa
« liberté.

« Quelques jours après, j'avais eu le bonheur de faire
« parvenir les deux insurgés en Angleterre. Je me rendis
« chez M. Zangiacomi pour le prier de ne pas continuer
« des perquisitions inutiles et qui causaient des terreurs
« continuelles à de pauvres femmes. En annonçant à ce
« magistrat que mes clients étaient à Londres, je lui ap-
« pris ce que Vidocq avait fait : il n'en fut pas étonné.

« J'ai fait la même révélation, cinq ou six mois après,
« à un de nos confrères, Me Lafargue, qui était l'ami de
« M. le procureur général; et aujourd'hui j'ai cru pou-
« voir la faire publiquement aux juges de Vidocq. »

Quelle noblesse et quelle générosité dans ce langage
et dans cette action ! En faisant au magistrat cette confidence si extraordinaire, si compromettante de la part
d'un avocat, Me Charles Ledru donnait la mesure de sa
loyauté comme de son humanité. Il montrait aussi avec
quelle franchise il allait au devant d'une réparation pour
le tort qu'il croyait avoir fait à Vidocq lui-même.

Vidocq avait subi onze mois de prison préventive;
huit mille dossiers avaient été saisis de nouveau dans son
cabinet. Condamné au tribunal de police correctionnelle,
il fut solennellement acquitté en cour royale sur la plaidoirie de Me Landrin. Mais tout à coup M. le préfet de

police, évoquant contre lui une condamnation qui remontait à plus de quarante-six ans, lui interdit le séjour de Paris, arrache un vieillard à ses affaires, à sa famille, à sa demeure, attente, malgré l'arrêt qui le faisait libre, à la liberté que cet arrêt lui avait rendue, et menace de le promener au gré de son caprice, sans ressource, sans appui, sans fortune, dans tous les coins de la France. Qu'invoquait-on contre lui? l'arrêt de condamnation prononcé le 7 nivôse an V. Or, à cette époque la surveillance de police n'était pas encore écrite comme un châtiment dans le Code pénal! On donnait donc à la loi un effet rétroactif, odieux, illégal, contraire aux principes les plus sacrés de la jurisprudence.

Vidocq réunit aussitôt un conseil composé de Mes Bonjean, Huré (avocat du barreau de Douai), Landrin, Charles Ledru.

« Si l'attentat dont la déclaration du préfet de police me menace, disait Vidocq, pouvait être réalisé, ce serait à la fois ma ruine et ma mort. Ce n'est pas à mon âge, avec mon caractère, mes habitudes, ma santé, qu'on est impunément arraché à une existence faite depuis trente années, à ses amis, à ses affaires, à une vie libre et honnête, pour être livré aux angoisses, aux humiliations, à la contrainte qui font la vie du forçat libéré...... Je demande à mes conseils si, seul en France, je suis privé des garanties qui protégent le dernier des citoyens ; si ma triste destinée est tellement exceptionnelle et fatale que quarante années de probité, de travail et de services n'aient pu effacer les traces d'une condamnation prononcée sous l'empire d'un autre code, et pour une action qui, aujourd'hui, ne serait pas un crime; si la plus longue et la plus manifeste des possessions, la reconnaissance la plus formelle de l'autorité, la grâce complète, entière, absolue, sans réserve, que m'ont valu ma conduite et mes belles actions, ne m'ont pas rendu à tous mes droits et à toutes les garanties qui protégent la liberté individuelle. Je leur demande même si, ajoutant aujourd'hui à mon supplice de l'*an V*, on peut m'infliger une peine que l'arrêt qui a frappé ma jeunesse n'a pas prononcée, et qui n'existait pas dans la loi de cette époque ; je leur demande, enfin, comment et par quelle voie légale je puis résister à la mesure qui me menace, et si je suis tellement hors la loi et l'humanité que je sois aussi dépouillé du droit qu'on ne conteste à personne : du droit d'avoir des juges. »

Pendant que Mes Landrin, Huré et Charles Ledru, conseils de Vidocq, délibéraient chez Me Bonjean, un magistrat de la cour royale, M. de Berny, quoique aveugle, se fit conduire chez Me Bonjean, et dit en entrant : « Messieurs, j'ai appris que vous vous occupiez d'un homme « auquel on a fait une injustice. Je connais Vidocq de« puis vingt-cinq ans. Comme magistrat, j'ai eu souvent « affaire à lui, et je l'ai toujours trouvé digne des de« voirs qui lui étaient confiés. Je viens vous prier de me « permettre de délibérer avec vous en sa faveur. »

En effet, M. de Berny délibéra avec les honorables avocats la consultation pleine d'énergie et de raison sur le vu de laquelle le conseil des ministres révoqua la décision prise contre Vidocq.

VIII

> Des lapins... sur la bruyère,
> L'œil éveillé, l'oreille au guet,
> S'égayaient, et de thym parfumaient leur banquet.
> (JEAN DE LA FONTAINE.)

> . . . . . Un expert est nommé,
> A deux bottes de foin le dégât estimé.
> . . . .
> . . . .
> Ma partie en mon pré laisse aller sa volaille.
> Ordonné qu'il sera fait rapport à la cour
> Du foin que peut manger une poule en un jour.
> (RACINE, les Plaideurs.)

LES LAPINS DE LORD SEYMOUR.

Longjumeau, qu'arrose la petite rivière de l'Yvette, n'est pas seulement célèbre par son postillon, que M. Chapelou a immortalisé en faisant chanter à toute la France :

> Oh! oh! oh! qu'il était beau
> Le postillon de Longjumeau!

C'est aussi le siége d'une justice de paix, et c'est devant cet auguste tribunal que M. Charles Ledru, qui venait de plaider devant la cour des Pairs, soutint de grands débats, pour des lapins, entre lord Seymour, le général vicomte de Berthier, M. Paturle, pair de France, et M. Rabourdin, fermier, maire de la commune de Sainte-Geneviève-les-Bois.

C'est à l'audience du 30 octobre 1839, sous la présidence de M. Bénard, que Longjumeau vit ouvrir sa belle salle de justice de paix. Une foule nombreuse se pressait dans son enceinte pour contempler l'illustre M. Rabourdin, petit-fils de Chicaneau, petit-neveu de la comtesse de Pimbesche, et arrière-petit-cousin de tous les plaideurs de Normandie.

On voit au barreau, en robe, Me Charles Ledru. Près de lui Me Larrieux, attaché comme défenseur à la justice de paix de Longjumeau ; enfin, Me Cassemiche, avoué près le tribunal de Corbeil. M. le pair de France Paturle est représenté par son homme d'affaires : ces trois défenseurs sont en habit bourgeois.

Me Larrieux, défenseur de M. Rabourdin, expose en peu de mots que son client, fermier de M. le comte Berthier, a attaqué ce dernier et M. Paturle en réparation du préjudice que lui causent les lapins qui sont sortis des bois de ces messieurs pour lui manger sa luzerne. Un procès-verbal du garde de la commune de Sainte-Geneviève-les-Bois constate le délit. Me Larrieux déclare, du reste, qu'il réduit à 90 fr. le chiffre de la demande qui s'élevait d'abord à 500 fr.

Me Cassemiche, au nom de M. le vicomte de Berthier, lit des conclusions, par lesquelles aux termes du bail par lequel son client a loué le droit de chasse sur ses propriétés à lord Seymour, il conclut à l'intervention de celui-ci, pour le garantir et indemniser de toutes condamnations.

Mᵉ Paturle, par son représentant, conteste la validité du procès-verbal.

Mᵉ Charles Ledru, pour lord Seymour :

« Je me féliciterais, dit-il, de ce que cette cause très-minime en apparence, et au fond bien grave, fût soumise à un magistrat dont le caractère connu et les lumières seraient la plus sûre garantie des droits que j'ai à défendre, si par des motifs puissants je n'étais obligé de décliner la compétence d'un juge que j'aurais choisi entre tous, mais qui ne peut être celui des contestations qui s'élèvent entre lord Seymour et M. le vicomte de Berthier. Je me borne donc à conclure au rejet de la demande en intervention et en garantie, et au renvoi devant qui de droit ; mais pour que M. le juge de paix puisse bien apprécier le bien-fondé de cette exception, je dois entrer dans quelques détails. »

Mᵉ Charles Ledru expose que par acte en date du 13 décembre 1837, lord Seymour a loué le droit de chasse moyennant 4,000 fr. par an, plus les impositions ; en tout 4,500 fr. environ. En prenant possession du logement, le locataire a commencé par faire une dépense de 50,000 fr. en réparation, ameublement, etc. ; depuis lors, l'entretien du bail a coûté à milord 1,000 fr. par mois ; tout bien compté, voici, depuis moins de deux ans, 83,000 fr. de frais.

« Qu'ont-ils rapporté ? Cette année lord Seymour est parvenu à grand renfort de rabatteurs, lui sixième, pendant cinq jours de chasse à laquelle il avait convié ses amis, à immoler quarante lapins ; c'est-à-dire pour chacun une pièce trois quarts environ par journée. Dans une première chasse, la Saint-Barthélemy se bornait à vingt-trois victimes : en tout, soixante-douze lapins. En admettant que dans le courant de l'année les chances le favorisent, il pourra aller jusqu'à la centaine. Je suppose maintenant que l'année dernière il ait été deux fois plus heureux, il en résulterait que depuis le bail il a eu le plaisir de tuer, en compagnie d'excellents chasseurs, la quantité de trois cents lapins ; ce qui, en définitive et tout calcul fait, met la pièce de gibier à 280 fr. C'est payer la gibelotte un peu cher. (On rit.)

« Néanmoins, M. Rabourdin trouve que c'est encore trop bon marché, et, poursuivi par l'ombre de tant de morts, il croit apercevoir des lapins partout. Il ne rêve plus que lapins (on rit) ; il en voit dans sa luzerne, dans son blé, dans ses betteraves, et son garde-champêtre a même dressé procès-verbal, dans lequel on lit que les lièvres et les lapins de lord Seymour ont poussé l'audace jusqu'à faire la guerre en plein champ à ses pommes. (Rire général.)

« *Me Larrieux* : Le procès-verbal ne dit pas cela.

« *Me Charles Ledru* : Comment, il ne dit pas cela ! Vous croyez donc que je rêve aussi ? Écoutez votre garde, c'est un bonhomme qui n'y entend pas malice ; son maître lui a dit de rédiger, et il a rédigé. Voici ses paroles : « Nous nous sommes également aperçus que les *pommes* « sous les pommiers entourant lesdites pièces de terre « étaient également mangées par le même gibier,.. Sur « ce que dessus, j'ai rédigé le procès-verbal. » (Rire général.)

Me Charles Ledru indique que ces étranges procès-
verbaux ont un sens secret, et que s'ils ne s'expriment
pas clairement, ils cachent une conspiration qu'il veut déjouer au grand jour. « On espère fatiguer lord Seymour:
M. le vicomte de Berthier a même eu l'attention de lui
offrir, dans sa correspondance, la résiliation du bail,
après tant de dépenses. Lord Seymour sait très-bon gré
à M. le vicomte de sa prévenance pleine de délicatesse;
mais les lapins, fussent-ils plus rares encore, il ne dé-
guerpira point devant les tracasseries directes ou indirectes qu'on lui suscite.

« Vainement emploiera-t-on, à l'aide du système imaginé, de sourdes rumeurs; ces rumeurs expireront devant la publicité de l'audience, et M. Rabourdin recevra
de cette publicité le châtiment dû à sa conduite.

Savez-vous, Monsieur Rabourdin, quel est ce personnage
dont on dit tout bas, en certains lieux : *C'est un Anglais,
qu'est-ce qu'il vient faire dans ce pays?* Je demande
pardon à lord Seymour de révéler ce que je vais dire,
mais, dussé-je lui déplaire, j'éprouve le besoin de vous
apprendre que toutes les fois que dans ma profession j'ai
découvert une infortune digne d'intérêt, et à laquelle je
ne pouvais apporter secours, c'est parmi tous mes clients
celui que j'ai choisi, non pour lui adresser des prières,
mais pour lui dire : *Cher Monsieur, un pauvre prisonnier, ou une famille indigente, a besoin de telle somme,
envoyez-la-moi.* Et jamais lord Seymour n'a manqué à
l'appel que j'ai fait à sa générosité.

« J'ai pour maxime, Monsieur Rabourdin, que les Anglais qui agissent ainsi sont de *bons Français.* Vous ne

réussirez donc pas à les représenter comme ces seigneurs inhumains qui faisaient dévorer par leur gibier le pain du pauvre ; mais lord Seymour a assez le sentiment de sa dignité pour ne pas se laisser lâchement dévaliser, et permettez-moi de vous dire que, quand on a le bonheur de posséder un tel homme dans une commune où il répand si largement ses écus, le premier magistrat de cette commune se devrait à lui-même, et devrait surtout à ses administrés, de ne pas fatiguer son garde-champêtre à persécuter un hôte si précieux.

«Quant à vous, Monsieur Rabourdin, qui êtes si vertueux (on rit), voici de vos œuvres. Je ne vais les révéler que comme considérations, car je ne veux pas aborder le fond de votre demande actuelle, ni à plus forte raison les deux procès qui seront appelés après celui-ci ; je me borne à la moralité pour faire apprécier mon moyen d'incompétence.

« Vous nous faites trois procès : 1° celui-ci, dans lequel vous demandiez les 500 fr. qui ont tant indigné lord Seymour, et que vous réduisez avec une grâce vraiment touchante à 90 francs : je l'appellerai procès de luzerne et de pommes. (On rit.)

« Eh bien ! Monsieur le maire, que diriez-vous d'une boutique de votre village, dans laquelle on taxerait à 500 fr. une marchandise qu'on consentirait ensuite à laisser à 90 fr? Comment appelle-t-on les gens qui rabattent ainsi de leurs prétentions premières? Il y a des pays où l'on désigne ce petit manége par le mot de friponnerie. (On rit. — M. Rabourdin seul ne rit pas.)

« Vous ne voulez que 90 fr., soit; eh bien ! l'homme de

confiance de M. de Berthier lui-même, de M. de Berthier, qui nous dénonce votre demande sans la combattre, le sieur Maréchal a dit en ma présence que, quand même la partie de luzerne tout entière aurait été mangée, il y en avait en tout pour 24 fr. Or, lord Seymour n'est locataire que d'une lisière de six pas de largeur sur la limite du bois de M. Paturle, lequel a en propriété trois cents arpents. Donc, si sur 24 fr. lord Seymour était tenu de payer sa part, ce serait le centième de 24 fr., c'est-à-dire vingt-cinq centimes. (On rit.)

« J'espère donc que vous recommencerez vos calculs, et qu'après être descendu de 500 fr. à 90 fr., vous irez de 90 fr. beaucoup plus bas.

« *M⁰ Larrieux.* C'est l'huissier qui, de lui-même, a fixé le chiffre de la demande à 500 fr. ; souvent cela se fait ainsi. »

M⁰ Charles Ledru répond que c'est un usage fort peu honnête. Examinant ensuite la moralité de la demande qui fait l'objet du second procès, « il s'étonne que pour cent cinquante betteraves destinées aux bestiaux, et que les lapins auraient seulement touchées du bout des dents, on demande 150 fr. ; les betteraves propres à la fabrication du sucre se paient 10 fr. le mille, cent cinquante betteraves comme celles de M. Rabourdin ne pèsent pas trois cents livres ; ce serait donc à peu près 3 francs de dommage, si ces betteraves étaient *perdues ;* elles ne sont qu'égratignées par la dent dédaigneuse du gibier. Les 150 fr. sont-ils donc encore une licence poétique de l'huissier? (On rit.)

« Au reste, ces betteraves ont-elles été visitées par les

lapins de lord Seymour? Le procès-verbal dit : « Les lapins et les lièvres. » Où M. le garde a-t-il vu tout cela? Eh bien ! je l'invite à retourner sur le champ que j'ai visité moi-même hier, et, par parenthèse, il n'y faisait pas chaud. J'ai appris dans cette visite que les lièvres et les lapins ont l'habitude de laisser des dragées sur les champs où ils vont faire leurs repas. Les dragées du lapin sont très-brunes, presque noires; celles du lièvre sont de couleur verte. (Rire général.) Eh bien! l'homme de confiance de M. le vicomte a bien voulu faire un cornet de celles qui étaient dans le champ. Il paraît qu'il les a oubliées au château; mais lui-même est à l'audience, et il déclarerait, si nous plaidions le fond, qu'il n'existe dans le champ que des traces de lièvres. Or, lord Seymour ne serait dans aucune circonstance responsable des dégâts causés par ce gibier, si dégâts il y avait. Le lapin est un animal stationnaire qui élit domicile dans un bois; il y a son terrier, sa famille, ses pénates : c'est le citoyen de la forêt; et si le maître conserve un trop grand nombre de ces locataires, il peut être responsable de leurs excès; mais le lièvre est un animal voyageur, nomade, et quand le garde a dit que les lièvres de lord Seymour s'étaient, de compagnie avec ses lapins, livrés à un festin de betteraves, M. le garde a improvisé d'imagination, à moins que les adversaires ne soutiennent que, sous la queue de ces lièvres, le garde a lu leurs cartes d'adresse (on rit) pour s'aider dans la rédaction du procès-verbal.

« Mais non ; tout ceci, c'est l'œuvre de M. Rabourdin, qui, en sa qualité de maire, a abusé de sa position pour demander au garde champêtre l'article du procès-verbal relatif aux pommes, celui relatif aux lièvres et le reste; s'il en avait reçu l'ordre, le garde champêtre aurait, à la place du nom de Seymour, écrit tout aussi bien le nom du pape; et si le saint-père n'est pas en cause, c'est que M. Rabourdin ne l'a pas jugé à propos.

« Quant au troisième procès relatif au blé, je n'en parle que pour annoncer à qui de droit que je délibère très-sérieusement sur la question de savoir ce que je ferai d'une pièce *fausse* que j'ai dans mon dossier.

« Ici il ne s'agit plus des exagérations d'un huissier, ni des procès-verbaux ordonnés par le maire à son garde, il s'agit, de la part d'*arbitres*, de faux commis dans leur procès-verbal, faux dans les dates, faux dans les déclarations que tel individu est présent. Or, le personnage était si peu présent, que les rédacteurs de la pièce criminelle ne trouvant personne assez facile pour accepter un pareil rôle, on a laissé le nom du personnage *en blanc!*

« C'est à l'aide de tels moyens qu'on veut rançonner un chasseur, coupable après tout de n'avoir pas de gibier dans des bois qu'il paie si cher, et à qui on prête bénévolement des armées de lapins pour avoir le plaisir de leur faire manger les récoltes. Eh bien! sachez-le, à vos déloyales attaques, il opposera une résistance aussi énergique que vos manœuvres sont odieuses; il ne capitulera point sous vos fourches caudines, et tout étranger qu'il est, il s'élèvera pour lui des voix avec la mienne, aussi patriotiques que les vôtres, pour protéger son droit et la loi! »

Me Charles Ledru termine en opposant un moyen d'in-

compétence, tiré de ce que le bail passé entre lord Seymour et M. de Berthier prévoit le cas de dégâts, et qu'audit cas « de *dégâts sur les terres du bailleur* comme sur
« celles des particuliers, lord Seymour en sera garant
« vis-à-vis de M. de Berthier ; mais que toute contesta-
« tion à ce sujet sera réglée arbitralement, en dernier
« ressort, par des amiables compositeurs. » Il conclut,
en conséquence, au renvoi, devant arbitres, de l'action
dirigée contre lord Seymour par M. de Berthier.

Me Cassemiche, pour M. de Berthier, s'étonne de ce
que l'on ait insinué, au nom de lord Seymour, un concert frauduleux entre son client et M. Rabourdin. « Cependant, dit-il, la conduite de M. de Berthier est bien
simple. Il est poursuivi en dommages ; il met en cause
l'auteur de ce dommage, celui qui, d'après le bail, s'est
rendu responsable de tous les dégâts. Ces dégâts, on les
nie ; mais néanmoins les lapins pullulent dans le bois ; ils
y sont nombreux comme les étoiles du ciel. Refuser une
indemnité pour les dégâts qu'ils occasionnent est une
chose indigne de l'homme qui dépense 1,100 fr. par mois
pour nourrir du gibier. » Me Cassemiche attaque ensuite
le témoignage du sieur Maréchal, qui, quoique l'homme
de confiance de M. de Berthier, le trahit en faveur de
lord Seymour. Il s'élève contre le prétendu système qui
tend à calomnier le caractère de son client. Lord Seymour a beau faire et beau dire : il faut la justice. Cet opulent personnage, qui ne veut pas payer les dégâts causés
par son gibier, se réfugie dans un moyen d'incompétence qui ne réussira pas ; car, en matière de dégâts, le
juge de paix doit être saisi. Il ne s'agit pas d'un procès

entre lord Seymour et M. de Berthier, mais d'une action dirigée par M. Rabourdin contre M. de Berthier lui-même, qui est obligé de faire intervenir son garant.

M⁰ *Larrieux* s'indigne des attaques dont son client a été l'objet. M. Rabourdin est un honnête homme; ses terres ont été dévastées par le gibier de MM. Paturle, de Berthier et Seymour. Il faut qu'il obtienne réparation. M. Rabourdin est incapable d'exiger du garde-champêtre rien d'illégal; quoique maire, il a des intérêts comme particulier, et à ce titre il jouit du droit commun de faire constater les délits commis par le gibier. Or, en fait, Mᵉ Larrieux, qui, lui-même, a une chasse dans le pays, déclare que, dans aucun bois, il n'a vu autant de lapins que dans celui qu'a loué lord Seymour. Le chiffre de la demande formée par M. Rabourdin n'est pas exagéré, sauf la réduction à laquelle il a de lui-même consenti.

Mᵉ *Charles Ledru* répond qu'il ne veut pas repousser des expressions injurieuses par des termes équivalents. Il a attaqué M. Berthier avec des armes courtoises, chevaleresques, comme celles dont se servaient autrefois les gentilshommes, et il répugnerait à lord Seymour qu'on tînt pour lui un autre langage.

«Mais, dit l'avocat, quand M. Berthier reçoit avec tant de bonne grâce les coups de M. Rabourdin, sauf à les recevoir sur le dos de mon client, il faut bien que celui-ci signale le touchant accord, l'association fraternelle de M. le vicomte avec son fermier. Ce n'est pas une calomnie, c'est un fait.

« Quel a été le langage du représentant de M. de Berthier? Défendeur à la demande, il devait au moins la renvoyer purement et simplement à lord Seymour. Au lieu de cela, il est sorti de la neutralité pour justifier les prétentions de son fermier et combattre la résistance de l'appelé en garantie. En résumé il a dit : M. Rabourdin a raison, lord Seymour a tort ; lui qui dépense 1,100 fr. par mois pour l'entretien de sa chasse, se refuse à indemniser un pauvre fermier dont son gibier dévaste les champs. Je lui ai répondu en signalant cet accord si étrange entre l'attaquant et l'attaqué. Eh bien ! je n'injurie pas, je cite le fait. Si la logique veut que ce fait vous incrimine, faites le procès à la logique ; car c'est elle qui révèle votre connivence, qui la prouve jusqu'à la dernière évidence. Au reste, M. de Berthier ne s'est pas gêné pour écrire à lord Seymour qu'il comptait sur une indemnité pour se payer des fermages que M. Rabourdin laisse en retard.

« *Me Cassemiche.* Ceci est une calomnie.

« *Me Charles Ledru.* Je vous remercierai toujours de vos interruptions. Écoutez donc le calomniateur ; c'est M. de Berthier qui nous écrit, en date du 18 de ce mois, les lignes suivantes : « Si vous voulez porter l'indemnité « à 600 fr., je tâcherai de déterminer Rabourdin, *que je* « *presse de me payer et qui me doit beaucoup plus, à* « *accepter cette petite somme, que je prendrai en à-* « *compte.* »

« *M. Rabourdin.* C'est faux.

« *Me Charles Ledru.* Arrangez-vous, Messieurs ; mais moi je lis la correspondance, et je crois qu'elle est claire. »

Me Charles Ledru soutient encore qu'il n'y a que très-peu de gibier dans le bois, et la preuve est dans le dommage qui se bornerait à cent cinquante betteraves auxquelles les lapins auraient enlevé l'épiderme et à la portion de luzerne évaluée 90 fr. par M. Rabourdin qui fait des calculs si exacts.

« L'exagération de la demande ne doit pas être mise sur le compte de l'huissier; c'est là une mauvaise plaisanterie, car l'huissier n'est pas si fort que les défenseurs eux-mêmes en matière d'hyperboles, et il est resté bien au-dessous d'eux dans ses évaluations. En effet, le défenseur de M. le vicomte de Berthier, qui à l'hyperbole aime à joindre la métaphore, a dit que les lapins du bois de Sainte-Geneviève étaient aussi nombreux que les *étoiles du ciel*. (On rit.) Or, en conscience, l'huissier n'a pas été jusque là, et, malgré son imagination, il ne lui est pas arrivé de comparer les obscurs habitants des terriers aux astres lumineux du firmament.

« Quant au second défenseur, qui a bien voulu nous révéler qu'il était excellent chasseur, il me permettra de lui dire que son exagération n'est pas moins étrange. Il n'a jamais vu, dit-il, foi de chasseur, un bois contenant autant de lapins. Cela prouverait tout au plus que l'adversaire n'a pas beaucoup voyagé au delà de son arrondissement de Longjumeau; mais je crois que, sans aller aussi loin que le jeune *Anacharsis*, il pourrait se convaincre qu'il y a des forêts aussi giboyeuses que celle où six chasseurs déterminés et très-adroits ne peuvent tuer en cinq jours que quarante-neuf lapins. (On rit.) Pour trouver des bois plus peuplés, il n'est pas même nécessaire d'aller jusqu'à la forêt Noire.

« En résumé, dit M⁰ Charles Ledru, ce procès est une spéculation très-simple. M. Rabourdin, qui paraît un habile homme, s'est dit à lui-même : « A quoi bon cultiver « la terre ! Je vais cultiver les voisins: ils rapporteront « davantage ! » Il s'est d'abord adressé à M. Paturle pour un prétendu dégât, puis pour un second ; et, la chose réussissant à merveille, il a visé à un troisième succès, et alors il a eu l'heureuse idée de chercher un second abonné, lord Seymour.

« Il lui fallait des procès-verbaux de dégâts ; il en a demandé à son garde-champêtre, honnête homme qui croirait commettre un délit s'il désobéissait au premier magistrat de la commune ; puis il a formulé une demande qu'il met, à l'audience, sur le compte des huissiers, comme plus tard sans doute il mettra la pièce fausse sur le compte de quelque autre personnage.

« Nous citons, pour la moralité, le témoignage de Maréchal lui-même, l'homme de M. de Berthier. On nous répond : Il s'est livré à lord Seymour. Comment donc ! Est-ce trahir M. de Berthier, *défendeur*, que de dire que la prétention de M. Rabourdin, *demandeur*, est absurde ? Et d'ailleurs pourquoi Maréchal préférerait-il lord Seymour à M. de Berthier ? Le premier, quoique ayant *des ailes d'or*, n'est qu'un oiseau de passage ; M. le vicomte est le seigneur de l'endroit ; c'est le maître à perpétuelle demeure ; c'est la pièce de résistance. Si donc vous admettez de la complaisance au lieu de la loyauté, croyez du moins que cette complaisance servira les intérêts les plus utiles.

« Viennent ensuite des déclamations assez étranges dans

la bouche du représentant de M. le vicomte de Berthier.
On nous jette à la face l'opulence de lord Seymour,
comme si la richesse était un crime prévu par le Code
pénal et rangé, par exemple, parmi les crimes de faux.

« Expliquez-vous? Que signifie ce langage? Si vous voulez aborder la question de la distribution des richesses,
le radicalisme de M. le vicomte de Berthier ne nous épou-
vantera pas; nous sommes prêts à causer de ces théories
avec lui, et, sans vanité, nous pourrons lui faire regretter d'avoir porté la discussion sur ce terrain. Abandonnez
donc ces lieux communs, et, encore une fois, rappelez-
vous que ceci n'est pas une affaire d'argent pour lord
Seymour, qui veut prouver une seule et unique chose,
c'est-à-dire que, tout riche qu'il est, il n'entend pas se
laisser exploiter par M. Rabourdin ni par d'autres. Si cela
vous scandalise, c'est fâcheux; mais son parti est pris, et
il le suivra énergiquement ici et partout ailleurs. »

Me Charles Ledru soutient de nouveau qu'en droit,
M. le juge de paix est incompétent entre lord Seymour
et M. de Berthier, et il termine sa démonstration en disant : c'est évident, c'est plus clair que les étoiles auxquelles vous comparez nos légions de lapins. (Rire général.)

Après quelques observations de part et d'autre, M. le
juge de paix remet à quinzaine pour statuer sur l'exception proposée au nom de lord Seymour.

Me Cassemiche se joint à Me Larrieux pour demander
qu'en l'état un expert soit nommé à l'effet de visiter les
champs où les dégâts auraient été commis.

Me *Charles Ledru.* Je n'ai rien à dire à ce sujet; je

n'ai conclu qu'aux fins de renvoi devant qui de droit; votre expertise ne me regarde pas.

M. le juge de paix nomme un expert qui, serment préalablement prêté, visitera la pièce de terre et fera son rapport. La cause est remise à quinzaine, ainsi que les deux autres procès relatifs : le premier, au champ de betteraves ; le second, aux champs de blés, objets des autres demandes en indemnités.

Au moment où l'audience est levée, M. l'huissier qui a délivré l'exploit de demande au nom du sieur Rabourdin, se plaint hautement et dans les termes les plus vifs de ce qu'on lui ait prêté une évaluation qui est, dit-il, l'œuvre du sieur Rabourdin lui-même et de son défenseur.

La foule, que cette grande cause avait attirée, se retire en se promettant de jouir, à quinzaine, de la continuation d'une solennité judiciaire qui, sans doute, est sans exemple dans les fastes de Longjumeau. Un postillon fait claquer son fouet à grand bruit au milieu de cet auditoire qui s'écoule lentement. C'est une calèche élégante ramenant, en hâte, un sténographe envoyé sur les lieux.

A l'audience du 13 novembre, la foule des curieux est encore plus considérable qu'à l'audience dernière. Près de la salle où siége M. le juge de paix, une commission pour l'instruction primaire était assemblée ; elle lève la séance au moment de l'ouverture des débats, et toutes les notabilités qui la composent viennent prendre place dans l'enceinte réservée. Parmi ces personnages, on remarque M. le curé et M. le maire de Longjumeau.

Tous les cultivateurs que cette affaire avait amenés à

Longjumeau envahissent le fond de la salle, et, à midi précis, M, le juge de paix monte au fauteuil.

Mᵉ Charles Ledru est en robe. Du côté opposé sont Mᵉ Cassemiche, avoué à Corbeil, représentant de M. de Berthier, Mᵉ Larrieux, défenseur de M. Rabourdin, et M. Breton, représentant de M. Paturle.

M. le juge de paix annonce aux parties qu'il va prononcer son jugement dans la première affaire, concernant la demande en dommage fait à la luzerne du sieur Rabourdin.

Après quelques observations du défenseur sur la question de savoir si l'affaire de la *luzerne* et celle des *betteraves* ont été jointes, M. le juge de paix rend, sur sa demande de *cinq cents francs* concernant la luzerne, un premier jugement par lequel :

« Attendu qu'un dommage a été causé, et qu'il y a lieu à réparations : vu le rapport des experts commis ; considérant que le dommage se borne à dix bottes de troisième regain de luzerne ; que chaque botte, évaluée 20 c. par les experts, doit être portée à 30 c., il condamne M. le vicomte de Berthier et M. Paturle à payer au sieur Rabourdin la somme de 3 fr., dont M. Paturle paiera les deux tiers et M. de Berthier un tiers : c'est-à-dire l'un 2 fr. et l'autre 1 fr.

« Et attendu que l'exagération de la demande du sieur Rabourdin justifie la résistance des défendeurs, condamne M. Rabourdin à la moitié des dépens, et MM. Paturle et de Berthier à l'autre moitié, chacun dans la proportion de la condamnation principale.

« Et à l'égard de la demande en garantie formée con-

tre lord Seymour, M. le juge de paix admettant le moyen
d'incompétence présenté par M⁰ Ledru, a renvoyé M. le
vicomte de Berthier à se pourvoir devant qui de droit et
l'a condamné sur ce chef aux dépens. »

« *M. le juge de paix.* L'une ou l'autre des parties
a-t-elle des observations à présenter au sujet de l'affaire
des betteraves ? »

Aucun des défenseurs ne prenant la parole, M. le juge
de paix rend un jugement motivé de la même manière,
et en vertu duquel le dommage étant évalué à 2,000 kil.
pesant de betteraves ; considérant que ces betteraves,
qui sont des *disettes,* ne vaudraient que 8 fr. le mille, il
condamne M. de Berthier à 16 fr. de dommages et à la
moitié des frais, l'autre moitié étant à la charge de Rabourdin.

A l'égard de la demande en garantie formée par M. de
Berthier contre lord Seymour, même jugement par les
mêmes motifs que dans la première affaire. (Des signes
non équivoques d'approbation accueillent ces deux décisions.)

On appelle le troisième procès. (Vif mouvement de
curiosité.)

« M⁰ Larrieux expose que, dans cette affaire, M. Rabourdin a attaqué lord Seymour. Il s'agit de dommage
causé à des blés. Il avait été convenu que des expertises
contradictoires auraient lieu ; elles ont été faites, en effet,
l'une en janvier, la seconde en mai, la troisième en juillet. Les procès-verbaux constatent que l'évaluation des
experts porte les dégâts à sept cents bottes de paille,
24 hectolitres 32 litres, ou 15 setiers 7 boisseaux de blé ;

en conséquence, M⁰ Larrieux conclut à la condamnation, contre lord Seymour, au montant de cette évaluation.

M⁰ Charles Ledru s'étonne que M. Rabourdin ne veuille pas profiter de la double leçon que la justice éclairée de M. le juge de paix vient de lui administrer ; l'avocat espérait que son adversaire se tiendrait pour satisfait de ces deux échecs, et que, désormais, il renoncerait à choisir lord Seymour comme l'objet de ses spéculations.

M. Rabourdin tient à payer les frais d'un troisième procès, sans compter d'autres petits désagréments... Eh bien, soit !

M⁰ Ledru soutient l'incompétence de M. le juge de paix, par la raison que la prétendue expertise dont parle le demandeur est un procès-verbal d'arbitres constitués en vertu de compromis. Or, ce compromis ayant remis la cause à une décision arbitrale, le juge de paix est incompétent.

Mais M. Rabourdin qui veut toujours faire des finesses, et qui sait que l'on peut attaquer même devant la justice extraordinaire l'œuvre combinée entre lui et les arbitres, a trouvé fort ingénieux de laisser là les opérations arbitrales et d'attaquer lord Seymour devant M. le juge de paix.

« Il a du malheur, ce pauvre M. Rabourdin ! (On rit.) Je suis bien sûr que mon adversaire, qui est un homme éclairé en procédure, lui dira que la sienne ne vaut rien.

« Je le vois justement qui relit le chapitre des arbitrages. (On rit.) Eh bien ! je m'en rapporte à lui. »

M⁰ Ledru déclare, du reste, que si M. le juge de paix était incompétent, lord Seymour, au lieu de plaider au

fond, arrêterait la demande civile par la demande du dépôt de la *pièce fausse* qu'on qualifie d'expertise.

L'avocat termine en assurant M. Rabourdin qu'il l'engage très-sincèrement à payer les frais de ce troisième
procès comme des deux premiers ; cela vaudrait mieux
que d'aller visiter d'autres juridictions que la juridiction
paternelle devant laquelle il se trouve.

Mᵉ Larrieux s'étonne des menaces qu'on fait à son
client à l'occasion d'une expertise dans laquelle il n'y a
qu'une erreur de date et un nom en blanc ; lorsqu'il est
évident que ces erreurs sont de bonne foi. « Il n'y a pas
eu, dit-il, d'arbitrage entamé. Il y a eu une expertise dont
le résultat devait être discuté devant M. le juge de paix.
Ainsi toute la question est de savoir si le juge de paix
est compétent pour statuer sur des dégâts commis aux
récoltes.

Mᵉ Larrieux soutient qu'au reste la demande n'est pas
exagérée, puisque l'expert de lord Seymour lui-même a
été de l'avis de celui de M. Rabourdin.

« Quant au prétendu faux, c'est une calomnie. Qu'importe que le troisième procès-verbal ait eu lieu le 8 ou le
18 juillet ? Il s'agit seulement de savoir si cette expertise
est basée sur la vérité.

« M. Rabourdin n'est pas un habile jurisconsulte ; c'est
un cultivateur honnête et simple qui réclame ce qui lui
est dû, et on n'oppose à ses réclamations que des menaces dont il n'est pas effrayé, et de la chicane que lord Seymour doit désavouer s'il est de bonne foi. »

Mᵉ Charles Ledru se lève avec vivacité :

« En vérité, dit-il, je ne puis contenir mon indignation... Que viens-je d'entendre? Je supposais que M. Rabourdin, le visage baissé, le front humilié, aurait reçu avec reconnaissance les paroles trop peu sévères que je lui avais adressées. Or, voici qu'au lieu de tenir la posture qui convient à l'homme convaincu d'une honteuse spéculation, il ose adresser des paroles impérieuses. Et à qui? A l'homme qu'il a essayé de dévaliser, et qui a, par son énergie, déjoué toute cette coupable intrigue, toute cette immorale spéculation! et ce même Rabourdin met en question si lord Seymour est de bonne foi!

« Que parlez-vous de bonne foi, Monsieur? Ne savez-vous donc pas ce que chacun murmure dans cette audience? N'avez-vous pas entendu les deux jugements qui non-seulement vous condamnent, mais qui vous accablent?

« Allons, taisez-vous ! je veux vous épargner par pitié; mais n'y revenez pas ! »

Me Ledru, reproduisant son moyen d'incompétence, soutient que c'est bien un *compromis* qui a été constitué et des arbitres désignés. Mais M. Rabourdin ne se souciant pas de produire un *faux,* veut saisir de sa demande le juge de paix qui ne peut plus connaître de ce qui a été soumis à des arbitres.

« Cette tactique est mauvaise. N'y eût-il pas de compromis, le prétendu procès-verbal d'expertise serait frappé de la plainte de faux comme le compromis ; ainsi M. Rabourdin n'y gagnerait rien. Et cette expertise fût-elle régulière, la demande de Rabourdin en validité d'expertise ne serait pas recevable devant le juge de paix.

« Reconnaissez donc, Monsieur Rabourdin, que le troisième procès est intenté aussi mal que les deux premiers. Encore une fois, je vous en prie; je me constitue votre avocat pour vous épargner bien des chagrins; je plaide pour vous sans que cela paraisse... Désistez-vous donc ! vous devez reconnaître que si vous aviez suivi mes conseils dès l'origine, vous n'auriez pas trop mal fait. (On rit.)

« Tenez ; je sais bien ce qui vous a égaré; c'est l'histoire de ce postillon de Longjumeau, qui sans doute compose votre bibliothèque.

« Vous avez cru aux paroles de cette aimable *Madelaine* qui parle de ces *champs où l'on sème du sucre et du café, qu'il n'y a qu'à se baisser pour en prendre.* (Rire général.) C'est pourquoi vous avez tendu les bras vers la betterave... au lieu d'un si doux suc vous avez bu une boisson amère. (On rit.)

« Et pourtant votre défenseur nous dit : « M. Rabour-« din, c'est un cultivateur simple et honnête. »

« Oui, à entendre mon adversaire , M. Rabourdin serait un cœur vierge, un homme primitif... le jeune innocent! il ne fait monter le dommage de 3 fr. qu'à 500 fr.; peut-on être plus candide et plus pastoral? » (On rit.)

Mᵉ Ledru, répondant à l'*erreur* par laquelle on excuse ce qu'il appelle des faux, fait remarquer que cette erreur, qui met la date du 18 au lieu du 8 juillet, est non-seulement au *recto* en lettres, mais au verso en chiffres.

Qu'en outre, le procès-verbal est dressé en *présence* d'un individu *absent...* Or, pourquoi ce garde est-il *en blanc?* C'est que celui auquel on a proposé de signer ce chiffon irrégulier et coupable n'a pas voulu se rendre complice d'un tel tripotage.

« Voilà les erreurs que l'on compare à de simples fautes d'orthographe ;... mais ces *lapsus plumæ*,... je crois, dit Me Ledru, moi qui ne suis pas si édifié de la candeur de M. Rabourdin, qu'il ferait bien de ne pas me forcer à les commenter plus sévèrement, et j'espère qu'il se le tiendra pour bien dit.

« En résumé, lord Seymour a résolu d'apprendre à M. Rabourdin et à tous autres que sa générosité n'est ni de la faiblesse ni de la duperie ; il se défend par des exceptions préjudicielles, parce que c'est un moyen comme un autre de démasquer ses adversaires en attendant les charges *à fond*; et, quant à moi, dit Me Ledru, lorsque j'ai demandé que M. le juge de paix se déclarât incompétent, c'est parce que je porte à M. Rabourdin plus d'intérêt qu'il n'en mérite. Au reste, je lui prédis que ces conclusions seront admises..... et M. Rabourdin est payé pour croire que je suis assez bon prophète. » (On rit.)

Me Larrieux annonce qu'il va déposer lui-même la pièce dont on menace son client.

« *M. le juge de paix.* J'ai entendu ces débats ; et à présent que chacun s'est exprimé, je crois qu'il appartient à mon ministère de faire entendre des paroles de paix. Je propose à lord Seymour, dont le cœur est nécessairement accessible à la générosité, et qui ne voudrait pas que le dommage qu'il aurait causé fût sans réparation, je propose de même à M. Rabourdin, qui ne doit pas vouloir, de son côté, que lord Seymour, pour me servir d'une expression vulgaire, se laisse exploiter et serve de *vache à lait*, je leur propose à tous deux de mettre fin à une difficulté dont les suites pourraient être graves; j'ose croire que ma voix sera entendue.

« *M⁰ Larrieux.* M. Rabourdin a souffert préjudice; ce préjudice doit être réparé.

« *M. le juge de paix.* Je fais un nouvel appel à des sentiments pacifiques. Je désire voir terminer cette affaire par un arbitrage amiable.

« *M⁰ Charles Ledru.* Lord Seymour est absent; mais je sais qu'il n'y a pas un sentiment élevé qui n'ait de l'écho dans son âme. Ainsi, je déclare que j'accepte l'arbitrage que voudra indiquer M. le juge de paix. Lord Seymour me saura gré d'avoir montré cette déférence à l'honorable magistrat qui a si dignement présidé à ces débats. »

M⁰ Larrieux accepte le même moyen de terminer la querelle.

Chacune des parties désigne son arbitre. C'est, pour lord Seymour, M. Petit de Champagne; M. Ruel de Plessis-le-Comte est choisi par M. Rabourdin; et M. le juge de paix nomme lui-même pour tiers-arbitre M. Robine de Longjumeau.

« *M. le juge de paix.* Je suis heureux de voir l'affaire se terminer ainsi; désormais ces débats seront oubliés.

« *M⁰ Cassemiche.* M. le juge de paix pourrait nommer aussi des arbitres pour statuer entre lord Seymour et M. de Berthier.

« *M. le juge de paix.* Allons! allons! cela est jugé. Un procès pour 1 fr.; ce serait une chose pitoyable!

« *M*ᵉ *Ledru.* La demande en garantie de M. de Berthier contre lord Seymour se monterait à 1 fr.? Je promets à M. le vicomte que lord Seymour lui enverra une traite de 1 fr. sur son banquier. » (Rire général et approbation.)

L'auditoire s'écoule en exprimant sa satisfaction sur la manière dont M. le juge de paix a mis fin à des débats dont le souvenir vivra à la fois comme un plaisir et une bonne action.

M. Rabourdin va près de Mᵉ Ledru et lui dit : « Vous m'avez mal arrangé. — C'est fini, dit Mᵉ Ledru ; la paix est faite ; une autre fois ne faites plus de mauvais procès. »

Homère, dans sa *Batracomyomachie*, a chanté, en vers héroïques, le combat des rats et des grenouilles; nous avons le poëme (*Secchia rapita*) de Tassoni,

Qui, par les traits hardis d'un bizarre pinceau,
Mit l'Italie en feu pour la perte d'un seau.

Boileau mit tout un chapitre en émoi au sujet d'un *Lutrin.* Digne émule d'Homère, La Fontaine a raconté à la postérité comment la nation des belettes soutint le choc de l'armée des rats commandée par leur roi, nommé Ratapon. De nos jours un poëte a chanté les lapins de lord Seymour.

Après la prose de M. Charles Ledru est venue la poésie de M. J.-F. Destigny, l'auteur de la *Némésis incorruptible.* Il disait, au sujet du procès intenté à lord Seymour:

C'était à Longjumeau. Certain plaideur épais
Réclamait par-devant le Salomon de paix

Pour dix brins de luzerne... Oh! devinez la somme!
Cinq cents francs !... Mais à qui s'adressait l'honnête homme?
— A l'Anglais qui du pauvre a mérité l'amour,
A l'appui du malheur, à l'opulent SEYMOUR !
Trois procès à la fois l'appellent dans l'arène.
Il n'a pas muselé ses hôtes de garenne,
Qui vont, en plein soleil, brouter le foin d'autrui!...
Que les procès-verbaux sont bêtes aujourd'hui!
Berceau du postillon, bourgade infortunée,
Longjumeau ! que je plains ta triste destinée!
Ton stupide Jason rêve de toison d'or;
Mais, va! le dragon sait défendre son trésor!
SEYMOUR n'est pas de ceux qu'un manant dévalise.
Que de tes habitants la basse convoitise
Cherche ailleurs un pigeon plus facile à plumer!
Tu glanais, et ton maire a voulu décimer.

Souviens-toi du rimeur qui te parle en proverbes!
Le riche désormais fera compter ses gerbes.
La semence qu'il jette aux cailloux des chemins,
L'argent que ton pays empochait à deux mains,
Choisira pour tomber des sillons moins arides!
Tes enfants, Longjumeau, sont des corbeaux avides
Qui s'attachent aux flancs du crédule étranger :
Ton MIDAS est un loup qui n'aime qu'à ronger ;
Mais des spéculateurs la chicane est flétrie...
L'étranger parmi nous s'est fait une patrie :
On se naturalise à force de bienfaits.
Le titre est dans le cœur... LORD SEYMOUR est Français !

Le juge et l'avocat ont charmé l'auditoire.
Si des noms répétés par l'écho du prétoire
Deux ont des assistants mérité le dédain
De Berthier le vicomte et le sot Rabourdin,
Du moins le magistrat fait honneur à la toge !
Que d'un poëte austère il accepte l'éloge :
S'il n'est riche, il est pur ; car jamais ses accents,
Pour apaiser nos dieux, n'ont frelaté d'encens.

Généreux défenseur des phalanges martyres (1),
Toi dont les mots aigus sont autant de satires
Qui savent mettre en sang l'épiderme d'un front!
Toi qui lances si bien le sarcasme et l'affront
Au visage éhonté d'un indigne adversaire,
Accepte aussi, Ledru, mon hommage sincère !

Et vous, rustres hargneux, vils marchands de regains!
Aboyeurs affamés, misérables doguins,
Qui tendez à l'argent votre gueule rapace,
Je vous jette aujourd'hui ces rimes à la face!
Nobles et roturiers, à genoux! à genoux!
La justice du peuple est égale pour tous ;
Il pèse les délits dans la même balance.
Lord Seymour, à vos yeux coupable d'opulence,
Aux nôtres s'est acquis d'incontestables droits.

. . . .

. . . .

Et vous l'avez traîné devant un tribunal !
C'est transformer, ingrats, son autel en sellette !
Et là deux Petit-Jean, nourrissons de l'Yvette,
Ont du Lord bienfaiteur mordillé le manteau !

Pitoyable procès!... Maladroit Chicaneau !
Vous avez aujourd'hui trop occupé ma lyre.
Longjumeau, si tu tiens à nous faire un peu rire,
Donne de ton savoir d'autres échantillons.
Tes avocats sont lourds, fais-en des postillons !

Cependant les lapins de lord Seymour étaient destinés
à paraître sur un plus vaste théâtre. M. le vicomte de
Berthier les poursuivit jusque devant le tribunal de première instance de la Seine (audience du 22 janvier 1840),
en attendant qu'ils fussent jugés par la cour royale, en
audience solennelle.

(1) Ch. Ledru a plaidé dans la plupart des procès faits aux
insurgés de *juin*, — de *mai*, — de *Lyon*, etc.

Me Fayol, avocat de M. le vicomte de Berthier, commence ainsi :

« Vous avez à décider, Messieurs, une cause fort grave, malgré son apparence de légèreté. Il s'agit, dans cette affaire, du plus respectable des droits, du droit de propriété méconnu par lord Seymour.

Me Fayol expose en fait que M. le vicomte de Berthier a fait bail à lord Seymour des bois et terres environnant le château de Sainte-Geneviève et du château lui-même ; ce bail, quant aux bois et terres, ne comprend que le droit de chasse.

« Lord Seymour devait, selon son bail, exercer ses droits de locataire en bon père de famille ; mais, au lieu de cela, il laisse pulluler le gibier, au point que les lapins ont rasé quinze arpents de bois, dont il ne reste plus de vestiges. On a fait sommation à lord Seymour de détruire son gibier, il ne répond pas à la sommation. Au lieu de le détruire, il prend même à tâche de ne pas se livrer au plaisir de la chasse. Et, pendant que son fusil reste au repos, que les lapins s'augmentent, il établit une garenne ouverte en renfermant de palissades tout le gibier. Il en résulte que tout le terrain compris dans cette garenne n'offre qu'un champ de dévastation.

« Me Fayol explique au tribunal la nature du lapin animal éminemment générateur. Il cite Buffon pour démontrer la fécondité désespérante de la nation qui, grâce à lord Seymour, jouit à Sainte-Geneviève d'une sorte d'inviolabilité.

En terminant, Me Fayol conclut, en tout cas, à une expertise qui démontrera le bien-fondé de la demande, au fond.

« Mᵉ Charles Ledru, avocat de lord Seymour, dit que ce nouveau procès n'a, comme les quatre premiers déjà perdus par M. de Berthier, qu'un seul but. M. le vicomte, dont le château a été remis à neuf par lord Seymour, s'est laissé aller à une tentation toute naturelle à l'aspect du comfort que présente aujourd'hui cette propriété que lord Seymour avait prise toute délabrée. Persiennes, parquets, peintures, papiers, tout manquait au donjon vermoulu. Tout en ce moment y respire un air de jeunesse et de bon goût qui a bien pu séduire le seigneur de l'antique manoir.

« Cependant M. de Berthier devrait être content de retirer comme *accessoire* de sa propriété, 4,000 fr. de rentes, plus les impositions, enfin, les réparations qui ont fait du castel en lambeaux une agréable et délicieuse habitation, grâce à la cassette de lord Seymour, qui, en deux ans, a semé 83,000 fr. sur le domaine seigneurial.

« Mᵉ Ledru dit qu'indépendamment du magnifique revenu que lui assure le bail, M. le vicomte de Berthier s'était réservé le droit de chasse pour lui et son fils; des fruits et légumes à discrétion; soixante pièces de gibier par an. Or, gibier de M. le vicomte. . . . .

Ce ne sont pas moineaux,
Mais bel et bon chevreuil et faisans bons et beaux.

« Malgré tous ces avantages, le désir de rentrer dans le château restauré a engagé M. de Berthier dans la voie des procès. Il a cru que cela lui serait facile. Déjà à Longjumeau il en a intenté trois le même jour : battu devant M. le juge de paix, il est revenu à Paris en référé; battu en référé, le voilà devant le tribunal de première instance.

« A Longjumeau, il se plaiguit de ce que les lapins dévastaient les propriétés territoriales. A Paris, il se plaint de ce qu'on retient les habitants des terriers dans la garenne qu'il appelle une prison. Quoi qu'il en soit, cette garenne, qui a coûté fort cher au locataire, devait être faite ou bien à l'endroit où elle existe, ou bien dans les fossés du château. Mais lord Seymour n'est pas indocile aux leçons de l'histoire. Or, voici ce qui est arrivé à son prédécesseur.

« Il avait, selon l'avis de M. de Berthier, placé la garenne dans les fossés ; mais à l'époque des grandes eaux, quand les cataractes de Sainte-Geneviève s'entr'ouvrent, ces régions sont inondées ; et c'est ainsi que toute une génération de lapins avait péri naguère par le déluge.

« Me Ledru soutient que si lord Seymour chasse rarement sur les terres qu'il a louées, c'est par une raison philosophique que le rédacteur de la requête a trouvée dans son imagination : « Pour *chasser*, a-t-il dit avec une haute sagesse, il faut du gibier. » Cette réponse est la nôtre.

« Or, ces lapins que M. de Berthier nous représente comme des armées nombreuses qui mangent ses bois au point de se donner des indigestions effrayantes, n'existent que dans la pensée des adversaires. Quant à lord Seymour, accompagné de cinq de ses amis, excellents chasseurs, il n'en a tué dans deux campagnes que soixante-douze : c'est son revenu de toute l'année, et ce revenu équivaut à peine à la *redevance en nature* qui est due à M. de Berthier.

« Mᵉ Ledru soutient *en droit* que le locataire d'une chasse use en bon père de famille quand il se conduit comme lord Seymour. »

L'avocat se refuse à une expertise qui serait contraire au bail, lequel, en cas de dégâts causés par le gibier, dit qu'ils seront appréciés par des arbitres ; d'ailleurs, au fond, l'expertise est inadmissible, car les faits articulés ne pourraient donner lieu à résiliation.

Mᵉ Fayol s'étonne de ce que son adversaire a traité si légèrement une cause très-sérieuse, et de ce qu'il a représenté comme une spéculation de M. de Berthier la demande la plus légitime.

Examinant le point de droit, Mᵉ Fayol établit que c'est *abuser* de la propriété que de laisser détruire par le gibier, non-seulement les jeunes pousses, mais les racines même des arbres.

Quant à ce déluge que M. Ledru a fait surgir des souterrains de Sainte-Geneviève, il ne prouve rien ; et cette nuit cruelle qui fut pour les lapins une nuit éternelle, elle ne jette aucun jour sur la question.

Enfin, Mᵉ Fayol insiste pour une expertise qui seule peut éclairer le tribunal sur le mérite de la demande en résiliation.

Après avoir entendu Mᵉ Cramail, avocat du roi, le tribunal, conformément à ses conclusions, rend un jugement par lequel il se reconnaît compétent ; et, statuant au fond, déclare M. le vicomte de Berthier non recevable en sa demande, et le condamne aux dépens.

IX

Est planè oratoris movere risum, vel quòd ipsa
hilaritas benevolentiam conciliat ei per quem
excitata est... vel quòd ipsum oratorem politum
esse hominem significat, quòd eruditum, quòd
urbanum.

Il est tout à fait du rôle de l'orateur d'exciter
le rire, parce que l'hilarité concilie la bienveillance à celui qui la fait naître, ou parce qu'elle
signifie que l'orateur lui-même est un homme
poli et cultivé, instruit et de bon goût.

(CICÉRON, *De Oratore,* lib. II, cap. LVIII.)

LA FEMME ÉLÉGANTE AU VILLAGE. — M. LÉPINE.
— M. EDWARDS.

Le 24 janvier 1841, l'enceinte du tribunal de Senlis
était envahie par une foule considérable. On aurait dit,
à ce concours inaccoutumé, qu'il s'agissait encore d'un
procès où dût figurer M. le sous-préfet de l'arrondissement. M. Charles Ledru devait plaider pour Mme de Lavallée, épouse d'un huissier de Neuilly-en-Thelle. Elle
demandait une séparation de corps d'avec son mari, et
réclamait une pension alimentaire.

Mᶜ Charles Ledru, en défendant sa cliente des griefs que lui opposait son mari, s'exprima en ces termes :

« .... M. de Lavallée n'est pas un méchant homme ; mais voici la cause de cet incroyable procès, cause bien petite et destinée peut-être à produire des maux irrémédiables.

« Il existe un village du nom de Neuilly-en-Thelle, lequel village a son notaire, son juge de paix, son gendarme, enfin, son aristocratie. Naturellement l'huissier fait partie des notabilités. C'est en 1827 que M. de Lavallée épousa Mᵐᵉ de Lavallée, et qu'il l'introduisit dans la haute société de l'endroit. (On rit.)

« Je n'ai pas besoin de vous dire ce qu'est Mᵐᵉ de Lavallée. Vous la voyez, et dût sa modestie en souffrir, je suis obligé de faire remarquer, même devant elle, que, par l'élégance de ses manières, sa beauté, ce bon goût simple et vrai qui respire dans toute sa personne, elle doit présenter un contraste assez piquant avec la population un peu tudesque au milieu de laquelle elle se trouvait transplantée au sortir de la pension de Paris où elle avait vécu jusque-là.

« Le mariage avait eu lieu le jeudi, le dimanche on se rendit au bal hebdomadaire. Mᵐᵉ de Lavallée eut le malheur d'éclipser tous les astres de la localité. Les commis-voyageurs, enfin, tout ce qu'il y avait de plus distingué au bal entourait la nouvelle reine de leurs hommages ; c'était un affront sanglant pour les respectables royautés déchues, condamnées à faire désormais tapisserie.

« Ce n'est pas tout. Mᵐᵉ de Lavallée n'apportait pas seulement dans le pays de beaux yeux, un joli et séduisant

visage; elle y apportait la mode, le bon goût dans la toilette....; de là toutes ses infortunes.

« Avant elle, par exemple, *ces dames* (comme on les
appelle à Neuilly) portaient le bonnet antique et révéré
qui se noue avec des cordons sur le devant au moyen
d'une rosette. C'était bonnet du matin, bonnet du soir.
Mᵐᵉ de Lavallée apportait le bonnet à pattes qui sied si
bien aux Parisiennes, et qui se noue élégamment sous le
menton.

« Tout le monde fit faire des bonnets à pattes ; on par-
donnait presque à Mᵐᵉ Lavallée sa supériorité, grâce au
bonnet à pattes. Mais si les femmes s'étaient déclarées en
faveur de la révolution, les maris luttaient pour la légi-
timité du bonnet de leurs grand'mamans ; ils furent vaincus. Une réforme amène toujours une autre réforme ; du
bonnet à pattes on en vint bientôt au chapeau : or, le
chapeau était chose ignorée à Neuilly-en-Thelle, où il n'avait
fait son apparition qu'avec Mᵐᵉ de Lavallée. On eut donc
des chapeaux, et Dieu sait de quelles formes ! C'était une
insurrection générale qui troublait la tête de toutes les
femmes, et qui inquiétait singulièrement celle des maris.
(On rit.)

« Mᵐᵉ de Lavallée subit bientôt le sort réservé dans ce
monde à tous les précurseurs. Les femmes de Neuilly-en-
Thelle avaient bien pu acheter bonnets, chapeaux, etc.,
mais les bonnes manières, tout ce qui ne se vend pas
chez la marchande de modes, tout ce que ne peut bâ-
tir la couturière ; l'élégance, enfin, manquait aux nova-
trices, qu'il eût été sage de préparer au régime nouveau
par une éducation digne de la grande révolution qui de-

vait les affranchir des vieux usages et des formes consacrées.

« Ainsi l'une, en souliers de satin blanc, en robe de soie brochée et à volants, s'en allait chez le rôtisseur en vogue porter son rôti, dont elle surveillait la cuisson, au grand risque de ses autres gigots. Celle-ci, portant *chapeau à plume*, et en *tablier de cuisine*, mangeait tranquillement au bas de la porte un morceau sous le pouce près de son homme. (On rit.) Que vous dirai-je? Ces pauvres créatures, pour avoir voulu suivre la mode sur les traces de la jeune mariée, étaient parvenues, à force de peines et de dépenses, à être d'un ridicule extravagant. Car ces belles et riches parures allaient à leur maintien, s'il m'est permis d'être vulgaire autant que le sujet, comme des cheveux sur la soupe. (Rire général.)

« Mme de Lavallée, que ce spectacle divertissait beaucoup (il n'y en avait pas d'autre à Neuilly), eut l'imprudence de faire ses confidences à son mari. Comme c'est fort ennuyeux de rire seule, elle eût voulu rire à deux des amusantes voisines; mais M. de Lavallée ne trouvait pas du tout la chose plaisante. Le brave huissier de village ne s'apercevait pas de tout ce qu'il y avait de mauvais ton, de faux goût, de recherche guindée dans ces costumes barriolés, et au lieu de conserver pour lui seul les observations malignes de sa femme, il les communiqua d'abord à son voisin l'épicier, qui s'ouvrit à un autre; de sorte que la haute classe, hommes et femmes, n'eut plus bientôt pour Mme de Lavallée qu'indignation et mépris. Voilà le procès!

« A partir de ces révélations, chacun disait à M. de La-

vallée : « Pauvre Lavallée !.... quel malheur pour vous
« d'avoir épousé une femme de Paris, au lieu de la jeune
« fermière, etc., etc. , etc., etc. ! » On plaignit tant le
pauvre huissier, qu'à la fin il se crut le plus infortuné des
hommes, parce que , au lieu d'un paquet de village, il
avait eu pour épouse une femme qui, par ses façons, son
extérieur, plus encore que par sa famille et son éducation, appartenait à cette légitime aristocratie dont la nature seule a créé les titres.

« Dès ce moment, sa raison se troubla ; il entendait tant
de bavardages et ils étaient si répétés, que ces bavardages
finirent comme la goutte d'eau qui tombe sans cesse par
produire un mal irréparable.

« C'est alors que M. de Lavallée conçut la malencon-
treuse pensée de former contre sa femme une demande
en séparation basée sur les calomnies articulées dans sa
requête, enquête que le mari habitué à griffonner du pa-
pier timbré, n'a pas craint de libeller en quarante et un
articles.

« Je prouverai que ces accusations, toutes dirigées contre
l'honneur de Mme de Lavallée, disparaissent devant des
faits incontestables..... Eussent-elles le moindre fondement, M. de Lavallée aurait dû les ensevelir dans les entrailles de la terre. Car, en tous cas, il est toujours beau
aux maris de se rappeler la maxime du cardinal du Bel-
lay, qui disait « qu'il aimerait mieux être *Cornelius Ta-*
« *citus* que *Cornelius Publicus.* » (Rire général auquel
prend part le tribunal.)

Me Ledru dit que Mme de Lavallée n'imitera pas son
mari, quoiqu'elle puisse dénoncer des choses qui démon-

treraient que, malgré son enveloppe pacifique et un peu lourde, le mari voltige quelquefois le soir... vrai papillon nocturne...; et que la jeune laitière qui lui apportait son lait à la nuit tombante, quand madame était endormie, n'était pas la crème des vertus. (On rit.)

(*Le Progrès*, Revue hebdomadaire de l'Oise, numéro du 26 janvier 1841.)

M. LÉPINE.

Le 2 juin 1841, devant la justice de paix de Neuilly-en-Thelle, M. Charles Ledru, dont la verve caustique est sans pitié toutes les fois qu'il a le bon droit de son côté, était de nouveau appelé à défendre un de ses clients dans une affaire à peu près semblable à celle des dommages occasionnés par les lapins de lord Seymour, et pour lesquels M. Rabourdin avait si malencontreusement réclamé des indemnités ridicules. M. de Sancy, chasseur célèbre, était assigné par un M. Lépine, autre Rabourdin, l'un de ces spéculateurs processifs qui font commerce de tout, même de scandale. Non content d'avoir reçu une généreuse indemnité pour quelques méchants délits de lapins, délits dont il n'avait même pas justifié, cette fois M. Lépine attaquait de nouveau M. de Sancy en 10 francs de dommages-intérêts, et sous quel prétexte ! devinez si vous pouvez !... Les lapins ayant été détruits, il fallait bien trouver une autre chicane : sous prétexte du dommage que les arbres du bois, aujourd'hui veufs de gibier, ont occasionné par l'ombre à sa récolte. Tel est le magnifique procès que Me Charles Ledru avait à défendre devant un nombreux auditoire que la réputation de l'avocat avait attiré.

« M. le juge de paix, dit-il, j'ai pour principe que la moralité d'une cause lui donne toujours de l'importance quelqu'en soit l'intérêt pécunaire. Il y a trois jours je défendais la tête d'un homme devant la cour des pairs ; j'ai consenti aujourd'hui à passer quelques heures de vacances à Neuilly-en-Thelle pour signaler à l'indignation publique une spéculation qui mérite d'être signalée et flétrie.

« M. Lépine est un personnage qui croit que tout ce que la loi pénale ne défend pas est permis en conscience ; or, voici ce qu'il a imaginé. Il avait remarqué que les voisins de M. de Sancy obtenaient de mon client de larges indemnités au sujet de ce qu'on appelle délits de lapins. L'année dernière, M. de Sancy en a payé pour 11,000 fr. à Boran. Qu'a donc fait Lépine ? Il a recherché l'acquisition d'une pièce de terre limitrophe avec le bois de M. de Sancy. Cette pièce, il l'a achetée 1,000 fr. ; et moyennant le voisinage, il a cru qu'au lieu de donner ses soins à la récolte annuelle, il ferait bien mieux de songer à récolter le fruit de quelques méchants procès qu'il ferait surgir successivement. Le plan n'était pas maladroit ; un jour c'eût été vingt francs, un autre cinquante francs, puis dix, puis quinze ; et, comme les petits ruisseaux font les grandes rivières, M. Lépine eût bientôt nagé en pleine eau dans le Pactole.

« Du reste il y avait mis de la franchise : au moment de la passation de son contrat d'acquisition, il avait, chez le notaire, révélé ses desseins ; il les a répétés depuis lors au mandataire de M. de Sancy. Consulté à l'occasion de cette spéculation qui devenait menaçante, j'ai dit à M. de Sancy, il y a quelques jours : « On vous demande soixante « francs, pour de prétendus délits de lapins, payez !... en « demandât-on le double, il faudrait vous exécuter ; mais « prenez un reçu motivé, et le jour même du paiement « notifiez à M. Lépine une protestation par laquelle vous « déclarerez que vous connaissez la *spéculation* dont il s'est « vanté publiquement ; que néanmoins vous avez consenti « à lui rembourser ce qu'il réclamait ; que vous lui propo- « sez en outre d'acheter la propriété qu'il a acquise, avec « offre de lui rembourser : 1° le prix principal ; 2° tous « frais d'acte et de culture ; 3° une large bonification sur « le prix principal. » En effet, l'acte a été signifié le 14 mai.

« Le 18, M. Lépine notifie protestation, et par le même exploit sommation à M. de Sancy de couper et d'élaguer des branches d'épine qui s'étendent sur la pièce en question. J'ai dit encore : « Coupons, élaguons ; » et le lendemain plus d'épines. Mais nous n'en étions pas encore à *la rose ;* car, à la date du 28, le demandeur a signifié son assignation qui conclut, en raison de l'ombrage qui a existé sur la propriété, en dix francs d'indemnité. C'est le procès à juger aujourd'hui.

« Vous le voyez, Monsieur le juge de paix, j'ai été d'avis que M. de Sancy fût patient jusqu'à l'extrémité, et voici mon motif : la combinaison de M. Lépine est frandu-leuse, c'est une tactique coupable ; il y a dans le Code criminel des dispositions nombreuses pour des faits qui ne sont pas, au fond, aussi odieux que ceux que révèle sa conduite.

« M. Lépine s'agite..... Monsieur l'avocat, dit-il.

« *M. le juge de paix.* Monsieur Lépine, vous n'avez pas la parole.

« *M⁰ Charles Ledru.* Il m'a donc semblé que puisque notre adversaire avait l'habileté de se conduire très-indignement, mais en se mettant à l'abri de la police correctionnelle; il fallait le dompter par une autre voie. Eh bien ! c'est quelque chose d'être pris et dénoncé à la face de tous ses concitoyens en flagrant délit de vile spéculation ! C'est quelque chose surtout pour un homme qui n'a pas besoin de faire de telles bassesses ; car lorsqu'on a quinze ou vingt mille francs de rente, on n'est plus excusable de chercher à dévaliser ainsi ses voisins. (M. Lépine s'agite encore.) Quand même on ne craindrait pas sa conscience, on craint l'opinion, et je suis sûr qu'en ce moment M. Lépine s'aperçoit que je l'ai attaqué où il fallait, car il n'est pas à son aise dans cette audience, en face de sa ruse démasquée et de la honte publique qu'il recueille ici, au lieu de la somme sur laquelle il avait compté. »

M. Lépine, toujours plus agité sur son siége, se lève.

« *M. le juge de paix.* Asseyez-vous, Monsieur Lépine. (On rit.)

M⁰ Charles Ledru. Calmez-vous, Monsieur ; vous avez fait une mauvaise action, elle n'est punissable que par la parole que je vous inflige en ce moment, et par les frais qui vous atteindront après condamnation : eh bien ! il faut que vous enduriez ces deux supplices. (On rit.)

M. Lépine. Monsieur Charles Ledru, si j'avais su que

vous vinssiez, j'aurais eu aussi un avocat de Paris.

« *M⁰ Charles Ledru*, continuant. Il faut que vous sachiez qu'il y a toujours un châtiment pour une conduite comme celle que vous avez tenue. Dorénavant nous y mettrons bon ordre, et nous avons commencé aujourd'hui.

« Il faut avouer d'ailleurs que le plan de monsieur était assez bien conçu. Tout paysan qu'il est, notre adversaire est un financier fort madré. La pièce de terre qu'il a achetée pour avoir le droit de tourmenter M. de Sancy lui coûte 800 fr... je suppose 1,000 fr. Louée à deux et demi pour cent ce serait 25 fr. de rapport annuel. Eh bien! avec les 60 fr. déjà reçus et les 10 fr. qu'il s'apprêtait à toucher aujourd'hui, voyez, voilà d'un seul coup de filet trois années entières de revenu. Dans deux mois, l'adversaire eût sans peine atteint le chiffre de 200 fr. auquel il paraissait s'être réduit; car il avait consenti, moyennant un abonnement de 200 fr., à être bon voisin. (On rit.) En quatre ans, la propriété était payée. Avec quelques acquisitions pareilles, M. Lépine se serait arrondi à vue d'œil; bientôt il devenait le plus gros propriétaire du département. (On rit.)

« La quittance détaillée de 60 fr. et la sommation donnée le même jour ont arrêté l'adversaire au milieu de sa spéculation lucrative; mais l'homme a des ressources. Ne pouvant plus se plaindre des lapins, il s'est tourné vers le soleil. (Rire général.)

M. Lépine se lève, gesticule avec force et veut interrompre M⁰ Charles Ledru.

M. le juge de paix le rappelle à l'ordre.

« *M⁰ Charles Ledru.* C'est pourtant vrai; les lapins lui

manquent; il nous fait maintenant un procès *à cause du soleil;* demain il s'en prendra peut-être à la lune ! (On rit. M. Lépine s'agite encore, mais en souriant.)

« Parlons sérieusement, monsieur; la fièvre qui vous agite à cette audience est peut-être l'expression du remords que vous cause la conduite que j'ai dévoilée. Eh bien ! que la leçon vous profite. Désormais M. de Sancy, que vous avez cru pouvoir exploiter à votre aise, se tient sur ses gardes sous la protection de la loi qui réprime les spoliateurs trop effrontés. »

M. Lépine se lève. « Je ne parle pas aussi bien que M. Charles Ledru; mais l'art. 672 du Code civil est pour moi, je le cite. On m'a fait de l'ombre; j'ai droit à une indemnité. On m'a fait une sommation; je ne veux pas vendre ma propriété; j'ai le droit d'y planter tout ce que je veux, et à preuve je vais y planter des choux; la graine est achetée. J'invoque l'art. 672. »

Après ce discours éloquent, M. Lépine se rassied.

« *Me Charles Ledru.* Je ne veux pas abuser de l'ignorance de M. Lépine, puisqu'il n'a pas de conseil près de lui; sans cela je lui dirais que, quand même les quelques branches qu'il a sommé M. de Sancy d'émonder dans trois jours, et que mon client a émondées dans les vingt-quatre heures, n'auraient pas été coupées, il n'y aurait lieu à aucune indemnité; car l'action en indemnité ne peut courir qu'à partir *du refus* fait par la personne qui causerait ce préjudice de faire cesser ce préjudice. La raison en est sensible, même pour vous, Monsieur Lépine, quoique vous ne soyez pas si fort en droit qu'en malice (on rit); car, en supposant que l'ombre projetée par les branches de M. de Sancy fût de nature à vous porter du tort, quoique apparemment elle ne soit pas plus malfaisante que celle que tout corps quelconque envoie sur les corps qui l'avoisinent..., en admettant, en fait, l'absurde tant que vous voudrez, ce qui est certain, en droit, c'est que votre silence et celui de votre vendeur sont équivalents à un acquiescement au maintien du *statu quo.* Ce silence était un aveu de tous les instants que ni vous ni lui n'éprouviez aucun préjudice de ce qui tout à coup vous a paru une atteinte à votre propriété et une usurpation de la part de soleil qui vous est due.

« Mais l'hypothèse est contraire à la vérité ; car, soyez de bonne foi, vos pauvres petites pousses que vous faisiez manger hier par nos lapins, et qui, aujourd'hui, au lieu d'avoir été dévorées par eux, sont, dites-vous, incommodées par le frais, doivent, au contraire, mourir de chaleur ; les racines de si tendres êtres veulent un peu d'humidité, et elles sont dans un terrain sur lequel le soleil envoie ses rayons depuis le matin jusqu'au soir. Ainsi donc, tout ce que vous faites est pure et mauvaise chicane ; tout cela est marqué au coin de la même pensée tracassière et cupide.

« Quant aux choux, vous voyez, monsieur le juge de paix, que c'est l'armée de réserve de M. Lépine ; mais il a été maladroit de démasquer son artillerie. (Rire général.)

« *M. Lépine.* J'ai le droit !

« *Me Charles Ledru.* Écoutez-moi, monsieur Lépine, et surtout écoutez-moi bien. Je vous ménage parce que c'est la première fois. (On rit.) J'aime mieux vous convaincre que de vous flageller comme vous le mériteriez.

« Vous espérez que si vous alliez planter vos choux (on rit) dont la graine est toute prête, et si nos lapins en faisaient leur repas, vous auriez droit à belle indemnité... Erreur! monsieur, erreur! C'est bien assez que vous ayez acheté une pièce de terre dans le seul espoir de faire de votre voisin une vache à lait, comme on dit dans votre village. Ce fait rend déjà vos demandes très-suspectes, fussent-elles fondées d'ailleurs; mais n'allez pas plus loin, car si, désespéré de ne voir pas vos *plans* de bois vous produire de bons revenus à l'audience, vous les remplaciez par des choux, vous seriez, à l'égard des lapins, ce que serait un paysan de votre commune qui, après avoir invité du monde à dîner, voudrait que les invités payassent la carte! Planter des choux en plein champ, avec intention déterminée de les offrir aux lapins de M. de Sancy, qui en sont très-friands, c'est leur adresser une invitation à dîner. (Rire général.)

« Ce n'est pas du droit cela : vous n'avez pas besoin d'un avocat pour me comprendre; c'est du bon sens à la portée des gens les plus vulgaires; vous pouvez très-bien l'entendre.

Au reste, M. le juge de paix n'oubliera pas vos choux, et comme il sait, lui, ce que vous paraissez ignorer, c'est-à-dire qu'on n'a pas d'action en justice pour se plaindre d'un mal qu'on se fait à soi-même; il vous renverrait de votre demande avec frais et dépens, si jamais la fantaisie vous prenait de mettre à exécution votre nouveau plan de campagne.

« Dès à présent, ce magistrat devrait peut-être, éclairé et consciencieux comme il est, placer parmi les considérants de la décision par laquelle il vous condamnera, quelques mots qui restent à l'avenir sur votre front; mais je lui demanderai moi-même qu'il ne vous inflige pas cette fois un si honteux stigmate... à condition que vous n'y reveniez plus. Entendez-vous bien, monsieur Lépine!... » (Rire général.) (*Journal des Chasseurs,* juin 1844.) Inutile de dire que M⁰ Ledru gagna sa cause.

EDWARDS.

Parmi les personnes auxquelles M. Charles Ledru a eu occasion de rendre service dans le noble exercice de son ministère, il n'en est pas qui lui aient gardé plus de reconnaissance que M. Edwards, artiste anglais.

L'histoire judiciaire de cet homme est vraiment étrange. C'est à la fois un roman..... et une des plus tristes, des plus douloureuses réalités.

Un jour, c'était en 1840, une dame se présente chez M. Ledru. — Elle lui dit qu'elle est pauvre, qu'elle ne peut lui proposer d'honoraires..., mais qu'elle vient au nom de son mari, emprisonné à Beauvais, sur le point d'être jugé en cour d'assises, réclamer l'appui de son talent.

M. Charles Ledru demande qu'on lui laisse les pièces. Il les étudie. Mᵐᵉ Edwards revient pleine d'inquiétude et d'espoir... M. Ledru lui déclare qu'il lui est impossible d'accepter la cause de son mari.

La dame insiste : elle répond aux objections tirées de nombreux témoignages qui ne laissaient aucun doute sur la culpabilité de l'accusé.... Elle jure à M. Ledru que son mari est innocent, et qu'il le sauverait s'il consentait à se rendre à Beauvais. — M. Ledru, malgré l'émotion qu'il éprouvait, reste inébranlable. « L'affaire est perdue, dit-il…; à quoi bon m'infliger un voyage, un déplacement sans résultat possible ? »

A ces mots la dame tombe à terre complétement évanouie…, et elle reste plus d'une demi-heure sans connaissance. A la vue d'une douleur si vraie, d'une protestation si éloquente en faveur de l'innocence de l'accusé, Me Charles Ledru crut qu'il était défendu de refuser des efforts même inutiles à un homme dont la compagne défendait si noblement l'honneur…, et il se rendit à Beauvais où siégeait la cour d'assises.

Edwards était accusé de détournement d'argent et d'objets mobiliers. L'accusateur était M. le marquis de la Briffe, dont il était l'intendant.

A l'audience, un grand nombre de témoins déjà entendus dans l'instruction déclaraient une série de faits accablants. — Edwards protestait avec calme contre ce qu'il appelait des mensonges ; et quand M. le président lui demandait « quel intérêt tous ces témoins ont-ils à mentir ? » — Il répondait tranquillement, mais avec un accent qui pénétrait l'âme : « — Je l'ignore…, mais moi je dis la vérité, je suis innocent. »

M. de la Briffe, plaignant, résumait ainsi sa plainte :

« *M. de la Briffe.* J'ai pris chez moi l'accusé comme régisseur, parce qu'il me dit qu'il voulait vivre à la campagne. Quand il m'eut quitté, les mémoires venaient de tous côtés, j'étais obligé de payer les impôts. J'appris que j'avais été l'objet de toute espèce d'infidélités. D'un troupeau considérable de moutons il ne me restait plus rien quand Edwards est parti. Il écrivait ses opérations sur des feuilles mensuelles, mais malheureusement elles n'avaient pas été vérifiées. Je lui demandai ses comptes, il résista longtemps à me les rendre. Enfin je n'avais rien reçu de ma propriété pendant deux ans, et je recevais une foule d'assignations ! Les impôts étaient arriérés ; cependant l'accusé avait eu trois récoltes à sa disposition, mes prés, mes étangs....

« *M. le président.* L'accusé dit avoir fait des frais d'amélioration sur la propriété et vous avoir envoyé 1,500 fr., avoir en outre payé 4 à 5,000 fr. de dettes, de frais d'avoué et quelques autres.

« *R.* Les 1,500 fr. avaient été envoyés par moi; on me les a renvoyés.

« *Me Charles Ledru.* C'était au prédécesseur de M. Edwards que M. de la Briffe avait fait cet envoi, ou plutôt c'était à la terre ; c'était un capital indispensable. Ce n'est donc pas M. Edwards qui avait emprunté et qui a rendu; les 1,500 fr. sont un produit de la gestion d'Edwards.

« *M. le président* au témoin. Quel est le revenu présumé de votre propriété ?

« *R.* Le dernier bail était de 15,000 fr., le précédent de 12,000 fr.

« *M. le président.* C'est alors une propriété fort importante, et d'ailleurs elle est imposée à 2,862 fr.

« *R.* La propriété est divisée en bois, près, terres labourables, étangs; c'est cet ensemble qui a rapporté un revenu de 12,000 ou 15,000 fr. lors des derniers affermages.

« *Me Ledru*. M. le marquis aurait-il la bonté de dire combien sa terre lui rapportait avant la gestion de M. Edwards ?

« *R.* Cela me serait difficile.

« *Me Ledru*. Je m'en doutais bien ; mais était-elle plus de 15,000 fr. ou moins ?

« *R.* C'était moins.

« *Me Ledru*. Je vais simplifier la question. La terre de M. le marquis lui rapportait-elle quelque chose ?

« *R.* Cette terre a été mal administrée par les précédents régisseurs.

« *Me Ledru*. Je me charge d'établir que la terre que M. le marquis vient d'évaluer à un revenu de 12 ou 15,000 fr. lui a rapporté chaque année un très-beau déficit. » (On rit.)

M. Desmartin, avocat, deuxième témoin. Il a dirigé les affaires de M. de la Briffe ; il a connu Edwards en 1836, et l'a vu quatre ou cinq fois à Châlis, en allant examiner ses comptes.

« *M. le président.* Aviez-vous vu les registres de l'accusé durant sa gestion ?

« *R.* Je suis allé à Châlis quatre ou cinq fois ; j'ai fait examen des registres qui étaient parfaitement conformes à l'état mensuel envoyé à M. de la Briffe.

« *Un juré.* Cette terre était-elle d'un bon rapport avant la gestion de l'accusé ?

« *R.* M. de la Briffe aurait désiré au moins mettre ensemble les deux bouts. »

M. Royer, autre homme d'affaires de M. de la Briffe, a été chargé de régler les comptes d'Edwards au moment où il devait quitter Châlis. Avant cela, il avait aussi vérifié les registres qui étaient bien en rapport avec les états mensuels. Le témoin blâmait Edwards de tenir tant de comptabilité. Les régisseurs de ferme n'ont pas besoin d'être aussi rigoureux.

« *M. le Président.* Les livres que vous voyez sont-ils bien ceux que vous avez vérifiés à Châlis ? »

Le témoin reconnaît les registres.

Dubois, autre témoin, est appelé.

« *M. le Président.* Ce témoin n'a pas été entendu dans l'instruction ; mais il dépose d'un fait excessivement grave. »

Dubois dit qu'il avait vendu des objets de quincaillerie à Edwards pour la propriété de Châlis. Au moment où le régisseur réglait ses comptes avec M. de la Briffe, Mme Edwards vint le prier de faire des factures montant à la même somme que celle portée sur les registres, mais en changeant les objets.

« *M. le Président.* Dans quel but, selon vous, Mme Edwards agissait-elle ainsi ?

« *Dubois.* Il paraît que, parmi ces fournitures, il y en avait pour elle *personnellement.* C'étaient des objets de ménage qu'elle avait fait payer comme dépenses de la ferme de Chailly, et qui étaient pour elle-même. J'eus la faiblesse de donner de doubles factures qui étaient contraires aux vraies factures.

« *M. le Président.* Vous avez eu un grand tort si vous avez consenti à une pareille demande ; j'ordonne que vous apportiez vos registres à l'audience de demain.

« *L'accusé.* Cet homme est le gendre du geôlier de la

prison de Senlis. Je me suis plaint de son beau-père, de sa belle-mère et de sa femme au juge d'instruction et au maire de Senlis, qui ont admonesté sévèrement le geôlier pour la conduite qu'il tenait envers moi. Cet homme, pour se venger, *a écrit* au magistrat quelques jours après, car il n'avait pas été entendu dans l'instruction; ce qu'il dit est une imposture.

« *M. le Président.* Je dois dire que c'est le 9 janvier dernier qu'en effet le témoin a écrit de lui-même au magistrat pour lui dénoncer le fait dont il est question.

« *Mᵉ Charles Ledru.* Je prie M. le président d'interroger le témoin sur le point de savoir dans quelles circonstances ses factures lui ont été payées.

« *Le témoin.* M. Edwards ne payait pas mes factures. J'ai joué une *comédie* pour en avoir le prix; j'ai fait semblant d'être arrêté par un huissier, et je suis venu avec cet huissier demander le solde des factures; c'était en 1838, quand M. Edwards était encore régisseur; alors M. Edwards m'a payé.

« *Mᵉ Charles Ledru.* Nous expliquerons cette comédie et quel rôle jouait le témoin. »

Mayette, menuisier. Ce témoin est celui sur le mémoire duquel Edwards aurait fait une retenue de 370 fr. afin de se les attribuer.

« *M. le Président.* Pourquoi avez-vous consenti à cette réduction sur un mémoire de 1,315 fr.; c'était une diminution bien extraordinaire?

« *Le témoin.* Je n'ai pas fait attention sur le moment.

« *M. le Président.* Cela méritait bien votre attention.

« *Le témoin.* Il aurait fallu plaider. M. Edwards ne
voulait pas me payer; j'ai fait ce qu'il a voulu.

« *L'accusé.* C'est le 5 mars que j'ai payé cet homme.
Si je lui avais demandé une réduction, il n'y aurait pas
consenti, car j'avais découvert une infidélité de sa part,
et j'avais été à ce sujet si irrité contre lui que j'en ai été
malade.

« *M. le Président.* Témoin, qu'avez-vous à dire à ce
sujet?

« *Le témoin.* M. Edwards disait que je lui avais pris une
tête de saint qui se trouvait dans des sculptures.

« *Mᵉ Ledru.* M. Edwards, artiste distingué, tenait beaucoup à cet objet d'art qu'il reprochait à Mayette de lui
avoir enlevé frauduleusement. Cet homme se venge : en
tout cas, il est évident qu'après la scène qui avait eu lieu,
c'était le 2 janvier, Mayette n'eût pas été disposé à une
réduction de son mémoire.

« *Ledoux*, garde-moulin. Ce témoin recevait directement
les *petites* moutures : elles se payaient 2 fr. 50 c. le sac.
Les grandes moutures, qui ne se payaient que 1 fr. 50 c.
étaient reçues directement par Edwards.

« *M. le Président.* Accusé, vos régistres ne portent que
2 fr. par sac, vous auriez donc soustrait le reste?

« *Edwards*, avec calme. Non, Monsieur le Président.
Cet homme ne dit pas la vérité, je l'ai renvoyé pour sa
mauvaise conduite.

« *Le témoin.* M. Edwards voulait que je lui donne plus
de cinq livres de déchets par sacs; je ne pouvais pas
prendre la farine des pratiques pour lui faire plaisir, il
m'a renvoyé.

« *Edwards*. Je l'ai renvoyé parce que c'était un ivrogne. Au reste, *il doit avoir un registre que j'arrêtais tous les mois, et qui porte ma signature. Ce registre prouve qu'il ne me donnait que 2 fr. pour la mouture de chaque sac.* »

Le témoin nie positivement qu'il ait jamais eu aucun registre que celui qu'il a déposé à M. le juge d'instruction, et qui constate que les moutures se faisaient à 2 fr. 50 c.

« *Jules Ledoux*, fils du précédent, âgé de quinze ans, fait une déposition semblable. C'est lui qui écrivait ; il recevait 2 fr. 50 c. et M. Edwards a dû porter 2 fr. 50 c., en recette sur ses livres.

« *M. le Président*. Ne niez-vous pas l'existence de ce registre, parce que votre père vous aurait recommandé de déposer ainsi ?

« *Le jeune témoin*. Oh! non, Monsieur le juge. Mon père ne m'a rien recommandé, si ce n'est de dire la vérité.

« *M. le Président*. Vous seriez bien coupable de mentir à la justice.

« *Le témoin*. Je ne mens pas, je vous le jure.

« *M. le Président*. Edwards dit que le registre qui est aux pièces n'est pas le registre véritable. Il dit que vous en aviez un autre qu'il parafait tous les mois en réglant vos comptes.

« *Le témoin*, avec assurance. Oh! non, Monsieur, il n'y en a jamais eu d'autre. »

On entend plusieurs autres témoins qui déclarent avoir payé la petite mouture moyennant 2 fr. 50 c. Ce sont les sieurs Julien Barbier et Lemaire.

« *M. le Président.* Edwards, vous voyez que les témoignages sont bien positifs.

« *L'accusé.* Il est possible qu'ils aient payé au meunier
2 fr. 50 c., mais il ne m'a déclaré que 2 fr.; il est bien
malheureux pour moi que le meunier et son fils en im-
posent : car, si l'on produisait le registre... qui porte les
arrêtés de comptes de chaque mois avec ma signature,
mon innocence serait prouvée.

« *Me Ch. Ledru.* Je prie M. le Président et la Cour de
m'excuser. Mais je désire faire encore une question au
jeune Leroux, et je prie que l'on fasse retirer son père.

« *M. le Président.* J'ai insisté près du témoin... le défenseur a entendu ses réponses : cependant, puisque
Me Ledru croit utile de faire une nouvelle question, qu'on
introduise le témoin. — Faites aussi retirer son père. »

Leroux fils s'avance.

« *Me Ch. Ledru.* Vous dites qu'il n'y avait qu'un seul
registre.

« *Leroux, fils,* avec assurance. Oui, Monsieur.

« *Me Ch. Ledru.* Celui-ci ?... regarde-le bien.

« *Le témoin.* Oui, Monsieur, c'est lui....

« *Me Ch. Ledru,* d'une voix haute. Eh bien! qu'avez-
vous donc fait de l'autre ?

« *Le témoin,* balbutiant. L'autre.., Monsieur.., l'autre.

« *Me Ledru,* d'une voix tonnante. Mais l'autre... où
est-il ?

« *Le témoin,* effrayé. L'autre... je l'ai brûlé. (Sensation
profonde.)

« *Me Ch. Ledru.* Qui vous a dit de le brûler?

« *Le témoin.* C'est papa. (Nouvelle sensation.)

« *M. le Président.* Et pourquoi en avez-vous fait un nouveau ?

« *Le témoin.* L'autre était trop vieux ; je l'ai *recopié* pour que ça soit plus propre pour M. le juge d'instruction.

« *M. le Président.* Ledoux père, approchez. »

Ledoux père répond qu'en effet il existait un autre registre, mais que celui qui est aux pièces en est la copie fidèle.

« *M. le Président.* Pourquoi donc avez-vous dit dans l'instruction et aux débats qu'il n'y en avait jamais eu qu'un seul ? »

(Les témoins se retirent au milieu de la sensation inexprimable que produit cet incident.)

M. le Président interroge Edwards, à l'occasion de la vente de moutons. Plusieurs ventes n'auraient pas été portées sur ses registres.

L'accusé explique que les ventes non portées sur ses registres, sont celles relatives à sa spéculation personnelle. Les moutons de M. le marquis de la Briffe étaient marqués L B ; ceux de l'accusé avaient pour marque un point noir sur le derrière.

Malingres, berger de M. le marquis de la Briffe, dépose qu'il ne savait pas que M. Edwards eût des moutons à lui; il n'a jamais vu qu'il y eût plusieurs marques dans le troupeau. M. Edwards, depuis son arrestation, a écrit au témoin pour le prier de dire qu'il y avait *plusieurs* marques, mais il ne s'en est pas aperçu.

Les témoins Redon, fermier, Crépin et Brasseur, bouchers, déclarent que dans les acquisitions ou dans les ventes, Edwards avait séparé les lots et marqué les moutons de diverses marques. Redon ajoute que le berger Malingres lui avait parlé de propos qui avaient lieu au sujet des *deux marques* distinctes.

Malingres est rappelé.

« *M. le Président.* Vous dites n'avoir pas su qu'il y eût des marques diverses, et voilà un témoin qui dit que vous avez rapporté des propos qui avaient lieu à ce sujet.

« *Malingres.* J'ai su cela par voie indirecte.

« *M. le Président.* Mais vous disiez tout à l'heure que vous n'aviez jamais entendu parler de marques diverses?

« *Mᵉ Ch. Ledru.* Voulez-vous, Monsieur le Président, demander au témoin *si ce n'était pas lui qui marquait les moutons d'Edwards*, avec l'aide de M. Edwards et d'un ouvrier? (Rire général. »)

Le témoin avoue le fait. (On rit de nouveau.)

L'accusation avait reproché à Edwards d'avoir vendu ces moutons plus cher que ceux du marquis de la Briffe. Plusieurs témoins sont entendus à ce sujet. Edwards répond que M. de la Briffe trouvait toujours qu'on achetait trop cher; il ne voulait que des moutons fort communs. Quant à l'accusé, il les achetait 5 et 6 fr. plus cher. Par conséquent, il les vendait un prix bien supérieur; d'ailleurs les marques ne laissaient lieu à aucune erreur.

Simarre, berger, déclare qu'il a acheté 26 moutons à choisir dans les écuries, et qu'en effet il a choisi sur 200.

« *Edwards.* Le témoin se trompe : les moutons de M. de la Briffe sont restés à l'écurie; j'ai fait sortir les miens dans la cour, et c'est entre eux qu'il a choisi. »

Malingres, berger, confirme la déposition.

« *Edwards*. J'ai aussi renvoyé cet homme. C'est un mauvais sujet qui ne craignait pas de se vanter d'avoir volé un mouton à un propriétaire en mettant un mauvais mouton à la place d'un bon. »

Malingres, interrogé, dit qu'il avait fait cela par ordre de son maître. (Sensation.)

Après l'audition des témoins à charge, on appelle ceux assignés par l'accusé.

« *M. le Président*. Maître Ledru, quelles questions voulez-vous faire aux témoins à décharge ?

« *M⁶ Ledru*. Je désire qu'ils s'expliquent sur la moralité de l'accusé et sur celle de l'accusateur, car il est témoin.

« *M. de la Briffe*. On veut faire du scandale.

« *M⁶ Guyot*. Nous sommes partie civile, vous n'avez pas le droit de poser ces questions.

« *M⁶ Ledru*. Je ne comprends pas pourquoi vous craignez qu'on parle de la moralité de M. de la Briffe. Cela ne peut que lui faire honneur. Je vous autorise, moi, à faire entendre sur celle de l'accusé la terre entière.

« *M. le Président*. Les témoins se renfermeront dans les faits de la cause, et la cour ne souffrira rien d'étranger. »

M. St.-Ange, conservateur des forêts de la couronne, connaît M. Edwards depuis sept ans. Il le connaît comme ce qu'il y a de plus honnête et de plus pur, et l'accusation dirigée contre lui n'a en rien altéré l'estime que lui porte le témoin. Edwards a une fortune personnelle de 2,500 fr. de rente. M. de Montlosier disait de lui : « Si

« j'avais des millions à confier à quelqu'un, c'est M. Ed-
« wards que je choisirais. »

M. Cournans, chef d'institution, connaît Edwards depuis longtemps. C'est un homme de bien, un artiste distingué. Le témoin a pour lui, comme tous ceux qui ont
pu l'apprécier, la plus haute estime, et si quelque chose
avait pu l'augmenter, c'est de le voir l'objet des persécu-
tions d'un *homme aussi impur que M. le marquis de
la Briffe.*

M⁰ *Guyot*, avocat de M. de la Briffe, qui, pendant les
débats de la dernière audience, avait déclaré se constituer partie civile, se lève avec chaleur. « Je demande
acte à la cour des paroles que le témoin vient de prononcer.

« *M. le Président.* Avant que la cour ne délibère, je
demande à M. Cournans s'il n'a rien à dire.

« *M. Cournans.* Monsieur le président et messieurs, je
n'ai pas besoin de protester de mon respect pour la justice : j'appartiens à l'Université depuis vingt-cinq ans !
M. de la Briffe a voulu assassiner moralement mon ami...
J'ai parlé sous l'émotion de ma douleur, et comme j'ai
juré de dire la vérité, je ne puis rétracter rien de ce que
j'ai dit.

« M⁰ *Guyot.* Nous demandons acte. »

La cour, après en avoir délibéré, donne acte à M. de
la Briffe des paroles prononcées par M. Cournans.

« *M. le Président.* Je ne souffrirai pas que les témoins sortent des limites tracées par la loi. »

M. Mandon, employé à la maison du roi, donne sur
la moralité de l'accusé le même témoignage.

M. Chiron de la Landière connaît depuis longtemps M. et Mme Edwards ; c'est la probité même ; quant à M. de la Briffe...

« *Me Guyot.* C'est un scandale prémédité. On veut insulter la partie civile. Les témoins à décharge ne sont pas des témoins, ce sont les avocats de M. Edwards.

« *M^e Ch. Ledru.* Il paraît que M. de la Briffe n'aime pas les avocats. » (On rit.)

M. Chiron donne des renseignements sur les difficultés nombreuses de M. de la Briffe avec ses régisseurs. Il lui connaît une terre que personne ne veut louer dans la crainte d'avoir affaire à lui.

M. Grenier, le célèbre artiste, parle de M. Edwards en termes chaleureux. C'est la probité même.

M. Pradher, négociant, rue de Richelieu, connaît M. Edwards depuis six ans. Rien ne pourra détruire l'amitié et l'estime qu'il a pour cet excellent homme. Il ne peut pas être coupable d'une action indélicate.

M. Cloquens, sous-chef de la maison du roi, a connu M. Edwards par M. de Montlosier. Il répond de sa probité ; le malheur qui a accablé M. Edwards n'a changé les sentiments d'aucun de ses amis.

Me Guyot, avocat de la partie civile, soutient avec force l'accusation. Il rassemble toutes les inexactitudes des comptes pour prouver que l'accusé avait voulu spéculer frauduleusement sur M. le marquis de la Briffe.

M. Dupont, procureur du roi, résume les faits dans une discussion claire et rapide. Il abandonne l'accusation à l'égard de l'enlèvement du mobilier ; mais il insiste sur quelques faits de détail. Il admet, du reste, les circonstances atténuantes.

*M*ᶜ *Ch. Ledru* dit qu'il n'accepte pas la transaction proposée au moyen de circonstances atténuantes. On n'est pas à moitié homme d'honneur. Edwards est resté pur, il est resté, même sur le banc des criminels, entouré d'estime et de respect. Il doit en descendre au milieu de la considération de ses juges eux-mêmes.

*M*ᶜ *Ledru*, expliquant comment un *artiste* espérait trouver dans des loisirs champêtres un aliment à son imagination, attaque vivement M. de la Briffe.

« *M*ᶜ *Guyot*. Mais ce sont des personnalités.

« *M*ᶜ *Ch. Ledru*. Et croyez-vous donc que ce ne soit pas une personnalité que de traduire ici un honnête homme au moyen de témoins menteurs comme tous ceux que vous avez invoqués. Au reste, je veux que ce soit M. Edwards qui accable M. de la Briffe et que le plaignant devienne l'accusé. »

L'avocat rappelle que M. de la Briffe, interrogé sur ce que sa terre rapportait, a répondu 12,000 fr., puis 15,000 fr. Or, elle ne donne, selon un témoin irrécusable, que des déficits annuels considérables. M. de la Briffe, pressé de questions, a fait des aveux qui prouvent que sa déclaration de 15,000 fr. de revenus était un mensonge. Or, un mensonge de la part d'un témoin pour faire condamner l'homme qu'il poursuit, c'est plus que de la déloyauté, c'est un crime... le plus lâche, le plus odieux de tous les crimes.

« Voilà une personnalité, Monsieur le marquis, qu'avez-vous à répondre?

Me *Ledru* cite un mémoire signé *Couture*, avocat, et où M. de la Briffe, plaidant contre un régisseur, *prédécesseur* de l'accusé, disait de son adversaire :

1° Il n'a pas envoyé 100 fr. au propriétaire du produit de sa terre; 2° Il n'a pu marcher qu'avec le secours de 11,300 fr.; 3° Il a laissé des dettes pour plus de 4,000 fr., *tandis que pendant le même cours de temps l'homme qui lui succède a payé ces 4,000 francs de dettes, a envoyé 1,500 francs, a réglé 1,500 francs d'intérêts, et travaille maintenant à un recouvrement de 4 à 5,000 francs, faits qui sont tous attestés par sa comptabilité qui tient sa situation en évidence jour par jour.*

« Ainsi, quand M. le marquis avait besoin de la moralité d'Edwards, pour perdre son prédécesseur, M. Edwards était un régisseur accompli! Et quand il veut perdre Edwards... Vous voyez bien comme il sait faire surgir du sein de sa domesticité des témoignages, tous confondus à cette audience... Voilà l'homme qui se plaint de personnalités! »

Me *Ledru* s'étonne que M. de la Briffe ait agi de cette sorte envers son régisseur, qui lui avait été recommandé si fortement par M. de Montlosier, son ami.

« *M. de la Briffe.* M. de Monlosier n'a jamais été mon ami.

« Me *Ledru.* Tant mieux pour lui, tant pis pour vous. » (On rit.)

Me *Ledru* soutient que tous les témoins de l'accusation sont ou *intéressés* à mentir, pour se défendre de quelque fraude, comme le meunier et Malingres, ou animés par le ressentiment, comme les charretiers et le berger, que le régisseur avait chassés pour ivrognerie, et comme Dubois qui, après avoir joué cette *comédie*, à laquelle se serait prêté un officier ministériel, a voulu venger lui-même, et le geôlier de Senlis et la femme du geôlier ; ou enfin, dominés par un sentiment de haine grossière contre un Anglais. Ces bons Français ont uni leurs mauvaises et viles passions, pour plaire au marquis qu'ils volent, qu'ils détestent et qu'ils flattent bassement.

M. le Président annonce qu'un témoin relatif à une acquisition de moutons, et qui avait été, à l'audience d'hier, cité en vertu du pouvoir discrétionnaire, est arrivé.

Il s'agit de savoir si Edwards a vendu 122 moutons à ce témoin moyennant 11 fr. pièce comme l'indiquent ses registres, ou s'il ne les a pas vendus plus cher. (Mouvement d'attention générale.)

« *M. le Président.* Vous rappelez-vous à quel prix vous avez acheté les 122 moutons ?

« *Le témoin.* A 10 fr. la pièce.

« *M. le Président.* Comment, à 10 fr. ?

« *Le témoin.* J'ai donné 1,500 fr. du lot.

« *M. le Président.* Êtes-vous sûr d'avoir payé 1,500 fr.; rappelez bien vos souvenirs ; votre déposition est grave.

« *Le témoin.* J'ai payé en deux billets de banque; l'un de 1,000 fr., l'autre de 500 fr.

« *L'accusé.* Le témoin se trompe, il ne m'a pas payé en billets de banque, mais en argent, et il a payé, non pas 1,500 fr., mais 1,342 fr. »

Le sieur *Labasse*, avec lequel le témoin a fait l'opération de compte à demi, est rappelé.

Il avait déposé qu'il croyait que les moutons avaient été achetés au prix indiqué par Edwards, mais après avoir entendu la déposition de Balmie, il dit : « *Je n'étais pas sûr*, à présent je crois que c'est 1,500 fr. »

« *M. le Président*, insistant. Les témoins répètent que la vente a eu lieu moyennant 1,500 fr. »

L'audience est suspendue pour une heure et demie. Il est six heures du soir, l'auditoire s'écoule tristement après ces témoignages qui semblent révéler un nouveau grief si positif contre l'accusé.

A la reprise de l'audience *M*ᵉ *Ledru* demande la parole : « Messieurs, dit-il, un témoin, entendu en vertu du pouvoir discrétionnaire, et arrivé pour ainsi dire en poste, de Luzarches, après les plaidoiries, a apporté un incident grave au soutien d'une accusation vaincue ; mais la Providence, qui a si manifestement protégé l'accusé, nous vient encore en aide. »

*M*ᵉ *Ledru* annonce qu'au sortir de l'audience deux témoins à charge, les sieurs Lebrasseur et Buyet sont venus lui révéler que le sieur *Balmie* est un ivrogne qui a fait faillite et dont l'immoralité est de notoriété publique. Ces témoins ont ajouté qu'ils n'osaient eux-mêmes révéler ces faits, parce qu'ils redoutent la vengeanced e Balmie, dont le nom est un objet d'épouvante dans tout le pays. Eh bien ! moi, dit *M*ᵉ *Ledru*, je dénonce le fait ; je ne crains ni M. Balmie, ni ses vengeances ; et si la cour juge à propos d'entendre les deux témoins qui m'ont appris ce que je viens de dire, ils sont là.

Mᵉ *Ledru* ajoute que probablement ce Balmie, qui avait annoncé d'abord avoir payé les moutons 10 fr. pièce, qui ensuite a dit avoir acheté les 122 moutons en bloc pour 1,500 fr., aura trompé son associé, cet incertain Labasse qui croit ou ne croit pas, selon que Balmie veut ou ne veut pas. Il aura donc, sans doute, acheté les moutons à un prix et il les aura comptés à son associé un autre prix.

Mᵉ *Ledru* rappelle le témoignage d'un sieur Malguerie qui a racheté 104 de ces moutons moyennant 13 fr. 50 c. la pièce. Or, les 22 autres, selon une lettre timbrée de la poste, et écrite par l'homme d'affaires du marquis de la Briffe, étaient des moutons de rebut valant 5 fr. pièce. Il en résulte que si Balmie avait acheté les moutons 1,500 fr., il les aurait revendus *au-dessous du prix d'acquisition*; ce qui est impossible.

Après ces incidents, M. le président fait un résumé digne de la haute impartialité et du talent avec lequel il a dirigé les débats.

Les jurés ne délibèrent que pendant le temps rigoureusement nécessaire pour répondre aux questions qui leur ont été posées et rapportent un verdict d'acquittement.

Edwards entend avec calme la lecture de ce verdict. Mais aussitôt d'abondantes larmes coulent de ses yeux, et il se précipite dans les bras de son défenseur. « Vous m'avez sauvé bien plus que la vie, cher Monsieur Ledru ; je savais bien que c'est vous qu'il me fallait pour démasquer les infâmes... et la Providence qui m'avait inspiré de m'adresser à vous ne m'a pas trompé! »

La cour condamne M. le marquis de la Briffe à tous les dépens, et fixe à un an la durée de la contrainte par corps. Elle le condamne de même aux frais faits par l'accusé.

Pendant que l'auditoire s'écoule, plusieurs des jurés viennent serrer la main de M. Edwards en lui disant : « Le jury tout entier a reconnu en vous un honnête « homme ; nous ne vous avons pas seulement acquitté, « vous avez toute notre estime. »

On est épouvanté, à la vue de quelques procès comme celui-ci, de l'audace des faux témoignages en justice.

Sans l'habileté de l'avocat, sans les circonstances providentielles qui ont secouru l'accusé..... un honnête homme était la victime de témoins impurs auprès desquels son *crime* était simplement d'être *Anglais*.

L'incident relatif à ce jeune témoin, dans l'âme duquel Charles Ledru est allé découvrir le parjure,.... atteste combien il importe que MM. les présidents laissent à la défense ses allures franches dans les interrogatoires. — Et pourtant, c'est à ses risques et périls, et malgré les observations de M. le président, que l'avocat d'Edwards, par sa courageuse opiniâtreté, est parvenu à arracher à Ledoux fils, jeune villageois à l'air candide et simple, l'aveu du concert impie qui existait entre son père et lui pour perdre un innocent !

X

Testis iniquus deridet judicium : et os impiorum devorat iniquitatem... Jaculum, et gladium, et sagitta acuta, homo qui loquitur contra proximum suum falsum testimonium.

Le témoin injuste se moque de la justice; et la bouche des méchants dévore l'iniquité... L'homme qui porte un faux témoignage contre son prochain est un dard, une épée, et une flèche perçante.

(*Proverbes,* XIX et XXV.)

LE COLONEL KENT-MURRAY.

Si la femme est le bon génie de l'humanité par les dévouements que lui inspirent son cœur d'épouse et ses entrailles de mère; quand elle hait, quand elle s'adonne au mal, il est vrai de dire, avec Salomon, que ses pieds pénètrent jusqu'aux enfers. Il y a longtemps que le poëte a dit :

Notumque furens quid fœmina possit !

En 1839, une dame Henriette Orde, épouse d'un colonel anglais, Édouard Kent-Murray, et vivant dans le désordre à Bruxelles avec un sieur Grandt, accusa tout à coup son mari, qui demeurait à Paris, d'une tentative d'assassinat commis sur elle au moyen d'un fusil à vent, sur la promenade publique de Waterloo, à Bruxelles.

Cette affaire était appelée à la cour d'assises du Brabant, siégeant à Bruxelles, sous la présidence de M. le conseiller Jonet, le 25 juillet 1840.

Cette affaire est digne d'exciter au plus haut degré l'attention des moralistes et des gens du monde. Il n'y manque en effet aucun des éléments de nature à donner de l'éclat à un procès criminel : l'accusé, homme distingué de manières et de langage, officier brave et humain ; l'accusatrice, sa propre femme, jeune, jolie et élégante ; derrière elle, le personnage indispensable à l'intrigue de la pièce, un amant, célèbre aux courses de New-Market ; puis une accusation aussi grave qu'étrange, réduite au néant par la défense de M. Charles Ledru, qui lui imprime un de ces caractères de témérité et d'audace devant lesquels l'esprit resterait confondu si certaines femmes n'en avaient fourni depuis quelque temps de fréquents exemples.

Un moyen moins vulgaire que celui renouvelé chaque jour d'Égiste et de Clytemnestre pour se débarrasser d'un mari, caractérise spécialement l'affaire Murray. C'est par le glaive de la loi que Mᵐᵉ Murray, de concert avec un complice de ses désordres, avait imaginé de couper le nœud gordien du mariage.

Les débats présentèrent un singulier spectacle. Des

témoins venus de Paris, des témoins de Bruxelles, affir-
maient tous, sous la foi du serment, que le même jour,
le samedi 23 novembre 1839, ils avaient vu le colonel
Murray, les uns à Paris, les autres sur le boulevard de
Waterloo, à Bruxelles. Au milieu de ce conflit, la justice
belge se mettait un bandeau sur les yeux, et déclarait ne
pouvoir distinguer les faux témoins d'avec ceux qui étaient
véridiques. La fermeté qui manquait aux juges, M. Charles
Ledru la puisa dans son courage, et fit jaillir la lumière
du sein de ces ténèbres.

COUR D'ASSISES DU BRABANT, SIÉGEANT A BRUXELLES.

Présidence de M. le conseiller Jonet.

Audience du 27 juillet 1840.

Cette affaire avait attiré de bonne heure un nombreux
concours de spectateurs. Longtemps avant l'ouverture
de l'audience, les places réservées dans l'enceinte de la
cour d'assises sont occupées. Sur des fauteuils placés
derrière ceux des magistrats qui siégent, on remarque
divers membres de la cour de cassation, de la cour d'appel, et M. le procureur général Fernelmont.

A neuf heures et demie, l'accusé est introduit. C'est
un homme jeune encore, d'une figure extrêmement
douce ; il est blond, et sa lèvre supérieure est garnie
d'une petite moustache ; à sa boutonnière, est le ruban
d'un ordre d'Espagne. Les manières de l'accusé sont
pleines de distinction ; il s'exprime en très-bon français.

Les fonctions du ministère public sont remplies par
M. le substitut Cloquette.

L'accusé est défendu par Mᵉ Charles Ledru, du barreau de Paris, et Mᵉ Dolez, avocat à la cour de cassation et membre de la chambre des représentants.

Après le tirage au sort de MM. les jurés, l'audience a été ouverte.

« *M. le Président.* Accusé, quel est votre nom ? — R. Édouard Kent-Murray.

« D. Votre âge? — R. Trente-trois ans.

« D. Votre profession ? — R. J'ai été militaire, lieutenant-colonel.

« D. Votre domicile? — R. J'ai quitté dernièrement Paris; c'était mon dernier domicile.

« D. Où êtes-vous né ? — R. En Angleterre.

« *M. le Président.* Parmi les défenseurs de l'accusé j'aperçois un avocat étranger au barreau de Bruxelles.

« *Mᵉ Charles Ledru.* Je suis avocat à la cour royale de Paris.

« *M. le Président.* Comment vous présentez-vous ici ? — R. Comme ami de l'accusé (1). »

MM. les jurés prêtent serment, et M. le président ordonne au greffier de donner lecture de l'arrêt de renvoi et de l'acte d'accusation.

Acte d'accusation.

« La dame Henriette Orde avait épousé Édouard Kent-Murray. Cette union ne fut pas heureuse, et, après avoir

(1) C'était une question de savoir si Mᵉ Ledru, avocat étranger, pouvait plaider *en robe.* Il paraît avoir été entendu, entre M. le président et le défenseur, que l'avocat déclarerait qu'il plaidait *comme ami...* mais *avec ses insignes.* Le point de droit n'a donc pas été résolu.

failli plusieurs fois être victime de la brutalité de son mari, qui, paraît-il, l'accablait de mauvais traitements, elle s'en sépara avec l'agrément de sa famille et vint fixer son séjour à Bruxelles. Kent-Murray prit du service en Espagne, et, après être resté quelque temps dans la Péninsule, il passa en Belgique, où il chercha à se rapprocher de sa femme, qui était en jouissance d'une fortune personnelle assez considérable. Toutes ses tentatives à cet égard furent inutiles : toute l'affection de sa femme était perdue pour lui sans retour, et il dut quitter Bruxelles sans conserver d'espoir d'une réconciliation.

« Mme Murray n'avait pas vu son mari depuis environ un an, et elle le croyait en pays étranger, lorsque, dans l'après-midi du 23 novembre dernier, passant à cheval au boulevard de Waterloo, elle l'aperçut qui se promenait dans l'allée de ce boulevard à l'usage des piétons. A l'aspect de son mari, elle conçut de l'inquiétude, car, à leur dernière entrevue, il lui avait fait une scène des plus violentes, et elle ne pouvait s'expliquer sa présence à Bruxelles qu'en la rattachant à quelque projet sur elle.

« Elle avertit le domestique de M. Grandt, qui le suivait à cheval, de se rapprocher d'elle ; et, après avoir donné l'ordre de reconduire aussitôt chez elle son enfant, qui alors était aussi sur le boulevard, et qu'elle craignait que son mari ne voulût lui enlever, elle continua sa promenade. Elle remarqua, en passant devant lui, qu'il portait en main une canne d'une grosseur un peu plus qu'ordinaire, et elle s'aperçut, lorsqu'elle l'eut dépassé de quelque distance, qu'il donna à cette canne une position horizontale, en la tenant des deux mains et en

la plaçant devant lui. Un instant après, le cheval du domestique, qui était à côté et en même temps un peu en
arrière du sien, fit un violent écart et se jeta contre le
sien. Elle crut qu'il venait d'être frappé d'un coup de
pierre que quelque gamin lui avait lancée, sans soupçonner qu'elle venait d'échapper à un attentat dirigé contre
elle ; ce ne fut que lorsqu'elle rentra, peu de temps après,
à la maison, qu'elle reconnut la vérité : le cheval du domestique saignait abondamment, et avait auprès de la
queue une blessure ronde et assez profonde, que les personnes qui l'examinèrent jugèrent d'abord avoir été faite
avec une balle. Elle fit appeler le sieur d'Outreligne,
artiste vétérinaire ; et celui-ci, après avoir visité le cheval, confirma que la blessure qu'il portait ne pouvait
avoir été produite que par une arme à feu ou un fusil à
vent. La balle ne fut pas retrouvée, la pesanteur spécifique et le mouvement du cheval ayant dû la faire tomber
de la plaie ; mais la forme de cette plaie, la dentelure de
son pourtour, sa concavité, ne pouvaient laisser aucun
doute sur son origine.

« Dès lors, il est évident pour Mme Murray qu'au moment où le cheval du domestique était venu se heurter
contre le sien par un bond rapide, lorsqu'elle venait de
dépasser son mari, celui-ci venait de tirer sur elle ; que
la grosse canne qu'elle lui avait vue en main n'était autre
chose qu'un fusil à vent, et que le mouvement qu'il avait
fait de lever sa canne avait eu pour but de la coucher en
joue ; que c'était bien sur elle qu'il avait voulu tirer, et
non sur le domestique du sieur Grandt, car, dans les
derniers temps de leur cohabitation, il avait un jour failli

l'étrangler, et elle ne s'était échappée de ses mains qu'avec le secours de sa femme de chambre, Louise Housman. Sa haine et sa violence n'avaient pu que s'augmenter par suite de l'inutilité de ses tentatives pour se rapprocher d'elle, ou plutôt de sa fortune; et ses refus de consentir à se séparer de l'enfant auquel leur union avait donné le jour, et de le lui abandonner, n'avaient pu qu'ajouter à son exaspération.

« Il n'y avait d'ailleurs aucun motif qui eût pu le porter à commettre un attentat contre le domestique, et ce ne pouvait être qu'à elle qu'était destinée la balle qui était venue frapper le cheval de ce dernier, au moment où il se trouvait entre son mari et elle. Le surlendemain, elle porta plainte à la police, qui en dressa procès-verbal; sa plainte fut confirmée par le témoignage du domestique qui l'accompagnait, et par celui des personnes qui avaient vu l'état du cheval lors de sa rentrée à l'écurie.

« La police de Bruxelles fit en vain des recherches pour trouver Kent-Murray, il fut introuvable. Dans le cours de l'instruction qui fut dirigée contre lui, il adressa, de Paris, aux magistrats chargés de l'examen de cette prévention, un mémoire dans lequel il soutient n'avoir pas mis le pied en Belgique pendant tout le mois de novembre, et être resté constamment à Paris. Mais, outre que sa femme et le domestique du sieur Grandt l'ont parfaitement reconnu, Louise Housman a déclaré que deux ou trois jours après cet attentat elle l'avait vu sur le boulevart, vers huit heures du matin, devant la maison où sa femme demeure, ayant un parapluie en main, et paraissant s'y tenir en observation; et les sieurs Max Slugers et Samuel Laurence ont déposé l'avoir vu à cette époque à Bruxelles.

« En conséquence, Édouard Kent-Murray est accusé d'avoir, à Bruxelles, le 23 novembre 1839, tenté d'homicider volontairement et avec préméditation, à l'aide d'un fusil à vent dont il était porteur, Henriette Orde, sa femme, laquelle tentative, manifestée par des actes antérieurs suivis d'un commencement d'exécution, n'a été suspendue que par des circonstances fortuites, indépendantes de la volonté de son auteur, et a été en outre accompagnée, précédée ou suivie du délit de port d'arme prohibée. »

Appel des témoins.

La lecture de l'acte d'accusation terminée, le greffier fait l'appel des témoins; ils sont au nombre de dix-neuf à charge et de huit à décharge.

Deux des témoins à charge, les sieurs Grandt et Laurence, ne répondent pas à l'appel. Le sieur Grandt, qui habite la même maison que Mme Murray, est un témoin important. Le sieur Laurence a quitté Bruxelles par suite de faillite.

Parmi les témoins à décharge, deux sont également absents : l'un est M. le comte de Melford. Les organes de la défense demandent que M. le président, en vertu de son pouvoir discrétionnaire, veuille faire entrer Mme la comtesse de Melford, qui est venue rendre compte des faits à la connaissance de son mari, malade. — M. le président ordonne que cette dame soit citée.

« *M. le Président.* Le ministère public s'oppose-t-il à ce que, en l'absence des témoins qui n'ont pas répondu à l'appel, il soit passé outre ?

« *M. le substitut du procureur général.* Nous ne nous y opposons pas.

« *M. le Président.* Et l'accusé ? — R. Je ne m'y oppose pas.

« *M. le Président.* Les conseils de l'accusé ?

« *M. Dolez.* Nous regrettons vivement l'absence de ces témoins ; mais la situation de l'accusé nous fait un devoir de ne pas nous opposer à ce que le débat s'engage nonobstant leur absence.

« *M. le Président.* Faites retirer les témoins, même le premier, Mᵐᵉ Murray. » — Tous les témoins se retirent.

Interrogatoire de l'accusé.

« *M. le Président.* Accusé, vous avez entendu l'acte d'accusation : il en résulte que vous auriez, dans la journée du 23 novembre, tenté de donner la mort à votre femme.

« *L'accusé.* Je n'étais pas à Bruxelles le 23 novembre ; j'étais à Paris, dont je ne suis pas sorti.

« D. Quand étiez-vous arrivé à Paris ? — R. J'y suis arrivé le 24 octobre 1839.

« D. Où êtes-vous descendu ? — R. Chez ma mère, avec laquelle j'ai été demeurer, n° 2, rue Montaigne, aux Champs-Élysées.

« D. Jusqu'à quelle époque ? — R. Jusqu'au 10 ou 12 février ; à cette époque, ma mère est partie pour l'Angleterre; l'appartement était trop grand pour moi; j'ai été demeurer chez un ami, M. Harley, rue d'Alger.

« D. Vous ne vous êtes pas absenté de Paris? — R. Non, pas un seul instant.

« D. Ainsi, vous posez en fait que vous êtes resté à Paris du 24 octobre jusqu'au mois de février sans quitter une seule nuit, sans venir à Bruxelles? — R. J'y suis resté sans sortir des murs; je crois avoir été une seule fois vers l'arc-de-triomphe de l'Étoile, mais je ne sais si c'est en dedans ou en dehors des murs.

« D. Vous niez donc être venu à Bruxelles? — R. Je n'y suis pas venu depuis 1837, je crois, mais il y a bien sûr deux ans.

« M. le Président. Cependant plusieurs personnes disent vous avoir vu à Bruxelles en novembre 1839? — R. Je ne puis pas les empêcher de le dire; mais j'affirme que, depuis deux ans au moins, je ne me suis pas trouvé dans un rayon de plus de cent milles de la Belgique. Je suis allé à Londres, à Paris, aux Pyrénées, à Vienne; mon passe-port peut le prouver; c'est un vrai livre, car j'ai beaucoup voyagé, et les *visa* y indiquent mon passage partout, mais jamais en Belgique.

« D. N'avez-vous pas été quelque temps à Ostende? — R. Oui, avant de partir pour l'Espagne.

« D. Quand vous étiez à Bruxelles, où demeuriez-vous? — R. Rue Bodenbrouck, dans la maison qui était habitée aussi par monseigneur l'envoyé du pape.

« D. Quand cela? — R. Peu après mon mariage.

« D. Quel a été ensuite votre domicile? — R. Rue de Namur, chez M. Duverger.

« D. N'avez-vous pas eu aussi un autre domicile?—R. A notre arrivée, on nous avait choisi un logement provisoire dans une rue parallèle au boulevard.

« D. Rue de la Pépinière ou rue Thérésienne? — R. Je crois que c'est rue de la Pépinière.

« M. *le Président.* Vous allez entendre les charges qui seront portées contre vous. »

Audition des témoins à charge.

L'huissier audiencier appelle Mme Murray, épouse de l'accusé. (A ce nom, un vif mouvement de curiosité se manifeste dans toutes les parties de la salle.)

Mme Murray s'avance. C'est une jeune femme de vingt-six ans, d'une fort jolie figure; elle est vêtue de blanc et porte un grand cachemire noir à palmes variées; le voile qui couvre son chapeau de paille est assez relevé pour qu'on puisse voir sa figure. Elle s'exprime fort librement en français et avec un ton d'assurance remarquable.

« M. *le Président.* Vous êtes mariée? — R. Oui, monsieur.

« D. Mariée avec l'accusé ici présent, le colonel Murray? — R. Oui, monsieur.

« D. Vous n'êtes pas divorcée? — R. Non, monsieur.

« D. Séparée de fait? — R. Oui, monsieur.

« D. Êtes-vous catholique? — R. Non, monsieur, protestante.

« M. *le Président.* Alors, au lieu de la formule : *Dieu me soit en aide et ses saints,* dites seulement : *Dieu me soit en aide.* »

Le témoin prête en conséquence le serment sans mentionner les *saints*.

« *M. le Président*. Racontez les faits dont vous vous êtes plainte.

« *Le témoin*. Le 23 novembre, vers deux ou trois heures de l'après-midi, j'étais sortie à cheval, suivie de mon domestique ; je rencontrai M. le colonel Kent-Murray, mon mari ; je fixai les yeux sur lui et je vis ses yeux fixés sur moi ; alors il baissa les yeux. Je fis signe à mon domestique d'approcher, et je lui dis : « Est-ce que vous « n'avez pas vu quelqu'un ? — Oui, me dit-il, j'ai vu « M. le colonel Murray. » Je retournai aussitôt chez moi pour savoir où était mon enfant. Je ne le trouvai pas ; il était sorti avec la bonne. Je demandai dans quelle direction il était parti ; on ne put me le dire. Je fus alors dans la direction de la porte de Hal pour le chercher ; mais je ne l'ai pas trouvé. Alors j'ai rencontré encore une fois M. le colonel Murray. Je n'ai rien vu, rien entendu ; mais tout à coup le cheval du domestique a dépassé le mien, et le domestique était presque sur le cou du cheval ; il n'avait rien vu non plus, et il pensait comme moi que le cheval s'était effrayé.

« *M. le Président*. Vous n'avez vu M. Murray qu'une seule fois ? — R. Je l'ai vu trois fois ; je l'ai passé trois fois.

« D. Quand vous l'avez vu pour la première fois, où était-il ? — R. Entre ma maison et la porte de Namur, sur le boulevard de Waterloo.

« D. De quel côté du boulevard étiez-vous ? — R. A droite, du côté du glacis.

« D. Quand vous l'avez vu, qu'avez-vous fait? — R. J'ai appelé mon domestique pour qu'il se mît près de moi.

« D. Et vous êtes allée à la recherche de votre enfant? — R. Oui, je pensais que son intention était de le prendre.

« D. Où était-il quand vous l'avez vu la seconde fois? — R. Vis-à-vis le n° 22 du boulevard ; la troisième fois, près de l'hospice.

« *M. le Président*. Racontez ce qui est relatif au coup de fusil. — R. Je n'ai rien vu.

« D. N'avait-il pas à la main une grosse canne? — R. Oui, une grosse canne.

« D. Que faisait-il avec? — R. Il se promenait.

« D. Vous ne l'avez pas vu diriger sa canne sur vous? — R. Non, je n'ai rien vu.

« D. D'autres personnes ne l'ont-elles pas vu la diriger sur vous? — R. Une personne qui passait au galop a dit l'avoir vu.

« D. Après cela, qu'avez-vous fait? — R. Je suis rentrée chez moi.

« D. Vous ne saviez pas que le cheval fût blessé? — R. Je ne l'ai su qu'après être rentrée.

« D. Vous avez bien vu une grosse canne à la main de Murray? — R. Oui.

« D. Et trois jours après? — R. Il passa devant chez moi au moment où la bonne rentrait avec mon enfant; elle me dit qu'il l'avait suivie, et il s'en est allé à l'instant où elle allait sonner ; il regardait dans la maison.

« D. Mais quelle heure était-il quand vous l'avez rencontré sur le boulevard? — R. Entre deux et trois heures.

« L'avez-vous encore vu? — R. Oui, une fois, passant devant chez moi en Vigilante.

« D. Qui l'a vu avec vous? — R. Mon domestique et ma femme de chambre; la bonne m'a bien dit qu'il l'avait suivie, et qu'il s'en est allé au moment où elle allait sonner.

« D. Êtes-vous bien sûre d'avoir reconnu Édouard Kent-Murray, votre mari, ici présent sur ce banc? — R. Oui, c'est bien Édouard Kent-Murray que j'ai reconnu.

« *M. le Président.* Accusé, qu'avez-vous à dire? — R. Je ne puis que répéter ce que je vous ai dit. Depuis deux ans, je ne me suis pas approché de la Belgique dans un rayon de plus de cent milles. Je le jure sur mon honneur, devant Dieu et devant les hommes, tout ce que vient de dire madame est faux. (Sensation.)

« *M. le Président.* Vous l'entendez, madame; votre mari renseigne avec précision tous les endroits où il s'est trouvé jusqu'au 12 février.

« *Le témoin.* Je puis assurer que c'était lui que j'ai vu.

« D. Comment était-il vêtu? — R. Une redingote bleue et un pantalon gris foncé.

« D. Quel chapeau? — R. Son chapeau noir.

« D. Avait-il des moustaches? — R. Oui.

« D. Vous avez déclaré l'avoir reconnu à sa marche? — R. Oui, d'abord.

« D. A-t-il donc quelque chose d'extraordinaire dans la marche? — R. C'est plutôt la tournure, la manière de marcher.

« D. Quand vous l'avez revu une seconde fois, comment était-il vêtu? — R. Comme la première fois.

« D. Et la troisième fois? — R. Il était en Vigilante; mais je ne voudrais pas jurer que c'était lui; je n'ai vu que sa tête, et il était six heures.

« D. La seconde fois, avait-il sa canne? — R. Non, un parapluie.

« D. Et la troisième? — R. Oui, il la tenait devant lui entre ses jambes.

« D. Était-elle grosse? — R. Oui, mais pas absolument extraordinaire.

« D. Quelle couleur? — R. Brun foncé.

« *M. le substitut.* A quelle distance étiez-vous lorsque le cheval du domestique a été frappé? — R. Mais j'avais justement passé depuis moins d'une minute.

« *M. le Président.* Étiez-vous dans l'allée du milieu ou dans l'allée latérale? — R. Tout près du glacis.

« D. Vous l'avez vu trois fois. A quel moment a eu lieu l'événement? — R. A la seconde fois, près du n° 22.

« D. Alliez-vous vite? — R. Non, au pas.

« D. C'est donc la seconde fois qu'il a levé la canne? — R. Oui, monsieur.

« *L'accusé.* Je vous prie de demander à madame si elle m'a fixé?

« *Le témoin.* Oui, la première fois. Il descendait, et moi je montais; je l'ai fixé, et il avait les yeux fixés sur moi; alors il a baissé les yeux.

« *M. le Président.* Y avait-il loin? — R. Comme de la cour à cette table (environ dix pas).

« *Un de MM. les Jurés.* Je désirerais que la position du domestique au moment du coup fût bien précisée.

« *Le témoin.* Presque à côté, derrière moi, fort près.

« *M. le Président.* A droite ou à gauche derrière? — R. Tout à fait derrière. Quand je l'ai vu, il était presque sur le cou du cheval.

« D. Pensez-vous que le coup de fusil était dirigé contre vous? — R. Je ne puis pas le dire; j'ai mes soupçons.

« D. Pouvait-il avoir l'intention de vous frapper? — R. Je ne puis pas dire cela; j'ai mes soupçons.

« *L'accusé.* Madame a dit, dans sa déposition écrite, que je ne pouvais avoir l'intention de tuer le domestique, puisque je n'avais pas de haine contre lui, mais bien contre elle.

« *Le témoin.* C'est vrai; j'avais mes soupçons.

(Ici les défenseurs adressent de nombreuses interpellations au témoin, à l'effet de faire préciser la nature des différentes rencontres entre elle et son mari sur le boulevard; le débat sur ce point offre peu de clarté.)

« *Me Ledru.* Il a été question du domicile du témoin; peut-on savoir où est ce domicile? — R. Boulevard de Waterloo, 75.

« *Me Ledru.* N'est-ce pas le domicile de M. Grandt? — R. Il demeure dans la maison.

« *Me Ledru.* Mais n'est-ce pas chez lui que le témoin demeure? — R. C'est dans la maison.

« *Me Ledru.* Mais qui paie le loyer? — R. (Avec hésitation.) Je paie mon loyer.

« *Me Ledru.* A qui est le mobilier, n'est-ce pas à M. Grandt? — R. Oui.

« *M. le Président.* Cela est étranger au procès.

« *Me Ledru.* Je ne veux rien dire d'étranger au procès; mais M. Grandt nous appartient, et il m'importe de

scruter cet homme, qui aura des comptes à nous rendre.
Au reste, nous y reviendrons.

« *M. le Président.* La loi m'oblige d'écarter du procès
tout ce qui le chargerait d'incidents inutiles.

« *Me Dolez.* Une seule question. Pourquoi le mobilier
est-il sous le nom de M. Grandt? — R. Parce que je ne
veux pas que mon mari puisse venir chez moi, comme il
y est venu il y a deux ans; il est alors resté trois heures
chez moi.

« *M. le Président.* La question adressée par le défenseur
m'en suggère une autre. Le témoin craignait-elle donc
quelque chose de son mari? —R. La dernière fois qu'il est
venu, je me suis aperçue qu'il avait des pistolets dans ses
poches.

« *M. le Président.* Nous n'irons pas plus loin, rentrons
dans le fait du procès.

« *Me Ledru.* Pardon, Monsieur le Président; nous pro-
voquons toutes les explications, nous n'en craignons
aucune.

« *M. le Président.* Encore une fois, MM. les jurés ne
sont ici que pour examiner si le colonel Murray s'est
rendu coupable d'un attentat sur la personne de sa
femme. Laissons tout le reste de côté. Nous n'avons pas
à nous en occuper.

« *Me Ledru.* Rien d'étranger aux débats, sans doute;
mais M. Grandt est loin d'y être étranger : il est *dénonciateur;* et tout à l'heure nous aurons à nous occuper
de lui.

« *Me Dolez.* Mme Murray connaît-elle la cause de l'absence de M. Grandt?

« *M. le Président*. Ceci est encore étranger aux débats.

«*Me Dolez*. Pardon, Monsieur le Président; Mme Murray et M. Grandt sont nos deux accusateurs; M. Grandt est en voyage, ce qui est assez extraordinaire, et nous pouvons désirer savoir pourquoi.

« *M. le Président*. Je conçois les obligations que m'impose la loi, et je juge ce que vous demandez inutile à la manifestation de la vérité.

« *Mme Murray*. M. Grandt sera ici ce soir.

« *M. le Président*. Me Dolez, il n'y a rien de personnel dans ce que je dis; ce sera de même pour tout le monde.

« *Mme Murray*. J'ai écrit à M. Grandt, et il aura sans doute pris le premier bateau; je l'attends ce soir.

D. Y a-t-il longtemps qu'il est parti?—R. Il y a trois mois que ses affaires l'ont appelé en Angleterre; je l'attends ce soir.

« *M. le Président*. S'il arrive ce soir, nous l'entendrons demain. »

Mme Murray retourne à sa place, au milieu d'un vif mouvement de curiosité; elle est un peu plus colorée qu'à son entrée dans la salle; mais son regard calme et assuré se promène tranquillement sur tout l'auditoire.

Deuxième témoin. — *Thomas Turney*, âgé de 24 ans, domestique de Mme Murray.

Ce témoin s'exprime au moyen d'un interprète. Celui-ci lui fait dire la formule « Je jure.... Dieu me soit en « aide, *et ses saints*. »

Le témoin, répétant la formule : Dieu me soit en aide, et *ses saints*.

« *M. le Président.* Non! non! *supprimez les saints;* il est protestant. (Éclats de rire dans l'auditoire.) Thomas Turney fait un nouveau serment en supprimant les saints.

« *M. le Président.* A quelle heure êtes-vous sorti avec madame, le 23 novembre? — R. A une heure; nous sommes rentrés entre deux et trois heures.

« D. Avez-vous vu l'accusé? — R. Je le vis deux fois; la première en face du n° 22; la seconde, un peu plus rapproché de la porte de Namur.

« D. Dans quelle allée étiez-vous? — R. Près de l'allée des piétons qui touche aux glacis.

« D. Comment l'avez-vous reconnu? — R. Il avait une grosse canne brune; je la connais depuis longtemps.

« D. Que faisait-il de sa canne? — R. Il la balançait.

« D. Quelles étaient vos positions respectives quand le cheval a fait un saut? — R. J'étais entre Mme et M. Murray. Je n'ai pas entendu d'explosion. Au bond du cheval, je me suis retourné, et j'ai vu M. Murray.

« *M. le Président* fait comprendre au témoin toute la gravité de son témoignage, et lui demande s'il est bien certain d'avoir reconnu M. Murray. — R. Je le jurerais cent fois.

« *M. le Président,* indiquant l'accusé : Est-ce cet homme que vout avez vu?

« *Le témoin* se retourne vers M. Murray, dont il a peine à soutenir le regard fixement dirigé sur lui, et dit le reconnaître.

« *M. Murray.* Je ne me rappelle pas avoir vu de ma vie cet homme.

« *M° Ledru.* Le témoin connaissait-il M. Murray ? — R. Oui.

« *M° Ledru.* Où l'avait-il connu ? — Je l'avais rencontré près de l'Observatoire.

« *M° Ledru.* Le rencontrer n'est pas le connaître. Qui a indiqué au témoin que la personne qu'il rencontrait était M. Murray ? quel intérêt avait-il à s'occuper d'un inconnu ?

« *Le témoin.* Il y a trois ans, on parlait de M. Murray.

« *M. le Président,* au témoin : Comment avez-vous connu l'accusé ? — R. Je l'ai connu lorsque j'étais chez M. *Lawrence.* Avant, je l'ai vu le 23 novembre, il avait ses cheveux et ses moustaches comme à présent.

« D. Comment vous êtes-vous aperçu de la blessure ? — R. En rentrant, la servante m'a dit que mon cheval était blessé ; je n'en savais rien.

« D. A quel endroit ? — R. Derrière la cuisse.

« D. Précisez mieux la place. — R. Juste derrière en dessous la queue. (Rires prolongés.)

« D. A quelle distance étiez-vous de l'accusé ? (Le témoin indique un espace d'environ dix pas.)

« D. Un cavalier ne venait-il pas de passer au moment du bond ? — R. Non, il y avait bien de l'autre côté de la chaussée un cavalier monté sur un cheval noir qui allait au pas, mais il n'a point passé près de nous.

« *Mme Murray* est rappelée, et soutient qu'un cavalier est passé à côté d'elle, au galop.

« *Un juré.* Comment avez-vous pu voir que c'était en face du n° 22 que le coup a été porté ?

« *Le témoin.* Je connais les personnes qui habitent cette maison.

« *M. le Président.* Et vous aussi, madame?

« *M^mᵒ Murray.* Oui, c'est la maison de M^mᵉ Van de Weyer.

« *M. le Président.* Pour revenir à la question, témoin Thurney, dites comment vous avez connu l'accusé. — R. On me l'a montré un jour sur le boulevart, parce qu'on m'avait dit qu'il voulait enlever son enfant.

« D. Qui vous l'a dit? — R. M^mᵉ Murray.

« *M. le Président.* Quand avez-vous dit cela, madame? — R. A l'époque où mon mari eut un duel avec M. Grandt.

« *Mᵉ Dolez.* Quelle est la cause de ce duel?

« *M. le Président.* Cette question ne peut être posée.»

Mᵉ *Dolez* insiste et en démontre la nécessité.

« *M. le Président.* Pourquoi ce duel, madame? — R. A CAUSE DE MOI; il prétendait que je vivais avec M. Grandt.

« *M. le Président* (au témoin). Avez-vous eu connaissance de ce duel? — R. Oui, j'ai nettoyé les pistolets de M. Grandt, mais je n'ai pas voulu l'accompagner sur le terrain. »

On fait encore plusieurs questions au témoin sur l'instant précis des diverses rencontres de la journée du 23 novembre.

« *M. d'Outerligne,* artiste vétérinaire : M. Grandt est venu m'appeler au café Suisse pour donner des soins à un cheval qui avait été blessé. Je me suis rendu à son écurie, et j'ai vu en effet un cheval ayant une blessure un peu au-dessous de la queue ; cette blessure pénétrait environ à un pouce et demi.

« D. D'où était venu le coup ? — De la droite.

« D. Il était un peu oblique ? — R. Oui, un peu oblique.

» D. Vous n'avez pas trouvé la balle ? — R. Non, la mollesse du tissu cellulaire avait dû laisser tomber la balle.

« D. Quelle largeur avait la plaie ? — R. La largeur d'un franc.

« D. Y avait-il beaucoup de sang ? — R. Sur la litière environ un verre à liqueur.

« D. Et dans le vestibule ? — R. Je ne l'ai pas vu ; l'écurie est dans une autre maison.

« D. N'avez-vous pas su comment la blessure avait été faite ? — M. Grandt m'a donné des renseignements ; c'est comme cela que j'ai su l'événement.

« *Un de MM. les jurés.* La blessure était-elle de nature à faire boiter le cheval ? — R. Non ; elle n'était pas dans une position qui pût faire boiter.

« D. Pouvez-vous juger de quelle distance avait pu venir la balle ? — De vingt-cinq à trente pas.

« *M{e} Ledru.* Le témoin a dit que la blessure avait un pouce et demi, et dans sa déposition écrite, ou plutôt dans le certificat qu'il a délivré en date du 2 décembre, il dit trois pouces.

« *Le témoin.* C'est probablement à cause de l'engorgement ; l'engorgement rétrécit l'orifice d'une blessure, mais la rend plus profonde.

« *M{e} Ledru.* A quelle heure le témoin a-t-il vu le cheval ? — R. C'est vers le soir.

« D. Comment ! vers le soir ; mais ce doit être vers les trois heures ? — R. La visite a été longue ; elle a duré près de deux heures.

« *M⁰ Ledru*. Quelle est l'épaisseur du tissu cellulaire ? — R. Environ un quart de pouce.

« *M⁰ Ledru*. Mais si le tissu cellulaire a été impuissant pour retenir la balle, elle n'a donc pas pénétré dans les muscles ; par conséquent elle n'avait ni trois pouces, ni un pouce et demi de profondeur ? — R. C'est par suite de l'engorgement.

« *M⁰ Ledru*. Ceci est incompréhensible pour moi.

« *M⁰ Dolez*. Le témoin peut-il affirmer que la blessure a été nécessairement faite par une balle ? — R. Oui, parce qu'elle était dentelée, et les blessures de ce genre sont toujours dentelées.

« D. Mais n'a-t-elle pas pu être faite par autre chose ? — R. Je ne le pense pas ; elle aurait eu un autre caractère.

« *M. le Président*. Quand vous avez délivré votre certificat le 2 décembre, c'est sur l'état où se trouvait alors le cheval ? — R. Je ne sais pas si c'est le 2 décembre ; c'est quelques jours après, et j'ai dit comment j'avais vu le cheval la première fois.

« *Louise Houseman*, femme de chambre de Mme Murray. (C'est une femme de chambre fashionable, en bonnet de tulle garni de rubans roses ; elle porte des gants de dentelle noire, et s'enveloppe dans un grand châle carré.) Je connais très-bien l'accusé, dit-elle ; j'étais à son service il y a environ deux ans. J'ai vu M. Murray après l'événement, le mardi, et je l'ai vu encore le samedi suivant. Le jour de l'événement, je rentrais avec l'enfant, j'ai trouvé madame qui m'a dit, toute tremblante : J'ai vu mon mari. Le corridor était plein de sang. Madame attendait son enfant.

« D. Vous n'avez pas vu Murray le 23 ? — R. Non, c'est le mardi et le samedi suivants.

« D. Où était-il ? — R. Sur le boulevard, appuyé à un arbre.

« D. Est-il resté longtemps ? — Un bon quart d'heure.

« D. Êtes-vous bien sûre que ce soit lui ? — R. Oui, très-sûre.

« D. En êtes-vous bien certaine ? Rappelez-vous que vous avez prêté serment. — Oui, bien certaine.

« D. Vous êtes allée avertir madame ? — R. Oui, et elle est venue voir.

« D. Le samedi suivant, où était-il ? — R. Devant la fenêtre ; il a regardé dans la maison. J'ai prévenu madame.

« D. Êtes-vous bien sûre que c'était l'accusé ? — R. Oui, bien sûre.

« D. A quelle heure ? — R. Le mardi, vers quatre heures ; le samedi, vers huit heures du matin.

« D. Comment était-il vêtu ? — R. En frac bleu le mardi et le samedi.

« D. Avait-il un ruban à sa boutonnière ? — R. Je ne l'ai pas vu.

« D. Avait-il des moustaches ? — R. Des moustaches et des favoris.

« D. Avait-il une canne dans la main ? — R. Le samedi, oui ; le mardi, il avait un parapluie.

« *L'accusé.* Je me souviens que cette fille a été à mon

service à Ostende, elle était bonne de mon enfant; je ne l'ai pas revue lorsque je suis revenu à Bruxelles il y a deux ans.

« *M. le Président.* Témoin, à quoi avez-vous reconnu l'accusé? — R. A ses moustaches.

« D. En avait-il toujours eu? — R. Oui.

« D. Mais vous avez dit devant le juge d'instruction que vous n'étiez pas sûre qu'il eût des moustaches? — R. C'est à ses habillements que je l'ai reconnu.

« D. Quand êtes-vous entrée au service de M. et Mme Murray? — R. Huit jours avant qu'ils ne partissent pour Ostende.

« D. Vous y êtes toujours restée? — R. Non.

« D. Quand êtes-vous rentrée chez Mme Murray? — Il y a treize mois.

« *M. le Substitut.* Le témoin a-t-il vu l'accusé se livrer à des excès envers sa femme?

« *M. le Président.* Voilà encore une question étrangère au fait du procès; si vous insistez, je l'adresserai, mais elle va nous conduire à des divagations.

« *Me Ledru.* Nous désirons que tout soit dit; j'insiste pour que le témoin parle.

« *M. le Substitut.* Il faut établir la violence habituelle de l'accusé.

« *M. le Président.* Témoin, avez-vous vu le colonel maltraiter sa femme? — R. Oui, plusieurs fois.

« D. Ne lui êtes-vous pas venue en aide lorsqu'il voulait l'étrangler? — Oui, c'est monsieur qui m'a appelée.

« D. Comment! il vous a appelée? — R. Oui, pour avoir des ciseaux pour couper les vêtements de madame.

« D. Où a eu lieu cette scène ? — R. A Ostende.

« D. A quelle heure ? — A dîner, à quatre ou cinq heures.

« D. Mais s'il vous appelait à son aide, ce n'est donc pas qu'il voulait étrangler Mme Murray ? — R. Il avait la main à sa gorge.

« D. Et il vous appelait ? — R. Oui, parce qu'il avait peur.

« Me *Dolez.* Il y a interversion complète dans la déposition du témoin ; elle dit que c'est le mardi matin qu'elle a vu M. Murray et le samedi soir ; or de sa déposition écrite résulte que c'est le mardi soir et le samedi matin. Il y a contradiction relative aux moustaches ; dans sa déposition devant le juge d'instruction, elle dit qu'elle n'est pas sûre qu'il avait des moustaches ; aujourd'hui c'est à ses moustaches qu'elle dit l'avoir reconnu. Quant à la scène d'étranglement, elle est inconcevable.

« M. *le Président.* C'est vrai, ces contradictions existent. Témoin, combien y a-t-il de temps que vous n'aviez vu le colonel ? — R. Deux ans.

« M. *Max Lugers,* écuyer du roi : En décembre, M. d'Outerligne lui a raconté que le cheval de Mme Murray avait été blessé d'un coup de feu et qu'on soupçonnait M. Murray. Quelques jours après, j'ai cru reconnaître M. Murray, rue de Namur, entre huit et neuf heures du matin. Le témoin ne pense pas s'être trompé : le colonel Murray avait une redingote bleue et une décoration bleu de ciel. (M. Murray détaille ses décorations, aucune d'elles n'est bleue.)

« M. Lowe lui a dit, à la même époque, avoir vu aussi

M. Murray rue de la Madeleine. M. Murray avait, je pense, des moustaches ce jour. Je ne pense pas que M. Murray avant son départ pour l'Espagne, portait des moustaches. LORS DE SON DUEL AVEC M. GRANDT, il en portait.

« *M. Murray.* Jadis M. Max affirmait, aujourd'hui il n'affirme plus.

« *Me Ledru.* Connaissez-vous Mme Murray? — R. *Je l'accompagne souvent à cheval.*

« *Me Ledru.* Vous a-t-on dit que Murray maltraitait sa femme? — R. On me l'a dit à Ostende, pas à Bruxelles. C'est un quartier-maître du 12e de ligne qui me l'a dit.

« *Me Ledru.* Quelle autorité !

« *M. Lowe,* rentier. Je ne sais rien de l'affaire que par ouï-dire. J'ai cru voir Murray un soir, l'année dernière, vers la fin de l'été, rue de la Madeleine. Je ne l'ai pas positivement reconnu, à cause de la distance qui nous séparait. J'ai dit cela en société, je ne sais où. Je ne puis décrire la personne que j'ai rencontrée, j'ai la vue très-basse.

« *M. Spolding,* Anglais (c'est le gendre de lord Brougham), ne sait rien que par les conversations. J'ai vu Murray à Baden-Baden; j'étais avec plusieurs personnes, dont une m'a dit que Murray était très-irrité contre sa femme. Je ne puis affirmer avoir dit ou pas dit devant Mme Murray que son mari l'avait menacée à Baden. (Le témoin, en se retirant, vient saluer Me Ledru et cause avec lui.)

« *Ad. Janssens,* arquebusier à Bruxelles, *ne sait rien sur l'existence des fusils à vent que d'ouï-dire.*

Explications sur les fusils à vent.

« M. *Guillery*, professeur à Lacken. J'ai vu beaucoup de fusils à vent; ils ont un canon et une crosse remplie au moyen d'une pompe foulante qui peut en être détachée. Il y a des fusils à canne, mais à poudre. Je ne conçois pas un fusil à vent sans crosse; un fusil quelconque sans crosse ne peut d'ailleurs être ajusté d'une façon certaine. Un ouvrier bien adroit peut peut-être trouver le moyen de supprimer la crosse; mais cela doit être rare et difficile. La crosse d'un fusil à vent peut en être séparée; elle sert ordinairement à charger le fusil; il suffit de quelques minutes pour le charger. Je n'ai jamais, avant le procès, entendu parler de fusil à vent sans crosse.

« M. *Jobard*, propriétaire du *Courrier belge.*

« M. *le Président.* Est-il possible de placer un fusil à vent dans une canne? — R. Je pense qu'il est possible de placer un fusil à vent dans une canne de médiocre grandeur, puisqu'il en existe deux, inventées et exécutées par M. le baron Séguier fils, qui m'en a montré l'admirable mécanisme. L'une des deux avait été donnée au duc d'Orléans. Le bruit s'étant répandu, à l'époque de l'attentat d'Alibaud, que l'assassin s'était servi d'une canne à vent, M. le baron Séguier courut avec la sienne chez le duc d'Orléans pour lui démontrer que cela était impossible, puisque ces deux cannes étaient uniques; je ne pense pas que M. Séguier ni le duc d'Orléans aient prêté leurs cannes à M. Murray pour venir assassiner sa femme à Bruxelles. (Très-bien ! écoutez !) Il y a des fusils-cannes à poudre, qu'il ne faut pas confondre avec la canne à vent ; ceux-là font une explosion comme les autres ; ils sont fort répandus ; c'est d'un de ces instruments qu'Alibaud s'est servi.

« *M. le Président.* Comment pouvez-vous affirmer qu'il n'y ait que ces deux cannes ? — R. Parce que M. le baron Séguier me l'a dit et que je le crois ; parce que c'est un tour de force de fine mécanique qu'il n'est donné qu'à un aussi habile mécanicien que lui de construire, et que je ne pense pas qu'un armurier ordinaire soit en état de l'exécuter.

« *M. le Président.* Quel bruit peut faire un fusil à vent? — R. Cela dépend du degré de pression donné à l'air. J'ai entendu un fusil à vent (celui de M. Perrot) produire une détonation égale à celle d'un petit coup de pistolet ; chargé à trente atmosphères seulement, le bruit ressemble à un pétard de feu d'artifice.

« *M. le Président.* N'est-ce pas une espèce de sifflement? — R. Oui, quand l'air est peu comprimé, mais alors la portée de la balle n'est pas grande.

« *M. le Président.* Quelle est la portée d'un fusil à vent? Peut-il occasionner une blessure grave ? — R. La portée d'un fusil à vent peut être aussi grande et même plus grande que celle d'un fusil à poudre, et par conséquent il peut blesser et tuer aussi bien et d'aussi loin qu'un autre, parce que l'air peut être comprimé indéfiniment (jusqu'à la liquéfaction, qui n'a pas encore été obtenue).

« *Me Ledru.* Quelle est la cause de la détonation ? — R. La détonation est produite par le déplacement de l'air, puis par sa rentrée subite dans le vide occasionné par la condensation des gaz qui l'avaient déplacé.

« *M. Cloquette,* procureur du roi. Mais on m'a assuré qu'il existait certaines compositions chimiques, certaines poudres qui ne produisent aucun bruit? — R. Celles-là ne seraient point dangereuses non plus. Il y a, par exemple, la *poudre blanche* dans les contes de grand'mère (Hilarité générale); mais je ne pense pas qu'aucun chimiste voulût en entreprendre la fabrication. »

Suite de l'audition des témoins à charge.

M. Huart, commissaire de police adjoint, et *M. Baretta,* commissaire de police à Ixelles. Le premier a reçu la déclaration de M. Grandt, et est allé faire une perquisition inutile à *l'hôtel de la Régence,* où M. Grandt prétendait que M. Murray logeait. L'autre a fait des recherches pour l'arrêter à Ixelles, où l'on prétendait qu'il se cachait. »

Le maître de *l'hôtel de la Régence,* où M. Murray a logé antérieurement sera cité pour demain.

« *M. Vandermaele,* capitaine en non-activité. Je me promenais sur le boulevard lorsque je rencontrai Mme Murray, qui me demanda si je n'avais pas vu son garçon Auguste. Je lui répondis que non. Elle avait l'air troublé; je lui demandai pourquoi. Je crois que mon mari est en ville, me dit-elle, et je crains qu'il me le prenne. J'irai voir chez vous, lui dis-je, et j'ai été sonner à sa porte. L'enfant n'y était pas. J'ai vu que le cheval que montait le domestique, un petit cheval bai-brun,

était blessé près de la queue ; il y avait chair vive seulement, mais le sang ne coulait pas.

« *M. le Président*. Elle vous a dit *je crois*? — R. Je
ne me rappelle pas très-bien ; j'étais occupé à causer avec
M. d'Overschies.

« *M. l'Avocat général*. Vous adressait-elle quelquefois
la parole? — R. Oui, comme voisin, bonjour, bonsoir.

« D. Vous n'avez pas été surpris de ce qu'elle vous demandait son enfant?— R. J'y ai réfléchi ensuite, et, voyant
qu'elle avait peur, je lui dis, pensant que c'était son mari
qui l'effrayait : Il y a une porte de derrière chez moi, si
vous voulez en user, elle est à votre disposition.

« D. Avez-vous vu une autre personne passer au galop? — R. Je ne l'ai pas vue.

« D. Est-ce après avoir vu la blessure que vous êtes
allé sonner à la porte de Mᵐᵉ Murray? — R. Je ne me le
rappelle pas.

« *Mᵉ Ledru*. Êtes-vous allé rendre réponse à Mᵐᵉ Murray? — R. Je ne me le rappelle pas, je causais avec
M. d'Overschies.

« *Mᵉ Ledru*. Vous avez une mémoire bien infidèle,
capitaine. » (On rit.)

Catherine Landeau, dite *Mimie*, cuisinière chez
Mᵐᵉ Murray, n'a rien vu; on lui a montré le colonel
Murray à la fenêtre, et on lui a dit de le suivre ; pendant
qu'elle allait prendre son manteau, il a disparu. Quelques jours après, elle a cru le reconnaître à huit heures
du matin.

« *M. le Président*. L'avez-vous reconnu positivement?

« *Le témoin*. Non, je n'ai eu que l'*honneur* de voir le derrière de monsieur. » (Rire général.)

15ᵉ *témoin*, *M. Salvador*, capitaine pensionné. La déposition de ce témoin ne repose que sur des conversations qu'il aurait eues au sujet du colonel Murray, qu'il connaît depuis 1835, d'abord avec M. Max, puis avec Mᵐᵉ Murray elle-même. Il parle très-vite et peu clairement; confronté avec Mᵐᵉ Murray, qui rapporte ce qu'il lui aurait dit : « En voilà de la poésie ! s'écrie-t-il ; je n'ai « pas dit un mot de cela. »

La femme Delanghe, verdurière à Ixelles. On avait vu entrer chez elle un homme ayant quelque ressemblance avec le colonel Murray ; mais il a été reconnu que c'était une erreur. Elle ne le connaît pas ; elle ne l'a jamais vu.

Audition des témoins à décharge.

« Mᵐᵉ *Barbara Senton*, demeurant à Paris, rue Montaigne, n° 2, aux Champs-Élysées. M. Murray est venu demeurer chez moi le 23 octobre dernier avec sa mère, et je puis affirmer que, pendant le mois de novembre, il ne s'est pas absenté douze heures de suite.

« D. Combien de temps est-il resté chez vous? — R. Jusqu'au 14 février.

« D. Êtes vous sûre qu'il ne s'est pas absenté? — R. Dans le mois de novembre, pas douze heures. Le 23 novembre, il a donné cinq francs à sa mère pour qu'elle me les remît ; c'était pour payer le portier, qui cirait ses bottes. Je puis jurer devant Dieu et devant les hommes qu'il ne s'est pas absenté douze heures.

« *M. le Président.* Ceci, madame, est contraire à ce qu'ont déclaré plusieurs témoins.

« *Le témoin.* Je puis jurer devant Dieu et devant les hommes que M. Murray ne s'est pas absenté douze heures.

« *M. le Président.* Ne jurez pas trop ; c'est assez d'une fois.

« *Me Ledru.* Que répondre, si ce n'est attester Dieu ?

« *M. le Président.* Comment vous rappelez-vous que c'était le 23 novembre ? — R. Il était entré le 23 octobre, et le 23 novembre le mois était fini. Il donnait cinq francs par mois au portier. »

Mᵐᵉ Murray est rappelée.

« *M. le Président.* Vous avez entendu, madame ; si ce que dit le témoin est vrai, ce que vous avez dit est faux ; et, si vous avez dit la vérité, c'est elle qui a fait une fausse déposition.

« *Mᵐᵉ Murray.* J'ai vu mon mari le 23 novembre.

« D. C'est bien votre mari ici présent, le colonel Murray ? — R. Oui, je l'affirme. »

M. le Président ordonne au greffier de transcrire littéralement la déposition de Mᵐᵉ Senton.

A la suite d'un nouveau débat entre Mᵐᵉ Murray et le témoin Salvador, M. le Président fait approcher en présence de la dame Senton le domestique de Mᵐᵉ Murray et la femme de chambre, leur rappelle le serment et les peines sévères qui atteignent le parjure, et leur demande de nouveau de dire toute la vérité.

Mᵐᵉ Murray, la femme de chambre et le domestique, persistent. — Je puis entrer en présence de mon Dieu, dit Mme Murray, j'ai dit la vérité. — Dût-on me couper la tête, dit le domestique, je répéterai que j'ai vu M. Murray. — Je ne suis ni pour monsieur ni pour madame, dit la femme de chambre; j'ai dit vrai, j'ai vu le colonel Murray le mardi et le samedi.

La dame Barbara Senton. Je veux mourir s'il n'est pas vrai que M. Murray n'a pas quitté Paris dans le mois de novembre; je suis sûre qu'il était chez moi le 23 novembre.

« *M. le Président.* Je n'accuse personne encore, mais je ferai tous mes efforts pour arriver à la découverte de la vérité, et malheur à ceux qui auront menti à la justice!

« *Jérôme-Pierre Gillon,* portier de la maison rue Montaigne, n° 2, aux Champs-Élysées, à Paris : Je connais M. Murray depuis huit à neuf mois. Il est venu demeurer dans l'appartement loué à Mme Senton le 23 octobre.

« *M. le Président.* Greffier, transcrivez avec soin la déposition du témoin ; je suis dans une situation très-extraordinaire, il faut que j'emploie tous les moyens pour arriver à la vérité. Ce que je fais pour les témoins à décharge s'applique également aux témoins à charge; il y a nécessairement quelqu'un qui ne dit pas la vérité.

« *Le témoin.* M. Murray est resté dans la maison du 23 octobre au 14 février. Je l'ai toujours vu, il n'a pas fait d'absence, j'en suis sûr.

« D. A quelle heure rentrait-il? — R. A onze heures, minuit, quelquefois plus tard; alors il me disait : Concierge, attendez-moi.

« D. Vous ne croyez pas possible qu'il ait fait un voyage?
— R. Non, aucun.

« D. Qu'est-ce qu'il vous donnait pour ses bottes? — R. Cent sous par mois.

« D. Qui vous les payait? — R. Mme Senton.

« D. Et vous avez été payé le 23 novembre?—R. Oui, le mois était fini. »

Mme Murray, la femme de chambre et le domestique sont rappelés; adjurés de nouveau par M. le Président de dire la vérité, ils reproduisent les mêmes protestations que devant le témoin précédent.

La fille du concierge, qui travaillait trois fois par semaine chez Mme Murray la mère, fait une déposition en tout semblable à celle de son père, et donne lieu à de nouvelles protestations de la part des trois principaux témoins à charge.

Mme *Murray*, mère de l'accusé.

« *M. le Président*. Le ministère public n'a-t-il aucune observation à faire sur l'audition de ce témoin?

« *M. le Substitut*. La défense ne s'est pas opposée à l'audition de la femme de l'accusé, nous ne croyons pas devoir nous opposer à l'audition de sa mère.

« Me *Ledru*. Voici pourquoi nous tenons à l'audition de Mme Murray la mère. Cette dame a eu de tout temps l'habitude d'écrire sur un journal, jour par jour, tous les actes de sa vie. Nous aurons à invoquer ce journal dans la défense, et nous voudrions que Mme Murray s'expliquât à ce sujet. »

La cour délibère, et décide que Mme Murray la mère

sera entendue sans prestation de serment et à titre de renseignements.

« *Le témoin.* Mon fils est arrivé à Paris le 21 octobre ; le 23, nous sommes entrés chez Mme Senton ; il n'a pas passé une journée entière dehors. Seulement, en décembre et en janvier, il lui est arrivé d'aller au bal et d'y passer la nuit ; mais le matin je recevais un billet de lui. Il n'a fait aucun voyage, et je trouvais cela extraordinaire de la part d'un jeune homme.

« Le 23, il était à Paris ; j'ai eu occasion de mentionner le fait sur mon journal. »

(Mme Murray la mère, dont la tournure est fort distinguée, paraît avoir été extrêmement belle. En se retirant, elle passe devant la femme de son fils, et lui lance un regard accusateur.)

« *M. Henri Roland Harvey.* Je connais M. Murray depuis mon enfance ; j'ai été à l'université avec lui ; je l'ai toujours connu bon et d'une grande bienveillance de caractère. J'ai su qu'il s'était marié ; je l'ai vu à cette époque à Ostende ; il m'a présenté à sa femme, et tous deux paraissaient vivre dans la meilleure intelligence. Je l'ai retrouvé à Paris au mois d'octobre 1839 ; je le voyais souvent, et comme il a des talents d'agrément, j'eus l'idée de le présenter dans une famille où j'étais reçu et où l'on faisait de la musique. Je le fis inviter ; un jour, un samedi, j'allai chez lui pour savoir s'il voulait venir dans cette maison dont les réunions étaient fixées au samedi. Il était cinq heures ; il m'engagea à rester à dîner, me disant : Nous verrons après dîner. Quand nous eûmes fini, comme il se trouvait indisposé, il préféra rester. Nous avons vérifié depuis que ce samedi était précisément le 23 novembre; cela résulte du journal de madame Murray.

« Quelques jours après, j'appris par les journaux, le *Galignani's* je crois, qu'un M. Murray avait voulu tuer sa femme. Je ne lui en parlai pas, parce qu'il était malade, et que je le savais trop soucieux peut-être de son honneur. Un autre de ses amis lui en parla; je lui dis que c'était probablement un autre Murray; mais il y avait dans le journal Kent-Murray, et c'était bien lui. C'est alors que nous vérifiâmes la date et que nous reconnûmes que c'était bien précisément le jour où nous avions dîné ensemble.

« J'ajouterai que je connais beaucoup de monde, et que de toutes mes connaissances c'est celui que je connais le moins capable d'une infamie, d'un acte de déloyauté.

« *M*ᵐᵉ *la comtesse de Melfort.* Cette dame, venue pour son mari malade, ne sait rien des démarches que la défense suppose avoir été faites par M. Grandt pour lui faire faire un témoignage contraire à M. Murray?

« *M*ᵉ *Ledru.* M. de Melfort étant absent, me sera-t-il permis de lire une lettre qu'il écrivait à Paris à M. Murray?

« *M. le Président.* Ce serait contraire à la loi; la cour de cassation vient encore de le décider.

« *M*ᵉ *Dolez.* Et sur ma plaidoirie. »

*M*ᵐᵉ *Jeanne Derby*, à Ixelles. Ce témoin ne sait absolument rien, si ce n'est qu'elle n'a pas vu M. Murray en 1839.

M. Robert Kunman, ministre protestant. Ce témoin

ne sait rien non plus ; il a avec l'accusé une ressemblance éloignée, et la défense suppose que ce pourrait être lui qu'on aurait vu à Ixelles et qui aurait fait croire que M. Murray y est venu en novembre 1839.

L'audition des témoins cités est terminée ; l'audience est continuée à demain.

Audience du 25 juillet.

Une foule plus considérable encore que la veille assiége les portes de la cour d'assises et remplit la cour. Des ordres sévères ont été donnés par M. le Président pour que les personnes munies de billets puissent seules être admises. L'entrée est refusée à des magistrats et à des avocats. Dans l'enceinte réservée, et derrière les siéges de la cour, se pressent les notabilités privilégiées.

A l'ouverture de l'audience, M. le président annonce que le témoin Grandt, étant arrivé, sera entendu.

« *Me Ledru*. Je demanderai à M. le Président qu'il veuille bien entendre M. Duvergier, chez lequel ont demeuré M. et Mme Murray pendant leur séjour à Bruxelles. »

M. le Président ordonne que M. Duvergier se retirera dans la salle des témoins.

Audition du témoin Grandt.

Grandt est appelé. C'est un homme dont la physionomie n'annonce rien de remarquable, si ce n'est un rare sang-froid. Il est presque chauve ; il déclare être rentier, âgé de quarante-cinq ans, domicilié à Bruxelles.

« *M. le Président.* Dites ce que vous savez.

« *Le témoin.* Le 23 novembre, rentrant à quatre heures chez moi, je rencontrai mon domestique à pied. Sachant qu'il avait dû sortir à cheval je fus étonné de le voir à pied, et je lui demandai pourquoi ; il me dit que Mme Murray l'avait envoyé chercher son enfant, parce qu'elle avait vu son mari sur le boulevard. Je rentrai chez moi. Dans le corridor je vis Mme Murray qui me dit avoir vu son mari. Je regardai le cheval, et je vis qu'il avait un petit trou à la croupe ; je demandai s'il était arrivé un accident, on me répondit que non. Je fis appeler un vétérinaire, qui me dit que ce trou avait été fait par une balle. Je questionnai mon domestique, qui me dit qu'il ne savait rien ; que seulement, en passant devant M. Murray, son cheval avait fait un bond tellement fort, qu'il faillit être renversé. J'allai le soir chercher le vétérinaire, qui me répéta la même chose, que la blessure avait été produite par une balle. Je demandai alors à un commissaire de police de chercher M. Murray en ville, et je supposai que le coup était parti d'une canne à vent, puisqu'on n'avait pas entendu de bruit.

« *M. le Président.* Vous n'avez pas été témoin oculaire du fait ? — R. Non, je ne l'ai appris que par ouï-dire.

« D. Qui vous a parlé de l'attentat le premier ? — R. C'est le vétérinaire qui me l'a fait soupçonner.

« D. A quelle heure avez-vous été chercher le vétérinaire ? — R. Le soir même, vers sept heures.

« D. Savez-vous ce que c'est qu'un fusil à canne ? — R. C'est une canne un peu plus forte qu'une canne ordi-

naire. J'ai souvent tué des lapins et des lièvres, parce
que cela ne fait pas plus de bruit que cela. (Le témoin
imite le bruit avec lequel on excite un cheval.)

« *Un Conseiller.* Ne faut-il pas que l'on ajoute une
crosse à cette canne? — R. On peut la charger d'avance
pour vingt coups, il n'y a alors plus rien à faire qu'à
mettre une balle.

« D. Peut-on diriger cette arme? — R. On peut la
diriger aussi bien qu'avec un pistolet.

« *M. le Président.* Vous avez prévenu le vétérinaire
vers sept heures du soir? — Oui.

« D. Et vous lui avez dit qu'il y avait une demi-heure
que l'événement était arrivé. — R. Il y avait plus que
cela; l'événement était arrivé vers quatre heures.

« *M. le Président.* D'Outerligne est-il présent? (Ce
témoin est absent.)

« *M. le substitut du procureur général.* Je désirerais
que le témoin rappelât ce qui s'est passé entre lui et le
témoin Salvadori. Hier, il a été question à l'audience
d'une conversation qui aurait eu lieu entre ces deux
messieurs.

« *M⁰ Dolez.* Pour ne pas interrompre le cours des
idées, je demanderai au témoin si au moment où il a
rencontré son domestique sur le boulevard il savait que
son cheval était blessé.

« *Le témoin.* Je ne crois pas.

« *M⁰ Ledru.* Combien y avait-il de temps que Mᵐᵉ Murray était rentrée? — R. Il y avait au plus cinq minutes;
j'ai rencontré mon domestique à quelques pas de chez
moi; il ramenait l'enfant de Mᵐᵉ Murray.

« *M. le Président.* Avez-vous eu une conversation avec M. Salvadori? — R. Oui, plusieurs jours après.

« D. Lui avez-vous parlé de l'événement? — R. Oui; j'ai été chez lui pour savoir l'adresse de M. Murray, parce que je savais qu'il était lié avec lui, et la police avait fait de vaines recherches pour le trouver.

« D. Était-ce longtemps après? — R. Dix ou douze jours après.

« D. Savait-il l'événement? — R. Oui, il le savait très-bien.

« D. Cependant M. Salvadori a déclaré qu'il ne l'a appris que trois mois après. »

M. Salvadori est rappelé.

« *M. le Président,* au témoin Salvadori. Vous avez dit que vous aviez appris l'événement environ trois mois après ; le témoin dit qu'il vous en a parlé quelques jours après.

« *Le témoin Salvadori.* J'ai rencontré M. Grandt, Montagne de la Cour, vers le mois de février ; il me demanda si j'avais vu Murray. Je dis : Non ; est-ce qu'il est ici? Je voudrais le voir. Le soir, j'allai chez M. le comte de Melfort, et je dis : J'ai rencontré Grandt ; il m'a demandé si j'avais vu Murray. Qu'est-ce qu'il y a donc? car, comme je savais qu'il y avait déjà eu un duel entre eux, je m'intéressai à savoir ce qu'il en était. Alors on me raconta l'événement, que j'ignorais complétement.

« *Le témoin Grandt.* Ce n'est pas quand j'ai rencontré M. Salvadori que je lui ai parlé, c'est quand je suis allé chez lui pour savoir l'adresse de M. Murray.

« *Le témoin Salvadori.* C'était au mois de mars. J'ai rencontré Grandt, il ne m'a pas dit un seul mot. Il est venu chez moi cinq fois en un seul jour ; je me rappelle maintenant l'époque, c'est le jour du dernier bal que le roi a donné à la cour ; c'est ce jour-là que M. Grandt m'en a parlé. Il ne m'a jamais engagé à dire autre chose que la vérité ; il croyait que M. Murray était chez moi.

« *Le témoin Grandt.* Vous avez dit que M. Murray était venu chez vous pour vous demander asile.

« *Le témoin Salvadori.* Voilà encore un rêve. Je n'ai pas dit un mot de cela. J'ai dit que, si, accusé ou coupable, M. Murray fût venu me demander asile, il l'y aurait certainement trouvé.

« *Me Ledru.* Voulez-vous demander au témoin pourquoi dans la dénonciation qu'il a faite le 23 il a dit Mme Murray divorcée ?

« *Le témoin Grandt.* Je ne crois pas m'être servi de cette expression.

« *Me Ledru.* Elle est dans le procès-verbal ; on a même ajouté : divorcée depuis trois ans.

« *Le témoin Grandt.* J'ai voulu dire séparée.

« *Me Ledru.* J'expliquerai plus tard pourquoi vous l'avez dit. Maintenant je prierai M. le président de vouloir bien demander au témoin quels ont été les motifs de son duel avec Murray.

« *M. le Président.* Cette question n'a aucun rapport avec l'attentat du 23 novembre, et je ne la poserai pas ; je dois écarter des débats tout ce qui les prolongerait inutilement.

« *Me Ledru.* Je ferai observer à M. le président qu'il

nous importe de connaître la moralité du témoin, et nous nous occuperons très-sérieusement de cette moralité. Les témoignages qui ont été entendus contre l'accusé sont graves dans l'intérêt de l'accusation, et graves en sens contraire contre la défense ; il n'y a pas moyen de détruire ces témoignages si la moralité des témoins n'appartient pas à l'examen sérieux de l'accusé et de ses défenseurs. Il y aurait impossibilité absolue dans cette cause comme dans toutes les autres de faire voir toute la vérité si l'on ne pouvait examiner très en détail la moralité de l'accusateur et des témoins qu'il produit. Quand un homme se bat avec un mari pour lui enlever sa femme, la loi veut que nous ayons le droit de scruter cet homme.

« *M. le Président.* Quelle conséquence voulez-vous en tirer ? Ce fait n'a aucun rapport à la cause.

« *Mᵉ Ledru.* Il aura pour résultat d'établir la moralité du témoin.

« *M. le Président,* au témoin. Vous avez eu un duel avec l'accusé ? — Oui.

« D. Y a t-il longtemps ? — R. Deux ou trois ans.

« *M. le Président.* Je ne ferai pas d'autre question.

« *Mᵉ Dolez.* Je demanderai la permission d'ajouter quelques mots aux paroles de mon honorable confrère. De la moralité du témoin dépend la foi ou la non-foi dans son témoignage. Comment reconnaître de quel côté se trouve la loyauté et la bonne foi, si on ne permet pas d'établir cette moralité ? Nous croyons que dans les antécédents du sieur Grandt vis-à-vis de l'accusé lui-même il y a de graves suspicions contre le témoin et contre tous ceux qui se rattachent à lui. Notre droit, notre devoir même, est d'interroger le témoin sur ces faits, afin de faire connaître à la justice sa bonne ou sa mauvaise foi. La loi exige ce devoir ; le droit, l'art. 319 du Code d'instruction criminelle, nous le donnent formellement.

« *M. le Président.* Le Code de procédure oblige le président d'écarter des débats tout ce qui peut les prolonger inutilement.

« *Me Dolez.* Il n'entre pas dans mon désir de changer la nature de ces débats ; mais nous demandons pour la défense toute la latitude possible. Nous pensons que l'intérêt de l'accusé, les convenances de la cause, exigent que cette question soit posée ; je ferai remarquer qu'hier, sur pareille observation de ma part, M. le président a posé la même question. Mme Murray a déclaré qu'elle avait été cause du duel, et nous voudrions que cela fût aussi attesté par le témoin. »

M. le président insiste pour ne pas poser la question.

« *Me Ledru.* Nous poserons des conclusions. »

Me Dolez rédige alors ces conclusions : « L'accusé et ses conseils concluent à ce qu'il plaise à la cour ordonner que la question suivante soit posée au témoin Grandt : À quelle occasion un duel a-t-il eu lieu entre vous et l'accusé ? n'est-ce pas spécialement à l'occasion de Mme Murray ? »

« *M. le substitut du procureur général.* Je pense que la question doit être posée. »

(La cour se retire pour délibérer. Après un quart d'heure de délibération, la cour rentre en audience, et M. le président déclare que la cour, considérant que la question peut être utile à la défense, ordonne qu'elle sera posée.)

« *M. le Président.* Monsieur Grandt, à quelle occasion avez-vous eu un duel avec M. Murray? n'est-ce pas spécialement à l'occasion de Mme Murray?

« *Le témoin Grandt.* Je ne me rappelle pas l'époque. Un nommé M. Gratton s'est présenté chez moi, et m'a dit que M. Murray, trouvant que je l'avais blessé dans son honneur, me demandait satisfaction. Je répondis que je ne savais pas en quoi j'avais pu le blesser, mais que je m'étais fait une règle générale de ne jamais refuser de me battre. Nous nous rendîmes sur le terrain, et j'essuyai le feu de M. Murray sans y répondre.

« *M. le Président.* On vous a demandé si ce n'était pas à l'occasion de Mme Murray? — R. On ne m'a pas dit autre chose, sinon que je l'avais blessé dans son honneur.

« *Me Ledru.* Le témoin n'a-t-il pas mis de sa personne M. Murray à la porte de chez sa femme, en disant que, s'il ne sortait pas, il se livrerait à la violence.

« *Le témoin.* Cela est exact.

« *Me Ledru.* Le témoin ne s'est pas contenté de le dire, il l'a écrit et signé.

« *M. le Président.* Était ce de la maison de Mme Murray?

« *Le témoin.* C'est de la maison louée par moi avec les fonds de Mme Murray.

« *Me Ledru.* Le témoin ne connaît-il pas un nommé Laurence qui était cité comme témoin, et qui a disparu? Ce Laurence ne s'est-il pas beaucoup mêlé de toutes les affaires qui ont eu lieu entre M. Grandt et Mme Murray?

« *Le témoin.* J'étais logé à cette époque chez M. Laurence. Il ne s'est mêlé de rien. Seulement, la première fois que Mme Murray a vu son mari sur le boulevard, elle a été chez M. Laurence, mais cela est bien antérieur.

« *Me Ledru.* Le témoin fait erreur. L'écrit du sieur Grandt est du 16 mai 1836; et le 6 mai Laurence en avait fait un à sa façon, et tout cela à l'occasion de Mme Murray, qui était en présence de son mari. Le sieur Laurence jouait alors le rôle qui a été pris plus tard par M. Grandt, et tous deux étaient capables d'exécuter leurs menaces.

« *Le témoin Grandt.* M. Murray était entré de force chez madame; il y est resté pendant trois jours depuis le matin jusqu'au soir. J'ai été forcé de le mettre à la porte.

« *Me Ledru.* Je demanderai comment le témoin était investi du droit de mettre un mari à la porte de chez sa femme, sous menace de commettre un crime.

« *Le témoin Grandt.* Parce qu'elle m'avait demandé protection.

« *Me Ledru.* Contre son mari?

« *Le témoin.* Oui.

« *Me Ledru.* N'est-ce pas le témoin qui a fait insérer dans les journaux, le 18 décembre dernier, une lettre dans laquelle on lit : « L'autorité judiciaire est saisie de « cette affaire. Une forte récompense est promise à celui « qui pourra indiquer la retraite du colonel Murray, qui « s'est caché à Bruxelles sous un faux nom, puisqu'il a « échappé à toutes les recherches de la police. »

Le témoin déclare que ce n'est pas lui, et que cette lettre n'a été insérée ni par ses ordres ni par ses conseils.

« *Mᵉ Ledru.* Nous verrons cela.

« *Mᵉ Ledru.* Il est une question que je soumets à la prudence de la Cour. Le témoin pourrait-il dire pour quelle raison il croit qu'il a été congédié d'une société honorable qui existe à Bruxelles, et dont il était membre?

« *M. le Président.* Toutes les questions qui peuvent amener la preuve que l'accusé est innocent seront posées. Je désire autant que personne que cette innocence soit démontrée, mais j'écarterai toutes les autres.

« *Mᵉ Ledru.* Je n'insiste pas; mais je tenais à poser la question.

« *M. Simon,* témoin cité en vertu du pouvoir discrétionnaire, propriétaire de l'hôtel de la Régence, connaît l'accusé, qui a logé chez lui plusieurs fois. Il ne peut préciser parfaitement la dernière époque, mais il dit que c'est quand M. Murray est venu pour chercher son enfant : il y a à peu près deux ou trois ans. Il ne l'a pas vu au mois de novembre dernier.

« *M. le Président.* Accusé, avez-vous à dire quelque chose ?

« *L'accusé.* Sur la déposition du témoin Grandt, oui, Monsieur le Président.

« *M. le Président.* Grandt, approchez.

« *L'accusé.* J'ai à dire que je soupçonne fortement cet homme d'être l'auteur du complot ourdi contre moi. Je ne demande qu'une grâce à la Cour et à MM. les Jurés : c'est que, s'il est prouvé que depuis deux ans j'ai mis le pied dans un rayon de cent mille anglais de la ville de

Bruxelles, s'il est prouvé que j'ai j'amais eu entre les mains un instrument comme celui que décrit cet homme, je demande pour unique grâce qu'on me condamne à mort, car alors j'ai été un infâme menteur. (Applaudissements dans l'auditoire.)

« *M. le Président.* J'engage le public à s'abstenir de marques d'approbation ou d'improbation. On ne doit ni applaudir ni siffler. »

M. Duvergier, employé à la Société générale, a été appelé en vertu du pouvoir discrétionnaire du Président. Le témoin a connu l'accusé, qui a demeuré chez lui avec sa femme. Il dépose de toute la bonne intelligence qui régnait entre les deux époux. C'était un ménage parfait.

Un autre témoin, officier de santé dans l'armée, est entendu sur l'effet que peut produire une balle.

Nouvelle audition de Mme veuve Murray.

Mme *veuve Murray,* entendue sans prestation de serment en raison de sa qualité de mère, est rappelée et demande à prêter serment. « Je le désire, dit-elle : parce que madame sa femme a risqué son âme pour perdre son mari, ce n'est pas une raison pour que je risque la mienne pour sauver mon fils.

« *M. le Président.* Vous avez été entendue hier sans prêter serment ; continuez de même aujourd'hui. Reconnaissez-vous ces portefeuilles ? — R. Oui, ce sont les miens.

« D. Tout ce qui y est écrit est-il de votre main ? — R. Oui, Monsieur le président.

« D. Veuillez lire ce qui s'y trouve à la date du 19 novembre.

« *Le témoin* lisant. J'ai passé avec mon fils chez Mme la baronne de Lobsant, parce que sa fille Blanche avait la rougeole.

« *M. le Président.* Écriviez-vous cela le même jour ? — R. Le soir même quand j'avais le temps, ou le lendemain matin.

« D. Veuillez lire ce qui est sous la date du 20. — R. Mon fils n'y est pas nommé. Il y a : Je suis restée toute la journée ; il commence à faire froid.

« D. Et sous la date du 21 ? — R. Il a plu toute la journée. Mme de Kenson est venue prendre le thé avec moi, et Kent est sorti à huit heures et demie.

« D. Qui appelez-vous Kent ? — R. C'est mon fils.

« D. Que se trouve-t-il à la date du 22 ? — R. J'ai été indisposée toute la journée.

« D. Et à la date du 23 ? — R. Je suis restée chez moi toute la journée ; M. Harley est venu dîner avec *nous.*

« D. Et à la date du 24 ? — R. M. Grantan est venu avant que Kent fût levé, j'ai été prendre le thé chez Mme de Kenson ; Kent a été dîner en ville.

« *M. le Président.* Vous déclarez que tout ce que vous avez écrit est la vérité ? — R. Oui, monsieur.

« *Me Ledru.* C'est une habitude qu'ont beaucoup d'Anglais ; ainsi, voyez les agendas : en voici un acheté à Milan, l'autre est acheté à Paris, l'autre à Londres. Depuis vingt-cinq ans madame est habituée à écrire toute sa vie.

« *M. le Président.* Je déclare les débats terminés. La parole est au ministère public.

Réquisitoire du ministère public.

«*M. Cloquette* (substitut). Messieurs les jurés, cette affaire est remarquable non-seulement par la gravité de l'imputation qui pèse sur le colonel Murray, mais plus encore par la singularité des circonstances qui s'y rattachent. J'avais espéré que l'on parviendrait à déchirer le voile qui semble obscurcir les principaux faits de la cause ; mais, je dois le dire avec un profond sentiment de regret, tous les efforts que la justice a tentés pour arriver à la découverte de la vérité n'ont pas atteint leur but.

« Nous sommes placés ici en face de deux systèmes, se présentant chacun avec leurs preuves et leurs arguments, ce qui place le ministère public dans la position singulière de se trouver en présence d'un ou de plusieurs coupables, sans pouvoir les discerner, sans pouvoir indiquer ceux que le glaive de la loi doit frapper. »

Après cet exorde, le ministère public rentre dans les détails de la cause, discute les témoignages, établit le parallèle des allégations contraires qui s'entre-détruisent. « Tout est, dit-il, couvert d'un voile de doute, et il m'est impossible de demander la condamnation soit du colonel Murray, soit des faux témoins qui viennent ici braver les arrêts de la justice. »

L'organe du ministère public attendra les moyens de la défense pour se décider définitivement.

Mᵉ Charles Ledru a la parole. (Attention générale.)

Plaidoyer de Me Charles Ledru.

« Messieurs,

« Je me lève profondément attristé des paroles du ministère public. Si Murray ne demandait qu'un acquittement, elles nous suffiraient; mais s'il n'avait voulu qu'un tel résultat, qu'avait-il besoin de venir d'un pays où il était à l'abri des rigueurs de vos lois pour se constituer prisonnier (1)? M. l'avocat général déclare qu'il ne lui est pas démontré que l'accusé soit coupable, et que le *doute* doit s'interpréter en sa faveur. Triste concession pour un homme comme Murray!..... Le doute, Messieurs, dans une question d'honneur, c'est la mort! Le doute! nous n'en voulons pas. Murray repousse le présent de la vie si on le lui fait à condition qu'une tache resterait sur son front. Il faut qu'il sorte d'ici purifié ou infâme : il n'y a pas de milieu entre ces extrémités, car entre un honnête homme et un assassin il n'y a pas de moyen terme, et l'accusation est condamnée à être logique.

« Vous désirez, Monsieur l'avocat général, qu'un rayon de lumière surgisse des débats pour dissiper votre incertitude. Je m'oblige à vous présenter le fanal qui éclairera ce chaos, et j'ose espérer que quand la vérité luira plus claire que le soleil vos yeux ne s'en détourneront pas. Sachez d'abord quels sont les antécédents du colonel

---

(1) M. Murray, d'après des conventions d'honneur entre M. le procureur général et M. Charles Ledru, s'était engagé à se constituer prisonnier dix jours avant les assises. Il est en effet venu à Bruxelles le 14, et est entré en prison le même jour.

Murray, et à ce seul exposé vous verrez s'il est du nombre
de ceux que le soupçon puisse atteindre. (Mouvement.)

« C'est en 1833 qu'il épousa la demoiselle Henriette
Orde, fille du général anglais de ce nom. Aussitôt après
cette union, ils vinrent s'établir à Bruxelles. Circonstance
étrange! les premiers instants de bonheur du colonel
Murray eurent pour témoin la ville où il devait, quelques
années plus tard, comparaître, à la dénonciation de sa
femme, sur le banc des assises !

« Les personnes qui ont vu Murray à Bruxelles à cette
époque savent qu'il n'avait pour relations que les plus
dignes. Pour m'expliquer par un seul mot à cet égard, je
dirai, Messieurs, qu'il lui a été donné souvent d'être admis à présenter ses respects à votre roi.

« L'honorable M. Duvergier, entendu à l'audience de
ce matin, vous a dit de quelle félicité jouissait ce jeune
ménage, quelle était la douceur et l'égalité de caractère
du mari. Oui, ils étaient heureux, et tout annonçait
qu'aucun nuage ne viendrait troubler un si doux ciel.

« En quittant la maison de M. Duvergier, ils allèrent à
Ostende.

« Ils y étaient arrivés depuis vingt-sept jours lorsque
le hasard jeta à la rencontre de Murray un homme qui
s'introduisit peu à peu dans sa familiarité..... Certes
Murray ne devait à aucun égard redouter la comparaison : je vous en fais juges... (En prononçant ces mots,
Mᵉ Ch. Ledru dirige ses regards et les tient fixés sur le
sieur Grandt, avec un air de mépris.) ; mais il y a de ces
hommes assez expérimentés dans la vie pour savoir qu'à
force de perfidie, de sang-froid, de patience..... on peut

semer la division au sein d'un ménage....., et, sous l'apparence d'une amitié protectrice, s'emparer de la confiance, des secrets, des soupçons, d'une jeune femme......, l'entraîner dans le piége, puis la dominer en maître.

« Murray était loin de soupçonner qu'un traître, un misérable, eût pénétré dans sa maison sous la figure d'un ami. Tout lui fut révélé quand le mal était irréparable.

« C'était en 1836 ; il était venu d'Ostende à Bruxelles à un bal de la cour. Au retour, qui fut immédiat, sa femme avait disparu.

« Ses yeux s'ouvrirent alors ; le scandale ne pouvait convenir à un homme de cœur. Murray se tut et dévora en silence sa douleur. Je me trompe : il voulut se venger. Mais voyez quelle vengeance une âme noble aime à tirer d'une si odieuse trahison.

« Il résolut de *punir* sa femme en se jetant au devant de la mort, et, dans son poétique désespoir, il se fit volontaire parmi ses compatriotes qui combattaient en Espagne sous les ordres du général Evans. Toujours au premier rang, il laissa de toutes parts de nobles traces de son désespoir. Il se battait *pour mourir ;* mais une destinée cruelle semblait le rendre invulnérable.

« On doute si Murray a été capable de commettre un homicide sur sa femme à l'aide d'un fusil à vent, c'est-à-dire d'une arme qui, par sa nature, est à l'égard des autres armes ce que le crime hypocrite est au crime audacieux, ce que l'empoisonnement est à l'assassinat par le fer.

« Pour réponse, voici ses états de service. Fait lieutenant-colonel sur le champ de bataille, il conquit chacun de ses grades à la pointe de l'épée. Le ruban qu'il porte vous dit qu'il était sur la liste des braves; cinq fois il ajouta une décoration nouvelle à ses décorations premières, et toutes furent arrosées de son sang. (Mouvement.)

« Je ne suis pas autorisé, Messieurs, à vous faire ces récits; je vous l'avouerai même, je désobéis à Murray en vous parlant de sa conduite militaire; mais puisqu'il me confiait le soin de son honneur, je suis juge de tout ce qui importe à le défendre.

« Apprenez donc un fait d'armes plus beau que tous les autres; car ce n'est plus seulement du courage, de l'intrépidité; c'est (ce qui vaut mieux, ce qui parle plus éloquemment dans cette cause) la bonté, la bienveillance, l'humanité, au sein du carnage, pratiquées jusqu'à l'héroïsme.

« C'était au siége d'Irun, près de Bayonne, en l'année 1837. Deux jours la ville avait résisté; elle fut prise d'assaut. Elle était défendue par quinze cents carlistes; une seule maison crénelée résistait après la prise de la place; vingt-cinq hommes s'y étaient enfermés sous les ordres de deux officiers. D'après le terrible droit de la guerre, ils devaient, pour prix de leur courage, être tous passés au fil de l'épée. La porte succombait... Un homme s'y porta et défendit à ses soldats d'approcher. Brave, il avait compris ces braves qui avaient voulu mourir avec gloire... Les baïonnettes se croisèrent sur sa poitrine; ses propres soldats voulaient l'immoler... ils avaient pourtant cédé à la voix de leur chef en l'admirant; mais deux hommes des *Chapets Gory*, de ces volontaires basques qui jamais ne donnent ni ne reçoivent de quartier, le suppliaient de leur permettre au moins d'en *tuer deux!* Plus sauvages que les sauvages eux-mêmes, ils invoquaient le nom *sacré* de la divinité pour accomplir un sacrifice humain...; ils allaient immoler Murray lui-même... Le courage l'emporta sur la férocité... La poignée de braves fut sauvée, et avec elle des femmes, des enfants, des vieillards.

« C'est pour prix de cette action que Murray fut fait sur le lieu même lieutenant-colonel. Je dirai en quels termes lui écrivait le général Evans, après avoir signalé dans les journaux la conduite de mon client.

« Mon cher Kent-Murray,

« Ce n'est pas *par forme* que j'ai fait mention de vous,
« mais parce que je fus témoin avec un extrême plaisir
« de votre conduite courageuse et généreuse. Une famille
« entière et plusieurs soldats carlistes doivent la vie à la
« protection résolue que vous leur donnâtes, *au péril*
« *imminent de votre vie.* Usez de cette lettre comme bon
« vous semblera, et croyez-moi votre ami sincère.

« D. L. EVANS.

« Au lieutenant-colonel Kent-Murray. »

« Il en use devant la cour d'assises, accusé d'assassinat. (Mouvement.)

« Voici les titres que lui conférait, à la même occasion, la reine d'Espagne :

« En récompense du mérite que vous, don E. Kent-
« Murray (major aide de camp du lieutenant-général
« D. L. Evans), vous vous êtes acquis au siége et à l'assaut
« d'Irun pendant les journées des 16 et 17 mai 1837, il
« m'a plu, dans mon décret du 30 septembre, de vous
« conférer la croix de chevalier de l'ordre royal d'Isa-
« belle la Catholique, libre de frais.

« Signé, LA REINE RÉGENTE.

« Au palais de Madrid, 19 octobre 1837. »

« Messieurs les jurés, vous connaissez Murray. Voilà
l'homme accusé de plus que d'un crime... d'une odieuse
lâcheté !... Je le mettrai plus tard en comparaison avec
les accusateurs ; car j'aurai à parler d'eux, et je parlerai
surtout de celui qui, de loin, toujours actif, toujours caché, créateur, exécuteur de cette infernale machination,
a lancé la foudre du nuage... Et alors, quand je vous
aurai fait toucher du doigt et de l'œil toutes les parties du
drame, tous les ressorts, tous les acteurs... et surtout
l'acteur principal (Me Ledru s'arrête un instant en fixant
ses yeux sur Grandt), nous verrons si *l'on doutera* encore !... Mais il ne faut point anticiper : je comprime tout
ce que j'éprouve... pour examiner avec calme les faits de
la cause.

« M. l'avocat général s'est appesanti sur une foule de
détails ; il a rassemblé, discuté, pesé une foule d'éléments
épars et incohérents. La tâche n'était point si laborieuse ;
la vérité était facile à découvrir sans remuer tant de choses ; elle sort éclatante d'une circonstance bien simple :
un rapprochement de dates.

« Au moyen de cette lumière, toutes les ombres disparaissent, tout s'explique, tout s'enchaîne... On voit comment les dépositions premières des faux témoins sont démenties par les secondes, par les troisièmes, toutes par les débats de l'audience,... et comment, enfin, il est de nécessité que l'accusation, au lieu de rester dans *le doute*, ait le courage de faire un choix entre les témoins de l'*alibi* et les témoins de Bruxelles... Car, encore une fois, il y a *parjure* d'un côté ou de l'autre ; et, de tous les scandales, il n'y en a pas d'aussi déplorable que l'impunité des *témoins parjures, de quelque côté qu'ils se trouvent !* Vous voyez, Messieurs, que j'aborde la discussion avec netteté ; nous allons au combat poitrine découverte. C'est que, selon moi,... la faiblesse, l'irrésolution, deviennent complices du crime lui-même, car elles le consacrent en quelque sorte en lui offrant asile et protection !

« Il y a pour l'ordre et la chronologie des faits deux époques bien distinctes à séparer. Je les appellerai la première époque et la seconde.

« La première époque comprendra ce qui s'est passé avant que Murray eût connaissance par les journaux du prétendu attentat ; la deuxième époque comprendra ce qui s'est passé depuis lors.

« Or, jetons un coup d'œil sur les dépositions de Grandt, de M\u1d50\u1d49 Murray, du domestique Thurley et de la femme de chambre, pendant la première période, c'est-à-dire pendant que le colonel Murray ignorait, à Paris, toute l'intrigue tramée à Bruxelles.

« En analyse, voici ce que disaient alors tous les témoins, sans la moindre variante :

« Le 23 novembre, Mme Murray, accompagnée d'un
« domestique, se promenait à cheval sur le boulevard.
« Mme Murray rencontre M. Murray ; *ils se croisent.* A ce
« moment, le cheval du domestique, qui s'était rappro-
« ché de Mme Murray, fait un écart... On ne remarque
« rien de plus ; mais, rentrée chez elle, Mme Murray aper-
« çoit du sang par terre. Le cheval était blessé. On mande
« un artiste vétérinaire ;... il constate une blessure ;...
« une plainte est déposée contre Murray. »

« Mon analyse est d'une fidélité qui ne craint aucune
controverse. Voilà ce qu'étaient alors *les faits*, ni plus ni
moins.

« Au reste, je tiens à bien les préciser. Je lis les dépositions.

« Commençons par la déclaration de Mme Murray, faite
devant le magistrat le 25 novembre, le surlendemain du
prétendu attentat :

« Le 23 courant, vers trois heures, elle se premenait
« à cheval, accompagnée de Thomas Thurley, domestique
« de M. Grandt, et, dans le cours de sa promenade, elle
« aperçut son mari, qui se promenait de pied audit bou-
« levard, mais *du côté opposé à elle ; qu'aussitôt* elle
« prévint son domestique de rester à côté d'elle, et qu'*un
« instant après* le cheval que montait le domestique fit
« un écart et se jeta sur celui qu'elle montait. Arrivée
« chez elle, elle fit visiter le cheval par M. d'Outerligne,
« artiste vétérinaire, lequel a déclaré que le cheval était
« blessé d'un coup de fusil. Elle présume que la canne
« que portait son mari était un fusil à vent. »

« Le domestique nous a fait *la même* déclaration.

« Dès le 23, au soir, M. Grandt avait raconté la scène dans les *mêmes termes*. Je me dispense de les lire : personne ne niera mon affirmation.

« Le 10 décembre, nouvelles dépositions absolument pareilles. *Une seule rencontre* sur le boulevard. *Au même moment* le cheval fait un bond. Mme Murray rentre *immédiatement*, parce que la vue de son mari l'avait vivement saisie.

« Le domestique dit de même qu'en se promenant Mme Murray vit son mari ; qu'*aussitôt* elle prévint Thurley de ne la point quitter ; qu'*au même moment* le cheval fit un écart, etc.

« La fable avait donc le mérite de l'unité, de la simplicité. Elle était tout à fait conforme aux règles de l'art. (On rit.)

« Pendant que s'organisait cette coupable machination à Bruxelles, le colonel Murray, malade à Paris, l'ignorait complétement. Vous savez à quelle occasion il a appris qu'un individu portant son nom était désigné comme auteur d'un attentat, le peu d'attention qu'il donna d'abord à cette affaire, les conseils qu'il reçut de ses amis, et enfin la certitude acquise que c'était bien de lui qu'il était question dans les récits dont la presse anglaise s'était emparée d'après la presse de Bruxelles.

« Voyez quelle est alors sa conduite !

« Le 31 janvier il écrit au *Galignani* : sa lettre y est insérée. C'est celle que l'*Observateur* et le *Commerce* de Bruxelles ont publiée dans leurs numéros des 1er et 2 février. La voici :

« Paris, 30 janvier.

« Monsieur,

« Un de mes amis, arrivant de Bruxelles, vient de me
« faire part que dans votre journal du 17 décembre 1839
« se trouve inséré un article attentatoire à mon honneur,
« en ce sens qu'il me désigne comme acteur dans l'at-
« tentat soi-disant commis sur la personne de Mme Mur-
« ray.

« Jai l'honneur de vous déclarer que, mari de ladite
« dame et complétement étranger aux faits qui ont pu
« donner lieu à une semblable publication, n'ayant pas
« quitté Paris un seul instant depuis *le 20 octobre* 1839,
« il importe à mon honneur de faire retomber sur son
« auteur tout l'odieux de cette invention.

« Recevez, Monsieur le rédacteur, mes sincères ci-
« vilités.

« E. KENT-MURRAY,

« Ex-lieutenant-colonel de la légion britannique
« au service de S. M. catholique. —Rue de Mon-
« taigne, n° 2, faubourg Saint-Honoré. »

« Ce n'est pas tout. Il écrivait en même temps, et par
le même courrier, à M. le procureur du roi de cette ville,
pour se plaindre de la diffamation dont il était l'objet, et
déclarer qu'il voulait poursuivre les coupables en se portant partie civile. Il priait le magistrat d'envoyer à Paris
une commission rogatoire pour constater que *depuis trois*
mois il ne s'était pas absenté un seul jour. Enfin, il s'a-
dressait en même temps à sir Hamilton Seymour, ambas-

sadeur anglais à Bruxelles, pour réclamer son intervention contre une attaque à son honneur ; et, à Paris, il priait M. le commissaire de police de son quartier de recevoir les dépositions des habitants de la maison où il demeurait, pour certifier qu'on l'avait vu sans interruption à son domicile. Ce magistrat entendait les témoins, et l'enquête extra-judiciaire était adressée au parquet de Bruxelles, revêtue du visa du ministre des affaires étrangères et de celui de M. Charles Rogier, secrétaire d'ambassade à la Légation belge de Paris.

« Voilà, Messieurs, comme il agissait, non pas dans l'ombre, non pas au moyen de l'intrigue, mais au grand jour, en appelant, dès le premier instant, l'examen et la lumière sur toute sa conduite.

« Vous voyez que l'*alibi* n'a pas été concerté après coup ; ce n'est pas une invention : c'est le cri de la conscience. Assassin, moi, à Bruxelles, et je n'ai pas quitté Paris un instant ! Magistrats, on vous trompe, on vole mon honneur, je vous appelle au secours. Cherchez les coupables, c'est votre devoir ; suivez les fils de l'intrigue, la loi vous l'ordonne ; confondez et punissez les parjures s'il y a des êtres assez audacieux pour vous faire les instruments d'une abominable vengeance... Car, si l'assassin *armé* mérite toutes les rigueurs de la loi, la calomnie et le parjure qui l'invitent à frapper comme *homicide* un innocent... sont plus criminels encore, puisque alors l'assassin cherche à frapper sa victime avec le bras de la justice elle-même !

« Le cri de douleur du colonel Murray avait été entendu. Que fit alors le personnage qui voulait interdire à

Murray le sol de la Belgique, afin d'y régner en paix sur
la femme qui s'était faite son esclave, qui avait mis son
mobilier sous son nom, l'éducation de son fils sous sa
garde, et qui enfin, ce sont les paroles de Grandt, *paie*
la maison placée sous le nom de cet étrange protecteur ?
(Sensation profonde.)

« Nous entrons dans ce que j'ai appelé la deuxième
période.

« Les journaux avaient inséré la réponse de Murray ;
on savait qu'il n'accepterait pas la honte en silence, qu'il
n'était pas de ces gens qui croient qu'il faut suivre le lâche
proverbe : « Si l'on m'accusait d'avoir volé les tours
« de Notre-Dame, je prendrais la fuite ; » voici le thème
nouveau que le *doli fabricator* dicte alors aux exécuteurs de son plan infernal.

« Ce ne sont pas des hypothèses : tout *est écrit* devant
le magistrat.

« Au lieu d'une simple rencontre, une *seule* sur le
boulevard où Murray et *sa femme* se sont *croisés,* voici
toute autre chose.

« On était au 5 février, quelques jours après les réclamations publiées dans tous les journaux par Murray.

« J'étais à peine dehors depuis dix minutes : je ren-
« contrai mon mari. *Sachant que mon enfant était à la*
« *promenade sur le boulevard, je retournai sur mes pas,*
« *et je fis rentrer l'enfant, de crainte que mon mari ne*
« *l'enlevât.* Je recommençai ensuite ma promenade, *sui-*
« *vant* mon mari à une très-petite distance, *le long du*
« *boulevard.* Il tenait une canne. Lorsque je le *devançai,*
« je remarquai qu'il prit la canne à deux mains. Le coup a

« dû partir lorsque le domestique qui me suivait à cheval
« fut passé. Le coup a été dirigé sur moi et n'a atteint que
« le cheval du domestique. J'étais loin de croire que mon
« mari se fût porté à un attentat envers moi, puisque je
« suis encore restée quelque temps sur le boulevard... J'ai
« perdu mon mari de vue à la porte de Namur. »

« Pourquoi n'y a-t-il plus une seule rencontre? Pourquoi Mme Murray, qui *montait* le boulevard, n'est-elle
plus venue au-devant de son mari, qui le *descendait?*
Pourquoi est-ce elle qui *le suit?* C'est qu'on a imaginé
d'avoir peur pour l'enfant,... de courir à sa recherche,
et qu'afin de combiner les soins de l'inquiétude mater-
nelle avec le premier récit, il faut deux rencontres au
lieu d'*une*.

« Mais ceci n'est que le commencement des variations;
c'est la préface de cette accumulation de mensonges effrontés... Poursuivons.

« A l'audience, Mme Murray ne s'est pas bornée à ces
variantes premières, elle a encore embelli la vérité! Ce
n'est plus une seule rencontre, comme dans sa première
et sa seconde déposition : deux rencontres comme dans
la déposition du 5 février, où elle a fait intervenir la présence du fils, afin d'accuser plus sûrement le père.

« Voici ce qu'elle nous a raconté. Elle rencontre son
mari vers la porte de Namur : elle montait, il descendait.
L'avez-vous reconnu? dit-elle à Thurley, son domestique : « Oui, madame, c'est votre mari. » Et aussitôt,
craignant que Murray ne soit venu pour enlever son fils,
Mme Murray se précipite vers sa maison (notez qu'elle en
sortait!) pour demander si son fils est rentré. Elle sonne...

son fils n'était pas chez elle. Elle retourne vers la porte de Namur, d'*où venait* son mari lors de la première rencontre ; elle le *suit* vers le n° 22 du boulevard, et c'est au moment où elle le passait qu'a lieu l'attentat !

« Malheureusement le sieur Thurley place la première rencontre vis-à-vis de ce n° 22, et l'attentat près de la porte de Namur. Il a oublié une partie de son rôle... le souffleur n'était pas là. (On rit.)

« Ce n'est pas tout. Mme Murray, dans le récit *à l'audience*, vous a appris qu'elle avait rencontré son mari *quatre fois*... Et, chose étrange ! la première fois il descendait le boulevard, et elle le *montait* ; la seconde fois, à une minute d'intervalle, elle *montait* le boulevard, et lui le *montait* aussi. A la rigueur, il aurait pu changer de direction. Mais un instant après cette seconde rencontre et la consommation de l'attentat, Mme Murray, qui avait tourné bride et était descendue vers la porte de Hal, y *rencontre* pour la troisième fois son mari, qui, d'après toutes les dépositions, avait disparu après l'attentat, du côté de la porte de Namur. Quoi qu'il en soit, malgré cette disparition du côté de la porte de Namur, malgré l'impossibilité de rencontrer sur le boulevard Murray, qui n'y était plus, elle l'y rencontre donc..., et, ce qui est non moins extraordinaire que la *présence* d'un homme *absent*, que la *vision* de l'*invisible*, elle le rencontre *montant* encore le boulevard ; de sorte qu'il s'approchait continuellement de la porte de *Hal*, à mesure qu'il s'en éloignait ; qu'en d'autres termes, tandis qu'il *descendait*, il montait toujours. (On rit.) — Un témoin parlait de poésie... ceci est mieux : c'est de la féerie...

« Le ministère public demande des contradictions. C'en est une assez curieuse que celle-ci ; car, en général, il est admis qu'en *montant* une échelle, on va de bas en haut ; tandis que, d'après le plan organisé par Mme Murray à l'audience, on arrive, en montant toujours, jusqu'au dernier échelon du bas. (On rit.)

« Ce n'est rien. Continuons. Nous avons vu, dans la déposition de Mme Murray (du 10 décembre), qu'ayant aperçu son mari, elle était rentrée *immédiatement*, parce que cette vue l'avait saisie.

« D'après les dépositions postérieures, elle ne se sauve plus... elle marche derrière lui, le dépasse, puis le perd de vue...

« Puis, dans celle du 19 mai, quand on lui demande comment il était vêtu, elle l'ignore, parce que, « l'idée de « son enfant la préoccupant beaucoup, elle n'a pas *exa-* « *miné* autre chose. »

« Puis, ailleurs, cette femme, craintive et pour elle-même et pour son enfant, devient moins modeste et moins timide : car « je le *fixai*, dit-elle, mais il baissa la « tête. »

« Tout cela n'est rien encore. Continuons.

« D'après les débats de l'audience, Mme Murray a rencontré son mari quatre fois. Thurley soutient, lui, qu'au lieu de quatre fois c'est deux fois. Il a augmenté sa déclaration première d'une unité, Mme Murray de trois unités. Trois fois *plus de vérités* que *la vérité, une, pre-mière*, comment cela s'appelle-t-il ?

« Ceci est peu de chose encore.

« Dans sa déposition du 5 février, Mme Murray dit :

« Je retournai sur mes pas, et *je fis rentrer l'enfant* de
« crainte que mon mari ne l'enlevât. »

« A l'audience, Mme Murray n'a plus *elle-même fait
rentrer* son enfant. Elle a galopé jusqu'à la porte de sa
maison : elle a *sonné...* Elle a demandé où était son fils ;
on lui a répondu : « Il est sorti. »

« Mais viennent les autres témoins. Selon l'un, c'est le
domestique qui a sonné ; selon M. Vandermale, c'est lui-
même qui a pris la peine d'agiter le cordon. En vérité,
c'était de quoi user la sonnette. (On rit.)

« Ce témoin, dont il n'est pas dit un mot dans l'instruction écrite, et qui a apparu hier pour la première
fois, semble avoir oublié que les relations de voisinage,
que l'intérêt d'un voisin pour sa jolie voisine, ne permettent pas d'aller si loin en fait de complaisance en faveur de la femme pour donner quelque prétexte à une
accusation capitale contre son mari. Ce n'est point de
la galanterie..... Cela mériterait, monsieur, que je vous
désignasse en public d'un autre nom. (Mouvement.)

« Il est vrai que M. Vandermale a apporté dans sa déposition une naïveté qui désarme. Il a avoué que, témoin
des terreurs de Mme Murray, causées par la présence de
son mari, il avait eu, lui, jeune homme, la générosité
d'offrir asile et protection à cette jeune femme, en lui
proposant toutefois d'entrer par la porte de derrière. On
pourrait être plus brave, mais assurément on n'est pas
plus aimable. (On rit.)

« Entendez la fille Housman à son tour, au sujet de
l'enfant : « C'est elle qui l'a *ramené.* » Mais c'est un
nouveau mensonge, car voici M. Grandt qui raconte

qu'il a vu, quelques instants après la rentrée de Mme Murray, le domestique Thurley ramener cet enfant, Et notez que ce Grandt, pendant l'instruction, avait *nié* qu'à ce moment il fût présent à la maison.

« Enfin, Messieurs, pas un mot, pas une circonstance, pas un détail au sujet desquels les témoins ne se démentent personnellement, et de plus ne se démentent entre eux..., et l'on me dit : Où sont les preuves que ces témoins en ont imposé plutôt que ceux qui constatent l'*alibi !* A ce langage, messieurs, je suis confondu ; je ne puis répondre que ceci : « Vous me demandez où sont « les preuves du mensonge ; et moi je vous dis : Où ne « sont-elles pas ? Montrez-moi *une vérité, une seule,* dans « cet amas de contradictions flagrantes, et alors, je dirai « que c'est moi qui me fais aveugle et ne veux point « voir. »

« Je ne sais pas ce qu'on me répondra, à moins qu'on ne pose en principe que, pourvu que le parjure se pose devant la justice avec assez d'audace, il est sûr d'y conquérir foi et impunité ! (Mouvement.)

« Que dirai-je à présent du cavalier montant le cheval noir, et suivant *au pas dans l'allée de gauche ?* D'après le domestique, c'est le seul qui ait interrompu la solitude du boulevard ; selon Mme Murray, le cheval était gris... il était au galop, et suivait la même allée que Mme Murray : il l'a *touchée en passant.* Dans l'instruction, on n'avait rien vu, ni hommes, ni chevaux... Mais ce n'est pas assez de ce témoin *à cheval.* M. Vandermale survient, et il ajoute qu'il était accompagné du baron d'Overchies, témoin nouveau que suscite le trop facile *voisin* (on rit), mais qui n'est point là pour dire qu'il ne veut pas accepter le rôle qu'on lui prête dans cette mauvaise fable, qui n'a pas même ce qui est requis dans tous les contes..... « un peu de suite dans l'invention.

« Continuons. Mme Murray a déclaré à l'audience qu'en apercevant Murray, elle avait demandé à Thurley, son domestique, s'il le reconnaissait. Celui-ci avait répondu : « Oui, c'est M. Murray. » J'ai demandé à Thurley où il avait vu M. Murray : car, pour le *reconnaître*, il fallait le connaître. Ici l'intrépide témoin a balbutié; il a connu Murray près de l'*Observatoire*, il y a trois ans. Chez qui ? à quelle occasion ?... Silence et trouble! C'est qu'en effet, comme l'a dit dans sa simple énergie l'honorable accusé : « Je n'ai jamais vu cet homme, je ne le connais pas. »

« Est-il besoin, pour en finir de cette partie du débat, de prouver que M. Vander... (Comment l'appelez-vous? dit Me Ledru, en se tournant vers Me Dolez. — On rit.) que M. Vandermale n'a pas *vu, en se promenant derrière Mme Murray*, la blessure du cheval, blessure large comme une pièce d'un franc, mais *non saignante?*

« M. Vandermale a tant d'envie d'inventer des *vérités*, que son imagination le jette hors de toute vraisemblance! Quoi! il *a vu* la blessure... et il n'a rien dit à Mme Murray? Il n'a rien dit, lui à qui Mme Murray confiait la terreur que lui avait inspirée la présence de son mari! lui qui se précipitait à la recherche de l'enfant!... Tranquille spectateur, il a aperçu, en portant les yeux sous la queue du cheval (distraction étrange pour un si galant chevalier), une plaie large, vive, non saignante... et il s'est tu ! il s'est tu aussi depuis six mois... C'est à *la veille de l'audience* que lui est revenue la mémoire... M. Vandermale va plus loin. La plaie ne saignait pas sur le boulevard ; mais dans le corridor il a vu le sang par terre... En d'autres termes, au moment de la blessure, le sang n'avait point jailli ; un quart d'heure après, il ruisselait... Et ce sont de tels contes, Messieurs, qu'on ose venir débiter devant des magistrats, quand on a prêté serment de dire la vérité, rien que la vérité ! Où sommes nous donc ? où est la loi qui défend et punit le parjure ? Et les foudres du ministère public... dorment-elles en ses mains ?

« J'arrive à d'autres faits.

« Ce n'était point assez d'avoir créé la scène du boulevard de Waterloo, il fallait retrouver Murray, après l'attentat, essayant de renouveler sa tentative ! C'est dans ce but qu'on a imaginé les stations devant la maison de Mme Murray.

« Les stations, je me trompe : dans l'instruction première, il n'y en avait *qu'une ;* mais, à ce sujet, le thème a varié comme au sujet de l'attentat lui-même. Il faut encore ici revenir à la division *des époques.*

« En effet, dans la déposition écrite du 10 décembre, Mme Murray disait : « Le mardi suivant, 26 novembre, « vers trois heures après-midi, il s'est promené près de « chez moi : je l'ai très-bien vu ainsi que ma servante, il « tenait un parapluie à la main. »

« Ainsi Mme Murray avait vu son mari une seule fois, et pourtant elle n'a rien oublié, pas même le parapluie, qui, dans l'attaque que méditait sans doute l'accusé, composait toute son artillerie. (On rit.)

« Vient la déposition du 5 février (deuxième époque.)
—Écoutez : ce n'est point moi qui parle, c'est le même
témoin :

« Trois jours après l'attentat, entre deux et trois
« heures, Louise m'appela : on vit venir mon mari de-
« vant la maison, où il est bien resté une heure. — Il a
« repassé une deuxième fois devant la maison deux ou
« trois jours après, à huit heures du matin. C'est Louise
« qui l'aperçut, et vint m'en avertir. Je suis venue à la
« fenêtre, et j'ai de nouveau vu mon mari, qui resta une
« dizaine de minutes devant la maison. — Il avait la
« *même canne,* etc... »

« Le 5 février, on avait donc ajouté une *visite* à la
première, et pour donner à cette amplification un air
frappant de vérité, la femme de chambre s'empresse de
déclarer le même jour devant le même magistrat qu'en
effet Murray s'est présenté *deux fois* devant la maison.

« Hélas ! l'intelligence humaine est faible, la mémoire
peut faillir, même celle d'une soubrette ! Celle-ci raconte
la fable convenue des *deux visites.* Elle s'arrête sur tous
les détails. Le parapluie est à sa place. Malheureusement
elle *oublie* qu'il a *été décidé* que la *première* visite aurait
lieu à trois heures de l'après-midi, la *seconde* à huit
heures du matin ; et la docile femme de chambre, s'em-
brouillant dans son histoire, la raconte *à rebours!* Elle
signale la seconde visite à l'heure de la première, la première à l'heure de la seconde. En effet, voici ses propres
paroles :

« Pendant la même semaine, j'ai aperçu deux ou trois
« jours après (*c'était le* 26), *un matin à huit heures,*

« M. le colonel Murray devant la porte de la maison...
« Il avait un parapluie à la main, et était contre l'un des
« arbres du boulevard, occupé à regarder attentivement
« la maison... J'étais occupé à nettoyer les carreaux, et
« comme le colonel est un méchant homme, je me suis
« retirée immédiatement. »

« Quelle terreur dut inspirer en effet ce noir assassin
placé en embuscade avec son riflard! (On rit.)

« La *deuxième* fois, c'était par un mardi, *vers trois*
« *heures* après-midi; cette fois-là, il s'est borné à regar-
« der fixement dans la maison, et a passé son che-
« min. »

« Quant à M. Grandt, interrogé sur ces *visites*, il en a
aussi déclaré *deux;* mais cet homme est toujours prudent. Il veut bien *organiser* les faux témoignages, mais
se parjurer lui-même, non! C'est trop dangereux. Il en
est des *stations* comme de la tentative d'assassinat, il
n'est jamais témoin. On lui a dit; il raconte... il n'a rien
vu. Il sait tout... Personnellement, il n'affirme rien! Il
frappe, il lance le dard... Vous ne le saisirez pas! (Sensation.)

« J'espère, messieurs les jurés, que les contradictions
palpables que je viens de signaler apporteront à M. l'a-
vocat général ce rayon de lumière qu'il implorait; mais
à l'audience le mensonge se manifeste avec bien plus d'é-
clat encore.

« Ce ne sont plus *deux* visites devant la maison. Il y
en a quatre. On était arrivé de une à deux, pourquoi ne
point venir de deux au double? Ce n'est pas plus difficile; le procédé est absolument le même; et il paraît que

M. Grandt est d'avis qu'en fait de *vérités* on ne saurait être trop fécond.

« Mme Murray a donc reçu l'ordre de dire qu'elle a vu son mari quatre fois.

« Et admirez le récit de l'audience.

« Dans quelle circonstance eut lieu la troisième visite? « Mon mari était en Vigilante la troisième fois. » Les Vigilantes, ce sont de petites voitures à quatre roues et à un cheval, un agréable moyen de transport particulier à la ville de Bruxelles. (On rit.) « Il avait sa canne... il « s'appuyait dessus... mais, comme il était dans cette « voiture, j'avoue que je n'ai pas bien distingué ses vê- « tements. »

« Est-il possible, Messieurs, de résister à un témoi- gnage prêté avec tant de réserve? Mme Murray n'est pas bien sûre de la couleur du vêtement, sa conscience lui ordonne d'hésiter, mais la canne... elle l'a vue, et elle vous signale adroitement la *meurtrière* traînée dans la Vigilante.

« Que dirai-je de la quatrième visite? Il était si grand matin, que c'est dans le sein d'un brouillard que le té- moin a aperçu son mari... Quelle candeur, même en ac- cusant!

« Mensonge! mensonge! mensonge! Vous ne l'avez vu qu'une fois... Vous déclarez, le 10 décembre, le fait *unique* de sa présence en indiquant avec la date, l'heure, le parapluie, les gestes, les vêtements... Le 5 février, vous dites *deux* fois; à l'audience, *quatre*... Et, pour surcroît de *vérités,* cet homme que la police poursuit sur votre dénonciation... qu'elle va rechercher chez une dame dont on envahit le domicile à sept heures du matin, et qui est *absente...* chez un maître d'hôtel dont on trouble les voyageurs, en venant éveiller à six heures un de ses habitués paisibles, marchand de vin, qui ne songeait à tuer personne... cet homme ainsi dénoncé, surveillé, recherché partout, objet de mandat d'amener, recommandé aux agents secrets et publics, vous le représentez... se posant en faction, durant une heure entière, devant la porte de votre maison, sur le théâtre de son crime!... et vous ne courez pas chez le magistrat pour dire : « Vous le cherchez, le voilà ! » Le lendemain, les jours suivants... vous vous taisez... Il revient encore... vous vous taisez toujours... Tout ce que vous faites, c'est d'envoyer à sa poursuite votre cuisinière, qui ne le connaît pas. Pauvre fille ! voulant qu'elle apprît aussi un rôle dans votre odieuse comédie, vous lui avez enjoint de répéter après vous qu'elle avait perdu de vue Murray, *qu'elle ne connaissait pas...*

« Vous avez déposé qu'en le suivant elle s'était égarée rue de l'*Artifice*. Le mot était bien choisi, et je vous en félicite. (Rire général.) Cela était encore un mensonge. La cuisinière dit hier qu'elle n'était pas sortie... que de votre croisée vous lui aviez montré un personnage en disant : « *C'est mon mari;* » que là-dessus elle était montée à sa chambre pour prendre un châle; que, quand elle descendit, le personnage était parti, et qu'elle ne pourrait le reconnaître; car, pour répéter ses expressions, « elle n'avait eu l'honneur de voir de ce monsieur « que son derrière. » (Rire général.)

« Quoi ! Messieurs, je ne signale pas assez de contradictions! Quoi! il n'y a pas dans les témoignages de l'accusation des fables assez grossières, assez visibles à l'intelligence la plus vulgaire! Quoi! le doute est possible!... Que faut-il donc pour le dissiper?

« Montrez-moi dans les annales criminelles un tissu plus mal composé, une trame mieux découverte, dont chaque fil soit plus apparent, et alors j'avoüerai que l'on peut rester incertain ; mais, en vérité, tout ceci n'est pas seulement du mensonge, c'est le plus audacieux scandale qui se soit encore produit devant des magistrats.

« J'ai éclairé le mystère de cette œuvre ténébreuse, ce n'était pas pour obtenir l'acquittement de mon client. Le ministère public a déposé les armes ; aussi, Messieurs, je ne veux pas, comme s'il s'agissait d'une discussion sérieuse quant à la criminalité, réduire au néant l'acte d'accusation ! et pourtant n'ai-je pas droit de m'étonner qu'un tel acte ait été produit?

« C'est une tentative d'homicide que vous poursuivez... Où est la victime? — C'est une balle qui a frappé... Où est-elle? qui l'a vue? — C'est à l'aide d'une arme qu'elle a été lancée... Qui vous l'a dit? — Une blessure a été faite? Quel juge l'a constatée?... Rien... rien... Le corps du délit nulle part!

« Je vous l'avouerai, Messieurs, c'est de ma vie la première fois que j'entends parler d'une accusation où l'instruction n'ait pas même daigné, en matière d'homicide, ordonner *l'examen de la blessure.*

« Je n'accuse pas les magistrats : loin de là. Trois réquisitoires de M. le procureur général ont conclu à des informations nouvelles; trois fois les magistrats se sont remis à l'œuvre. Admirez le génie, c'est un génie d'enfer; oui, je l'avoue, il y a du génie dans le machinateur de cette intrigue hardie, et je veux vous montrer comment il s'est joué de la justice elle-même.

« Si le prétendu attentat est une fable, le magistrat saisira l'inventeur en flagrant délit à l'inspection seule de la blessure... Eh bien !... il ne s'agit que de soustraire la blessure elle-même à l'investigation légale, et comment?

« Il est nuit; M. Grandt a un artiste vétérinaire... Il l'enverra chercher, il lui montrera ce qu'il voudra qu'il voie. Celui-ci ne soupçonnera rien... Un certificat sur une plaie de cheval, ce n'est pas chose si grave ! Le certificat sera donné *et payé;* et puis, quand on aura ce certificat, on le *confiera* à la justice; il arrivera en ses mains sans qu'on voie même la trace *légale* de cette communication,... et plus tard, dans deux mois, quand on interrogera l'artiste vétérinaire, il répondra : « Voyez ce que « j'ai dit; je m'en rapporte à mon attestation première. »

« Messieurs, je ne veux pas me livrer à une critique trop amère; permettez-moi cependant de rappeler que toute personne appelée à éclairer la justice, et ceux mêmes qu'elle investit du droit de faire entendre ses oracles, sont placés par la loi dans un état de suspicion dès lors que de près ou de loin peut s'apercevoir un intérêt d'affection ou de haine à l'égard des parties. Je le répète, le juge lui-même, l'interprète de la loi, vous, Messieurs, qui, de toutes les fonctions de la société, remplissez, après celle du prêtre, la plus élevée, la plus noble, la plus sainte... vous devenez suspects dès que la loi craint que chez vous la passion ou l'intérêt n'entraîne la *conscience*, que *l'homme* ne domine le magistrat.

« De là toutes les précautions écrites dans les Codes contre *vous*.

« Cette considération me suffit pour dire sans autre raison que dans cette enceinte nous ne devons donner aucune confiance à ce qu'a pu déclarer, sans contradiction, sans serment préalable, sans invitation du juge, en tête-à-tête avec M. Grandt, qui, le soir, l'avait envoyé chercher à l'estaminet... M. d'Outerligne, son artiste vétérinaire habituel.

« J'irai plus loin : je n'entends pas accuser le caractère de M. d'Outerligne, je ne le connais pas ; j'aime mieux le considérer comme la dupe, trop complaisante pourtant, d'un homme qui ferait tomber dans le piége de plus habiles que lui : qui a espéré tromper jusqu'à la fin la justice elle-même, et qui, en ce moment, comprend, j'espère, qu'il y a ici quelqu'un qui a vu clair au fond de son âme... (Me Ledru tient ses regards fixés sur Grandt, qui baisse les yeux. —Sensation profonde.)

« Je me borne à prendre les déclarations, soit écrites, soit orales, de M. d'Outerligne, et je m'engage à prouver que de tout cela il n'y a pas un mot qui ne soit une *erreur*, pas un fait qui ne soit contraire à la vérité. Encore une fois, j'excuse l'homme ; mais ce n'est pas la faute de la défense si, pour accomplir son devoir, elle est forcée de réduire à néant chacune des allégations, soit de ce qu'on appelle le certificat de l'homme de l'art, soit de ses dépositions comme témoin.

« Voici le certificat :

« Je soussigné, *vétérinaire du gouvernement* (l'ellipse
« n'est pas respectueuse envers les ministres), certifie et
« déclare sur mon honneur, et en vertu de la vérité,
« avoir été appelé dans la soirée du 23 novembre, par
« M. Grandt, afin de *visiter et expertiser un accident*
« dont son cheval était atteint. Après avoir attentive-
« ment examiné la blessure à l'endroit du périnée, à
« quatre doigts de l'anus, j'ai reconnu une blessure faite
« par une balle de plomb, occasionnée par un *instru-*
« *ment quelconque* à la profondeur de *trois* pouces ; la
« pesanteur *spécifique* de la balle l'a fait ressortir, ne
« s'étant introduite que dans le tissu cellulaire.
   « Bruxelles, le 2 décembre 1839.
   « En foi de quoi j'ai délivré le présent écrit. »
   « En outre, l'artiste vétérinaire dit, dans sa déposition
du 7 mars, « qu'il est convaincu que la blessure prove-
« nait d'une balle, *à cause que les pourtours étaient dé-*
« *chirés ou dentelés.* La balle ne se trouvait pas dans la
« blessure, et sera tombée par suite du mouvement qu'a
« dû faire le cheval lorsqu'il a été atteint. »
   « Je ne veux pas insister sur ces paroles de M. l'artiste
vétérinaire *du gouvernement* (on rit) que la blessure
avait été occasionnée par un *instrument quelconque.*
Instrument quelconque, c'était une expression un peu
vague ; elle n'engageait pas la conscience. (On rit.) Mais
ce qui est plus important, c'est que la balle avait pénétré
à trois pouces, d'après le certificat.
   « Hier, le témoin, pressé par mon honorable confrère
Mᵉ Dolez, a dit un pouce et demi ; c'était déjà une différence. Ce matin, il a dit un demi-pouce ; c'en est une

autre. A l'opposé de Mme Murray, de son domestique, de sa femme de chambre, qui *multiplient* toujours, M. d'Outerligne *diminue* les quotités, les objets et les circonstances.

« Il est vrai qu'il explique ses variations. La blessure, dit-il, était originairement moins profonde ; elle a pris de la profondeur les jours suivants, époque de l'inflammation. C'est pourquoi le certificat constate trois pouces, quoique à la première visite la profondeur de la blessure fût moindre.

« Je réponds d'abord que le certificat constate que la blessure avait trois pouces au moment de la première visite, car c'est de cette seule visite qu'il fait mention, et il est rédigé de façon à ce qu'on ne puisse en supposer aucune autre. Enfin, en admettant que ce procès-verbal eût été dressé après une seconde visite, quand la blessure avait un autre aspect, il eût nécessairement indiqué cette variation, ce qui n'est pas ; mais il est facile de voir que M. d'Outerligne excuse mal ses *erreurs* d'hier et d'aujourd'hui. En effet, la raison de différence entre les caractères de la blessure selon les jours divers où il l'aurait examinée est *absurde*.

« Sans être artiste vétérinaire d'aucun gouvernement, il suffit d'avoir un peu de sens vulgaire pour savoir que le gonflement, résultat de l'inflammation, doit plutôt *remplir* un *vide* que l'augmenter.

« Je me bornerai à rappeler, pour convaincre d'erreur M. d'Outerligne, ce que le docteur entendu hier a dit sur le *débridement* des plaies. Au reste, ce n'est pas le gonflement des bords de la plaie qui a fait qu'à l'audience d'hier elle avait un pouce et demi, que ce matin elle n'a plus qu'un demi-pouce.

« Disons donc avec le certificat que la plaie avait trois pouces. Le certificat n'est pas si mobile que l'instrument de la parole.

« Si la plaie avait trois pouces, comment la balle en est-elle sortie? C'est tout simple, selon M. l'artiste vétérinaire du gouvernement... c'est la pesanteur *spécifique* qui l'a fait ressortir.

« Je ne veux pas le tourmenter sur un mot auquel M. d'Outerligne paraît tenir, et qui est plus qu'une inexactitude de langage; mais il n'est pas vrai que la pesanteur spécifique (on rit) ait pu faire ressortir la balle : la pesanteur aurait produit l'effet contraire.

« Il n'est pas vrai non plus que la balle ne se fût introduite que dans le tissu cellulaire, car le tissu cellulaire n'a pas un demi-pouce, et la balle a pénétré à une profondeur de *trois* pouces.

« Enfin il n'est pas vrai que le mouvement qu'a dû faire ce cheval au moment où il a été atteint ait pu faire tomber la balle. Ceci est évident; car, quelle que soit la rapidité d'un cheval (ici on allait au pas), une balle va encore plus vite. M. d'Outerligne pourrait s'en assurer en tirant même sur les wagons du chemin de fer au moment de leur plus grande vitesse, et, ce qui serait encore plus décisif, sur un pigeon au vol. La balle est si prompte en comparaison du vol des oiseaux, qu'elle les atteint *dans l'air* (sauf une différence presque imperceptible) à la *même* place qu'ils occupaient au moment où elle est *partie* pour les frapper. Le *mouvement* du cheval n'a donc pu ni modifier la course de la balle, ni la rejeter. Une fois dans la chair, elle a suivi sa route; le cheval eût-il gambadé, pris le galop, c'était tout un.

« J'ajouterai que c'est un rêve de s'imaginer que la balle ait pu sortir par son entrée; il eût fallu qu'elle fût repoussée par un objet *élastique*. Or, cette raquette intérieure n'existe pas; il eût fallu aussi qu'en pareille circonstance les parties de chair qui s'entr'ouvrent pour recevoir un projectile s'ouvrissent complaisamment pour le laisser sortir, ce qui n'est pas; car, à peine forcées par cette introduction violente, les chairs se resserrent; la porte, à peine ouverte, se referme sur elle-même... La balle peut bien *dévier* à droite, à gauche, en haut, en bas, selon ce qu'elle rencontre; mais revenir... c'est impossible. Elle est sortie... donc c'est qu'elle n'est pas *entrée*. (On rit.)

« J'ai apporté sur la question technique une consultation de M. le baron Larrey, l'homme du monde qui a vu le plus de blessures causées par des balles, et aussi la plus haute autorité morale, l'homme enfin que Napoléon appelait *le plus honnête homme de son armée*.

« Il paraît que la jurisprudence de la Cour se refuse à la lecture de *certificats spéciaux*, de même qu'elle se refuse à la lecture des dépositions de l'instruction, en l'absence du témoignage oral. Je me bornerai donc à mentionner cette opinion du célèbre docteur.

« Il affirme dans la même consultation qu'un cheval

atteint dans les circonstances mentionnées aurait éprouvé une *commotion violente* qui eût entraîné soit la chute, soit des accidents fort graves par la lésion de l'intestin rectum ou du canal de l'urètre ou de la vessie.

« Au reste, qu'est-il besoin de discuter les effets qu'aurait produits la balle! M. d'Outerligne a conclu que la plaie avait été causée par une balle en vertu de *toutes raisons* qui font que ce ne peut être par une balle; car c'est, dit-il, parce que les pourtours de la plaie sont déchirés ou dentelés. Or, c'est le signe opposé qui est le signe caractéristique de la présence d'une balle. M. le docteur qui a été interrogé hier, en vertu du pouvoir discrétionnaire de M. le président, vous l'a dit : « Les « balles, à leur entrée, laissent des ouvertures qui sem- « blent faites *avec un emporte-pièce.* »

« M. d'Outerligne a donc précisément donné au soutien de sa thèse la raison qui la ruine. Il faut avouer qu'on n'a pas la main plus malheureuse.

« Et ne croyez pas que ce point soit douteux dans la science. Ce qu'a dit hier le docteur revêtu de la confiance de la Cour est conforme aux autorités les plus imposantes.

« Voici ce que dit Dupuytren (*Traité des blessures par armes à feu,* page 148) :

« *Lorsque les parties molles d'une partie quelconque du corps sont traversées par une balle tirée à une certaine distance, l'ouverture d'entrée est constamment plus petite que celle de sortie; celle-ci est inégale, déchirée, et beaucoup plus grande que la première, qui est ronde, nette, et comme faite à l'aide d'un emporte-pièce.* »

« C'est aussi ce qu'enseignent MM. Larrey, Olivier d'Angers, tout le monde, excepté M. d'Outerligne, qui ne se tient pas pour battu : car, lorsque hier Mᵉ Dolez lui opposait les grands noms de Dupuytren et de Larrey, il a répondu : « C'est possible ; mais je suis d'une autre « opinion. »

« A cette objection je n'ai pas d'arguments, je l'avoue. (On rit.)

« J'ai discuté la blessure en elle-même et la science de M. d'Outerligne ; examinons l'arme elle-même. Il y avait une balle, donc ce doit être un fusil ou une canne à vent qui l'ont lancée. Ce n'est pas un fusil que tenait Murray, c'était une canne. Voilà le système que M. Grandt met en avant dès le premier moment, et, pour le dire en passant, on reconnaît encore à cette circonstance le créateur du drame. Vous avez entendu, en effet, toutes les explications de M. Grandt sur le sujet. M. Grandt a fait une étude spéciale des cannes à vent... il en parle comme un vieux et habile praticien, il a même poussé un peu loin le droit d'improviser sur la science : il a voulu ne pas rester au-dessous de M. d'Outerligne. Ainsi, à la question de savoir si la canne à vent produisait un bruit considérable, il a répondu que ce bruit était si peu de chose, si imperceptible, que lui, M. Grandt, ayant chassé souvent des lapins avec une canne de cette espèce, il lui était arrivé maintes fois d'en tuer un ou deux à côté de leurs camarades sans que ceux-ci s'en aperçussent...

Ils continuaient tranquillement la conversation. (On rit.) Ces lapins-là sont un peu durs à digérer.

« Non ! Messieurs ! non ! il n'est pas vrai que l'explosion d'une arme à vent ne se fasse pas entendre, il n'est pas vrai que Murray eût pu, à une distance de quelques pas seulement (car rappelez-vous le lieu : il était, d'après les témoins, immédiatement à côté d'eux), lancer la balle sans que le bruit de l'explosion eût dénoncé le coupable. Or les chevaux marchaient *sur terre :* aucune voiture, personne sur le pavé. Je le répète, rien ne pouvait couvrir la détonation si elle avait eu lieu. Cependant pas un souffle !... Et, remarquez-le, Mme Murray était si loin de soupçonner l'homme dont la vue, néanmoins, venait de troubler son cœur maternel, que, ne pouvant deviner la cause de l'écart du cheval, elle l'attribua, ainsi que son domestique, à un coup de pierre lancée (je suis obligé de répéter l'expression de l'acte d'accusation) par des *gamins.*

« Il n'y a pas eu de bruit, donc pas d'explosion.

« Ai-je besoin de discuter ce point ? Rappelez-vous les témoignages des hommes de l'art. Le premier de ces Messieurs n'a vu que des fusils à vent, et il vous a dit que la détonation était assez forte. M. Jobard, dont la parole fait autorité en France, et qui a publié un rapport sur l'industrie de notre pays dont nous sommes fiers, messieurs ; M. Jobard vous a donné théoriquement la raison de ce bruit nécessaire. La cause de la détonation, vous a-t-il dit, provient du choc produit par le déplacement subit de l'air, et par sa rentrée dans le vide. Si j'osais

ajouter quelque chose après l'auteur hors pair du *Mémoire sur l'exposition des produits de l'industrie française*, je dirais que le moindre déplacement d'air occa-
sionne un bruit très-sensible. Ainsi , d'où vient celui-ci ? »

(Me Ledru fait *claquer* ses doigts, et explique qu'en les
serrant l'un contre l'autre , il s'opère un vide impar-
fait.... lequel, par leur éloignement surtout , se remplit
d'air, et c'est ce déplacement qui est la cause du phéno-
mène qu'il constate.)

« Que fait un postillon en faisant *claquer* son fouet ?
Il fait le vide en chassant l'air, et cet air, en rentrant dans
l'espace d'où il avait été chassé, s'annonce par l'harmonie dont on jouit en poste ou en diligence quand les
postillons s'amusent à faire de la physique *sans le savoir*.
(On rit.)

« Ainsi, j'ai prouvé qu'il n'y avait pas de blessure par
balle ; que , si la balle avait pénétré , elle ne serait pas
sortie ; qu'elle eût produit des accidents graves ; que
d'ailleurs chacune des circonstances indiquées par l'artiste vétérinaire était *démentie* par la science... Je viens
de démontrer que le projectile n'aurait pu être porté que
sur un ressort bruyant... et qu'ainsi *tout*, tout, jusqu'aux
moindres détails, confondait l'imposture... Douterez-vous
toujours ? (Sensation.)

« Encore une fois, je ne viens pas, comme s'il s'agissait de détruire l'allégation de culpabilité, plaider qu'il
n'y a pas de délit sans corps de délit ; que c'est argumen-
ter d'une façon inouïe dans les fastes judiciaires que de
dire : Un cheval a été blessé , donc on a voulu tuer une

personne ; c'est le cheval du domestique qui a été atteint, donc le coup était dirigé sur sa maîtresse ; le meurtrier avait une canne, donc cette canne était un instrument qui porte sur l'aile du vent des projectiles et la mort ! Il n'y a que M. Grandt qui puisser oser offrir à la justice de pareils syllogismes, avec espoir qu'à force d'audace il la déterminera à conclure de ces prémisses... le déshonneur et l'assassinat !

« Et pourtant, combien il était facile de se reconnaître dans ce labyrinthe de ruses et de mensonges !

« Quoi ! Murray a voulu tuer sa femme, et c'est sur le boulevard, à trois heures, qu'il vient commettre son crime ! L'arme est mystérieuse ; mais si le coup porte, si la victime tombe... près de son mari, la conséquence c'est que le coupable sera lui.

« Du moins, après la tentative, il fuira la justice qui le poursuit ; il cachera l'instrument homicide !...—Voyez comme il fuit.

« Trois jours après son crime, il vient se poser, une heure durant, en face de la maison de sa femme. Trois jours plus tard, il revient à deux fois, il revient encore... et l'assassin que la police va demander à tous les hôtels, à tous les lieux publics, aux maisons particulières où il aura pu trouver un asile, se promème paisiblement, *la canne à la main*, dans une ville tout épouvantée de son attentat !

« On le cherche partout : on ne le trouve nulle part. Il n'y a que les amis de M. Grandt qui le rencontrent. M. Lawrence l'a rencontré deux fois. Vous le connaissez, ce M. Lawrence ! C'est un bon sujet qui, un jour,

de compagnie avec son digne ami, M. Grandt, avait menacé Murray, qui était seul dans une chambre à la discrétion de leur audace, de lui faire les dernières violences
s'il ne quittait la maison de sa femme ; lui aussi a délivré
à Murray, à l'instar de Grandt, un certificat constatant
que le crime ne lui coûterait pas s'il fallait l'employer pour
chasser un mari du domicile conjugal où il était venu
accueillir les larmes et le repentir de sa femme ; car, la
veille, Murray avait réveillé dans l'âme de Mme Murray
quelques bons sentiments ; il lui avait dit : « Tout est fini
« entre nous... « Mais si je ne puis plus être votre époux,
« je serai votre ami, votre frère, votre protecteur. Le
« monde ne saura rien. Vous vivrez honorée dans votre
« famille sous mes yeux... »

« Elle avait presque consenti... ou du moins elle avait
pleuré en remettant sa résolution au lendemain. Le lendemain Murray venait demander une réponse... La nuit
avait porté ses conseils !

« Murray trouva chez sa femme les deux amis. Il était
seul... et là, Grandt lui adressa à voix basse ces mots,
que je répète tout haut, car je veux que cet homme soit
à jamais connu : « Vous savez que je ne recule devant
« rien..... » Le combattant d'Irun se retira : il savait
avoir affaire à des hommes qui eussent tenu parole.

« Voilà ce qu'est Lawrence ! C'est un des héros de cette
expédition !

« Quels autres témoins ont encore rencontré Murray
à Bruxelles ? M. Lowe !... Il a rétracté, à l'audience, sa
déposition écrite, qui, du reste, était sous la forme la plus
dubitative.

« Je n'ai pas besoin d'examiner à quelle impulsion il obéissait, soit dans sa déposition première, soit dans les suivantes. Je le soupçonne..... mais il est inutile de m'arrêter à ce témoignage, si ce n'est pour montrer avec quelle défiance il faut marcher à la recherche de la vérité en matière criminelle.

« Reste M. Max Lugers, témoin qui, dans les débats, s'est borné aussi à exprimer du doute, mais qui dans sa première déposition avait déclaré positivement *avoir vu*. Je ne veux pas savoir pourquoi il se dément aujourd'hui lui-même. Je me borne à rappeler son aveu : « Il « *fréquente* Mme Murray... et l'accompagne souvent « à cheval. » C'est fort bien à M. l'écuyer du roi d'être officier cavalcadour d'une jeune dame, mais il ne faut pas lui sacrifier sa conscience... On dit que M. Max se repent..... que d'ailleurs il croyait que Murray ne serait pas *exécuté*. Témoin *intime*, il avait appris qu'après tout on ne voulait, par la plainte, les mandats d'arrêts et la condamnation à mort, que mettre une barrière entre le mari et sa femme, dans l'intérêt de M. Grandt et de quelques autres dont sa jalousie ne paraît pas s'alarmer.

« Néanmoins, quel jeu devant la justice ! quel rôle M. Max a accepté !.. et qu'il doit regretter de se trouver acteur dans un tel drame, à côté des Lawrence, de Grandt, de cette femme de chambre qui, *comme lui*, affirmait hier avoir reconnu Murray *à ses moustaches*, tandis que dans l'instruction tous deux *disaient* n'avoir pas remarqué s'il en portait.

« Il est donc vrai que Murray n'a été reconnu par qui que ce soit à Bruxelles.

« Que sa présence dans cette ville est, comme la blessure, comme le fusil à vent, comme la rencontre sur le boulevard, comme le reste... un conte aussi stupide que criminel... et que les prétendus témoins qui l'ont *vu* quand tous les yeux de la police le cherchaient vainement... sont des imposteurs.

« J'inscris ce titre sur leurs fronts... et j'espère que les magistrats y en inscriront un autre. (Sensation.)

« Car, enfin, je reviens à ce point de départ, et j'y reviendrai perpétuellement. Il y a des témoins nombreux qui se sont parjurés dans cette enceinte ; ils sont dans un camp ou dans l'autre... et si ce ne sont pas Grandt et ses complices, ce sont les témoins de l'*alibi*.

« J'arrive à ceux-ci. (Mouvement.)

« Si Murray était à Paris le 23 novembre, il ne pouvait pas être le même jour à Bruxelles ; et si des témoins affirment l'avoir vu à Paris, tandis que d'autres affirment l'avoir vu à Bruxelles, les uns ou les autres sont coupables... Les magistrats ont d'un côté ou de l'autre à punir les menteurs.

« Vous avez pu apprécier la moralité des domestiques, amis et complaisants de M. Grandt et de Mme Murray. Quant à nos témoins, à nous, les voici :

« Mme Sutton, c'est la dame anglaise chez laquelle Murray a demeuré avec sa mère depuis le 23 octobre jusqu'au 15 février, rue Montaigne, n° 2. Ce n'est pas un témoin qu'on ait *cherché*, c'est le témoin naturel. Or, quelle foi lui est due ? Mme Sutton a paru devant vous ; son extérieur a parlé pour elle ! M. Spoolding, le gendre de lord Brougham, qui déposait hier, me disait ce matin qu'il connaissait la famille et la respectabilité de cette dame.

« Elle atteste que Murray ne s'est pas absenté *douze* heures de chez elle en novembre et décembre.

« Hier, Mme Sutton, interrogée par M. le président, qui la mettait en présence des déclarations des témoins amis de Grandt, disait : « Je jure devant Dieu que je dis « toute la vérité, » et le magistrat lui a rappelé « que « c'était assez d'un serment. »

« Messieurs, entendons-nous. Oui, c'est assez d'un serment ; mais quoi ! quand une femme âgée et malade vient, par le seul amour de la vérité, dans un intérêt aussi sacré que celui de la vie d'un innocent, se poser devant la justice ; que là le mensonge audacieux l'outrage ; qu'a-près les fatigues auxquelles elle s'est exposée pour une cause sainte, elle se voit placée sous une sorte de suspi-cion contre laquelle proteste toute sa vie…, qui peut-elle donc prendre à témoin, si ce n'est Dieu qui l'écoute?

« Je me reprocherais de ne pas la venger de la tribu-lation qu'elle a subie devant vous ; et j'ai besoin de dire à ce respectable témoin, ainsi qu'à ceux qui, à leurs frais, se sont rendus sur une terre étrangère pour déjouer un complot infâme : « Soyez loués, car vous avez fait une « bonne et noble action… Soyez loués… il est beau de « s'exposer même aux dures paroles que vous avez en-« tendues pour rendre témoignage à l'innocent… Soyez « loués… et si tout le monde n'a pas compris votre gé-« néreux dévouement, votre conscience, celui qui lit au « fond de la conscience même vous récompensera ; car « il est écrit que ceux-là sont heureux qui souffrent injure « et persécution pour la justice ! » (Approbation.)

« Le second témoin de *l'alibi* est le sieur Gillaud. Il dit avec Mme Sutton que c'est précisément le 23 novembre, jour correspondant à l'entrée de M. Murray (le 23 octobre) dans la maison dont il est concierge, qu'il a reçu 5 fr. *pour son mois*. Gillaud affirme qu'il est *impossible* que M. Murray se soit absenté un seul jour.

« La demoiselle Gillaud, qui, tous les deux jours, travaillait comme lingère chez Mme Sutton, et qui, du reste, le soir descendait chez ses parents, est sûre que Murray n'a jamais quitté Paris en novembre, car elle l'a vu au moins tous les deux jours.

« M. Harley, que sa position, sa famille, mettent au dessus de tout soupçon, ne s'est pas borné à déclarer que son ancien camarade d'études Murray était de tous ses amis l'homme le plus incapable de *la bassesse* dont on l'accuse. Il a dit que si M. Murray avait quitté Paris, il l'eût su infailliblement, car il le voyait tous les deux ou trois jours ; il y a plus, le 23 novembre, il a dîné avec Mme Murray et son fils. Il ne se rappellerait pas le jour ; mais cette indication existe sur *l'agenda* de Mme Murray, et comme il sait avoir dîné chez elle vers cette époque, ce doit être le 23 novembre.

« Enfin, Mme Murray !... dira-t-on que son témoignage est suspect en raison de la tendresse d'une mère ? Soit ! mais cette dame, depuis vingt-cinq ans, écrit toutes les actions de sa vie. Chaque soir, elle enregistre ce qui est arrivé dans le jour. Ces agendas ne sont pas faits pour la cause, croyez-le ! Voici les trois dernières années. L'un a été acheté à Londres, l'autre à Paris, le troisième à Milan. Le 21, on lit : « Il a plu toute la journée. Écrit à

« Mme Fauche. — M. et Mme Dicken sont venus prendre
« le thé avec moi ; Kent est sorti à huit heures et demie. »

« Le 22. — Il fait un grand froid. Visite à Mme Dicken-
« son. »

« Le 23. — A la maison toute la journée. M. Har-
« ley a dîné avec *nous*. Il est resté jusqu'à onze heures. »

« Le 24. — Il a plu toute la journée... Pris du thé
« chez Mme Dickenson. Kent a dîné en ville. »

« On remarque que, le 30, Mme Murray a adressé une
lettre d'invitation à M. Trollope, qui, en effet, était alors
à Paris avec son illustre mère.

« Quand tous les témoins de l'*alibi* voudraient en imposer, ce livre, témoin muet, incorruptible, archives de
tous les jours, ne mentirait pas, à moins que vous ne
disiez qu'il est *fabriqué* par Mme Murray pour tromper la
justice... mais ce faux est *impossible*. Voyez l'écriture...
le jour qui précède ne ressemble pas au jour qui suit ;
l'encre, les caractères ne sont pas les mêmes... et l'art
le plus exercé ne peut tromper à cet égard l'expérience
des experts... Consultez-les ! ne nous croyez pas... exa-
minez ! Ce n'est pas tout : voici une lettre que Mme Murray a répondue à son fils, aussitôt que celui-ci ayant connaissance de l'accusation lui demanda si elle pouvait
trouver sur ses tablettes un moyen de confondre la perfidie. Dès ce moment (voici la lettre au timbre de la poste)
elle a envoyé copie de son agenda... Lisez !

« Que dirai-je de la moralité des autres témoins, dont
ces lignes de chaque jour confirment les dépositions ?

« Gillaud n'est qu'un concierge. Oui, mais un concierge assez estimé de M. de la Prévotière, son proprié-

taire, pour que celui-ci n'ait pas d'autre *receveur*. C'est un concierge ; mais, dans son humble position, M. de la Prévotière lui écrit : « Mon cher Gillaud... » Il lui donne ses ordres, et les lettres se terminent ainsi : « Faites mes « amitiés à toute votre famille, et croyez-moi votre affec- « tionné. » Noble façon de s'exprimer de la part d'un homme *titré* vis-à-vis de son serviteur, que sa moralité a élevé jusqu'à l'amitié de son maître.

« Avant de servir chez M. de la Prévotière, Gil- laud était honorablement connu. Un de mes collègues à la cour royale de Paris, Me Vincent, m'écrit à son sujet :

« Depuis dix ans je connais le sieur Gillaud et toute sa « famille, qui, pour être dans une position obscure, n'en « est pas moins très-honorable. Je vous dirai, comme « preuve, qu'en l'absence du propriétaire de la maison « où je demeure, Gillaud, qui en était concierge, a été « seul chargé de l'administration de cet immeuble, qui « est d'un revenu de 20,000 fr., etc., etc. Je connais par- « faitement sa fille, dont la sœur est au service de ma « femme... Il est peu de familles qui, sous le rapport de « la probité, pourraient se prévaloir de témoignages aussi « favorables..., etc. »

« Enfin ce témoignage si flatteur, donné par un avocat si recommandable, est confirmé encore par M. Riant, professeur de rhétorique du collége Henri IV, à Paris, qui, en qualité d'ami de M. de la Prévotière, absent, donne sur Gillaud des attestations aussi nettes.

« Si donc il résulte de ce concours unanime de témoins irréprochables que Murray n'a pas quitté Paris, et si sa présence à Bruxelles n'est attestée que par cette tourbe de témoins convaincus à chaque mot de fraude à la justice, comment hésitez-vous ? pourquoi du doute ? un fait peut-il être et n'être pas ? d'où vient que vous n'osez conclure ? La logique vous y oblige, personne n'a le droit de la méconnaître ; si les témoins de l'accusation sont des parjures, ordonnez qu'ils rendent compte à la justice de cet homicide combiné au moyen du mensonge ! séparez Grandt de ces instruments dociles qu'il met en œuvre ; interrogez-les tous sous la terreur de la loi... Vous ne douterez plus ! Et ne croyez pas que je vous convie à la partialité envers les témoins de l'alibi. S'ils ont menti, punissez, punissez ! c'est votre droit, c'est votre devoir, et la mère de Murray elle-même, si elle a commis un faux pour sauver son fils, qu'importe ? ce faux est un crime, immolez-la. (Sensation profonde.)

« Une allégation d'alibi est de ces moyens qui perdent ceux qu'ils ne mettent pas hors de tous périls ; c'est une arme à deux tranchants : elle ne sauve pas, elle tue.

« Mais quand l'alibi est prouvé, quand M. l'avocat général est réduit à avouer qu'il n'a rien à opposer ni à la moralité ni à la concordance des témoignages sur lesquels se fonde cet alibi, est-il admis de dire : « d'autres « témoins affirment le contraire.... et c'est pourquoi je « doute ! »

« Quand il ajoute : « Nous avons pris toutes les me-« sures de police soit à Paris, soit à Bruxelles, soit pour « contrôler la moralité des témoins, soit pour vérifier si « Murray avait laissé quelques traces de son passage dans « les hôtels, aux bureaux de messageries....., et rien

« n'est venu détruire l'alibi... » Peut-il ajouter : « Mais
« rien non plus n'a détruit ce qui ressort des déclara-
« tions qui attestent la présence de Murray sur le lieu
« du crime, sa présence devant la maison de sa femme,
« enfin le récit des témoins de l'instruction écrite. »

« Quoi ! rien ! et ces contradictions éternelles, ce n'est
rien ! Ces mensonges qui sont sous chaque mot, ce n'est
rien ! Ces impossibilités du crime lui-même, ce n'est
rien ! L'absence totale du corps du délit, ce n'est rien !
l'absence de la balle, ce n'est rien ! Cette blessure *impossible*, ce n'est rien ! Ce coup sans explosion, ce n'est
rien ! Cette absurdité d'un assassin se promenant partout
avec calme, et n'étant vu nulle part que par les parjures,
dont l'un est en fuite, couvert de dettes et d'infamie,
dont les autres reculent à l'audience devant les déclarations écrites, et qui tous sont ou les stipendiés de Grandt
ou les adorateurs suspects de Mme Murray...., ce n'est
rien !

« S'il en est ainsi, Messieurs, il faut renoncer à défendre l'honneur et la vie des accusés : car je défie qu'on
me montre une cause, une seule, dans laquelle la vérité
soit si visible, si entraînante, si radieuse....., et où le
crime de faux témoignage soit écrit en lettres plus écla-
tantes sur le front de son auteur et de ses complices !

« Écoutez, Messieurs, voici un fait écrit dans nos
vieilles annales ; vous verrez quelle leçon il renferme
pour nous tous. (Profond silence :)

« Gaspard de Monconys était fils de Pierre de Monconys, lieutenant criminel de Lyon, frère de Balthazar,
docteur en droit de l'université de Salamanque, connu

par le recueil qu'il a publié de ses voyages dans l'Inde,
et par sa correspondance avec tous les savants et tous
les souverains qui protégeaient les sciences et les arts.

« Revenu de ses voyages, il espérait occuper la place
de son père. Celui-ci avait, quelques années auparavant,
fait ajourner au parlement Terrat, Masso, Bernard, pour
abus et malversation.

« Tous trois avaient résolu de se venger à tout prix
sur le fils de l'équité incorruptible du père.

« Que font-ils? Un nommé *Louys*, convaincu de sacrilége dans l'église de Saint-Denis, avait été condamné
d'abord à la mort, ensuite, par arrêt du parlement du
16 novembre 1612, aux galères *seulement* pour neuf
ans, et le 4 septembre suivant il avait été attaché à la
chaîne.

« Ils supposèrent que *Louys* n'était autre que Gaspard
de Monconys, qui avait déguisé son vrai nom, et que
des motifs secrets avaient déterminé le parlement à adoucir la peine d'un membre d'une famille qui était protégée
par la maison de Villeroy.

« Savez-vous qui ils avaient pour complice? J'ose à
peine le dire dans le temple de la justice : *Daveyne*, procureur du roi! (Sensation.)

« Il va à Paris, et s'unit aux autres conjurés; il fait
observer Monconys par des affidés; il est arrêté, conduit
à Saint-Denis : on dresse la procédure.

« *Trente-six témoins* (c'était plus qu'aujourd'hui)
furent entendus, récollés et confrontés avec Monconys.
« Jamais, dit Mornac, la calomnie n'eut davantage l'air
« de la vérité et ne fut étayée par de plus audacieux té-

« moignages. Malgré *cette preuve*, le parlement se déter-
« mina à rendre l'arrêt du 24 novembre 1618, qui ad-
« mettait la preuve *d'un alibi*, et Monconys, produisant
« cent quarante témoins irréprochables, fut absous. »

« Je soumets à votre attention les paroles suivantes
du vieux jurisconsulte. Bouillard, avocat de Monconys,
avait non seulement à discuter une infinité d'objets, mais
« *à lever les scrupules de quelques sourcilleux qui vont*
« *criant : Comment serait-il possible qu'on eût inventé*
« *ce fait s'il n'en était quelque chose? Il n'est point de*
« *fumée sans feu.* »

« C'est qu'en effet, Messieurs, il y a dans l'âme humaine je ne sais quoi de lâche et de bas qui la fait toujours pencher vers le soupçon; c'est cette théorie que
pratiquent ceux qui disent : « Calomnions, calomnions,
« il en restera toujours quelque chose. »

« Monconys, vengé par l'arrêt, fut reçu avec éloge
après un examen éclatant sur le droit romain et sur le
droit; son père fut nommé prévôt des marchands en 1623.

« Ainsi, dit le même auteur, dans tous les temps, à
« Lyon comme *ailleurs*, il y avait des *scélérats* (Mᵉ Ledru
« s'arrête et lance un regard énergique à M. Grandt), et
« *l'on savait calomnier;* mais le public était juste, la
« ville était bien organisée, et ce furent MM. de Villeroy
« qui, pouvant faire le bien à Lyon en qualité de gou-
« verneurs, voulurent tout à la fois illustrer l'innocence
« accusée dans le fils, et récompenser le père.

« Ils furent condamnés à de gros dommages-intérêts
« et à tous les dépens. Il leur fut enjoint de se démettre
« de leurs charges; ils furent déclarés incapables d'en

« posséder, et il fut dit que l'arrêt serait lu et publié au
« présidial de Lyon. »

« Messieurs, j'ai cité un grand exemple, et je suis heureux, dans cette affaire, d'en provoquer un autre digne
d'être donné sur cette terre qu'on appelle à bon droit
une terre de moralité, et par des magistrats qui ont té-
moigné tant de respect pour l'accusé, et pour le défenseur une bienveillance dont je les remercie du fond de
mon âme.

« Oui, je vous en remercie, Messieurs, car ce n'est pas
comme avocat seulement que je me suis présenté devant
vous ; j'avais été *témoin* dès le premier instant où Murray
vint me confier son indignation à la lecture des journaux
qui le désignaient comme assassin, j'avais été témoin de
sa noble résolution de paraître aussitôt devant vous pour
confondre la calomnie. C'est moi qui l'ai calmé en lui
disant : « Y eût-il cent faux témoins, dès que vous me
« jurez sur l'honneur que vous n'avez pas quitté Paris,
« les faux témoins seront confondus ; je viendrai avec
« vous, et je dirai aux juges que j'ai eu foi dans leur
« conscience et dans leurs lumières, malgré toutes les
« embûches tendues à leur loyauté. »

« C'est pourquoi, Messieurs, j'ai eu l'honneur de paraître en cette enceinte. Certes des voix plus fortes que
la mienne y auraient protégé l'accusé ; les illustrations de
ce barreau l'auraient couvert plus utilement de leur re-
flet... Mais je n'ai pas eu la témérité de me présenter seul
à cette audience, et vous entendrez tout à l'heure l'honorable collègue qui a bien voulu m'assister, et à côté
duquel je suis fier de combattre sous une bannière que

son caractère et son talent ont signalée à votre estime.
(Approbation.)

« J'allais finir, Messieurs les jurés ; permettez que je
vous adresse encore quelques paroles. N'est-il pas vrai
que personne ici ne conserve le moindre doute sur l'auteur de la fable odieuse qui s'est déroulée dans ces débats?
N'est-il pas vrai que vous reconnaissez partout le personnage dont la bouche s'est ouverte à cette audience
pour raconter avec un calme cynique comment c'était la
femme d'un autre qui payait les meubles mis sous son
nom ; comment il dictait impérieusement ses ordres dans
la maison interdite au mari, sous peine de violence et
d'assassinat ; comment ce personnage, qui *ne recule devant rien*, n'avait même reculé ni devant la déclaration
écrite de l'insolent certificat d'infamie qu'il s'est donné
à lui-même, ni devant l'aveu, la confession, j'allais dire
l'*éloge* public et solennel de sa dégradation !

« Eh bien ! si cela est vrai, se peut-il, Messieurs, que
dans ce pays, connu, j'aime à le redire, par ses mœurs
et le respect des principes, de tels faits restent impunis,
encouragés même, par cela seul que M. Grandt les aurait
en quelque sorte consacrés par le parjure? que chacun
des camps, celui de l'honneur comme celui du déshonneur, emporte ses blessés ! que la justice assiste tranquille et indifférente à un tel spectacle... et qu'enfin,
dans son incroyable scepticisme, l'accusation s'enveloppe
encore dans cette formule : « Nous doutons...! »

« Non, Messieurs, cette cause ne se résoudra point
simplement par le doute. J'espère que le ministère public va dire que, puisqu'il y a des coupables, il les pour-

suivra. Qu'il n'épargne personne... Nous ne demandons
pas de capitulation ; mais, au nom du Ciel, justice ! justice ! et la justice n'est pas l'hésitation entre l'innocence
et le crime. (Sensation.)

« Quelle serait donc la conclusion de tout ceci ? On
aurait tramé le projet de se débarrasser du mari pour
posséder paisiblement la femme... on aurait rassemblé,
endoctriné les complices de cette infernale pensée...
L'accusé serait venu à grands frais, loin de son domicile,
dire aux juges : « Votre justice n'avait pas le bras assez
« long pour m'atteindre si j'avais été coupable... mais
« me voici... jugez-moi. » Et on lui répondrait : « *Nous*
« *doutons !* et en conséquence nous n'agirons contre
« personne, innocent ou coupable. »

« Messieurs, cela ne se peut pas, cela ne sera pas, ou
bien la justice prononcerait elle-même son abdication...
Et en faveur de qui ? Je le sais, trop de consciences sont
faciles à l'égard de la violation de la foi conjugale. Qu'un
homme ait volé, par misère, un morceau de pain, on le
frappe impitoyablement !.... Mais quand le coupable n'a
pris à un autre que son bonheur intime, sa vie tout entière, quand il a mis pour toujours son âme en lambeaux,
on est tolérant... Toutefois cette tolérance elle-même a
des bornes, et, je le répète une dernière fois, ce n'est pas
sur une terre de moralité, ce n'est point par les organes
de la justice de ce pays que sera établie sous la formule
commode du doute l'impunité de tous les scandales dont
nous avons été témoins.

« Messieurs, cette cause ne périra pas ; je m'engage
d'honneur à ce qu'elle vive : car elle est un des exemples

les plus frappants que puissent méditer ceux qui tous les jours, sur le témoignage humain, jugent et condamnent !

« Vous êtes dignes de mettre au grand jour, par le verdict que vous rendrez, toutes les leçons qui en ressortent.

« Et quand votre mission sera remplie, une autre commencera pour la défense :

« Car ce ne sera pas assez que l'honneur de Murray sorte intact de cette enceinte, et purifié par votre solennel témoignage...

« Lorsque votre voix se sera fait entendre en faveur de l'honnête homme, et qu'il sera couvert de votre sentence comme d'un bouclier contre la ligue qui avait juré sa ruine..., alors, Messieurs, nous nous adresserons à la Cour..., et comme vous elle saura faire son devoir. » (Sensation prolongée et bravos dans l'auditoire.)

M. le Président. « Je rappelle au public que toute marque d'approbation ou d'improbation est défendue. »

Verdict et arrêt.

M. Cloquette, avocat général, se lève. — « Messieurs, dit-il, nous avons entendu avec une profonde attention les arguments de la défense ; nous les avons pesés, et nous déclarons que nous persistons dans l'opinion que nous avons émise. »

Mᵉ *Dolez* a la parole. Il déclare n'avoir rien à ajouter à la plaidoirie si complète de Mᵉ Ledru.

Les débats ayant été clos, M. le président a rappelé au jury quels étaient ses devoirs ; il lui a tracé aussi les

règles de sa conduite. Le jury et la Cour se sont respec-
tivement retirés.

Après une courte délibération de sept minutes et demie, le jury rentre en séance. M. le chef du jury déclare
devant Dieu, la main sur la conscience, que l'accusé
Kent-Murray n'est pas coupable.

M. le colonel, mis immédiatement en liberté, remercie
son défenseur avec une vive effusion, et va vers sa mère,
qui lui prend la main en versant des larmes de joie.

Conclusions à fin de dommages-intérêts.

Mᵉ Charles Ledru se lève de nouveau, et lit des conclusions par lesquelles, « Attendu que le sieur Grandt, en
« se rendant d'office devant le magistrat de police de la
« ville de Bruxelles, le 23 novembre à huit heures du
« soir, a *dénoncé* un attentat qui aurait été commis par
« le sieur Murray sur la personne de sa femme ;

« Que cette dénonciation a été faite de mauvaise foi ;

« Attendu que Mᵐᵉ Murray a été complice de ladite
« dénonciation ; qu'elle a par ses propres déclarations
« trompé la justice, et que le résultat de la machination
« combinée entre elle et Grandt, à l'aide d'auxiliaires su-
« balternes, a été de faire traduire Murray devant la cour
« d'assises ;

« Que, de ces faits, il résulte que Grandt et la dame
« Murray se sont rendus coupables du délit de dénoncia-
« tion calomnieuse, prévu et puni par l'art. 373 du Code
« pénal ;

« Qu'aux termes de l'art. 359 du Code d'instruction

« criminelle, la cour est compétente pour statuer sur la
« réclamation que le sieur Murray est en droit de former
« à cet égard ;

« Il plaise à la cour condamner les sieur Grandt et
« dame Murray, solidairement et par corps, au paiement
« de la somme de 50,000 fr. à titre de dommages-inté-
« rêts. »

M⁰ Ledru a la parole pour développer ses conclusions :

« Messieurs,

« Je n'ai pas besoin de vous dire, je l'espère, que le
but réel de M. Murray n'est point une condamnation pécuniaire ; mais cette condamnation lui est nécessaire
pour qu'il puisse accomplir les hautes obligations qui lui
sont imposées, et c'est pourquoi il la sollicite de votre
justice.

« Sa femme, égarée par d'indignes conseils, l'avait accusé d'un crime dont le jury vient de l'acquitter par une
manifestation éclatante qui parle bien plus haut que tout
ce que j'avais pu dire (1), et MM. les jurés, par un si
prompt et si éloquent verdict, ont noblement protesté
contre la doctrine du *doute*.

« Mais un acquittement, si honorable qu'il puisse être,
ne suffit pas à mon client.

« Cette femme qui l'a traîné sur le banc des criminels,
il veut l'arracher au mal ; c'est la seule vengeance qu'un

(1) Les jurés ont eu à peine le temps de remplir les formalités
indispensables à leur mission, et sont rentrés aussitôt avec un
verdict d'acquittement.

noble cœur puisse nourrir. Comment y arrivera-t-il? Il ne le peut, Messieurs, que si vous lui venez en aide dans une situation si délicate et si grave.

« Or, il est un moyen d'arracher Mme Murray à l'influence qui la perd. C'est l'intérêt qui attache Grandt à sa victime... l'intérêt l'en séparera.

« Eh bien ! qu'une condamnation sévère permette à Murray de poursuivre cet homme pernicieux ; qu'elle lui permette en même temps de marquer à sa femme la ligne qu'elle doit suivre pour rentrer dans l'honneur.

« Alors il pourra briser le funeste lien qui enchaîne une mère de vingt-six ans à la honte de Grandt.

« Je dois être franc ; je déclare que, dans aucun cas, l'intention de Murray ne serait de recevoir Mme Murray en qualité d'épouse ; mais si sa juste fierté lui interdit d'aller jusque là dans le pardon, il est de son devoir de la replacer dans sa famille qui est honorable et pure ; et enfin de faire tout ce qu'un homme de cœur se doit à lui-même pour arracher à une voie de désordres une femme jeune encore, chez laquelle les conseils et les exemples de ses proches réveilleraient, il faut l'espérer, des sentiments que Grandt n'a pas entièrement corrompus.

« La loi autorise-t-elle la condamnation que je sollicite?

« Oui, car Grandt est *dénonciateur*.

« En effet, c'est lui qui, d'office, dans la soirée du 23 novembre, est venu chez M. le commissaire de police en faire la *dénonciation*.

« Or, l'art. 359 du Code d'instruction criminelle porte:

« Les demandes en dommages-intérêts formées par l'ac-

« cusé contre ses *dénonciateurs* seront portées à la *cour*
« *d'assises.* »

« Cet article règle donc à la fois les droits de Murray
à l'égard de Grandt et votre compétence.

« Mme Murray n'a été que son instrument dans sa dénonciation personnelle ; mais elle a participé au délit,
et, complice, elle doit réparation comme l'auteur principal lui-même. D'ailleurs il importe dans l'intérêt élevé
que j'ai signalé qu'elle subisse, solidairement avec lui, la
condamnation aux dommages-intérêts à laquelle j'ai conclu.

« Je ne veux pas en dire davantage. La cour comprendra tout ce qu'il y a de moralité et de justice dans la demande de mon client, et elle sera heureuse de rendre un
arrêt solennel, qui sera en même temps une bonne action et un bon exemple. »

M. Cloquette, substitut de M. le procureur général,
se lève et combat les conclusions de Me Ledru :

« Le verdict du jury, dit-il, a résolu la question de
culpabilité ; ainsi Murray est complétement déchargé de
l'inculpation.

« Mais, *en droit*, il ne suffit pas pour qu'une *dénonciation* donne lieu à des dommages-intérêts qu'elle n'ait
pas été *fondée.* Il faut encore qu'elle ait été faite de *mauvaise foi* et à *dessein de nuire.*

« Or, rien ne prouve que Grandt ait agi de mauvaise
foi. Il a pu croire ce qui a été attesté par Mme Murray,
par son domestique.

« Il y a dans cette affaire de nombreux témoins qui ont
déposé contradictoirement. L'erreur était possible. En

tout cas, la mauvaise foi n'étant pas prouvée, l'article du Code pénal relatif à la dénonciation calomnieuse n'est pas applicable. »

Mᵉ Ledru réplique :

« Je ne dirai qu'un mot, Messieurs, car la question est posée nettement entre le ministère public et nous. Grandt est dénonciateur ; à ce titre, s'il est de mauvaise foi, la demande en dommages-intérêts est fondée contre lui. Je n'ai donc qu'à examiner la bonne foi de cet homme.

« Sa bonne foi... En vérité, est-ce donc un rêve que tout ce qui s'est passé à cette audience?

« Est-ce que le jury ne vient pas, en acquittant Murray par un verdict d'enthousiasme, de répondre à l'objection que je m'étonne de voir soulever en ce moment?

« Mais, puisque sans égard pour cette déclaration si spontanée (1), M. l'avocat général a pris sous sa protection la bonne foi de Grandt, examinons-la en quelques mots. »

Mᵉ Ledru, dans une analyse rapide et chaleureuse, parcourt toutes les circonstances du procès qui prouvent que ce n'est qu'une conspiration conçue et exécutée audacieusement par Grandt; et, après des considérations puissantes puisées dans l'ordre philosophique et religieux, il termine en suppliant la cour, dans l'intérêt de Mᵐᵉ Murray elle-même, dans l'intérêt de son fils, qu'il importe de soustraire au protectorat d'un instituteur tel

(1) Pendant un moment de suspension, MM. les jurés avaient dit au défenseur : « Monsieur, nous avons regretté que la loi ne nous permît pas de dire que notre verdict est *unanime.*

que Grandt, de rendre un arrêt qui, après tant de scandales, console la morale publique.

Nous regrettons de ne pouvoir reproduire cette réplique, que la sténographie n'a point conservée. Nous nous
bornerons à emprunter au *Courrier belge* la fin de la
séance :

« M⁰ Charles Ledru, dit ce journal, a pris ensuite la
parole et, dans un nouveau plaidoyer qui a produit une
impression plus profonde encore que le premier, a demandé que Mᵐᵉ Kent-Murray et M. Grandt fussent condamnés à 50,000 fr. de dommages-intérêts vis-à-vis de
M. le colonel Murray, comme ayant commis envers lui le
délit de dénonciation calomnieuse.

« Il a d'ailleurs expliqué que cette demande n'avait
aucun caractère vénal ; qu'elle n'avait pour but que d'arracher une jeune femme à une funeste influence, de la
faire rentrer dans sa famille, de consacrer la totalité des
dommages-intérêts à l'éducation de son enfant.

« Le haut point de vue de moralité et de philosophie
chrétiennes où s'est placé l'avocat pour appuyer l'arrêt
qu'il sollicitait de la cour lui a fait rencontrer les plus
heureux mouvements. Il a produit sur l'auditoire une
sensation profonde et continue.

« La cour est entrée en séance pour délibérer sur la
demande des dommages-intérêts ; elle l'a repoussée après
une demi-heure de délibération, parce qu'elle n'a pas
trouvé que la plainte formée par M. Grandt et Mᵐᵉ Kent-
Murray portât le caractère d'une dénonciation calomnieuse. »

La séance est levée à quatre heures et demie au milieu

de la plus vive agitation. Une foule de membres du barreau, de journalistes, des membres de la cour royale, se pressent à la sortie autour de Mᵉ Charles Ledru pour le féliciter. La curiosité publique, qui se proposait de suivre Mᵐᵉ Murray à la sortie de l'audience, a été trompée. Une Vigilante l'attendait ; elle s'y est précipitée avec M. Grandt *en souriant* d'un air de triomphe. Pendant tous les débats, elle avait conservé un maintien étudié, mais grave et digne.

Ce qu'il y a surtout de scandaleux et d'étrange dans cette affaire, c'est l'impunité laissée aux faux témoins.

Aussi Mᵉ Charles Ledru, fait aux allures franches et fortes, a-t-il revendiqué pour lui, dans l'intérêt de son client, le côté déserté par le ministère public belge. On a vu avec quelle énergie il demanda que les témoins à charge ou à décharge fussent soumis à des épreuves sévères ; ses instances, ses réclamations furent vaines, et la justice s'est retirée avec un affront solennel.

(*Observateur des Tribunaux.*)

XI

LA ROSIÈRE DE CHARENTON. — LE BERGAMI D'UNE JEUNE MISS DE QUARANTE ANS. — LES ALGÉRIENNES. — FÊTE HISTORIQUE A ARRAS. LETTRE A ACHILLE RICOURT.

Les audiences des tribunaux offrent souvent d'étranges tableaux de mœurs. Les procès qui eurent lieu à l'occasion d'une jeune *rosière* couronnée à Charenton, et d'une dame *un peu mûre*, dont un joli étranger exploita la tendresse, sont de ceux que Ch. Ledru ne dédaignait pas. — Il aimait aussi, dans les articles nombreux qu'il donnait à *la Gazette des Tribunaux....* à signaler les tripotages administratifs. — L'article qu'on va lire sur les *Algé-*

riennes est comme la préface du fameux scandale qui fut révélé à la cour d'assises, dans l'affaire de M. Gisquet, l'ex-préfet de police.

Cet article n'est pas inutile à consulter même aujourd'hui, à l'occasion des autorisations accordées à certaines compagnies financières qui savent obtenir des protecteurs puissants.

Nous terminerons ce chapitre par une fantaisie très-amusante de Ch. Ledru, publiée en 1841, dans *la Revue du Progrès*. M. Achille *Ricourt*, auquel elle est adressée, est l'ancien éditeur de *l'Artiste*. M. Ricourt est un homme d'une excentricité inouïe.... Il y a trente ans qu'il demeure à Paris. Il ne se fait point, parmi les artistes, une réunion sans que Ricourt en soit le héros : il ne se *joue* pas une pièce nouvelle, sans que l'auteur ne vienne le consulter : on n'achète point un tableau sans demander son avis.... Ricourt est l'ami, le convive de tout Paris intelligent....... et il n'y a pas un Parisien qui sache... *où loge* ce Protée si aimable, si spirituel et si bon, que son absence dans un festin... ôte l'appétit à tous les convives. — Les lettres d'invitations qu'il reçoit lui arrivent, depuis dix ans, chez Ch. Ledru, qui ignore, du reste comme tout le monde, où demeure son ami.

POLICE CORRECTIONNELLE DE PARIS (6ᵉ chambre).

Audience du 28 août 1832.

LA ROSIÈRE DE CHARENTON. — CHARIVARI. — MARIAGE PAR NUMÉROS.

La célèbre commune de Charenton a eu aussi son *cha-*

rivari. Les principaux exécutants comparaissaient aujour-
d'hui devant la police correctionnelle.

M. l'avocat du roi Lenain expose l'affaire en donnant
lecture d'un procès-verbal du brigadier de la gendarmerie en résidence dans cette commune. Il en résulte que
le 23 du mois de juillet dernier, vers les neuf heures et
demie du soir, la gendarmerie fut en émoi en entendant
les accords pleins de rudesse qui résonnaient de tous côtés.
Le brigadier Marcellin se rendit immédiatement chez le
maire de la commune, M. Ventenat, notaire, qu'il ne rencontra point ; alors il se dirigea vers la maison de l'adjoint, qui le suivit pour calmer, par son intervention, l'enthousiasme musical de ses administrés.

L'adjoint se présente à la foule, il lui ordonne de se
dissiper. Mais un des prévenus, le sieur Bourlier, dit :
« J' .... tous ceux qui veulent se mêler de cette affaire-
là. » Le charivari continua donc, et les gendarmes crurent
devoir par prudence, ne pas s'opposer davantage à la manifestation bruyante de l'opinion publique.

En conséquence de ces faits, M. le procureur du roi a
traduit devant le tribunal les sieurs Bourlier, David et
Desene, que le procès-verbal désigne comme les principaux auteurs de ce tapage, sous la prévention 1° d'outrages par paroles envers un magistrat dans l'exercice
de ses fonctions ; 2° d'outrages par paroles envers un
commandant de la force publique ; 3° de tapage injurieux
et nocturne, troublant la tranquillité des habitants d'une
commune.

Les témoins à charge sont le sieur Marcellin, brigadier
de gendarmerie, et le sieur Sol, gendarme.

Marcellin. Le 23 juillet il y eut en effet un charivari, et toutes les circonstances du procès-verbal sont
exactes.

M. le Président. Les prévenus étaient-ils à la tête des
jeunes gens? R. Oui, ils paraissaient les chefs; mais ce
sont de très-braves gens. Ce charivari était donné par la
jeunesse du pays à l'occasion de la rosière qui avait choisi
pour époux un individu étranger à la commune. C'est un
nommé Chéron, de Paris, qui avait il y a quelque temps
emporté quarante-cinq fr. montant d'une souscription
pour un bal.

Le sieur Sol confirme les faits rapportés dans le procès-verbal. Il a entendu aussi le sieur Rosier disant
qu'*il se f... de tous ceux qui se mêlaient de cette affaire-
là.* M. l'adjoint était présent.

Mᵉ Charles Ledru. Le témoin a-t-il vu des instruments
charivariques dans les mains des prévenus? — R. Je n'en
ai pas vu.

Mᵉ Charles Ledru. Le brigadier en a-t-il vu?

Marcellin. Non, je ne puis déclarer ce dont je ne suis
pas sûr.

M. Buran, pharmacien à Charenton-Saint-Maurice,
chevalier de la Légion d'honneur, et commandant des
pompiers, s'avance comme témoin à décharge.

Il déclare n'avoir rien vu. Il arrivait de Paris quand le
charivari venait de finir. Il atteste que les prévenus, qui
sont tous trois des sapeurs de son bataillon, se sont toujours montrés bons citoyens, et que, quoique simples
journaliers, ils se sont équipés à leurs frais.

Mᵉ Ledru renonce à l'audition des cinq autres témoins à décharge.

M. l'avocat du roi Lenain soutient la prévention en ce qui concerne le chef de tapage injurieux et nocturne.

Mᵉ Ledru expose la défense.

« Messieurs, dit-il, cette cause n'a rien qui puisse blesser aucunes susceptibilités. Le mot de charivari a été prononcé... mais ne craignez rien. Il n'est pas question de ces bruyantes aubades que reçoivent par toute la France les députés ministériels : il ne s'agit que d'une petite correction morale donnée par l'élite de Charenton à une rosière du pays et à un jeune rosier exotique. (On rit.) »

L'avocat raconte qu'à l'occasion des fêtes de juillet le gouvernement conçut la pensée de doter quatre jeunes filles de la banlieue. « Les instructions de la sous-préfecture portaient, dit-il, qu'on devait (autant que possible) unir le sang des héros de juin avec celui des glorieux combattants de juillet. Il n'y avait qu'une dot pour la légion de Vincennes et de Charenton, composée des habitants de dix-neuf communes. Les maires se réunirent, et, par mesure de prudence, on convint de désigner quatre jeunes personnes sous les numéros 1, 2, 3 et 4. Bien prit aux magistrats d'avoir cette précaution. En effet, le numéro 1ᵉʳ, virginale et pure fleur éclose à Saint-Mandé, fut emportée par le souffle du choléra. Le numéro 2 brillait à Maisons-Alfort. Maire de cette commune, M. le comte Dodun, auquel je saisis l'occasion de rendre hommage, vint déclarer à la sous-préfecture que la rose qu'il avait l'honneur d'administrer donnait *sa démission*. (On rit.) Il paraît qu'en voyant approcher la main qui devait la cueillir, elle avait tremblé, aimant mieux l'espoir d'un bonheur modeste que l'éclat et les suites incertaines d'un hymen trop prompt.

« Saint-Maurice, qui avait le numéro 3, se voyait donc en première ligne.

« C'est ici, Messieurs, que, sans entrer dans le détail de petites circonstances assez piquantes, je dois dire que le numéro 4 (le représentant de Charenton) usurpa la place du n° 3.

« On dit (et sans méchanceté je puis le redire) que le sous-préfet, l'honorable M. Lesourd, céda à l'influence des autorités de Charenton, je veux parler des clercs de M. Ventenat, qui réunit à ses fonctions celles de maire. M¹ˡᵉ *Bonne-Amie*, c'est le nom de l'élue, avait attiré par ses vertus l'attention de ce jeune aréopage ; elle fut le candidat de l'étude ; et, grâce à une intervention si flatteuse pour elle et pour le futur (on rit), sa virginité obtint la couronne due à la plus sage.

« Cette faveur, méritée sans doute par toutes les qualités qui brillent dans M¹ˡᵉ Bonami, si elle avait eu le n° 3, fut considérée comme un passe-droit.

« Ce n'est pas tout : le brigadier vous a révélé que le cœur du *numéro quatre* s'était donné avec les 3,000 fr., non-seulement à un jeune homme étranger à Charenton, mais à ce Parisien entreprenant qui, avant d'enlever l'Hélène des bords de la Marne, avait commencé par emporter aux amis de la danse les 45 fr. qui formaient tout leur budget.

« En pareille circonstance, le charivari du 23 juillet

n'était assurément qu'une critique bien innocente et bien douce. Aussi la gendarmerie s'en fût-elle amusée comme le reste de la commune si M. le maire..... Je ne veux pas être indiscret! mais j'avais à cœur de prouver que si toute la population de Charenton s'est livrée à la joie bruyante du charivari, une commune, aussi célèbre par sa sagesse et ses bons principes, ne doit rien perdre pour cela de la bonne réputation qui lui est acquise à si juste titre. »

Me Ledru, après avoir ainsi justifié en général les administrés de M. Ventenat, prouve que les prévenus n'étaient sur le lieu de la scène que comme curieux. Les gendarmes ne leur ont vu ni pelles, ni chaudrons, ni pincettes; et, quant au propos de Bourlier, il s'adressait à des commères du voisinage, amies particulières du cordonnier Bonami, père de la jeune rosière.

« Au reste, il y a dans cette affaire un fait décisif. Les trois prévenus font partie de la musique des pompiers. Or, assurément, si l'on voit des hommes étrangers aux beaux-arts manifester leurs opinions politiques ou morales avec des casseroles et des cornets à bouquin, personne ne croira ques des artistes distingués fassent descendre jusque-là leur talent. L'harmonie de la trompette, du basson et de la flûte ne se mariera jamais aux rauques accents des lèchefrites, des poêles et des chaudrons. Il y a là une présomption d'innocence que les preuves les plus accablantes détruiraient à peine; et en l'absence de témoignages positifs, cette considération décidera vos consciences en faveur des prévenus. »

Le tribunal, après en avoir délibéré,

« Considérant qu'il n'est pas établi que les prévenus se soient rendus coupables des faits qui leur sont imputés, les a renvoyés des fins de la plainte. »

POLICE CORRECTIONNELLE (6ᵉ chambre).

LE BERGAMI D'UNE JEUNE MISS DE 40 ANS.

Quel est donc ce jeune homme entouré d'une magnifique barbe jeune-France, qui est assis sur les bancs de la police correctionnelle? C'est M. Jiachoza, que la belle société a vu souvent à Bade et à Wiesbaden. Quelle est cette dame qui vient avouer devant les juges qu'elle a atteint la quarantaine? C'est miss Samler, qui, pour avoir trop aimé le brillant Jiachoza, a vu disparaître en quelques mois la somme de 33,000 fr.

Cette autre dame, richement vêtue, qui s'enveloppe avec élégance dans un magnifique châle de velours, et qui annonce timidement, en langage tant soit peu germanique, qu'elle s'appelle la baronne de Lamuertz, est un témoin ; mais on voit au coup d'œil qu'elle lance à Jiachoza que c'est un témoin très-bien disposé pour le joli prévenu ; il y a quelques jours elle était interrogée elle-même comme ayant été complice de Jiachoza, non pas coupable de ces douces complicités qui n'amènent pas toujours en police correctionnelle, mais complice dans l'affaire des 33,000 fr.

Les autres figurants dans ce procès, ce sont des marchands, des marchandes, qui ont eu l'honneur de faire des fournitures à M. Jiachoza et à Mᵐᵉ la baronne, dans les huit ou dix domiciles qu'ils ont parcourus ensemble. L'une, la demoiselle Lenormant, a reçu pour remercîment des fournitures qu'elle avait faites à Mme la baronne, la visite de Jiachoza, qui, au lieu de la payer, a dit à cette dame, en présence de plusieurs de ses pratiques : « Vous croyez « être chez une femme honnête, cette maison n'est qu'une « maison de prostitution, et si cette dame a l'audace de « me réclamer de l'argent, c'est que je n'ai pas daigné « lui offrir mes hommages. »

L'avocat de Mlle Samler, chargé de poursuivre Jia-choza, ne dissimule pas en commençant que la personne qu'il voudrait atteindre, c'est surtout Mme la baronne de Lamnertz, qui, dit-il, possède en ses mains tout ce que Jiachoza est parvenu à soustraire à sa cliente, et qui, chose étrange, ajoute-t-il, se trouve en liberté en vertu d'un non-lieu qui a mis Mme la baronne à l'abri des pour-suites de Mlle Samler, avant même que celle-ci ait porté plainte contre la noble dame ; nous laisserons parler l'a-vocat.

« Me *Charles Ledru.* Si j'avais été consulté avant que Mlle Samler déposât sa plainte contre Jiachoza, je ne lui en aurais pas donné le conseil ; car, quelque fondé que soit son droit, il est pénible d'avouer qu'on a donné ses affections à un pareil homme. Mais ayant été invité la veille de l'audience à prendre la parole contre un spolia-teur qui se préparait à insulter sa victime comme il l'a déjà fait dans l'instruction , j'ai cru que je remplissais ici une belle mission en protégeant une femme étrangère contre celui qui a osé puiser sa défense dans un système de scandale et d'infamie. »

M⁽ Charles Ledru annonce qu'il veut demander un sursis et un supplément d'instruction, parce que la baronne de Lamnertz, la complice perpétuelle de Jiachoza, aidée de son gendre, le docteur Mackay, contre lesquels M{ᴵˡᶜ} Samler vient, à l'instant même, de déposer une plainte, doit être mise en cause. Elle a été, il est vrai, relaxée par un non-lieu; mais le juge d'instruction a *d'office, sans réquisition de M. le procureur du roi,* interrogé la baronne de Lamnertz comme prévenue; les témoins ont compris que l'instruction était dirigée contre Jiachoza *seul :* après l'instruction terminée, le ministère public n'avait requis que contre Jiachoza, et c'est par des *interlignes* non approuvés que l'indication du nom de Mᵐᵉ de Lamnertz la fait figurer comme inculpée. Enfin, dit l'avocat, ce qui, sans aucun doute, ne s'était vu dans aucune instruction, les fonds saisis chez Mᵐᵉ la baronne de Lamnertz lui ont été *remis* avant qu'il y eût *ni réquisition ni ordonnance de non-lieu.*

M. le Président. M⁽ Charles Ledru, vous pourrez prendre les mesures que la loi vous donne pour attaquer *le non-lieu,* si vous croyez en avoir le droit; mais le tribunal n'en est pas juge; ainsi, exposez les faits du procès actuel, sauf à vous pourvoir ailleurs.

M⁽ Charles Ledru présente la baronne de Lamnertz commettant, avec Jiachoza, un grand nombre d'escroqueries, rue Tronchet, où ils descendirent ensemble; rue Duphot, hôtel Bedford; hôtel Choiseul, rue Sainte-Anne; rue Monsigny, n° 5, hôtel d'Angleterre; rue des Filles-Saint-Thomas; rue de la Victoire, n° 6; rue du Helder, passage de l'Orme, où les associés en participation louaient des livres et vendaient des petits pâtés dans deux magasins en face l'un de l'autre.

Il se plaint de ce que Jiachoza, qui n'offre aucune solvabilité, soit *seul* sur les bancs, tandis que celle qui a recueilli tout le produit de leur criminelle association est tranquillement établie, non plus dans le magasin de brioches ni dans le cabinet littéraire, mais dans une maison richement meublée, rue Saint-Honoré.

M⁰ Ch. Ledru expose que Jiachoza s'est emparé de la confiance de miss Samler par la simulation de la passion la plus violente.

Il écrivait à sa future :

« Votre charmante image me suit partout ; les battements de mon cœur me disent, c'est elle que j'aime, et toute opposition cruelle s'enfuit devant son nom comme de sombres nuages que le soleil remplace après l'orage. »

D'ailleurs il était malade, disait-il ; et le pauvre jeune homme ne parcourait les bois de Saint-Germain, où demeurait sa fiancée, que comme le héros de la chute des feuilles :

> Plus pâle que la pâle Automne,
> Je m'incline vers le tombeau.

Il n'y avait qu'un remède contre ses maux de poitrine : c'était.... de l'argent. Le docteur Mackay, qui, depuis, a épousé la fille de la baronne de Lampertz, avait décidé que les tourments que causaient à Jiachoza ses créanciers, compromettaient sa santé.

La correspondance de Jiachoza atteste cette rouerie :

· « Mon médecin me défend de quitter ma chambre ; je suis bien malheureux, je suis *tourmenté*, beaucoup *tourmenté*.... Aujourd'hui je suis mal portant ; cependant je ne reste pas à la maison, car les affaires avant tout. »

Et miss Samler répondait :

« J'étais bien malheureureuse de vous voir si malade ; prenez garde de votre santé, plus importante que tout l'argent que vous êtes si inquiet d'acquérir. »

Miss Samler était si tourmentée, qu'elle voulait avoir l'avis d'un des hommes les plus éminents du monde entier dans l'art de guérir. Elle consulta, pour Jiachoza, le célèbre docteur Mott, de New-York, qui devait comparaître à cette audience comme témoin, et qu'une excuse légitime retient chez lui.

M. Mott l'avait beaucoup rassurée, mais la démarche de miss Samler auprès de lui atteste jusqu'où allaient les manœuvres du docteur Mackay et compagnie.

Un autre moyen de Jiachoza consistait à exciter la jalousie de sa future. Il lui écrivait qu'une femme jalouse le suivait partout. Quelle était cette dame ? J'ai prié Jiachoza de nous dire son nom, il s'y est refusé ; ce n'est certainement pas habitude d'égards exagérés envers le beau sexe. Jiachoza, qui lève sa canne sur les demoiselles des magasins de ses créanciers, et qui paie ses dettes à des marchandes en venant les insulter comme des prostituées jusque chez elles, n'est pas ce qu'on peut appeler un homme trop *galant*.

« Cette dame, c'était donc la baronne, la même dont il avait reçu une tabatière de 1,500 fr.... que miss Sam-

ler l'a engagé à rendre. Or, cette tabatière avait été
achetée 30 fr. chez le bijoutier M. Marais.

Chaque membre de la famille avait son rôle à jouer.
Le docteur Mackay devait faire l'amoureux de miss Samler, pendant que Jiachoza ferait le jaloux..... Quant à
la fille de Mme la baronne, fille de dix-sept à dix-huit
ans, elle était au milieu de cette association ! Jiachoza
était son *précepteur !* il lui enseignait le piano !

A l'égard de sa jalousie envers Mackay, voici ce que
Jiachoza écrivait :

« Une chose m'a beaucoup tourmenté, c'est que, quand
vous êtes auprès de moi, vous parliez toujours avec le
docteur. Vous l'avez invité à venir à Saint-Germain. Je
vous en prie, ne soyez pas si aimable avec lui, car cela
me rend trop malheureux. »

Me Ledru donne lecture d'une autre lettre :

« Moi, mon aimable ange, j'ai tant de femmes de la
haute société qui voudraient volontiers que je leur fasse
la cour; eh bien ! j'ai tout laissé pour vous. Je me suis
tout à fait retiré du monde. »

Il y avait gaîté continuelle entre le docteur Mackay,
la baronne de Lamnertz et Jiachoza. On buvait du vin
de Champagne à la santé de miss Samler, et comme elle
ne pouvait comprendre les *finesses* du *vous* et du *tu,* on
se cotisait pour lui écrire des lettres où chaque phrase
renfermait le pluriel officiel et le *tu* si tendre. En voici
une, écrite sans doute au dessert :

« Quoique j'aie le doux espoir de *vous* voir demain,
je ne puis rester sans *t'*écrire quelques lignes. Si *tu* savais, mon Anne, combien je *vous* aime ! Tout me semble

triste et monotone loin de *toi*. Je ne vis qu'auprès de *vous*. Éloigné de *toi* tout semble être mort...... *vous* êtes mon amour, mon ange. M'aimes-*tu* aussi comme ça? Je ne pense qu'à *vous*, je ne rêve que de *toi*. Je n'ai qu'une seule prière à *vous* faire, c'est de me rester aussi fidèle que je *vous* suis. Si je pensais seulement que *tu* pourrais m'être infidèle, je ne voudrais plus vivre. Je ne vis que pour *toi*, je ne veux que *vous*, je n'aime que mon Anne. » (Rire général.)

Après avoir exposé que Mme de Lamnertz connaissait toutes les manœuvres de Jiachoza, et qu'elle assistait à une scène de la rue des Victoires, où le docteur Mackay, son gendre, et elle-même jouaient chacun leur rôle, l'avocat arrive aux 10,000 fr. payés par M. Ferrère-Laffitte, le 17 août. Miss Samler avait remis à Jiachoza 1,500 fr. volontairement sur les 10,000 fr. ; elle en avait pris pour elle-même 1,300 fr. Il était dépositaire du reste : il s'en est emparé, on ne les a jamais revus.

Il annonce qu'il a payé avec cela 7,000 fr. à un jeune étranger qui se trouvait à Paris, à un de ses amis de Wiesbaden, vis-à-vis duquel il avait contracté une dette d'*honneur*..... Vous n'auriez pas deviné, certainement, que Jiachoza fût assez délicat envers ses créanciers pour les saisir ainsi au passage ! Et où a-t-il fait ce paiement? Où logeait le voyageur? Il ne peut le dire : il l'a rencontré au café.

« Quant aux 10,000 fr. reçus par Jiachoza le 24 août, il n'a pas eu le temps de les donner à ses créanciers. Car quelque diligence qu'il mît à leur égard, lui qui les évite si bien en quittant successivement une dizaine de domi-

ciles, avec Mme la baronne, pour ne pas les rencontrer...
quelque diligence qu'il mît, il n'est pas homme à aller les
troubler au milieu des songes où ils rêvent peut-être de
ce débiteur insaisissable. (On rit.)

Or, le 24 au soir, Jiachoza avait quitté Mlle Samler ;
on devait fixer le lendemain, dimanche, le jour du mariage dont le contrat avait été *signé* devant le consul....
Et dès le 25, à six heures du matin, Jiachoza écrit cette
lettre abominable que je ne crains pas de lire, parce que
vous savez déjà que ma cliente n'a pu être insultée par
ce que cet homme peut avoir inventé dans sa bassesse.

« Ci-joint un billet de 500 francs qui me reste
seulement du dernier cadeau que vous m'avez fait. Je
vous engage de vous en servir pour retourner auprès de
votre famille, et je vous exhorte de ne plus mener une
vie aussi orageuse que celle que vous avez menée avec
moi..... Les renseignements qu'on a sur vous, je ne veux
pas les publier. Si jamais il vous revient à l'idée de vouloir me poursuivre avec vos idées folles, je vous prosti-
tuerai dans les journaux, où je ferai insérer toutes vos
lettres pour exposer au public une conduite aussi dépra-
vée que blâmable comme la vôtre... Que ceci vous serve
d'exemple de ne plus faire de connaissance dans la
rue..... »

Entendez-vous ce que cet homme dit lui-même ?

« Après tout, je vous engage de faire comme moi, de
quitter Paris aussitôt que possible, si vous ne voulez faire
connaître au public toute votre conduite blâmable.....
Vous ne me reverrez jamais. — Adieu. — Fernando. »

Croyez-vous que cette lettre était dictée par une pensée infernale qui avait traversé rapidement l'esprit de Jiachoza? Non! c'était la catastrophe prévue depuis longtemps. Toujours il avait songé à faire sa collection d'autographes pour le cas où sa victime aurait réclamé vengeance. Il voulait étouffer ses soupirs par la frayeur du scandale. Il écrivait :

« M'aimez-vous comme je vous aime? je désire tant le voir de votre *jolie petite main*, pour voir la dictée de vos sentiments pour moi. »

Et dans le *post-scriptum*, toujours il demandait des preuves *écrites*.

L'avocat cite une pièce qui n'est pas de la main de Jiachoza, et qui néanmoins est une lettre d'amour. C'était une œuvre de la société en participation entre la baronne, son gendre et Jiachoza.

Les associés avaient l'idée ingénieuse de copier le *Télémaque*.

« Mon amie adorable, chaque matin que l'aurore avec ses doigts de rose.... »

Me Ledru. Le reste n'est plus du *Télémaque*.

« Orne les fleurs du printemps, j'orne mes idées pour notre union, et pense au plaisir qui m'attend après l'hyménée. »

Me Ledru termine en exprimant de nouveau le regret que les complices de Jiachoza ne soient pas à côté de lui, sur les bancs; mais la plainte contre la baronne de Lamnertz et le docteur Mackay vient d'être à l'instant déposée, et, malgré le *non-lieu*, la justice ne permettra pas que la baronne de Lamnertz jouisse tranquillement de l'impunité. Ce serait un scandale plus affligeant que la conduite de Jiachoza lui-même!

M. l'avocat du roi soutient la prévention, et, quant à ce qui concerne le non-lieu, l'organe du ministère public dit que c'est à la demoiselle Samler à se pourvoir devant une autre juridiction.

Le tribunal, après en avoir délibéré, rend le jugement suivant :

« Le tribunal, attendu qu'il est établi que Jiachoza a commis une escroquerie au préjudice de la demoiselle Lenormant ;

« Le condamne à quinze mois d'emprisonnement, à 100 fr. d'amende et à 20,000 fr. de dommages-intérêts. »

(*Audience* du 8 décembre 1839.)

Charles Ledru, qui avait si vivement attaqué la police au sujet de ses actes arbitraires, en matière politique, a signalé, au sujet de sa partialité envers certaines entreprises, des faits qui sont en quelque sorte la préface des scandales administratifs qui ont été signalés, en cour d'assises, dans le célèbre procès de *M. Gisquet* contre *le Messager.*

Voici l'article que M. Ledru publiait dans la *Gazette des Tribunaux* du 5 octobre 1835.

PROCÈS DES ALGÉRIENNES.

Une affaire qui intéresse de grandes administrations rivales vient d'être portée devant le tribunal de police municipale, où elle a reçu des solutions diverses de la part des magistrats qui tour à tour ont été appelés à en connaître. Nous voulons parler du procès des *Algériennes* contre le ministère public.

Malgré l'importance pécuniaire attachée à la ruine ou à l'existence des *Algériennes*, nous avouons que cette considération nous touche peu en présence de la question de principes. Celle-ci est si grave, que la *Gazette des Tribunaux* ne peut se borner à consigner les autorités *pour et contre*. Il lui appartient d'appeler l'attention générale et la discussion des organes de toutes les opinions sur les jugements contradictoires qui ont été rendus en premier ressort.

Selon MM. Bérenger et Trouillebert, juges de paix des 6e et 7e arrondissements, les *Algériennes* ne peuvent faire ce que font les *Omnibus*. Et pour quelle raison? Parce que les *Omnibus* existent avec l'agrément et le privilége de l'administration, tandis que les *Algériennes* se sont établies en vertu du seul principe de la liberté d'industrie, en se soumettant, du reste, à toutes les charges de police. De là ce qui est légal de la part de la première entreprise est illégal de la part de la seconde qui, par exemple, ne peut s'arrêter pour prendre ou descendre les voyageurs sans encourir en quelques jours *six mille procès-verbaux*, ce que M. Bérenger trouve, il est vrai, exorbitant.

Au contraire, MM. Ancelle et Moureau (du Vaucluse), juges de paix des 4e et 3e arrondissements, pensent que les règlements de police qui ont autorisé les *Omnibus* étaient parfaitement inutiles; que la loi de 1791, qui proclame la liberté de l'industrie, n'a pas créé d'excep-

tion contre les entrepreneurs de voitures ; que si la police
municipale doit veiller sur la voie publique, cela ne signifie pas qu'elle puisse en disposer à son gré, à sa fantaisie, en faveur des uns et au préjudice des autres ;
qu'ainsi les *Algériennes* peuvent, au même titre que les
Omnibus, les *Dames-Blanches*, etc., etc., s'arrêter sans
encourir de condamnation.

Nous avons pesé avec la plus scrupuleuse attention les
.motifs allégués contre les *Algériennes*, et il nous est impossible d'y voir autre chose qu'une pétition de principes.

Eh quoi ! parce que la surveillance des rues appartient
au préfet de police, il pourrait faire un choix parmi telles ou telles administrations et dire : « Celle-ci gêne plus
que toutes les autres la voie commune qu'elle sillonne en
tous sens ; mais je veux la favoriser. Cette autre ne fait
que parcourir les lignes les moins encombrées de Paris
pour transporter les voyageurs de Neuilly à Bercy ; elle
satisfait à un besoin public si réel qu'en quelques mois
elle est arrivée à établir vingt-cinq voitures qui toujours
sont remplies de voyageurs ; mais il ne me convient pas
de la souffrir, et, en conséquence, si elle s'arrête pour
laisser monter ou descendre ceux qu'elle transporte, je
la ruinerai à force de procès-verbaux. »

Non ; évidemment un tel abus ne peut trouver sa consécration dans la loi.

Peu importe qu'un règlement de police de 1828 (qu'on
appelle très-mal à propos une ordonnance) ait donné à
un arbitraire déplorable une apparence de légalité ; car
cette prétendue ordonnance, surprise à l'équité connue
de M. Debelleyme, est illégale comme l'ont fort bien dé-

montré MM. Ancelle et Moureau (du Vaucluse). Et, en effet, il n'a pas dépendu de M. le préfet de police de 1828 de détruire toute la législation qui régit la matière. Ceci est élémentaire et hors de toute discussion.

Or, indépendamment de la loi de 1791 qui proclame l'affranchissement de toutes les industries, plusieurs lois spéciales déclarent qu'il ne peut y avoir de monopole en fait de transport sur la voie publique. En effet, l'art. 2 de la loi du 25 vendémiaire an III porte :

« Tout particulier est autorisé à conduire ou faire conduire *librement* les voyageurs, ballots, marchandises, *ainsi et de la manière* que les voyageurs, expéditionnaires et voituriers conviendront entre eux, *sans qu'ils puissent être troublés ni inquiétés pour quelque motif,* sous quelque prétexte que ce soit. »

Et la loi du 25 mars 1817, art. 115 :

« Toute entreprise de voitures publiques, à service régulier, pourra désormais être formée ou continuée, moyennant que l'entrepreneur fasse une déclaration préalable et annuelle. »

Que peut-on opposer à une loi de principe et à des lois spéciales dont le texte est si positif?

Les lois qui ont déclaré l'industrie libre ont été modifiées, dit M. le juge de paix Trouillebert, pour les professions qui s'exercent sur la voie publique. Si cela signifie que les industries qui s'exercent sur la voie publique sont *toutes* soumises à certains règlements qu'exige le bon ordre, rien de plus juste ; mais telle n'est pas la conclusion des prémisses posées par l'honorable magistrat; car le droit de surveiller dégénère, d'après la manière dont il l'interprète, en celui d'*octroyer*, à quelques individus privilégiés, l'exploitation de la voie publique. Or, un préfet de police n'est ni propriétaire ni usufruitier des rues, des quais, des boulevards ; il n'en est que le gardien plus ou moins vigilant. Comment donc, s'il n'en est ni propriétaire ni usufruitier, pourrait-il en disposer arbitrairement ? A-t-on jamais soutenu que le *jus utendi et abutendi* était renfermé dans le droit d'administrer ?

Il y a certaines choses que l'administration peut, dans l'intérêt général, adjuger à titre de monopole ; mais au moins il existe des formes pour ces adjudications, et la garantie de ces formes s'oppose à ce que ces adjudications deviennent des privilèges. D'ailleurs ces monopoles sont une dérogation aux principes, et ils ne s'exercent qu'en vertu de lois positives, tandis que, dans l'espèce, le monopole serait, *tout au moins*, une faveur au préjudice d'autrui.

En vertu du système de M. le juge de paix, et sans en presser beaucoup les conséquences, il serait facile de supprimer, d'un trait de plume, toutes les industries qui ont besoin de la voie publique ; car si la prétention du préfet, de limiter à certaines personnes l'entreprise des voitures, est fondée par cela seul qu'il juge que des entreprises nouvelles entraveraient la circulation, pourquoi n'empêcherait-il pas au même titre les services créés pour les roulages, les déménagements, les transports d'arbres, de matériaux, en un mot tous les charrois quelconques ? Le droit de circuler implique forcément pour toutes les entreprises de ce genre celui de s'arrêter, de sorte que l'interdiction de s'arrêter équivaut à une suppression complète. Enfin pourquoi la faculté de circuler en cabriolet ou en carrosse ne serait-elle pas aussi limitée, non-seulement à quelques compagnies industrielles, mais même à quelques personnages privilégiés? On ne circule que sur la voie publique, et, ne l'oublions pas, il dépend du préfet de décider que, passé un certain nombre de voitures, le reste est dangereux pour l'ordre et la sécurité de la ville.

Il y a plus : les *Algériennes* ne sont pas poursuivies parce que le préfet *a jugé* qu'elles gênaient la voie publique. En effet, le préfet n'est pas compétent pour rendre une décision sur un cas particulier, et, s'il l'était, son équité lui ferait une loi de décider tout le contraire ; car, aux termes de l'ordonnance de 1828, on ne veut qu'empêcher « la circulation à volonté par des voitures de « grande dimension, sur tous les points indistinctement, « ce qui serait s'exposer à les voir parcourir les rues « étroites et angustiées aussi bien que les rues larges. » Or, les *Algériennes*, qui suivent la ligne des boulevards, sont hors des termes du considérant de cette *ordonnance*. Elles sont donc poursuivies uniquement parce qu'elles n'ont pas été nominativement autorisées à s'arrêter. Mais ici s'élève une question insoluble, celle de savoir quelles sont les voitures publiques ou autres auxquelles il est loisible de s'arrêter, selon les besoins de leur service? Si la défense existe pour toutes les voitures sans exception, il y a de la part de l'autorité, qui ne poursuit pas cette contravention perpétuelle, violation flagrante de la loi ; si elle n'existe que pour quelques-unes, d'où leur vient ce privilége de la persécution? On ne poursuit peut-être que les voitures de grande dimension ; mais qu'appelle-t-on voitures de grande dimension ? La loi du timbre connaît des journaux de différentes grandeurs et elle les soumet à diverses injonctions ; au moins elle établit une échelle de proportion, et chacun sait à quoi s'en tenir. Mais combien de pieds devra avoir une voiture pour être privée de la faculté de pouvoir s'arrêter dans les rues ? Voilà ce que rien ne détermine.

Heureusement, il faut se mettre en dehors de la loi pour défendre le système dont nous venons d'exposer quelques conséquences ; sainement interprétée, elle ne dit rien de pareil à ce qu'a vu dans son texte le magistrat dont nous combattons l'opinion.

Son jugement est basé sur la loi du 19-22 juillet 1791, article 46, qui confère au pouvoir municipal le droit de faire des arrêtés sur les objets qui suivent :

« Lorsqu'il s'agira d'ordonner les précautions locales sur les objets confiés à sa vigilance et à son autorité par l'art. 3 du titre xi du décret du 18 août. »

Et que dit cet article 3 ?

« Les objets confiés à l'autorité municipale, sont : le maintien du bon ordre dans les endroits où il se fait des grands rassemblements d'hommes, tels que foires, marchés, réjouissances et cérémonies publiques, spectacles, jeux, cafés, églises et autres lieux publics. »

Voilà l'article où l'on trouve que le préfet peut concéder à une ou plusieurs compagnies le *monopole* des voitures sur la voie publique. Certes, le texte invoqué est bien innocent de la création d'une prérogative si exorbitante !

Dira-t-on : Il ne s'agit pas de concéder un monopole;
il s'agit seulement de protéger la place prise par les premiers occupants? Si les *Algériennes* étaient venues les
premières, elles auraient obtenu le même privilége que
les *Omnibus,* les *Dames-Blanches,* etc. ; mais il faut aujourd'hui borner le nombre des services de cette nature,
sous peine de voir partout obstruer la voie publique.

A cela la réponse est simple. Sans doute les voitures
de la dimension des *Omnibus,* des *Dames-Blanches* et
des *Algériennes* peuvent être embarrassantes dans certaines rues. Ce qu'on peut induire de là, c'est que si
le préfet devait intervenir en pareille matière, il serait de
son devoir d'assigner à toutes ces entreprises des lignes
assez larges pour obvier à cet inconvénient. Au reste,
nous croyons que le remède est dans le mal lui-même.
Quoi qu'il en soit, permettre aux uns ce qu'on refuse aux
autres, ce n'est pas établir l'ordre, c'est consacrer à la
fois une faveur injuste et une exclusion illégale. Tout ce
que peut faire l'administration dans les circonstances où
la voie publique serait encombrée, c'est de prendre des
mesures générales; car, encore une fois, les rues ne sont
à personne et elles sont à tous : et c'est pour cela qu'elles
ne peuvent être l'objet ni de préférence, ni d'exclusion.

On objecte que les fiacres et cabriolets de place ont
des *stations* particulières; et en partant du principe qui
les autorise seuls à stationner, on soutient que le préfet a
de même le droit de borner le nombre des voitures de
grande dimension qui *s'arrêtent* sur la voie publique.

Cette objection repose sur une erreur; à quel titre les
fiacres et cabriolets sont-ils autorisés à *stationner?* Serait-

ce parce que seuls ils ont le droit d'occuper, au repos, la voie publique? nullement. Leur droit de stationner dérive de ce qu'ils sont *locataires* des places où ils stationnent. La ville de Paris leur cède ces places, moyennant une rétribution à laquelle eux seuls sont soumis. Sur ces places, ils sont *chez eux*, et voilà pourquoi ils ont le droit d'y être à l'exclusion d'autrui.

Le préfet de police qui a dans ses attributions la location des places dont la ville de Paris fait argent, peut encore céder telle portion de ces places à certaines entreprises d'*Omnibus*, qui par cette location acquièrent le droit d'y *stationner*. C'est ainsi que les *Omnibus* stationnent sur la place du Louvre. Mais, de même que les cabriolets de régie et les voitures de remise qui n'ont pas de *stations* sur la voie publique, ne circulent et ne *s'arrêtent* pas moins librement que les fiacres et les cabriolets de place, de même pour tout ce qui n'est pas *station sur les places*, les *Algériennes* ne peuvent être dépossédées des avantages dont jouissent les *Omnibus* sur la voie commune : car toutes les compagnies sont égales devant la loi.

Les magistrats qui ont condamné les *Algériennes* pour *s'être arrêtées*, leur reconnaissent la faculté de n'aller ni au galop, ni au trot : elles peuvent de par justice marcher au pas. Cette partie de la sentence ruine de fond en comble celle qui ne permet pas à ces voitures de s'arrêter. Car, en définitive, il est tout aussi facile d'y monter ou d'en descendre lorsqu'elles vont lentement, que si elles faisaient une halte complète. Mais ce qui résulte de la reconnaissance de ce droit, c'est que la police des rues ne gagnerait rien à une jurisprudence qui donnerait tout au plus satisfaction à des entreprises rivales.

Il y a dans cette affaire, qui remue plus d'intérêts, d'espérances et de craintes qu'on ne le croit au premier aperçu, quelque chose de fort étrange, et qui pourrait donner lieu à une lutte de pouvoirs municipaux. Les *Algériennes,* si vivement poursuivies à Paris, sont encouragées avec non moins d'ardeur par les maires de Bercy et de Neuilly, lesquels ont autant de droit dans leur commune, comme magistrats de police, que M. le préfet de police dans la capitale. Or, si la faculté de *s'arrêter* est reconnue (sinon *concédée*) aux *Algériennes* par ces chefs des deux communes auxquelles elles aboutissent, dépend-il du magistrat placé au milieu de la route que sillonnent ces voitures, de détruire un service que ses collègues municipaux reconnaissent utile à leurs administrés et digne de leur paternelle protection?

Le préfet de police ne s'occupe des *Algériennes,* dira-t-on, qu'autant qu'elles sont sur son domaine. Mais en vertu du même principe, pourquoi le maire de Pontoise, que je n'ai pas l'honneur de connaître, mais qui peut avoir des antipathies pour les Messageries Laffitte et Caillard, ne leur interdirait-il pas le droit de s'arrêter dans sa commune, bien qu'elles ne soient inquiétées, sous ce rapport, ni dans Paris ni sur le reste de leurs lignes?

Les grandes usurpations affriandent les petites. D'après le système que nous combattons, il n'y aurait pas de si mince potentat municipal qui n'eût dans sa main toutes les industries, pourvu qu'elles missent, en passant, le pied sur son territoire. Aujourd'hui l'on veut bien borner la prohibition aux voitures qui ont de l'analogie dans leur construction avec les *Omnibus*, mais aucune forme de voitures, qu'elle soit plus ou moins à la mode, n'est ni plus ni moins légale que les autres. Si le chef de la police de Paris trouve les *Algériennes* trop grandes, M. le maire de Quimper-Corantin pourra trouver telles autres trop petites ; et de là, en résumé, une interminable lutte où, malgré l'administration supérieure elle-même, l'avantage restera à l'industrie qui saura le mieux le secret de se faire autoriser sur toute la ligne ! Dieu sait quels capitalistes y résisteraient, et quels encouragements ceci promet pour les voitures à vapeur !

Nous engagerons, en finissant, les entreprises autorisées à y songer de leur côté. Il est de leur propre intérêt de ne pas laisser consacrer une atteinte à la liberté de leurs rivales. Le droit d'octroi contient celui de retrait : or, les entreprises le plus en faveur ne peuvent obtenir de prospérité réelle sous la menace d'un article 14 dans les Chartes qui les constituent. Si l'on y avait bien songé, peut-être n'eût-on pas pris la peine de faire admettre en cassation, et *sans contradiction sérieuse,* dans l'affaire Fallenot qui est passée inaperçue, le système que nous combattons.

Les meilleurs préfets de police ne sont pas inamovibles, et ce serait un triste moyen pour donner de la faveur aux actions des *Omnibus,* que de faire voir qu'elles peuvent suivre dans leurs cours les fortunes politiques les mieux assises.

Cette considération n'est pas légale, je le sais ; mais si elle touche peu les jurisconsultes, elle est de nature à

toucher les actionnaires de ces entreprises : tant il est
vrai que même en matière de voirie il n'y a pas *de droit
contre le droit.*

C. LEDRU,
Avocat à la Cour royale.

(*Gazette des Tribunaux*, 5 octobre 1835.)

FÊTE HISTORIQUE REPRÉSENTANT LA JOYEUSE ENTRÉE A ARRAS,
EN 1469, DE CHARLES LE TÉMÉRAIRE, DUC DE BOURGOGNE.

On nous communique, sur ce sujet, la lettre suivante
adressée par Me Charles Ledru, avocat, à son ami
M. Achille Ricourt, fondateur de l'*Artiste.* Nous la don-
nons textuellement, telle qu'elle a été écrite, sans que
Me Ledru songeât à la rendre publique ; mais elle peut
affronter la publicité, et Me Charles Ledru nous pardon-
nera une indiscrétion dont nos lecteurs nous sauront
gré (1).

« Arras, jeudi 26 août 1841, 11 heures du soir.

« *Pends-toi*, mon brave Ricourt, *car tu n'y étais pas.*
Pour te punir de n'avoir pas voulu m'accompagner à Arras, je vais, avant de me coucher, te raconter les mer-
veilles que tu as dédaignées :

« Je te dirai d'abord qu'à ton refus j'ai proposé à notre ami Benjamin de prendre place dans ma voiture.
Partis le dimanche 22 à 4 heures du matin, nous étions
dans la capitale de l'Artois à 6 heures du soir. Toute la
ville avait ses habits de fête : on se promenait aux *Allées;*
on dansait dans le jardin du *gouverneur.* Le matin, on
avait inauguré une mauvaise petite statue du grand Tu-

(1) *Revue du Progrès* dont M. Louis Blanc était l'éditeur.

renne ; mais nous n'étions pour rien dans cette contravention municipale : tout l'honneur en revient à M. Colin, à M. le *maire*, grand connaisseur à ce qu'il paraît.

« Obligé de partir le lendemain matin pour aller plaider à Douai, je léguai Benjamin à l'excellent M. Crespel
Dellisle et à sa famille, qui se chargèrent de faire jouir le
jeune sauvage (1) de toutes les solennités artésiennes. Je
n'étais de retour à Arras que le mercredi suivant, à cinq
heures ; j'aurais dû arriver à quatre heures, mais dans ce
cher pays il n'y a pas souvent de chevaux à l'écurie du
maître de poste : c'est quand on est là, à sa porte, qu'il
envoie tranquillement un exprès, *à pied*, chercher postillon et coursiers *à la campagne*, de sorte qu'au dernier
relais je fis une station de trois quarts d'heure.

« A mon arrivée, Benjamin qui parle grec, italien, anglais, allemand, etc. (Il est même un peu Chinois, car en
voyant nos champs d'œillettes il me demandait ce qu'on
faisait de cette quantité d'*opium*.) Benjamin était en train
de rédiger, en allemand, son *memorandum*, comprenant
le récit des fêtes du lundi et du mardi : je ne t'en parlerai pas, attendu que le tout à peu près s'est reproduit le
jeudi, dans le *Carrousel* dont je te dois la description en
raccourci.

« Déjà le mardi avait eu lieu la *joyeuse entrée* à Arras,
en 1469, de Charles le Téméraire, duc de Bourgogne.
Ce que tu vas voir, ce sont les mêmes personnages figu-
rant dans un carrousel.

(1) M. Benjamin est un jeune Américain de l'État de New-
York. Il va publier une édition de Denys D'Halycarnasse, à laquelle il travaille depuis plusieurs années.

« L'annonce disait midi, puis deux heures : enfin, comme l'exactitude n'est pas la politesse de ce bon M. Colin (1), c'est vers quatre heures et demie que le cortége est arrivé dans ce que j'appellerai le Champ-de-Mars d'Arras, belle et vaste plaine, couronnée d'un côté par le rempart en immense amphithéâtre, sur lequel les spectateurs gratuits de la ville, des villages, de toute la contrée attendaient la représentation, dont l'espoir commençait à fatiguer la patience des privilégiés à 2 francs admis dans l'enceinte réservée.

«Donc regarde, mon cher Ricourt, et surtout ne t'imagine pas que c'était ici comme à l'Opéra ou comme au Théâtre-Français, où les personnages, si beaux de loin, sont de près si grotesques. Rien de vieux, rien de faux! tout, d'une vérité, d'une fraîcheur qui vous transportent en réalité au milieu des pompes solennelles de 1469; et puis, ce magnifique spectacle, sur un théâtre spacieux, en plein air, sous le soleil! que te dirai-je? comparé même à la mise en scène de la *Juive*, c'était comme le Kensington-Garden à côté du Jardin Turc.

« Voici le cortége :

« En tête, la bannière de la fête historique escortée de quatre commissaires à cheval ;

« Un poursuivant d'armes du prince ;

« Trompettes à cheval : leur pavillon est aux armes de la ville ;

« Hérauts d'armes ;

« Tambours ;

(1) Le maire d'Arras.

« Compagnies d'arbalétriers ;

« Musique bourgeoise, quarante-cinq musiciens ;

« Compagnie des Archers sermentés de la ville, leur Connétable en tête ;

« La corporation des Sayetteurs ;

« Bannière des Présents ;

« Brancard des Présents porté par huit Sergents à Verge ;

« Tambours ;

« Bannière de la Ville (1) ;

« Compagnies de Piquiers, représentant les quinze compagnies bourgeoises de la ville ;

« La Confrérie de Notre-Dame des Ardents (2) ;

« Le Mayeur d'Arras (Jehan Lejosne) (3) ;

(1) La bannière d'Arras était d'azur, et portait pour armoiries de gueules au lion d'or, portant sur le flanc les armes de la province.

(2) L'établissement de cette confrérie remonte à l'époque de la Sainte-Chandelle.

(3) A Arras, le maire ou le mayeur est aussi ancien que l'échevinage. La Charte de Commune donnée en 1195, par Philippe-Auguste, en fait mention. Il était électif, comme les autres officiers municipaux. Robert II, comte d'Artois, l'érigea en fief. Ce prince, au mois d'avril 1271, donna une charte par laquelle il accorde en fief la mairie d'Arras à Simon Faverel, pour en jouir, lui et ses successeurs, héréditairement à foi et hommage lige du comte d'Artois, avec tous les droits appendans audit office, sous le relief de soixante sols parisis. Jean-Sans-Peur, duc de Bourgogne, changea cette organisation par lettres patentes du 5 octobre 1414, après avoir fait, aux héritiers du sieur Simon Faverel, le rachat de l'office de maire moyennant la somme de 800 livres. Il ordonna qu'à l'avenir celui-ci serait nommé et renouvelé tous les ans, la veille de la Toussaint. A la

« Le Conseiller Pensionnaire Ricard Pinchon (1);

« Le Procureur de la Ville (2);

« L'Argentier (Jehan de Henau l'aîné);

« Les Échevins (3);

« Le Clerc de la Ville (Florent Muette);

« Les Commis aux ouvrages (4);

« Sergents à masse;

fin du xvᵉ siècle, le mayeur était nommé à vie; en 1610, il fut érigé en titre d'office héréditaire, et acquis par le sieur François Becquel au prix de 50,000 livres.

L'édit de 1714 vint supprimer les offices de maire possédés en titre; celui d'Arras fut depuis cette époque donné par commission.

(1) L'origine des conseillers pensionnaires date du quatorzième siècle. Le besoin d'être entouré des conseils d'un homme gradué, expert capable de défendre les droits de la commune devant les tribunaux, et d'aider le magistrat dans les actes de son administration, détermina le corps échevinal à la création de cette fonction.

(2) Les procureurs de ville ne remontent pas au delà du xivᵉ siècle: ils étaient des patriciens ou procureurs *ad lites*, et toutes leurs fonctions se bornaient à solliciter les affaires de la ville; ils furent nommés par les mayeurs et les échevins jusqu'en 1694. Un édit du mois de mars de cette année érigea ces fonctions en titre d'office héréditaire.

(3) *Étaient échevins:* — Jean de Leurit, Martin de Plouith, Jean Josset, Micquiel Ruffin, Jean de Beauffort, Pierre Laisné, Miquiel de Bernemicourt, Pierre de Monchault, Mᵉ Antoine de Sacquespée, Laurent Raignaut, Colart de Paris, Jean Beaudin.

(4) Une charte de Philippe le Bon, donnée à Hesdin, le 8 octobre 1363, autorise l'établissement à Arras de quatre citoyens honorables, pour veiller, sous les échevins, aux ouvrages de la ville. Ces quatre officiers, appelés commis aux ouvrages, ont existé jusqu'en 1789.

« Bannière de la Cité (1);

« Hérauts d'armes ;

« Le Bailly de l'Évêque ;

« Le Capitaine de la cité ;

« Le Lieutenant de la cité ;

« Le Prévôt de la Cité Nicolas Oudard, conseiller du duc ;

« Les Échevins de la cité ;

« Hommes d'armes ;

« Bannière de Saint-Vaast (2);

« Le Châtelain d'Arras (3);

« Les Sergents des Châtelains ;

« Les Barons de Saint-Vaast (4);

(1) D'azur à la face d'argent, chargée de trois rats de sable, accompagnée en chef d'une mite d'or et en pointe de deux crosses de même posées en sautoir.

(2) De gueules au château à l'antique donjonné et crénelé d'or: devise, *Castrum Nobiliacum*.

(3) Il y avait à Arras, de toute ancienneté, un officier du roi connu sous le nom de Châtelain, lequel était chargé de la garde des prisons, de l'exécution des ordonnances de police, etc., etc. Autrefois, alors que l'abbaye de Saint-Vaast exerçait une juridiction féodale presque exclusive dans la ville, le châtelain était aussi homme-lige de ladite abbaye. Cet officier faisait le service à la gouvernance en qualité d'homme de fief; il avait sous lui six sergents à la livrée du roi pour l'exercice de sa justice, sous les ordres des gouverneurs ou grands baillis (jusqu'en 1664, les gouverneurs exerçaient les fonctions de grands baillis). Sur la demande du magistrat d'Arras, un arrêt du 8 février 1729 supprima l'office de Châtelain, dont le dernier titulaire fut Simon Dubois.

(4) « Les abbés de Saint-Vaast avaient le droit d'ériger en ba-
« ronnie les terres qui sont tenues en fief de ladite abbaye.

« L'office desdits barons est de conserver les biens d'icelle,

« Le Gouverneur d'Arras, Louis de Josne, sir de Contay ;

« Le Lieutenant gouverneur Robert de Markais ;

« Le Procureur général d'Artois, Pierre Caulier ;

« Le Greffier, Jean de Raincheval ;

« Philippe de Crèvecœur, gouverneur d'Artois, che-valier de la Toison d'Or ;

« Les Députés des trois ordres des États d'Artois ;

« Gens du Serment du Jeu d'Épée ;

« Sergents d'armes,

« Chevaucheurs de l'écurie du Prince ;

« Tambours ;

« Compagnie d'Archers ;

« Musique à pied de la maison de S. A. (quarante-cinq musiciens) ;

« Hérauts d'armes ;

« Bannière de Bourgogne, au centre d'une compagnie de Hallebardiers ;

« Gentilshommes d'honneur désignés pour accompa-gner la Duchesse ;

« d'assister aux jugements, et de porter le corps de saint Vaast, « à la procession ès jours solennels, de la feste : comme il se « voit par le serment qu'ils font entre les mains de l'abbé le jour « de leur création.

« Après le serment, le nouveau baron baise le corps de saint « Vaast, et le porte en procession, et dès ce jour jouit de tous « les honneurs et prérogatives de baron. »
(Extrait du journal de la *Paix d'Arras*, par dom Taverne, annoté par Collart.)

Les barons de Saint-Vaast étaient ceux qui tenaient en fief avec obligation de l'hommage-lige, les principales terres sei-gneuriales que possédait l'abbaye royale de Saint-Vaast.

« Philippe Pot, Pierre de Hennin, seigneur de Boussut; Jean de Neufchâtel, seigneur de Montaigu ; chevaliers de la Toison-d'Or ;

« Marguerite d'York, duchesse de Bourgogne, accompagnée de son premier écuyer ;

« Pages de la Duchesse ;

« Dames d'honneur et leurs écuyers ;

« Marie, princesse de Bourgogne, et sa gouvernante ;

« Leurs Écuyers ;

« Gentilshommes de la maison de la duchesse de Bourgogne ;

« Musique de la maison du Duc (vingt musiciens à cheval) ;

« Écuyers du duc de Bourgogne ;

« Écuyers porte-épée du Duc, porte-casque et porte-lance ;

« Charles, duc de Bourgogne, ayant à sa gauche Sigismond, duc d'Autriche, et les Pages et Damoiseaux des Princes ;

« Antoine, bâtard de Bourgogne, premier Chambellan ;

« Baudouin, bâtard de Bourgogne ;

« Pierre de Gouy, chancelier de Bourgogne ;

« Jacques de Luxembourg, chevalier de la Toison d'Or ;

« Jean de Luxembourg, Sir de Roucy, chevalier de la Toison d'Or ;

« Philippe de Savoie, chevalier de la Toison d'Or ;

« Jacques de Bourbon, sire de Carency, chevalier de la Toison d'Or ;

« Rodolphe de Hochberg, marquis de Rhotelin ;

« Louis de Châlons, seigneur de Château-Guyon, Chevalier de la Toison d'Or;

« Guillaume de Châlons, prince d'Orange, seigneur d'Argueil;

« Charles de Châlons, comte de Joigny, chevalier de la Toison d'Or;

« Philippe de Montmorency - Neuville, seigneur de Courrières, conseiller et chambellan du Duc, Gavenier de Douai;

« Marc de Montmorency Croisille;

« Jean V, sire de Créquy, chevalier de la Toison d'Or, conseiller et chambellan du Duc;

« Antoine de Château-Neuf, Baron du Lau, ancien Grand Bouteiller de France et Sénéchal de Guyenne;

« Philippe de Croy, Baron de Quiévrain, chevalier de la Toison d'Or;

« Philippe de Cohen;

« Jean de Melun, châtelain de Gand, seigneur de Boubers;

« Thibaut de Neufchâtel, maréchal de Bourgogne, chevalier de la Toison d'Or;

« Pierre de Berghes, seigneur de Cohen, gouverneur d'Aire;

« Antoine, sire de Hallewin, conseiller et chambellan du Duc;

« Jean de Bailleul, grand'queux du Duc;

« Antoine Rollin, seigneur d'Eymeries, maréchal et Grand Bailly du Haynaut;

« Alard de Rabodenghe, chevalier, seigneur de Moulle, Bailly de Saint-Omer;

« Jean, sire de Sailly, châtelain de Péronne;

« Jacques du Bois, seigneur d'Annequin (de la maison de Fiennes) ;

« Robert de Thiennes, conseiller et chambellan du Duc ;

« Jean de Houchin, seigneur de Longastre ;

« Le Bon de Rely ;

« Le Sire de Beaumetz, châtelain de Bapaume ;

« Pierre de Miraumont, seigneur de la Bouteillerie ;

« Le Conseiller aulique de l'archiduc Sigismond ;

« Plusieurs Gentilshommes artésiens ;

« Les Écuyers de l'Archiduc ;

« Les Chevaliers de l'Ordre Teutonique ;

« Une compagnie de Croates allemands ;

« Poursuivants d'Armes, portant les côtes d'armes des Juges du tournoi ;

« L'Écuyer grand échanson, gentilhomme de la maison du Duc ;

« Le Roi d'armes Gille Gobert ;

« Le Chevalier d'honneur ;

« Les Juges Dizeurs precédés de leurs écuyers ;

« Jean de Bournonville, baron d'Ordre, gouverneur d'Hardelot ;

« R. de Mauville ;

« Rasse de Rivière ;

« Jacques de Hames ;

« Gentilshommes de la maison du Chevalier d'honneur ;

« Compagnie d'Archers à cheval de l'escorte du duc de Bourgogne.

« Ces personnages, ces insignes, l'ordre de la marche, tout enfin conforme à ce qui est écrit aux archives de la ville d'Arras, lesquelles contiennent le procès-verbal exact de la *joyeuse entrée* du héros de la cérémonie.

« Te représentes-tu quelque chose de plus animé que cette page d'histoire apparaissant comme la vérité vivante, dans les mêmes rues, sur les mêmes places, devant le même hôtel de ville où les pères faisaient entendre, il y a plus de quatre cents ans, le cri : *Noël!... Noël!* qui allait aujourd'hui se répétant par leurs fils comme un écho sorti des tombeaux ?

« Le cortége a fait à plusieurs reprises le tour de l'enceinte. C'était une procession au pas. Des applaudissements unanimes éclataient au passage de chaque corporation, de chaque personnage notable, de chaque uniforme parsemé d'or, d'argent, de pierreries ; de ces chevaux aussi fiers, aussi richement habillés que leurs nobles cavaliers. Mais je ne puis te dire quel enthousiasme excitaient partout Charles le Téméraire, Marguerite d'York, Marie, princesse de Bourgogne, et leurs dames d'honneur.

« Charles, c'était M. Leroux Duchâtelet, beau gentilhomme et fils de l'ex-député du Pas-de-Calais. Ancien officier de la garde royale, il a le port, le regard, la tenue entière de son rôle. Son costume était étincelant. On disait que cette magnificence lui avait coûté 3,000 fr. : je l'évalue à plus du double.

« Deux fois nous avons salué et applaudi à outrance le *défilé :* après quoi Charles le Téméraire s'est assis sur un trône somptueux, ayant Marguerite à sa droite, Marie à sa gauche. Alors les exercices. Figure-toi une cinquantaine de sous-officiers du 4° lanciers, tous excellents ca-

valiers, tous portant le panache et les costumes variés de
la chevalerie, tous emprisonnés de brassards, de genouil-
lères, tous bardés de fer des pieds à la tête : voilà quels
étaient les acteurs de cette admirable scène. A leurs manœuvres, on les eût pris pour des écuyers de Franconi ;
à leurs insignes, pour des Bayard, des Duguesclin, des
Dunois.

« Ces files de preux, qui s'abordaient la lance au poing,
qui s'éloignaient, se mêlaient en longues spirales, se dé-
roulaient, se croisaient encore,... représentaient une telle
diversité d'armes, de boucliers, de couleurs, qu'on eût
dit voir en même temps les jeux du Cirque et ceux du
moyen-âge, s'offrant ensemble sous toutes les formes
dans un immense kaléïdoscope.

« Ce fut un beau moment quand Charles le Téméraire
fit chevalier sire de Berthoud, et lui donna l'accolade. Le
discours de Charles au récipiendaire, prononcé d'une
voix ferme, digne, fut entendu des vingt mille assistants.
Pour mon compte, je n'en ai pas perdu une syllabe ; et
tu me permettras de te dire, sans te scandaliser toi qui des
régions du *Phalanstère* prends en pitié nos luttes politiques, que l'orateur a fait la harangue la plus séditieuse
que j'aie entendue de ma vie. Assurément, un procureur
du roi qui voudrait y mettre un peu de bonne volonté,
pourrait traduire demain en police correctionnelle Charles
le Téméraire, Sigismond et tout le cortége. En effet, il
n'était question de rien moins, dans l'allocution, que de
dévotion et de fidélité à toute épreuve aux *princes légitimes*... Ajoute à cela que les nombreuses bannières qui
flottaient de toutes parts étaient fleurdelisées de haut en

bas, et tu seras convaincu du péril que vient de courir, aux applaudissements de M. le maire, qui n'y voyait que du feu, la monarchie citoyenne.

« Ce qui est certain, c'est que tous les légitimistes du département s'étaient donné rendez-vous à cette fête, et prenaient la chose fort au sérieux. Ce qui est certain encore, c'est que le plus intelligent de leurs chefs, homme fort aimable d'ailleurs et très-franc dans ses allures, M. le baron de Hautequelocque, que la société de bienfaisance avait créé l'ordonnateur général de la fête, n'a pas manqué l'occasion de donner à des souvenirs qu'il aime tout l'éclat d'une représentation dont la poésie mettait tristement en relief la prose de notre époque et les pauvres splendeurs du pantalon garance. Chacun faisait ses réflexions sur ce qu'il y avait de piquant dans le fond de la petite malice légitimiste ; si bien qu'à la fin, M. le maire de la ville qui était là,·

... Comme la statue est au festin de Pierre,

a paru craindre que le coq gaulois et lui ne jouassent de compagnie, au milieu de tant de chevaliers, les rôles de chevaliers de la triste figure. Son front, comme celui de Jupiter quand il boude, s'est chargé d'un nuage, et l'on dit que l'écharpe municipale a pâli !

« Néanmoins, toute la ville, citoyens et fonctionnaires, républicains et philippistes, s'est peu alarmée des velléités plus spirituelles qu'effrayantes de M. le baron de Hautequelocque ; on lui permettra de s'applaudir encore *in petto* de la résurrection innocente des *fleurs de lis*, quand elles reparaîtront, *comme de l'histoire,* au milieu d'une représentation aussi vraie, aussi splendide. Le rendez-vous a été pris pour l'année prochaine, et je t'y convie. Pour correctif aux fleurs de lis, tu trouveras notre ami Frédéric Degeorge, qui tient toujours d'une main ferme son étendard, et qui reste aussi bon républicain que toi zélé *phalanstérien.*

« J'oubliais qu'après le *carrousel,* qui a duré jusqu'à six heures et demie, les flambeaux ont été allumés pour le cortége de nuit. On s'est mis en marche à la lueur des torches... et la soirée s'est terminée par un feu de joie monstre. En ce moment les feux s'éteignent... ma bougie me menace d'en faire autant... Je te dis adieu !

« Encore un mot. J'ai mis de côté et je te rapporterai le programme officiel, imprimé avec le *vu* et *approuvé* de ce pauvre Gauja, qui depuis..... a été congédié d'Arras, grâce à la protection de M. le maire et d'un autre père Sournois, pour être enterré dans je ne sais plus quelle préfecture du dernier numéro. — Je voudrais que la lecture de ce programme te donnât l'idée d'un délicieux article qui transporterait dès à présent la France entière sur les rives du Crinchon, mon ami d'enfance, et qui engagerait nos artistes les plus illustres à venir l'année prochaine y planter leur tente. Il dépend de toi que Roqueplan et Delacroix donnent l'immortalité au Rubicon d'Arras, qui serait aussi digne que l'autre de vivre dans l'histoire, pour peu que M. Colin, son seigneur et maître, fût un *César.*

« Mais en voilà assez, et je te quitte en t'apprenant, à regret, que je n'ai pas rencontré ici un seul Rubens, pas

un Van-Dyck, pas un seul Salvator, pas un Corrège, pas
un Murillo... Rien d'artistique, si ce n'est le beffroi restauré! En revanche, il y a (pour ta gouverne) de l'excellent Bordeaux-Laffitte, du vin de Champagne à foison;
le Romanée et le Chambertin coulent par torrents; les
andouillettes sont très-délicates, et les autorités fort ai-
mables... *quand on a son passe-port en règle.* Benjamin,
qui avait oublié le sien, a failli être reconduit, les mains
enchaînées, comme Magallon, jusqu'à son ambassade.
Toutefois, voyant que je m'étais tiré d'affaire en disant:
« *Je suis de la ville,* » il a répété crânement : « *Chè
souis* de la ville. » Le gendarme, qui n'était pas fort sur la
prosodie, et qui, d'ailleurs, se trouvait en face d'une petite moustache blonde très-élégante et sentant la jeune
France, a pris l'accentuation anglaise pour du français
de la haute volée... Et tout s'est bien passé.

« Allons, adieu encore une fois... et prends la peine
de donner un coup d'œil à mon cher Raphaël que j'ai
laissé aux mains des infidèles. Je le reverrai samedi prochain au plus tard. *Charles le Téméraire* était magnifique..... Mais, *lui,* est encore plus beau et je le confie
aux soins de ton amitié. J'ai défendu que qui que ce soit
le vît en mon absence. Je n'ai fait d'exception que pour
M. Ingres, dont il attendait la visite.

« **A** tout seigneur, etc., etc.

« A toi de cœur,

« CHARLES LEDRU. »

XII

Non datur inter vos tantas componere lites.

(VIRGILE.)

LE DIRECTEUR DES CONTRIBUTIONS INDIRECTES DE COMPIÈGNE. — LES ÉPICIERS DE SAINT-GERMAIN.

Une affaire bien minime avait appelé Mᵉ Ledru à Compiègne. — Mais quelques-unes de ses paroles que nous
retrouvons dans le *Progrès de l'Oise* du 14 juillet 1840,
méritent d'être conservées.

Le même journal raconte quel honorable motif déter-
minait Mᵉ Charles Ledru à se déranger pour une cause
d'un si médiocre intérêt pécuniaire.

TRIBUNAL DE COMPIÈGNE (14 juillet 1840).

Présidence de M. Lanusse.

AFFAIRE DE M. LE DIRECTEUR DES CONTRIBUTIONS INDIRECTES.

Une affluence extraordinaire remplit de bonne heure la salle d'audience et la cour du palais. On savait que Mᵉ Charles Ledru, avocat du barreau de Paris, devait porter la parole.

Il s'agit d'une affaire bien simple, une *contravention* pour fait d'enlèvement de quelques bouteilles de cidre sans congé préalable. Mais la vivacité des discussions élevées dans les journaux entre M. le directeur des contributions Villepin, et M. Sallembien, inculpé, avait excité au plus haut point l'attention publique, et pour ne pas être au-dessous de l'attente générale, M. Sallembien avait obtenu de Mᵉ Ledru qu'il se rendît à Compiègne pour plaider sa cause.

On entend d'abord Mᵉ Bottier, avocat du directeur des contributions indirectes. Il expose que par procès-verbal en date du 25 avril dernier il a été constaté que le sieur Larue, domestique de M. Sallembien, cultivateur à Braisne, a été surpris en contravention aux articles 1 et 6 de la loi du 28 avril 1816, par défaut de congé constatant l'autorisation d'enlèvement de 20 litres de cidre. Le procès-verbal porte ces mots : « Larue *présenta* au « receveur *une note écrite* par M. Sallembien de Braisne « formant une déclaration pour 150 bottes de paille, « 2 hectolitres d'avoine, *plus un vaisseau renfermant*

« *quelques litres de cidre* : avons demandé au conduc-
« teur Larue la représentation du vaisseau de cidre, et
« l'expédition des contributions indirectes dont il devait
« être porteur : a répondu ne point avoir d'expédition,
« attendu que la quantité était très-minime, et nous mon-
« tra une manne d'osier dans laquelle était le vase qui
« renfermait le cidre, etc. »

On entend les témoins : ce sont les deux employés qui
ont pratiqué la saisie du cidre, et le receveur, M. Diot.
Ce dernier n'a pas été assigné ; mais sur la réquisition
de Mᵉ Bottier et du consentement de Mᵉ Ledru, il est appelé comme témoin.

Le premier témoin, le sieur Vedy, raconte les faits exposés au procès-verbal. Il dit que Larue, sur la demande
à lui faite s'il avait du cidre dans sa voiture avait répondu
que *non;* mais que les employés, en examinant la voiture, ont découvert la bouteille.

« *Mᵉ Ledru.* Le témoin sait-il où est la lettre de M.
Sallembien, que le domestique avait à la main en se présentant à l'octroi? »

Le témoin répond que cettre lettre a été déchirée.

« *Mᵉ Ledru.* Comment a-t-on pu déchirer un document qui était l'excuse de l'inculpé?

« *Le témoin.* Je n'en suis pas sûr; je crois qu'on l'a
déchirée. »

Le second employé fait une déposition absolument
semblable. Le domestique lui aurait aussi *nié* avoir dans
sa voiture la bouteille de cidre cachée sous la paille.

M. Diot, receveur, dépose comme les deux témoins.
Interpellé par Mᵉ Ledru, il dit que la lettre de M. Sal-

lembien a *traîné* longtemps sur le bureau ; il croit qu'on en aura fait un *brouillon*.

Mᵉ Charles Ledru a plaidé pour M. Sallembien, civile-ment responsable du fait de son domestique, et pour la caution qui était intervenue dans cette affaire.

Au moment où l'honorable avocat exposait les causes réelles de ce procès, qu'il attribuait à la vanité de M. le directeur, blessée par quelques articles de journaux, et où il allait lire ces articles, M. le président l'interrompt pour lui dire que le Tribunal ne veut rien entendre d'é-tranger à la cause.

« *Mᵉ Charles Ledru.* Je n'entends rien dire d'étran-ger ; mais il m'importe de lire ce qui a été publié. Ces pu-blications sont essentiellement liées à l'affaire. Au reste, ne voulant pas présenter un simulacre de défense, mais une défense complète et libre, je déclare que si le Tribunal pensait devoir m'interdire la parole sur ce point, je me retirerais à l'instant. Je devrais cela, et à moi-même, et à mes clients. »

Le Tribunal, après avoir délibéré, autorise Mᵉ Ledru à lire la lettre de M. Sallembien et la réponse de M. Ville-pin, publiées dans les journaux, mais rien de plus.

Nous ne pouvons reproduire la discussion de Mᵉ Ledru pour démontrer que les témoins entendus étaient pris en flagrant délit de mensonge. Mᵉ Ledru s'est borné pour le prouver à comparer leurs paroles d'audience, où ils ont imputé au domestique de M. Sallembien une intention de fraude, et le procès-verbal qui énonce précisément le contraire.

Quant à la disparition de la lettre, *déchirée* selon l'un,

devenue un *brouillon* selon l'autre, enfin *perdue* en fait, Mᵉ Ledru voit dans ces variations une histoire inventée par le directeur, dont les agents dociles ont consenti à venir se parjurer à l'audience.

L'avocat soutient en droit que la transaction intervenue entre le directeur des contributions et le sieur Sallembien a éteint la poursuite.

Il blâme énergiquement, au point de vue de la morale, la conduite du directeur qui s'est vengé, au nom de l'administration, des coups que lui avait portés un journal.

Mᵉ Ledru analyse la lettre de M. le directeur, et invite fort agréablement ce personnage à ne pas mettre désormais de sa prose dans les journaux..... son *gros sel* n'est pas du tout du *sel attique*..... (On rit.)

Mᵉ Ledru lit aussi une lettre du directeur où se trouvent ces mots : « L'autorité compétente n'a pu approu- « ver la transaction, par l'effet des insertions des jour- « naux qui ont, sous plusieurs rapports, *altéré* et *déna-* « *turé l'objet.* »

M. le directeur se plaint du *gros sel* de ses adversaires ; que dirait-il s'il leur arrivait de raconter les faits dans ce style?... Il appelle cela *dénaturer l'objet.* (Rire général.)

M. le Président a rappelé à l'auditoire que toute marque d'approbation ou d'improbation étaient défendues, et que si elles se renouvelaient il ferait évacuer l'auditoire.

Mᵉ Bottier a soutenu la prévention. Il s'est plaint que ce procès, que l'honorable Mᵉ Ledru n'avait pas jugé indigne de lui, fût un moyen de diffamation contre un fonctionnaire estimable, qui, animé du plus vif désir de conciliation, ne s'est décidé dans cette affaire à annuler la transaction que parce que la rigueur était devenue un devoir.

En droit, la transaction passée est nulle comme n'ayant pas été approuvée par *l'autorité compétente*.

Mᵉ Bottier reproche à M. Sallembien d'avoir forcé M. Villepin à prendre un parti qui devenait une nécessité pénible.

M. Julien, substitut de M. le procureur du roi, discute avec beaucoup de lucidité et de détail la question de droit. Selon lui il n'y a pas lieu à prononcer d'amende, parce que le procès-verbal est nul : mais la confiscation doit être prononcée, parce que, indépendamment du procès-verbal, les faits sont prouvés par témoins.

L'honorable organe du ministère public croit de son impartialité de déclarer que M. le directeur des contributions *lui a avoué* le matin même que le directeur du département avait *approuvé* la transaction : mais que dans l'espèce il eût fallu l'approbation du directeur général, car il s'agit d'une contravention *pouvant* emporter une amende de 600 fr.; or, le directeur du département ne peut autoriser qu'*au-dessous* de 500 fr.

M. le substitut déplore que la défense ait cru devoir attaquer M. Villepin, en manquant peut-être aux convenances qui étaient dans son devoir.

Mᵉ *Charles Ledru* réplique.

« Messieurs, dit-il, rien au monde ne me consolerait « d'avoir manqué je ne dirai pas seulement aux conve- « nances, qui sont une loi en toute occasion pour un « homme bien élevé, mais au respect qu'un avocat doit

« toujours aux magistrats devant lesquels il a l'honneur
« de porter la parole. *Mais je comprends que la vraie*
« *manière de respecter les juges, ce n'est ni de s'inquié-*
« *ter de ce qui peut plaire à tel ou tel, ni si l'on a pour*
« *adversaire un fonctionnaire plus ou moins puissant...*
« *c'est de mériter leur estime ; et cette estime on l'obtient*
« *quand, avec loyauté, sans haine mais sans faiblesse,*
« *on dit aux faux témoins : vous vous êtes parjurés ; au*
« *fonctionnaire élevé : vous ne servez pas l'administra-*
« *tion, vous n'êtes que l'instrument de vos propres et*
« *mesquines passions ; et, si pour les servir vous allez*
« *jusqu'à faire que par complaisance pour vous, vos*
« *subalternes* DÉNATURENT *la vérité... le devoir de l'a-*
« *vocat qui n'est pas un lâche est de vous démasquer !*
« *Je l'ai fait ! ! ! qu'a-t-on à dire ? et qui oserait se plain-*
« *dre que la noble toge que je porte ne consente pas à*
« *s'humilier devant M. le directeur pour qui, du reste,*
« *je n'ai ni amour ni haine, je le répète... que je ne*
« *connaissais pas, et que je n'ai certes point l'envie de*
« *connaître.* »

Après avoir pris acte de la déclaration de M. le substitut au sujet de l'approbation du directeur du département, Mᵉ Ledru démontre en droit que la transaction est
définitive.

Nous sommes obligé d'omettre toute cette discussion,
pleine d'énergie, et toutes les considérations puissantes
à l'aide desquelles Mᵉ Ledru a su élever une cause qui
semblait ne donner lieu qu'à un aride commentaire d'une
loi fiscale.

Le tribunal, après en avoir délibéré dans la chambre

du conseil, rentre en audience, et M. le président prononce un jugement longuement motivé, par lequel le tribunal maintient la confiscation du pot de cidre, et condamne les sieurs Sallembien, Gogard et Larue aux dépens.

On assure qu'appel a été interjeté de ce jugement.

Après l'audience, un dîner a été offert à M. Ledru par des propriétaires venus de divers points du département pour l'entendre.

Mᶜ Ledru a profité de la circonstance pour annoncer qu'un *des motifs qui lui avaient fait désirer de se rendre à Compiègne, était d'apporter l'hommage de son respect à son ancien maître, M. l'abbé Auger, curé de Saint-Antoine.*

Charles Ledru avait appris que ses amis politiques du département de l'Oise, et, entre autres, le gérant du *Progrès,* étaient en guerre ouverte avec son ancien maître. C'est pour témoigner publiquement sa reconnaissance à M. l'abbé Auger, en présence des personnes qui avaient méconnu son caractère que Charles Ledru s'était rendu à Compiègne. Il porta à la fin du repas un toast en ces termes : « Permettez-moi, Messieurs, dans cette réunion « où nous avons tous de la sympathie pour ce qui est « noble et bon, de porter un *toast* à un homme qui « mérite toute notre estime, notre affection et nos res- « pects....... M. l'abbé Auger. (Applaudissements.) — « Je sais que des malentendus ont divisé des hommes de « loyauté et d'honneur... mais puisque vous avez bien « voulu me remercier du secours que je suis venu vous « apporter pour signaler une petite injustice *locale,* lais- « sez-moi espérer que j'emporterai de Compiègne une

« douce récompense... celle d'avoir réconcilié le maître,
« auquel je dois le peu que je suis, avec mes meilleurs et
« mes plus généreux amis, — ce sera un des plus beaux
« honoraires de ma vie d'avocat. »

Des applaudissements unanimes accueillirent les paroles de M. Charles Ledru ; et son but fut atteint.

LES ÉPICIERS DE SAINT-GERMAIN.

Une classe qui passe pour avoir le naturel très-pacifi-
que..... celle des *épiciers*, se mit un jour en pleine insurrection à Saint-Germain-en-Laye. Certes, Louis XIV
n'avait pas prévu que le pavillon d'Henri IV entendrait un
jour l'écho des clameurs d'une pareille armée.

> Muse, redis-nous donc quelle ardeur de vengeance
> A cet affreux désordre a pu donner naissance.

C'est la haine de *l'exercice* et la sainte horreur qu'inspire la vue des employés de la régie.

Pour comprendre ce grand débat, il faut savoir que
depuis huit ans, la ville de Saint-Germain se *rachetait* de
l'exercice de la régie moyennant un abonnement fixe. Les
choses s'y passaient comme à Paris, où les employés de la
régie ne font pas de visites chez les débitants de vin et
d'eau-de-vie, mais où le droit est payé à *l'entrée* de la
ville, de façon que les débitants et les bourgeois sont également exempts de cette vexation légale inouïe, de cette
violation régulière du domicile... qu'on appelle *l'exercice*.

C'est le 3 novembre 1840 que le tribunal de Versailles

avait à juger la querelle, sous la présidence de M. Bernard de Mauchamps.

L'affluence est considérable à l'extérieur de la salle d'audience, qui est envahie de bonne heure par un grand nombre d'épiciers de Versailles, de Saint-Germain, de Saint-Denis, etc., etc. On voit qu'il s'agit d'une de ces questions qui soulèvent de grands intérêts.

A onze heures, le tribunal entre en séance.

Au banc des prévenus sont MM. Michel aîné, épicier, membre du conseil municipal et lieutenant de la garde nationale de Saint-Germain ; Lesage, épicier, capitaine de la garde nationale ; Thorel, épicier, lieutenant de la garde nationale ; MM. Ferrey et Salles, épiciers ; Yves Étienne, employé chez M. Lerouge, épicier ; Mlle Caroline Poisson, employée dans la même maison.

Le siége du ministère public est occupé par M. le procureur du roi de Molènes.

Mes Charles Ledru, Cauvain, Ducluzeau et Boiteux, avocats à la Cour royale de Paris, sont au banc de la défense, assistés de Me Vilfort, avoué à Versailles.

Le ministère public expose que les inculpés ont à répondre à une prévention de rébellion, à raison des faits dont ils se sont rendus coupables dans la journée du 16 septembre, par résistance avec violence et voies de fait aux employés de la régie, au moment où ils se présentaient chez le sieur Lerouge, épicier-liquoriste à Saint-Germain, pour constater une contravention. M. le président fait les questions d'usage.

Le sieur *Paccart*, contrôleur ambulant des contributions indirectes, dépose :

« Je fus chargé, le 16 septembre dernier, de me rendre chez les fabricants de liqueurs de Saint-Germain, afin de constater la fabrication. Je me présentai d'abord, accompagné de plusieurs employés de la régie, chez M. Lerouge, confiseur, rue au Pain. M. Lerouge s'opposa à mon opération. Il me présenta un écrit contenant, à ce qu'il m'a dit, les motifs de son refus. Comme j'insistais vivement, il m'annonça son intention de faire fermer son magasin. Je crus inutile de perdre mon temps à lui faire entendre raison ; j'avais beau lui dire que notre droit était d'entrer partout pour y faire l'exercice, et même chez le roi. (Hilarité.) Je restai les bras croisés. Dans ce moment, la demoiselle Caroline Poisson vint m'interpeller en criant que nous n'avions pas le droit de procéder à l'exercice. Elle excitait les voisins à nous résister, en disant : *Allons ! hardi ! hardi ! criez ! empêchez-les d'exercer.* Je lui fis remarquer que cette conduite ne convenait pas à son sexe. Elle rougit et se tut. Cependant une foule assez considérable s'était rassemblée dans la rue, et des cris retentissaient. M. Lerouge avait fait fermer sa boutique. Je dis alors au commissaire de police, qui nous accompagnait : « L'affaire devient grave, il faut employer une démon- « stration capable d'arrêter le peuple ; il faut que j'aille « jusqu'au bout et que je remplisse mon devoir : faites « venir les vingt-cinq hommes que j'ai requis. » Le commissaire de police répondit : « Je suis âgé, j'ai de l'expé- « rience, j'ai vu les émeutes ; l'intervention de la force « armée n'est pas encore nécessaire ; elle ne fait souvent « qu'exciter les masses. » MM. Salles, Lesage, et autres amis de M. Lerouge, étaient entrés sur ces entrefaites. Ils étaient fort échauffés, et excitaient M. Lerouge à ne pas se soumettre. Comme j'insistais sur la nécessité de requérir la force armée, M. Lesage nous dit : « Quelle que soit la « nature de vos fonctions, nous ne voulons pas nous sou- « mettre, et vous trouverez partout la même opposition. » Je répondis que j'irais jusqu'au bout, et qu'au besoin je ferais intervenir des forces suffisantes. M. Lesage ré- pliqua : « Nous sommes de la garde nationale, nous avons « des fusils, allons les prendre. » Ils sortirent tous alors sur la porte en criant : *Aux armes!* Ce fut alors qu'un garçon de M. Lerouge dit : « Si le commissaire de police « n'était pas là, on aurait bientôt f.... tous ces b...... en « bas. » Cependant à chaque instant, la populace de- venait plus menaçante. On criait dans la foule : « *Mort* « *aux rats de cave !* » Les gendarmes qui nous accom- pagnaient voulaient mettre l'ordre. On leur jeta des trognons de choux et de la boue. Arrivèrent deux indi- vidus qui se dirent adjoints; au pantalon rayé dont l'un d'eux était couvert, à sa ceinture tricolore, je reconnus en effet un officier municipal. Ils nous dirent que c'était un véritable guet-apens, que nous devions au préalable avertir l'autorité municipale. « Pourquoi agissez-vous « ainsi? ajoutèrent-ils; nous vous défendons de passer « outre. Si vous persistez, nous rédigerons un procès- « verbal contre vous. Les délégués des épiciers ont une « entrevue vendredi avec le préfet. » Je déclinai la com- pétence de ce fonctionnaire public, et je répondis : « Vous « manquez à vos devoirs, vous devez porter aide et pro- « tection aux organes de la loi, vous ne venez ici qu'en- « courager la rébellion. Nous ne vous connaissons pas. »

M. le commissaire de police comprit seul ses fonctions : je ne sais ce qui se passa entre ces Messieurs ; mais la force armée, quoi que je pusse dire, ne vint pas. Les cris continuaient. Nous persistions à aller jusqu'au bout.

« M. le lieutenant de gendarmerie survint. Je lui dis : « Je suis l'organe de la loi. J'ai une commission au nom « du roi, je dois remplir mon devoir ; je serais coupable « de ne pas aller plus loin. » Vous dire, Messieurs, tous les lieux communs, toutes les chicanes, qui furent accumulés, serait trop long. Je fus forcé de me retirer. A mesure que l'un de nous sortait, il avait à traverser la masse de la foule, qui l'accueillait à coups de pied et à coups de poing. Énumérer les gourmades que nous reçûmes serait chose trop difficile. Je reçus un coup à la figure, un coup de pied m'atteignit. Je me retournai vivement, je vis l'individu qui me l'avait porté. Je reconnus M. Thorel. Nous fûmes ainsi conduits, escortés par la foule, assaillis de coups, honnis, vilipendés. Il est à remarquer que nous passâmes devant le poste des gendarmes et devant celui de la garde nationale. La sentinelle ne cria pas aux armes, et laissa passer la foule qui nous conduisait ainsi. Arrivés à la mairie, la question s'anima ; on discuta le principe : il fallait se secouer, résumer ses idées pour répondre à tout le monde à la fois.

« *M. le Président.* Vous avez reçu un coup de pied. Qui vous l'a donné ?

« *Paccart.* C'est M. Thorel, je l'ai reconnu positivement.

« *M. le Président.* Qui a proféré le cri *Aux armes !*

« *Paccart.* C'est M. Michel. Il se présenta à nous avec une grande exaltation. Je lui demandai : « Qui êtes- « vous ? » Il me répondit : « Je suis Michel, conseiller « municipal, vous devez m'obéir ; » et il me mit le poing sous le nez.

« *M. Michel.* Tout cela est faux. Je suis arrivé là plus d'une demi-heure avant la venue des adjoints. M. Pac- cart me dit avec dédain : « Qui êtes-vous ? » Je lui ré- pondis : « A défaut d'autorité municipale, c'est un con- « seiller municipal qui vous parle. Vous venez exercer, « c'est étonnant : car nous avons vendredi prochain un « rendez-vous avec M. le préfet. » M. Paccart s'écrie d'une manière méprisante : « *Le préfet n'est qu'un agent* « *subalterne comme un autre, je n'ai qu'à donner un* « *ordre, M. le préfet viendra ici avec M. le procureur* « *du roi, et dix mille hommes s'il le faut.* » Je lui re- partis : « L'arrivée de dix mille hommes à Saint-Ger- « main serait le signal d'une guerre civile. »

« *Paccart.* Il faudrait avoir perdu le sens commun pour dire que M. le préfet est un agent subalterne. J'ai dit qu'il était comme moi l'agent de la loi.

« *M. Michel,* avec vivacité. J'affirme sur l'honneur que M. Paccart a employé ces mots. (Sensation.)

« *M. Paccart.* Je ne suis pas ici pour répondre à des questions particulières.

« *Me Cauvain.* Vous devez répondre à toutes les ques- tions qui sont de nature à éclairer les faits.

« *Me Cauvain.* Je prie M. le président de demander à M. Paccart si MM. Salles, Lesage et Michel, ne cher- chaient pas à calmer la foule.

« *Paccart.* Pas le moins du monde. Ils se sont au contraire efforcés d'exaspérer la populace.

« Me *Ledru.* Je vous ferai remarquer que ce que vous appelez la *populace* se composait des adjoints, des conseillers municipaux et des officiers de la garde nationale : c'était une *populace*..... très-distinguée. (On rit.)

« *Guillaumin*, contrôleur des contributions indirectes de Saint-Germain, dépose des mêmes faits. Il n'ajoute rien d'essentiel aux faits qu'a attestés *Paccart.* « La « foule, dit-il, s'acharna principalement sur M. Paccart. « Nous fûmes bousculés, frappés ; nous ne marchions « qu'au milieu des huées, de la boue. Je reçus un éclat « de bois ; je me retournai, et je vis à mes côtés M. Tho- « rel, qui me menaçait du poing. Je ne dis pas cepen- « dant que ce soit lui qui ait jeté le morceau de « bois. »

« *M. le Président.* Avez-vous vu Mlle Poisson monter au balcon, et dire à la foule qu'il fallait crier et résister ?

« *Le témoin.* Non, Monsieur ; mais j'ai remarqué que la foule obéissait à une impulsion dont je n'ai pas pu reconnaître le moteur.

« M^e *Ch. Ledru* au témoin. MM. les adjoints n'étaient-ils pas de l'avis des débitants ? Ne sommèrent-ils pas les employés de se rendre à la mairie, et de cesser un exercice qu'ils considéraient comme illégal ?

« *Le témoin.* Oui, Monsieur. MM. les adjoints dirent que c'était un guet-apens, une illégalité. Ils nous parlèrent du rendez-vous du vendredi chez M. le préfet. Ils nous menacèrent de dresser procès-verbal contre nous si nous voulions continuer.

« *Me Ledru.* Ainsi, il est bien constaté qu'il y avait lutte entre l'autorité municipale et celle de la régie.

« *M. le Président.* Avez-vous entendu MM. Lesage, Michel et Salles, crier *aux armes!*

« *Le témoin.* Ils disaient que, si la force armée venait, la garde nationale interviendrait.

« *M^e Ch. Ledru.* C'était fort naturel, puisque MM. les adjoints, qui sont les chefs de la garde nationale, voulaient eux-mêmes faire un procès-verbal aux employés de la régie. Du reste, à quel propos MM. Salles et Lerouge ont-ils parlé de la garde nationale?

« *Le témoin.* Ils en ont parlé lorsque M. Paccart a dit qu'il fallait que force restât à la loi, et qu'il allait requérir la force armée.

« *Me Ledru.* C'était la menace et la réponse.

« *Me Cauvain.* Le témoin n'a-t-il pas vu les garçons de M. Lerouge s'opposer à ce que les personnes rassemblées devant sa porte ne pénétrassent dans la boutique?

« *Le témoin.* Oui, Monsieur.

« *Paccart.* C'est moi qui ai voulu que la porte restât entre-baillée. Il faut souvent peu de chose pour arrêter la *populace*. Je voulus que la porte fût ouverte, afin qu'on vît que l'on discutait à l'intérieur.

« *Me Ledru.* Toujours la populace... » (On rit.)

Figadère, employé des contributions indirectes, rend compte des mêmes faits. Il a entendu Mlle Caroline Poisson invectiver le sieur Guillaumin, qui lui dit : « Ce « que vous faites là n'est guère beau pour une *demoi-* « *selle de votre sexe.* (Hilarité générale.)

« *M° Cauvain*. Comment est-il possible que Mlle Poisson ait, comme le dit le témoin, invectivé le sieur Guillaumin, puisque M. Paccart a déclaré qu'il l'a vue rougir, et qu'elle s'est tue lorsqu'il lui a parlé?

« *M. Paccart*. J'ai raconté les faits qui me concernaient.

« *M. Guillaumin*. Lorsque j'invitai l'accusée à se retirer, elle s'écria : « *Que voulez-vous? je ne fais rien; « laissez-moi tranquille.* »

« *M° Cauvain*. Est-ce là de la rébellion ? »

Figadère dépose que les adjoints se sont opposés à la réquisition de la force armée. « La foule, dit-il, poussait des cris de férocité, jetait des immondices. A la rue de la Paroisse, on nous jeta des pierres, et nous passâmes devant le poste de la mairie sans que la garde nationale fit le moins du monde mine de nous protéger.

« *M° Cauvain*. Avez-vous vu M. Michel mettre le poing sous le nez de M. Paccart?

« *Le témoin*. C'est-à-dire qu'il étendait la main avec vivacité.

« *M° Ch. Ledru*. Avait-il la main ouverte ou fermée?

« *Le témoin*. Il l'avait ouverte.

« *M° Ch. Ledru*. M. Paccart disait tout à l'heure que M. Michel avait le poing fermé.

« *M. Michel*. Il était naturel que, parlant avec vivacité, j'accompagnasse mes paroles de gestes de la main. »

M. Garachon, employé des contributions indirectes, raconte les faits à peu près dans les mêmes termes. Il n'a pas vu M. Thorel frapper M. Paccart. Le témoin n'a pas vu non plus M. Michel mettre le poing sous le nez du contrôleur ambulant; seulement M. Michel gesticulait en parlant. Sa main était ouverte, et non fermée.

« *M^e Ch. Ledru*. Le témoin a-t-il entendu dire au sieur Paccart : « Allons chez M. Lerouge : sa femme est « enceinte; c'est une raison de plus pour y aller? » (Mouvement.)

« *Le témoin*. Je n'ai rien entendu de semblable.

« *M. Paccart*. L'inconvenance d'un tel propos garantit assez que je ne l'ai pas tenu.

« *Me Ledru*. Calmez-vous : ce fait s'éclaircira aux débats.

« *M. Morin, commissaire de police*. Ce n'est que la veille, à huit heures du soir, que j'appris de M. Guillaumin que l'exercice devait avoir lieu le lendemain. Je fis prévenir un piquet de vingt-cinq hommes, et je me rendis avec MM. les employés chez M. Lerouge. Vous savez ce qui s'y passa. M. Lerouge refusa de laisser entrer dans ses magasins. Je proposai un moyen terme qui eût tout arrangé. Faisons venir un serrurier, dis-je à M. Paccart; il ouvrira les serrures, puisque M. Lerouge déclare vouloir s'en tenir à une résistance passive. Ma proposition ne fut pas acceptée. M. Paccart réclamait avec impatience l'intervention de la force armée. Je lui fis quelques observations, parce que je craignais l'exaspération de la foule, qui devenait de plus en plus menaçante; enfin, je rédigeai mon réquisitoire. MM. Salles, Lesage, Michel, et autres, étaient entrés chez M. Lerouge. Ils alléguaient leur rendez-vous du vendredi chez M. le préfet. Une discussion très-animée de part et d'autre s'engagea entre ces messieurs et les employés de la régie.

M. Morin persuada aux employés de la régie de renoncer à leur projet, et de faire retraite vers la mairie. Dans
le trajet, il n'a pas vu les prévenus exciter le peuple et
seconder les attroupements.

« *M. Lesage.* M. Morin ne m'a-t-il pas vu protéger
moi-même les employés de la régie, et engager le peuple
à la tranquillité?

« *M. Morin.* Le fait est exact.

« *M. Lesage.* M. Guillaumin a dû me voir.

« *Guillaumin.* Oui, je vous ai remarqué bousculant et
excitant plus que tous les autres.

« *M. le commissaire de police.* J'ai vu M. Lesage ex-
horter à la paix et protéger de son corps MM. les employés : il est remarquable par sa stature. Il étendait les
mains sur la foule en disant : La paix ! la paix ! tout cela
s'arrangera ; on s'entendra. M. Lesage a toujours fait
preuve de la plus grande modération.

« *Me Ch. Ledru.* Il y a là une opposition bien mar-
quée. Il faut que la vérité se fasse jour.

« *M. le Président* au témoin. Avez-vous entendu
M. Lesage dire : Si on appelle la force publique, la garde
nationale a des armes, et elle s'en servira : on repoussera la force par la force.

« *M. le commissaire de police.* Je n'ai pas entendu
cela. (Mouvement.) J'ai entendu parler de la garde nationale. On a dit : La garde nationale sera là ; elle sera
sur les lieux. Je craignais un conflit entre la garde nationale et la troupe de ligne.

« *Guillaumin.* Si M. Morin n'a pas entendu dire : La
garde nationale repoussera la force par la force,

c'est qu'en ce moment il écrivait son réquisitoire,

« *M. Michel.* Le témoin m'a-t-il entendu crier *aux armes !*

« *M. Morin.* Non, Monsieur.

« *M. Michel.* Un cri *aux armes!* ne se dit pas dans le tuyau de l'oreille. Si je l'avais proféré, M. le commissaire de police l'aurait sans doute entendu.

« *Guillaumin.* M. Morin était alors occupé à persuader M. Lerouge.

« *Me Cauvain.* Le témoin a-t-il vu Mlle Poisson crier et exciter le peuple?

« *M. Morin.* Non, Monsieur.

« *Guillaumin.* M. Morin causait alors avec M. Lerouge.

« *Me Cauvain.* Il est bien singulier que M. Morin ait été occupé toutes les fois qu'il se passait un fait caractéristique.

« *Me Vilfort,* avoué des prévenus. Le témoin n'a-t-il pas .vu plusieurs fois M. Lesage sortir pour apaiser la multitude?

« *M. Morin.* Cela est vrai. »

Vannesson, sergent de ville, n'a pas entendu le cri *aux armes!* Dans le trajet, il a vu l'inculpé Ferey écarter les adjoints, et lever le pied comme pour porter un coup.

« *Me Cauvain.* Vannesson n'a-t-il pas eu une contestation grave avec M. Ferey au sujet d'un nommé Perlin, que le témoin avait garrotté sur une charrette?

« *Vannesson.* Cela est vrai.

« *M. le Président.* Prétendez-vous infirmer le témoignage de Vannesson?

« *Me Cauvain.* Je ne prétends tirer aucune conséquence. Vannesson est le seul témoin qui articule ce fait
à l'égard de Ferey, et je fais observer qu'il y a eu entre
eux une altercation. »

Côte, gendarme, a vu M. Lesage entrer et sortir plusieurs fois pour pacifier le peuple. M. Paccart ayant dit :
S'il faut dix mille hommes, nous les aurons ; M. Lesage
dit en riant : Eh bien ! nous aurons la garde nationale.

« *Me Cauvain.* Le témoin a dit dans sa déposition
écrite : « J'entendais autour de moi : Prévenez des mal-
« heurs, la garde nationale pourrait s'armer, et vous
« verrez ce qui en résultera. »

« *Le témoin.* Cela est exact.

« *Merckling,* gendarme: M. Lesage *a montré une ex-
cellente conduite.* Il a entendu le rassemblement crier à
l'arrivée des adjoints et de l'autorité.

« *Me Cauvain.* Je lis votre déposition écrite : « Il est
« possible que les employés aient mal entendu, parce que
« les deux adjoints disaient entre eux : Il faut faire armer
« la garde nationale pour faire faire place; autrement ils
« (les employés) seraient écrasés. Dans le tumulte, les
« employés ont pu mal entendre. »

« *Le témoin.* Je maintiens ma déclaration. »

Teissier, sergent de ville, et Stouque, gendarme,
déposent des mêmes faits.

Eyraud, gendarme, les confirme. M. Lesage, dit-il,
a répondu tout bas : « La garde nationale s'armera ; » il
était alors moins en colère que quand il est entré. Plusieurs gardes nationaux lui avaient demandé s'il fallait
s'armer, et il leur avait recommandé de n'en rien

faire. Restez tranquilles, je vous prie, avait-il ajouté.

Roullier, cordonnier, a vu porter un coup de pied à M. Paccart. Il affirme que ce n'était pas Thorel qu'il connaît du reste parfaitement.

Lion, employé de l'octroi. Il a vu un homme venir sur le balcon, et crier : « On exerce, on n'exerce pas. » Les cris qui s'étaient apaisés recommencèrent. Il reconnaît l'inculpé Étienne.

On entend encore quelques témoins, dont les dépositions n'apprennent rien de nouveau.

La liste des témoins est épuisée.

M. Petit-Hardel, maire de Saint-Germain, était absent lors des événements. Deux faits importants résultent de sa déposition. M. le préfet *avait donné sa parole* aux délégués des épiciers de Saint-Germain qu'aucune tentative de la part de la régie ne serait faite avant la réunion qu'il leur avait assignée chez lui.

M. Petit-Hardel avait été rencontré le 16, à sept heures du matin, par l'employé Guillaumin, qui ne lui avait pas fait savoir que l'exercice devait avoir lieu le jour même.

« *M⁰ Ledru.* M. le maire peut-il dire au tribunal quelle opinion il a des prévenus?

« *M. le procureur du roi.* Oh! pour cela, M. le maire n'a pas besoin de répondre. Je suis le premier à leur donner à tous un certificat de haute moralité.

« *M⁰ Ledru.* Les prévenus, pendant qu'ils étaient en prison, n'ont-ils pas été nommés officiers de la garde nationale ?

« *M. le procureur du roi.* J'aime à reconnaître ce fait, et, je le répète, la moralité des prévenus est hors de toute contestation... Ils méritent toute estime. »

M. Dufay, lieutenant de gendarmerie, rapporte qu'en sortant de chez lui, il a appris que des attroupements considérables s'étaient formés dans la rue au Pain. Chemin faisant, en traversant la foule, il entendit divers propos, évidemment empreints d'exagération. Voulant connaître la vérité, il entra chez M. Lerouge.

« MM. les adjoints, MM. les employés, MM. les épiciers, discutaient avec une exaltation difficile à décrire. M. Laurent, l'un des adjoints, était surtout fort animé. « Vous « n'exercerez pas, disait-il, c'est un guet-apens ; vous « deviez d'abord nous prévenir. Les débitants ont ré- « clamé ; ils avaient rendez-vous avec M. le préfet pour « le vendredi suivant. » M. Paccart ne voulait pas céder, et réclamait l'intervention de la force armée. MM. les adjoints, M. le commissaire de police, paraissaient craindre que ce ne fût le signal d'une déplorable collision. Je partageais leur opinion, car il n'eût pas fallu moins d'un escadron tout entier pour contenir la foule. M. Paccart déclarait qu'on lui passerait sur le corps plutôt que de l'empêcher d'exercer. Le danger allait toujours croissant : la retraite à la mairie fut résolue. MM. Michel, Salles, Lesage, sur mon invitation, parlèrent à la foule qui, dès lors, nous fut moins hostile. (Mouvement.)

« *M. Guillaumin.* C'est-à-dire qu'on nous a jeté des pierres, des immondices et de la boue.

« *M. Dufay.* Je répète que la foule nous fut moins hostile. Pendant le trajet, MM. Michel, Salles et Lesage, nous ont été d'un grand secours. (Nouveau mouvement.) J'ai invoqué leur appui ; ils l'ont prêté de fort bonne grâce. Nous allâmes assez tranquillement jusqu'à la rue de la Paroisse. Là nous fûmes assaillis par des projectiles et des immondices. J'en reçus ma bonne part ; mais je crois bien que c'était à MM. les employés que tout était destiné. (Hilarité.)

« *M. Laurent*, marchand de farines, adjoint démissionnaire de Saint-Germain. En arrivant chez M. Lerouge, je fis aux employés des observations. « Monsieur, me « répondit M. Paccart, je ne vous connais pas, je n'ai « pas affaire à vous. » Je lui montrai ma ceinture en lui disant : « Vous devez au moins respecter mes insignes, « et montrer plus d'égards pour l'autorité. Prenez con- « naissance de cette lettre de M. le préfet, qui convoque « ces Messieurs pour vendredi. — Ah bah ! répliqua « brusquement M. Paccart, le préfet est un agent du « gouvernement comme un autre. Si je lui disais de ve- « nir ici avec deux, trois, dix mille hommes, il faudrait « bien qu'il y vînt. Je n'ai d'ordre à recevoir que de mes « chefs. » Je répondis : « Le préfet est aussi mon chef, « et je dois faire respecter mon caractère. Je demande « que l'exercice cesse à l'instant. Je prends tout sous ma « responsabilité. »

« *M. le Président.* Une lettre du préfet ne pouvait pas empêcher l'exercice.

« *M. Laurent.* J'étais fondé à croire le contraire. J'espérais que M. le préfet userait de son influence pour arranger les contestations. « Je ne suis pas juge de la ques-

« tion, continuai-je, je demande seulement que vous
« vous retiriez provisoirement. Vous voyez que le dan-
« ger devient de plus en plus imminent. — Je sais bien,
« répondit M. Paccart, qu'il peut arriver de grands évé-
« nements ; mais je m'en moque. — Je ne permettrai
« pas, répondis-je, qu'on vous fasse une égratignure, on
« me marcherait plutôt sur le corps. Je m'oppose à ce que
« vous continuiez l'exercice. Faites votre procès-verbal,
« chargez-moi, si vous voulez, je prends tout sous ma
« responsabilité. » Ce fut alors que nous allâmes à la
mairie, et que nous reçûmes, comme les employés, de la
boue et des projectiles.

« *M. le Président.* N'avez-vous pas vu porter des coups
à M. Paccart?

« *M. Laurent.* Non, Monsieur le président. Je marchais
derrière lui, et j'eusse certainement vu la personne qui l'aurait frappé. A notre arrivée à la mairie, M. Paccart nous
fit les reproches les plus vifs. Il nous dit que nous l'avions
mal secondé, et que, si nous avions rempli nos devoirs,
ces scènes fâcheuses eussent été évitées. Nous lui fîmes
sentir l'inconvenance de ses récriminations au moment
où nous venions de lui sauver la vie. Après bien des discussions, on convint qu'un procès-verbal unique serait
rédigé de l'aveu de toutes les parties, et il fut bien entendu que chacun s'en rapporterait à ses termes pour la
narration et pour l'interprétation des faits. « Nous pour-
« rions, dit même à ce sujet M. Paccart, parler des coups
« que nous avons reçus. » Mais il crut mieux de s'en
abstenir. « Nous nous en rapportons à votre loyauté, »
répondîmes-nous.

« Je me souviens que nous discutâmes longtemps sur un mot. MM. les employés voulaient qu'on mît : MM. les adjoints *s'introduisirent*. Comme notre intervention avait été franche et ouverte, je crus que ce terme avait un sens méprisant, et je me refusai à l'admettre. Je fis même chercher un dictionnaire.

« *M. le procureur du roi.* Laissons cela. On dit d'ailleurs : On introduit les ambassadeurs chez le roi.

« *Mᵉ Ledru.* C'est vrai, mais être introduit ou bien *s'introduire...* c'est un peu différent. Je ne fais du reste l'observation que pour l'honneur des principes. (On rit.)

« *M. le Président.* Avez-vous vu quelqu'un des prévenus jouer un rôle actif dans l'insurrection ?

« *M. Laurent.* Ils s'efforcèrent au contraire d'apaiser la multitude. La foule les écoutait. Il y a eu un moment où j'ai eu vraiment peur, c'est quand j'ai vu que les femmes s'en mêlaient. (Hilarité générale.)

« *M. le Président.* Monsieur Laurent, vous vous êtes trouvé dans des conjonctures bien difficiles. Je ne veux nullement blâmer votre conduite; elle a peut-être évité de grands malheurs. Magistrat de la cité, vous avez cru devoir tout subordonner à la sécurité publique. Mais enfin force n'est pas restée à la loi. Un agent porteur d'un ordre légal a été interrompu dans l'exercice de ses fonctions. J'espère que, lorsque la même occasion se présentera, vous prêterez votre concours aux employés de la régie.

« *M. Laurent.* J'ai donné ma démission; je ne suis plus adjoint. »

M. Lallemand, adjoint, rend compte de sa surprise à

la nouvelle que l'exercice avait lieu, malgré la réunion indiquée au vendredi suivant. Les employés de la régie accueillirent l'intervention des adjoints avec arrogance, et, après qu'ils se furent décidés à quitter la maison de Lerouge, ils furent protégés contre la foule par les adjoints et par la plupart des prévenus.

A la mairie, ajoute le témoin, M. Paccart s'écria : « Si « nous avions été secondés, nous n'en serions pas là. « Personne ici n'a fait son devoir. » Ces paroles inconvenantes firent perdre patience à M. Laurent, mon collègue. Il annonça l'intention de les consigner dans un rapport, et de les faire connaître ainsi à M. le préfet. Je lui répondis alors : « Gardez-vous-en bien ; car, dans ce « régiment-là plus on fait de mal, plus on a d'avance- « ment. » (Hilarité dans l'auditoire.)

« *M. le Président.* Ce que vous disiez là n'était guère convenable.

« *M. Lallemand.* Toujours est-il que nous nous étions exposés pour sauver la vie des employés.

« *M. le procureur du roi.* Comment pouvez-vous répéter de sang-froid, vous, homme sage et modéré, un pareil propos ! Dans le tumulte des événements, sans doute, bien des paroles qui ne devaient pas être dites ont été proférées. Les employés de la régie ne sont pas tout à fait à l'abri de ce reproche. Vous devez comprendre, Monsieur Lallemand, que vous faites remonter la responsabilité des employés à l'administration, au gouvernement lui-même; vous devez respecter l'autorité.

« *M. Lallemand.* Je vous fais remarquer, Monsieur le

procureur du roi, que les employés ne la respectaient pas dans nos personnes.

« *L'un de MM. les juges.* Qui a pu vous suggérer ce propos?

« *M. Lallemand.* Monsieur, ce que j'ai dit est de notoriété et conforme à l'opinion publique.

« *M, le Président.* Vous pourriez vous faire l'organe de meilleurs préjugés.

« *M⁰ Cauvain.* Je demande permission de lire un passage du rapport de M. Paccart à M. le directeur général des contributions. Ce rapport a été fait de sang-froid, contrairement à la promesse de s'en tenir au texte du procès-verbal rédigé d'un commun accord à la mairie. Voici comment M. Paccart entend le respect de l'autorité.

« Les adjoints ont arrêté l'action de la loi, l'exécution
« de nos fonctions, et ont excité les mauvais traitements
« que nous avons subis, au risque de nous faire tuer,
« moyen comme un autre de faire de la popularité. »
(Mouvement.)

« *M. Paccart.* Je l'ai dit et je le maintiens. (Murmures.)

« *M. le procureur du roi* à M. Paccart, très-vivement et avec indignation. « Taisez-vous, Monsieur ; ce que
« vous avez écrit est très-inconvenant : vous venez d'en-
« tendre mes observations à M. l'adjoint. Je vous dirai à
« vous que vous avez eu le plus grand tort d'écrire cela,
« et vous l'aggravez beaucoup en vous exprimant avec
« tant d'inconvenance. » (Profonde sensation.)

« *Roche,* employé chez M. Lerouge. M. Paccart entra

dans la boutique, et annonça qu'il venait exercer. M. Lerouge commença à lui lire une protestation écrite. « Oh !
oh ! votre refus d'exercice ! dit dédaigneusement M. Paccart ; laissez-nous tranquilles. » Et, en parlant ainsi, il
avait un air de mépris, et il tourna le dos à M. Lerouge.

« Lorsque M. Michel entra, M. Paccart lui dit : « Qui
êtes-vous ? Je n'ai pas affaire à vous. » M. Michel lui ôta
sa casquette, et lui répondit en riant : « Je suis conseiller municipal. » Comme la foule voulait entrer, je fis
tous mes efforts pour lui interdire l'entrée du magasin.

« *M° Cauvain.* Le témoin voudrait-il nous dire quelle réponse lui a faite M. Paccart ?

« *Roche.* Comme je lui faisais observer que M. Lerouge, de notoriété publique, ne s'était jamais livré à la
fabrication des liqueurs, M. Paccart me répondit : « C'est
au maître que nous avons affaire, et non au valet. » (Mouvement.)

« *M° Cauvain.* Encore une question : Mᵐᵉ Lerouge
n'a-t-elle pas eu sa part des emportements de M. Paccart ?

« *Roche.* Au bruit qui se faisait dans la boutique,
Mᵐᵉ Lerouge, qui était grosse, et qui est accouchée le
jour même, s'était mise au *judas* qui donne sur le magasin, et nous l'entendions pleurer et sangloter. « Ne
faites pas de bruit, dit M. Lerouge ; ma femme est dans
une position qui réclame des égards. —Votre femme ?
qu'est-ce que ça me fait ? répliqua M. Paccart. Nous passerons outre. ». (Profonde sensation et murmures.)

Les témoins MM. Moyon, Gancel, Gasparly et Morin
fils, confirment les faits précédemment connus. L'un

d'eux apprend au tribunal qu'à la vue de la boutique fermée, on parlait de la mort de Mme Lerouge.

M. Thibaut, fabricant de bonneteries, a vu M. Lerouge conduire chez M. Dubusc sa femme, qui était presque évanouie. Il a fait partie d'un groupe où se trouvaient MM. Sales, Lesage, Michel, et il leur a entendu dire: Nous avons une bonne affaire, il ne faut pas la gâter.

MM. Moutier, Guillot, témoins, ont vu Lesage, Michel, Thorel, apaiser le peuple. Tous déploraient le peu d'influence que chacun avait pour le calmer. Le dernier, l'un des délégués de MM. les épiciers de Saint-Germain, atteste ce fait, que M. le préfet leur avait donné sa parole d'honneur que tout serait suspendu jusqu'à la réunion de vendredi.

M. Lerouge, confiseur à Saint-Germain, chez qui s'est passée la scène qui a occasionné la prévention, rend compte des faits qui sont déjà connus.

Après quelques dépositions insignifiantes, M. Fortin, boucher, dit que les prévenus *discutaient*, mais ne *disputaient* pas. Il a entendu MM. les adjoints manifester la crainte que la garde nationale ne prît les armes. Il partageait leur opinion à cet égard.

« *Sansrefus*, tapissier. On me dit qu'il y avait du bruit ; j'allai voir. J'entendis d'abord crier. *On exerce, on n'exerce pas ;* et je me dis : C'est bien ; tant qu'on rira, il n'y a pas de mal. Mais j'arrivai à la rue de Lorraine ; on ne riait plus ; on criait : *Mort aux rats ! La mort ! laissez-les-nous ! passez-les-nous !* Le grand M. Lesage parut sur la porte, et, faisant le télégraphe avec ses grands bras, criait de toutes ses forces : *La paix ! la* paix! *Vous gâtez toute notre affaire. Nous voulons aller au tribunal, et nous nous expliquerons.* M. Guy, l'ancien maire, et quelques autres, proposèrent d'aller mettre nos uniformes. « Je le ferais avec plaisir, répondit « M. Lesage, mais si l'autorité nous l'ordonnait. » MM. Salles et Thorel répondaient comme lui. « Si l'on « nous requérait, disaient-ils, nous mettrions volon- « tiers nos uniformes *pour les protéger.* » (Mouvement.)

« Je me disposais à m'en retourner chez moi pour déjeuner lorsqu'on sortit de la maison de M. Lerouge. Oh! alors, les cris recommencèrent, et la foule... comme un flot..., oui, comme un flot de la mer, se rua dessus. Je vis en ce moment un petit bonhomme qui portait une veste blanche, et qui avait l'apparence d'un garçon pâtissier ; il tira une lardoire. Je crus que c'était un poignard.

M. le président interpelle ensuite successivement, sur les faits particuliers à chacun d'eux, MM. Thorel, Salles, Lesage, Michel, Mlle Caroline Poisson, MM. Étienne et Ferey, qui opposent une dénégation complète aux inculpations qui résultent des dépositions de MM. les employés de la régie, et qui expliquent les faits de la même manière que les établissent la presque totalité des témoignages.

L'audience est levée à cinq heures, et renvoyée au lendemain pour les plaidoiries.

La parole est à M. le procureur du roi pour son réquisitoire.

M. de Molènes, procureur du roi. « Messieurs, l'intérêt personnel est un grand empêchement à ce que la raison se fasse jour. Vous avez à prononcer sur la situation d'hommes qui sortent de la classe ordinaire des prévenus. Ils ont tous reçu de l'instruction, et cependant il m'a été impossible de leur faire entendre ce qui est l'évidence même, dans les discussions réitérées que j'ai eues avec eux. Je vais donc entrer dans l'examen de la question de droit. Je vous ferai voir quel a été l'aveuglement de MM. Thorel, Michel, Salles, Lerouge, et combien ils ont eu tort de ne pas se soumettre aux visites des employés de la régie.

« Il est nécessaire de chercher quelles sont les lois qui régissent la fabrication et le débit des liqueurs; c'est l'origine du procès. Nous devons examiner spécialement si les fabricants, débitants de liqueurs, sont soumis ou non à l'exercice de la régie.

« Pour l'affirmative la jurisprudence est constante; elle n'a jamais varié. Mais laissons un moment la jurisprudence; passons aux principes de droit. La loi du 16 juin 1824 est-elle toujours en vigueur? A-t-elle été abrogée, comme le prétendent les fabricants-débitants de Saint-Germain? Là est toute la question.

« Que dit la loi du 16 juin 1824? Elle dit que nul ne peut exercer la profession de fabricant de liqueurs sans faire préalablement une déclaration. De plus, l'art. 2 assujettit les fabricants de liqueurs aux dispositions de la loi de finances du 28 avril 1816. Or l'art. 52 de cette loi statue que toutes les personnes qui vendront en détail des boissons de quelque qualité que ce soit seront soumises aux visites des employés de la régie.

« Pour soutenir que la loi de 1824 est abrogée, MM. les

débitants de Saint-Germain se fondent sur la loi du 21 avril 1832. Cette loi réalise, il est vrai, la promesse d'une *taxe unique* insérée dans la loi précédente ; mais la taxe unique ne concerne en rien les liqueurs, bien que les employés de la régie semblent le croire eux-mêmes. L'art. 35 de la loi de 1832 statue que dans les villes de 4,000 âmes et au-dessus il pourra être établi, d'après un vote du conseil municipal, une taxe unique sur les *vins, cidres, poirés* et *hydromels*.

« Ainsi il n'est nullement question des liqueurs. Les droits qui les concernent sont réglés part l'art. 4 de la même loi, portant que, dans les villes soumises, le droit général de circulation sur les esprits, fruits, liqueurs et eaux-de-vie, sera payé à l'entrée. Où est-il question dans cette loi de l'affranchissement du fabricant-débitant de liqueurs, relativement à l'exercice ? La loi de 1824 n'a donc pas cessé d'être en vigueur. L'une de ces lois, celle du 24 juin, détermine un droit fixe qui doit être payé par hectolitre pour les esprits et eaux-de-vie en cercle. Mais pour les eaux-de-vie en bouteille la base n'est plus la même. Ici le droit doit être payé d'après la capacité de chaque bouteille. Il est constant qu'avec un hectolitre d'eau-de-vie MM. les débitants mettent en bouteille au moins le double de liquide. Qu'arriverait-il si leur prétention était admise ? c'est qu'ils ne paieraient qu'un droit fixe de 50 fr. au lieu de payer 100 fr. comme les consommateurs ordinaires.

« Si l'administration fait des concessions aux débitants-fabricants de la ville de Paris, cela tient aux difficultés innombrables de la constatation du débit et de la fabrication dans cette ville. MM. les débitants de Saint-Germain ont les yeux sans cesse fixés sur Paris : c'est là leur tort. Que ne voient-ils plutôt ce qui se passe à Versailles ! Un arrêt récent, celui que vous avez rendu le 6 décembre 1838 dans l'affaire Leroux, tranche la question. Depuis cet arrêt, l'exercice se fait régulièrement à Versailles. Mais il y a plus, bien que M. Leroux fût seul en cause, tous les débitants de Versailles, tous ceux de Saint-Germain, étaient d'intention dans le procès. Ils méconnaissent donc tout à la fois les principes du droit et l'autorité de la chose jugée. A diverses reprises l'administration a voulu remettre en question le point du litige, bien qu'elle eût pour elle la loi et la jurisprudence; les débitants s'y sont toujours refusés : ils ont donc mis sans cesse les torts de leur côté. »

M. le procureur du roi soutient que la visite des employés chez M. Lerouge était parfaitement légale. Il eût suffi, selon lui, pour la légitimer, que les employés pussent invoquer un motif même spécieux. L'essentiel était qu'ils fussent accompagnés d'un commissaire de police, conformément aux prescriptions de l'art. 267 du Code pénal. Si M. Lerouge n'est pas poursuivi, c'est que sa résistance n'a point eu le caractère de la rébellion, tel que le détermine l'art. 209 du Code pénal. Quant aux prévenus, leur position est bien différente.

L'organe du ministère public fait ici un tableau des plus rembrunis de l'émeute de Saint-Germain. Il montre la foule menaçante, terrible, proférant des cris de mort, poursuivant les employés des clameurs *à la lanterne! à la lanterne!* les couvrant de boue, d'immondices et de projectiles. Il insiste particulièrement sur les cris : *Aux armes !* et sur la menace qui a été faite par MM. Salles, Michel et Lesage, de la garde nationale. Si l'on ne voit pas dans ces menaces, s'écrie le procureur du roi, le caractère de gravité qu'il faut y voir, nous devons désespérer de tout.

M. le procureur du roi arrive aux faits particuliers à chaque inculpé. M. Thorel a donné un coup de pied à M. Paccart, contrôleur ambulant, au milieu de la foule acharnée et ne respirant que la mort. Ce coup de pied a toute la gravité de l'émeute. — Quelques témoins ont vu, il est vrai, frapper le sieur Paccart, sans reconnaître M. Thorel. Cela ne prouve rien, car M. Paccart a reçu bien d'autres coups de pied. (Quelques rires se font entendre dans l'auditoire. M. le procureur du roi les réprime vivement.)

« Un autre inculpé, M. Ferey, a fait le geste de donner également un coup de pied ; il n'a pas tenu à lui que ce geste eût un résultat : il est donc réellement coupable.

« La demoiselle Poisson, continue M. le procureur du roi, a dans ces débats une tenue parfaite ; elle inspire sans doute beaucoup d'intérêt, tant à cause d'elle-même que de sa famille : aussi c'est avec affliction que j'appelle sur cette jeune personne la sévérité de la justice. Mais c'est elle qui a commencé la résistance ; elle a frappé des mains lorsque les groupes se sont formés ; elle a applaudi, elle s'est écriée : *Venez, empêchez l'exercice !* (Quelques rires éclatent une seconde fois dans la salle. M. le procureur du roi les réprime avec non moins de vivacité.)

« M. Michel est intervenu chez M. Lerouge sans au-
cune mission, bien qu'il se dît conseiller municipal.
Plus tard il a aussi fait un geste dans lequel le sieur
Paccard a vu ce qu'on appelle le poing sous le nez, et
un autre témoin tout simplement une main ouverte.
(Nouveaux rires.)

« MM. Salles et Lesage ont provoqué la résistance.
Quant à M. Étienne, il l'a alimentée en criant à la foule
du haut du balcon de M. Lesage : *On exercera !* puis :
On n'exercera pas ! » (Nouveaux rires.)

Après avoir passé en revue les faits particuliers, le ministère public discute la valeur des témoignages. Il se
défie des témoins à décharge, qui remplissent d'ordinaire
un office d'ami ; il accepte pleinement, au contraire, la
déposition du sieur Paccart, et pense qu'on ne peut la
repousser sans diriger contre lui une inculpation d'infamie. Non, s'écrie l'orateur, cet employé n'est pas un
infâme, c'est un homme qui a fait son devoir...

M. le procureur du roi rend hommage, en terminant,
à l'honorable caractère des prévenus ; il reconnaît que
ce sont, sous tous autres rapports que l'objet du procès,
les citoyens les plus estimables de Saint-Germain. Il
applaudit lui-même à la confiance dont les ont investis
leurs compatriotes en nommant trois d'entre eux officiers de la garde nationale. M. le procureur du roi n'en
persiste pas moins à soutenir l'accusation dans toute son
étendue.

Après une spirituelle plaidoirie de M⁰ Cauvain pour
Mlle Poisson, M⁰ Ledru prend la parole pour les autres
prévenus.

« Messieurs, dit-il, s'il est peu rassurant pour la défense d'avoir à combattre un orateur tel que le magistrat
auquel je vais essayer de répondre, du moins il est consolant pour elle d'être dispensée d'une partie de sa tâche
par la loyauté même d'un si honorable contradicteur.

« Je m'abstiendrai donc de vous parler du caractère
des prévenus ; vous les connaissez déjà, puisque le ministère public a voulu que vous apprissiez de sa bouche
qu'il n'y avait pas de citoyens plus dévoués à l'ordre,
plus amis des lois et mieux placés dans sa propre estime.
(Approbation.)

« Pourquoi faut-il que M. le procureur du roi n'ait
pas tiré la conséquence qui résultait forcément de si
heureuses prémisses ? Et pourquoi n'a-t-il pas senti que,
lorsque sa conscience rendait à des inculpés un si bel
hommage, elle se faisait leur invincible auxiliaire, et venait elle-même, en vertu de sa haute autorité, réduire
à néant l'inculpation ?

« Serait-ce que la gravité des questions qui surgissent
de cette affaire aurait jeté quelque trouble dans les dé-
ductions d'un esprit aussi logique que le sien ?

« En effet, Messieurs, cette cause est grande ! Elle embrasse des intérêts qui ne sont pas nés d'hier, qui ne
mourront pas aujourd'hui, qui ne concernent pas seulement Saint-Germain, Versailles, Melun, Corbeil, et quelques villes voisines... ; mais qui occupent, sans l'agiter,
la France tout entière. Il s'agit de savoir si la régie par-
viendra à des fins injustes, non par des moyens légaux,
de pleine lutte, à ciel ouvert, mais par des voies détour-
nées, subreptices, comme on s'empare de la chose d'au-

trui! Il s'agit de savoir s'il suffira de sa volonté pour anéantir le droit commun, le respect du domicile .., si chèrement conquis sur elle!

« Le ministère public vous disait que votre sentence importait à la paix et à la sécurité de tous : oui; et il avait raison! Malheur à l'ordre public! malheur au respect des lois, si l'administration réussissait dans la triste guerre qu'elle vient d'entreprendre!... et peut-être il me serait permis d'invoquer la parole des amis les plus dévoués du gouvernement pour prouver que, lorsque nous résistons à une levée de boucliers insensée, c'est nous qui avons l'honneur d'opposer une digue salutaire au désordre et à la rébellion.

« Je n'ai pas l'intention de revenir sur les faits; ils sont trop présents à vos souvenirs. Je me bornerai à vous rappeler où en était l'administration de la régie, à l'égard des épiciers de Saint-Germain, lors de sa déplorable expédition du 16 septembre dernier.

« Depuis quelque temps une discussion s'était engagée dans la presse au sujet de la question que le ministère public vous a soumise, et qu'il a résolue dans le système de la *régie*. Déjà le débat était vif, lorsque le premier magistrat de ce département, M. Aubernon, auquel MM. les prévenus s'étaient adressés pour réclamer son bienveillant appui auprès de l'administration supérieure, leur écrivit qu'il les recevrait à la *préfecture*, le mardi 15 septembre, à neuf heures du matin, *pour conférer avec eux au sujet de la loi du 24 juin 1824.*

« Ce sont les expressions mêmes de sa lettre, qui prouve que M. le préfet voulait, en homme sage, étudier et approfondir la question avant de la juger. Malheureusement, le procès du prince *Louis* appelait, pour le 15, M. Aubernon à une séance de la Cour des pairs. Le 13, il pria MM. Michel et autres de remettre au vendredi 18 le rendez-vous indiqué pour le 15.

« Mes clients se préparaient à exposer leurs griefs à M. Aubernon... quand M. Paccart, qui n'est pas, quoi qu'il en dise, de la dimension d'un préfet et d'un pair de France... (Il n'y a que lui qui croie cela. — On rit.), s'avisa du petit coup d'état qui vint couper court à toutes voies conciliatrices, et jeta le trouble dans la paisible population de Saint-Germain.

« Voulez-vous connaître qui voulait *agiter* la ville ? qui avait pour but... une émeute ? Suivez la conduite du contrôleur ambulant. Il sait que les dispositions sont unanimes contre l'exercice ; qu'il va par conséquent soulever une tempête terrible s'il se présente pour décider, *par le fait*, une question *légale*, confiée par les prévenus, avant tout débat judiciaire, à la sage intervention de M. le préfet...

« Il le sait ! Eh bien ! cet employé, qui tout à l'heure se plaindra d'offense à l'administration *dans sa personne*, ne daigne pas prévenir les autorités de Saint-Germain de l'irruption violente qu'il médite. Que dis-je ? il ne les prévient pas : à la question du magistrat de la cité il répond, la veille à quatre heures du soir : « Il n'y « a rien de nouveau ! »

« Toutefois, dès le lendemain matin, Paccart avait requis M. le commissaire de police de mettre à sa disposition quatre gendarmes ; il se préparait à une lutte !...

Admirez encore son respect pour l'autorité municipale :
à sept heures du matin, c'est-à-dire une heure avant le
commencement des hostilités, le contrôleur rencontre,
près du chemin de fer, M. le maire, qui se rendait à
Paris. Sans doute il lui dira : « Nous allons exercer ;
« nous avons compté sur de la résistance. Ne vous éloi-
« gnez pas; veillez sur vos administrés, et protégez la
« paix publique... » Non ! pas un mot ! On se tient dans
la réserve la plus absolue : comme si, au lieu de s'apprê-
ter à une mesure légale, on ne complotait qu'une embuscade.

« C'est dans ces dispositions que les employés arrivent
chez M. Lerouge. Là, quelle est leur tenue ? Celle d'inso-
lents provocateurs !

« Le commis de M. Lerouge, M. Roche, que vous
avez entendu hier, veut leur adresser quelques observations; Paccard lui répond, avec ce ton de politesse
dont vous avec eu un échantillon à l'audience : *Nous
avons affaire aux maîtres, et non pas aux valets.*

« *M. le Président.* Je dois, Mᵉ Ledru, vous rappeler
qu'en arrivant chez M. Lerouge, c'est à lui-même que les
employés s'étaient d'abord adressés.

« *Mᵉ Ch. Ledru.* Je le sais, Monsieur le président. Je ne
veux pas faire le récit de chacun des détails de cette
scène : je ne suis pas historien ; ce serait abuser des
moments du tribunal, qui sait aussi bien que moi tout ce
qu'ont appris les débats. Je me propose seulement de
donner une esquisse *morale* des faits et gestes de ces
messieurs. (On rit.)

« Après M. Roche arrive M. Michel. Il prend la liberté

d'exposer respectueusement à M. le contrôleur ambulant
que le le ndemain il devait se rendre avec ses confrères
chez M. le préfet de Seine-et-Oise... — Qui êtes-vous,
et de quoi vous mêlez-vous? dit Paccart. — Je suis
conseiller municipal, et, en l'absence des maire et adjoints, je tiens ici leur place. — Je ne vous connais pas,
reprend l'employé; et il lui tourne le dos. M. Michel,
l'honnête épicier municipal qui vous est représenté
comme un rebelle, salue..., selon la louable habitude de
sa profession (on rit), et se retire !

« Ce n'est pas tout. Rappelez-vous encore la conduite
de ces gens en vers Mᵐᵉ Lerouge! Cette jeune femme,
épouvantée de voir la force armée envahir son domicile,
s'était réfugiée dans une chambre du premier étage, où
elle sanglotait. On s'efforce d'arrêter le sieur Paccart,
au nom de cette pauvre femme, enceinte et malade.
Qu'est-ce que ça me fait? passons outre... Telle fut sa
réponse.

« Au moins le commissaire de police sera écouté entre
des citoyens qui protestent contre une violation de domicile et des employés qui requièrent la force publique.
Ce magistrat apporte les conseils de son expérience; il
en appelle à la justice, et en cela il remplissait noblement son rôle... On ne tient aucun compte de l'autorité
de ses avis ni de ses ordres.

« Les adjoints surviennent. Ils sont revêtus de leurs
écharpes. Les employés s'humilieront-ils devant ces insignes consacrés par le respect public? Non! A la défense
d'exercer qui leur est enjointe, ils répondent en déclarant
qu'ils exerceront malgré le pouvoir municipal lui-même.

Les magistrats les supplient de ne point irriter la patience
de la cité entière ; ils ne savent que *sommer* les magistrats
de mettre à leurs ordres des escadrons ! On leur oppose
le nom et la signature du préfet... « Le préfet n'est qu'un
« agent du gouvernement comme moi-même, dit Pac-
« cart ; et si je lui ordonnais de venir ici avec 10,000 hom-
« mes, il faudrait qu'il y vînt. »

« Il a été souvent question dans cette affaire du respect dû aux employés : c'est fort bien ! Mais si la régie
est quelque chose, le pouvoir municipal n'est-ce donc
rien ? Les premiers magistrats de la ville, revêtus de leurs
insignes, ne valent-ils pas bien l'ambulant, l'inconnu
M. Paccart ? (On rit.) Et pourtant ce personnage, qui
exige du respect pour lui, tranche envers les autorités
municipales du potentat insolent...

« Messieurs, vous avez vu éclater dans cette enceinte
l'indignation de MM. Laurent et Lallemand ; ils ont dépassé peut-être certaines limites dans lesquelles les témoins se renferment d'ordinaire ; mais quand d'honorables magistrats voient sur le banc des prévenus sept
de leurs plus estimables concitoyens, conseillers municipaux, officiers de la garde nationale..., et qu'ils sont
appelés à rendre témoignage à la vérité..., pourquoi,
en présence d'un si douloureux spectacle, ne la diraient-
ils pas tout entière ? Pourquoi ne flétriraient-ils pas ce
qui doit être flétri ? Pourquoi enfin leur parole ne serait-
elle pas l'écho fidèle et vrai de leurs âmes ?

« Ils auraient pu déposer avec plus de calme ! Non !
non ! et je restitue à ces témoins tout l'honneur de leur
indignation. S'ils ne l'avaient pas ressentie, s'ils ne l'a-

vaient pas exprimée, ils ne mériteraient pas d'être à la tête d'une cité généreuse. » (Approbation prolongée.)

« *M. le Président.* Je prie M⁰ Ledru d'adoucir l'amertume de son langage : la conduite des employés a été ferme et légale.

« *M⁰ Charles Ledru.* Je n'ai rappelé que des faits établis au débat. Quant à la légalité de la conduite de ces messieurs, *c'est la question du procès*, et j'espère prouver au tribunal que cette conduite a été aussi illégale au fond qu'elle a été odieuse dans la forme.

« *M⁰ Charles Ledru* continue. Pendant que ces choses se passaient dans l'intérieur du magasin, au dehors se manifestaient des désordres que les prévenus déplorent plus sincèrement que qui que ce soit.

« Quelle attitude ont-ils prise dès le premier moment pour empêcher ces troubles ? Ils recommandaient le calme en disant : « *Ne gâtons pas notre affaire, elle est bonne.* » Et, en effet, les employés avaient seuls intérêt *à une journée.* C'est dans ce but qu'ils l'avaient préparée avec tant de mystère et qu'ils la provoquaient par tant d'audace. Ils s'efforçaient de faire disparaître la question de droit dans le tumulte d'une bataille... Et ne sentons-nous pas tous que ce plan était bien conçu ? car vous-mêmes, Messieurs, ne seriez-vous pas disposés plus favorablement à l'égard des prévenus si, au lieu de paraître devant vous sous l'inculpation de rébellion, ils y venaient pour présenter à votre justice la solution d'une simple question de droit dégagée de toute idée de sédition et d'émeute ? (Approbation.)

« Il me reste à signaler un fait grave : lorsque les em-

ployés arrivèrent à l'Hôtel-de-Ville sous la généreuse
sauvegarde de MM. les adjoints, il fut réciproquement
convenu qu'on se bornerait au procès-verbal rédigé en
commun, et qu'on ne ferait pas d'autre rapport soit à
l'administration de la régie, soit à la préfecture; c'était
une obligation d'honneur contractée dans des vues de
pacification...; et pourtant que fait le sieur Paccart? Il
rédige immédiatement un bulletin où je suis obligé d'a-
vouer qu'il a pris un soin tout spécial de sa personne...
On n'eût pas mieux parlé des héros d'Austerlitz ou de
Mazagran. (Rire général.)

« *M. le Président.* Il ne résulte pas des débats que
les employés se fussent engagés à ne point faire de rapport.

« *Mᵉ Ledru....* Veuillez m'excuser, Monsieur le président; ce fait a été établi par MM. les adjoints.

« *M. Laurent, adjoint.* Ce que dit Mᵉ Ledru est parfaitement exact. Nous étions convenus de part et d'autre
d'apaiser l'affaire en nous abstenant de rapports soit à
l'administration de la régie, soit à M. le préfet... Ces
messieurs ont trahi leur engagement, et nous avons tenu
le nôtre.

« *Mᵉ Ledru.* Je prie le tribunal d'être bien convaincu
que je ne veux pas faire de chagrin à M. Paccart; je n'ai
pas l'honneur de le connaître (on rit), mais j'obéis
au besoin de ma cause en signalant quelques faits de nature à établir quelle foi est due à M. le contrôleur ambulant.

« Ici vient se placer naturellement le propos qui a été
si vivement reproché à l'un de MM. les adjoints: il au-

rait dit, en parlant de M. Paccart : « Ne faites pas de
« rapport contre lui, car dans ce régiment-là plus ils font
« de mal, plus ils sont sûrs d'avoir de l'avancement. »
Cette observation, a-t-on dit, est une attaque directe
contre l'administration supérieure ; elle est un outrage
au gouvernement.... Je ne crois pas, Messieurs, que ces
paroles aient en elles-mêmes une telle portée, en tous
cas, le caractère de mes clients proteste contre toute espèce d'hostilité à l'égard du pouvoir. M. l'adjoint est un
ami très-chaud de la dynastie de juillet... ; et quant à
MM. les épiciers, cela va sans dire : il est de notoriété
que tous les épiciers sont amis du gouvernement... (On
rit.) Le véritable sens des paroles de M. l'adjoint pourrait être formulé en *axiome*. Qui ne sait que dans toutes
les administrations on récompense le zèle, même quand
il est excessif? On dit: « *Cela se calmera;* c'est un beau
« défaut : le dévouement n'est jamais imputé à crime. »
Comment se fâcherait-on d'être trop aimé? On peut se
plaindre de trop d'indifférence, on ne se plaint jamais de
trop d'amour ; cela n'est pas dans la nature. Aussi dans
tous les camps, sous tous les régimes, ce ne sont pas les
hommes sages, les modérés, qui ont de l'influence, ce sont
les meneurs, ce sont les casse-cous (on rit) ; c'est ce qui
fait que M. Paccart n'est pas mal noté, j'en réponds. (On
rit.)

« Il est donc aisé de voir quel mobile a poussé le sieur
Paccart dans cette affaire, dans quelle prédisposition il a
déposé à cette audience, et enfin quelles raisons permettent de soupçonner qu'il peut être préoccupé d'un

intérêt qui ne serait pas uniquement celui de la vérité.

« Quant à mes clients, auxquels le ministère public a reproché d'avoir démenti leurs antécédents et leurs principes dans des vues d'intérêt personnel..., ont-ils mérité une telle censure ? Non, Messieurs, croyez-le bien ; on n'a jamais intérêt à se brouiller avec messieurs de la régie : quand on leur échappe par une porte, ils savent bien vous reprendre par l'autre, et il est avec eux aussi des accommodements. Mais dans la lutte engagée il y a tout autre chose qu'un intérêt d'argent, il y a un intérêt de dignité ; celui-là est immense. Permettez-moi de vous rappeler deux faits qui sont dans l'histoire : Lorsque les Bourbons revinrent en 1814, ils dirent : *Plus de droits réunis !* Au retour de l'île d'Elbe, Napoléon avait le même programme. J'avoue que bientôt roi et empereur n'y pensaient plus (on rit) ; mais enfin ce n'était pas pour avoir le plaisir de faire une phrase banale qu'ils avaient écrit ces promesses sur leurs drapeaux ; c'est que, parmi tous les impôts, l'impôt odieux n'est pas celui qui prend dans notre bourse le plus d'argent, c'est celui qui trouble la sainteté du foyer domestique ; c'est, par exemple, celui qui permet à je ne sais quel employé qui se nommera Paccart, ou de tout autre nom, de pénétrer dans la chambre d'une jeune fille, dans l'alcôve d'une femme enceinte... Messieurs, j'en appelle à vous : quelque élevées que soient vos fonctions, qui de vous voudrait les accomplir à un tel prix ? Pour moi, je le déclare, quelque amour que j'aie pour ma noble profession..., si je devais pour l'exercer voir de temps en temps l'œil de ces messieurs se promener dans mon domicile, je préférerais la livrée du plus obscur des états à la toge que j'ai l'honneur de porter. (Sensation.)

« C'est donc chose bien comprise, Messieurs : l'intérêt d'argent n'est pour rien dans les débats ; il s'agit de plus que de toute la fortune de mes clients, d'un intérêt de dignité personnelle. Et à présent j'aborde le point de droit : « *Les employés de la régie agissaient-ils légale-* « *ment quand ils ont voulu, le 16 septembre,* EXERCER « *chez M. Lerouge ?* » J'examinerai ensuite les faits en ce qui concerne chacun d'eux.

« M. le procureur du roi a posé nettement la question ; elle est tout entière dans l'interprétation de la loi du 24 juin 1824. Mais, pour l'intelligence du texte de cette loi, il importe de savoir dans quelle circonstance, dans quel but, dans quel esprit elle a été rendue. Je le dirai ; et avant cela, néanmoins, il faut que je donne quelques détails sur ce qu'on appelle *débitants, marchands en gros, etc.*

« Nous sommes dans une matière toute spéciale. Il y a deux jours, moi-même je n'en savais pas un mot, je le déclare à ma honte ; ainsi, je puis, par expérience, très-bien comprendre que quelques renseignements techniques soient indispensables. »

Me Charles Ledru dans une discussion approfondie de la matière établit l'illégalité de l'exercice. Il discute la loi du 24 juin 1824, celle de 1846, il rappelle les discussions de la chambre ; il cite de nombreux arrêts de cassation, et dans cette discussion technique, qui n'a pas duré moins d'une heure et demie, il excite souvent les rires de l'auditoire.

« En résumé, conformément à la loi de 1832 qui permet aux villes de s'*affranchir*, de se *rédimer* de l'exercice, Saint-Germain est depuis huit ans exempt de voir les figures des employés. Elle tient à ce régime. En vain dit-on que les *spiritueux* sont exempts, mais que l'*exercice* commence quand on les transforme en liqueur. Dans une ville rédimée les employés sont *exclus* : ils sont à la porte, ils n'y ont plus le droit d'entrer ; et d'ailleurs quand les spiritueux sont admis, de quel droit les suivrait-on dans le travail qu'ils peuvent subir ?

« Que diriez-vous, Messieurs, si une législation qui frappe la laine d'un droit d'entrée prétendait suivre cette substance dans toutes les transformations et l'atteindre d'un impôt nouveau parce que la laine se serait transformée en bonnet de coton... (On rit.)

« Suivant ce système, le vin qui a soldé tous les droits qui le grèvent serait assujetti à un accroissement d'impôt en proportion de la quantité d'eau avec laquelle on le convertirait en abondance... (On rit.) Ce serait le déluge en matière d'impôt. »

Répondant à un arrêt de cassation que M. le procureur du roi lui opposait, il dit :

« Cette jurisprudence existe, je l'avoue ; mais on sait trop comment, en matière si difficile, toute technique, se conduit l'administration. Le juge, en pareil cas, fait ce que j'ai fait moi-même. Il faut qu'il commence son éducation à l'occasion du procès même, et il prie quelque employé de l'éclairer de ses lumières ; et Dieu sait comment celui-ci s'en acquitte ! Messieurs, j'ai d'abord été

effrayé de cette unanimité des décisions de la magistrature. Mais, en y regardant de près, je me suis dit : « Les
« tribunaux se sont trompés ; ils se reviseront eux-mê-
« mes. » Et à ce sujet pourquoi, lorsque l'on m'oppose
les arrêts de la Cour de cassation, ne citerais-je pas les
paroles de M. Dupin, procureur général près cette
haute cour ?

« Ce grand jurisconsulte, dont j'aime toujours à invoquer l'autorité, disait, dans une circonstance mémorable
qui a plus d'une analogie avec le procès actuel : « Cette
« savante compagnie a souvent changé de jurisprudence
« quand elle-même s'est aperçue ou quand on lui a dé-
« montré qu'elle s'était trompée. Et en cela elle a fait
« preuve d'un grand sens : l'entêtement est le privilége
« des sots. »

« Espérons donc, Messieurs, que la Cour de cassation,
dont les lumières ont bien pu pâlir au milieu des ombres que l'administration aime à jeter sur ce qui est le
plus évident, reviendra à la loi ; et, en vérité, ce serait un
beau spectacle, ce serait surtout un grand honneur pour
messieurs les épiciers de Saint-Germain, si leur simple
bon sens avait contribué à ramener aux vrais principes
la Cour régulatrice elle-même. Un tel succès serait de nature à répandre un éclat immortel sur l'estimable corporation dont j'ai l'honneur d'être l'humble organe. (On rit.)

« On lit, même recueil, même année, page 175 :

« Dans les villes ainsi rédimées il y aura *suppression com-*
« *plète des* EXERCICES *dans les débits*, et libre circulation
« des boissons dans la partie agglomérée de la commune.

« Les *consommateurs*, les *débitants* et les *récoltants*,
« ne formant plus qu'une seule classe de redevables, se-
« ront obligés d'acquitter également tous les droits énon-
« cés au tarif. »

« Suppression complète des *exercices* !... L'entendez-
vous, monsieur le contrôleur ? Ce n'est pas moi qui le
dis, c'est votre directeur général.

« Les *consommateurs* et les *débitants* ne forment plus
qu'une seule classe : est-ce clair? Que voulez-vous de plus?

« Écoutez encore (*ibid.*, page 194) : « Dans les villes
« rédimées... *suppression des exercices* dans les débits,
« libre circulation des boissons dans l'intérieur du lieu
« sujet. Les *consommateurs*, *débitants ou récoltants*, ne
« forment plus qu'une *seule classe*, et sont obligés d'ac-
« quitter tous *également* les droits énoncés au tarif. »

Après cette discussion importante des points de *droit*
(voir l'*Observateur des tribunaux* où elle est reproduite
avec soin), Mᵉ Ledru arrive aux *faits*.

« J'aborde à présent les faits de la prévention, et je
serai court. Ces faits, en admettant même que MM. les
employés eussent agi *légalement* (et j'espère avoir démontré que l'*exercice* était illégal), constitueraient-ils le
délit de rébellion ?

« Toute attaque, toute résistance avec violence et voies
« de fait envers les officiers ministériels.., préposés à la
« perception des taxes... *agissant pour l'exécution des*
« *lois*... est qualifiée *rébellion*. » (209.)

« Nous pourrions concéder au ministère public que
M. Paccart a dit toute la vérité, rien que la vérité : la

concession est large. (On rit.) Il n'en résulterait pas la
preuve du délit de *rébellion*.

« En résumé, en effet, qu'a-t-il dit? Laissons le tableau
général et très-sombre de ses infortunes dans cette journée, sa noble attitude en présence de la populace... Mais
venons aux faits *spéciaux* aux prévenus : qu'y a-t-il?

« M. Michel a *gesticulé* en discutant avec M. Paccart...
Mais *gesticuler*, c'est ce qu'on fait toujours quand on
parle ; M. le contrôleur ambulant nous en a offert la
preuve à l'audience d'hier, où sa pantomime était même
fort agitée. (On rit.) Et moi, en ce moment, est-ce que
je ne tâche pas de conformer mon geste à ma pensée?

« M. Michel avait le *poing fermé*... lorsqu'il gesticulait. Le *poing fermé* c'est de l'invention de M. Paccart.
Ce n'est pas un délit de fermer la main, quand du reste
on ne s'en sert pas pour frapper; mais, en fait, il n'est
pas vrai que ce prévenu ait donné à sa main cette forme
inutile. Le gendarme entendu à cette occasion a dit positivement qu'il *avait la main ouverte*.

« Pour deux autres prévenus, le délit de rébellion consistait à avoir dit à M. Paccart, quand celui-ci annonçait
des escadrons et une armée tout entière : « Ce serait un
« malheur : car, si la troupe vient, la garde nationale
« prendra les armes. »

« Voilà le propos le plus grave attribué à ces prévenus :
examinons-le froidement. C'est un appel aux armes..., dit
le ministère public. — Non ; c'est un appel à la raison,
à la réflexion.

« Qu'y avait-il, en effet, de plus naturel et de plus
sensé que de répondre à ce furieux, qui aurait voulu, en

frappant du pied, faire sortir des bataillons armés pour
semer la terreur dans toute la ville... : « Mais, Monsieur,
« vous êtes un imprudent. Ne voyez-vous pas que, si
« vous réussissiez dans vos folles invocations à la force,
« la garde nationale viendrait défendre l'ordre contre les
« attaques d'un brouillon tel que vous. »

« Ce propos doit d'ailleurs s'interpréter d'après la
tenue constante des prévenus pendant la scène qui avait
lieu chez Lerouge.

« L'un, c'est M. Lesage, « cherchait à calmer, » dit
M. le commissaire de police Morin ; il disait : « Qu'on se
« tienne tranquille. »

« Côte, gendarme, ajoute : « M. Lesage disait : Pré-
« venez des malheurs ; la garde nationale s'armerait, et
« il en résulterait de grandes calamités. »

« Le témoin *Sansrefus* dit : « Ces Messieurs apaisaient
« le peuple en disant : Notre affaire est bonne, ne la
« gâtez pas ; les tribunaux sont là : c'est devant eux que
« nous nous expliquerons. »

« Le même témoin poursuit : « MM. Salles, Lesage,
« Thorel, répondaient à la demande qui leur était faite
« de prendre les armes : « Non... ; ce serait seulement
« si l'autorité nous requérait : *alors* nous mettrions nos
« uniformes pour protéger les contrôleurs. »

« Tous les témoins, à l'exception de MM. Paccart et
Guillaumin, attestent que les prévenus, au lieu d'exciter
le désordre, n'ont cherché qu'à le calmer, et à calmer
principalement celui qui était le désordre vivant, M. le
contrôleur, dont chaque parole était une provocation à
l'émeute, quoi que fissent le commissaire de police, ad-

joints, conseillers municipaux, pour tempérer son ardeur guerrière.

« Il n'y a qu'*un fait*, un seul (en ce qui concerne mes clients Michel, Lesage, Salles, Ferey), auquel je devrais répondre s'il était prouvé; je veux parler du coup de pied *destiné...* par Ferey au sieur Paccart.

« Si Paccart déposait lui-même du fait, je pourrais répondre que ce prétendu coup de pied serait de sa part... une illusion ! qu'il n'aurait pas bien vu ce qui se passait derrière lui. (On rit.)

« Mais M. le contrôleur, qui se vante d'avoir reçu cinq ou six douzaines de coups de pied, n'a pas senti celui-là : il n'inculpe point Ferey.

« Un seul témoin lui attribue le méfait : c'est le sieur Vanesson. Ce Vanesson est un agent de police qui dernièrement exerçait ses fonctions d'une façon toute nouvelle. Ayant arrêté un jeune homme au *Berceau d'Henri IV*, au sujet d'une discussion bruyante, il avait *garrotté* son prisonnier avec des menottes qui lui infligeaient le martyre, et, l'ayant ainsi lié, pieds et mains, il le transporta dans une brouette au poste voisin.

« M. Vanesson est, dans son genre, un autre M. Paccart, et ils se devaient une estime mutuelle. (On rit.)

« Or M. Ferey, qui n'entend la justice qu'en homme ordinaire, en simple épicier, a considéré le procédé comme inhumain. Sans connaître ni le prisonnier ni celui qui le traitait de la sorte, il n'a pris conseil que de son humanité, et il a coupé, de son autorité privée, les indignes liens du pauvre supplicié.

« *Inde iræ !* L'agent Vanesson est comme bien d'au-

tres : il a la mémoire que donne le ressentiment. Il avait
entendu parler de coups de pieds : « Je vais rattraper
« mon philanthrope, » se sera-t-il dit... ; et c'est pourquoi il a *vu*, et a *vu seul*, M. Ferey commettre la tentative.

« Pour donner à son récit une certaine apparence de
sincérité, il n'a pas affirmé que le coup fût arrivé à *desti-
nation* (on rit) ; il a seulement remarqué le pied en
l'air... ; là, il l'a perdu de vue ; circonstance assez étrange :
car le but, le point d'arrivée n'était pas loin du point de
départ... Et tout ceci n'est évidemment qu'une histoire
inventée *à posteriori*. (On rit.)

« D'ailleurs, la *tentative*... en matière de délit, n'est
pas punissable ; ce n'est pas comme en matière de *crimes*.
Ainsi, en admettant dans toute sa simplicité le récit de
l'agent Vanesson, il n'y aurait qu'une velléité..., qu'une
chose en l'air... (on rit), absolument rien !

« Ce qui m'étonne, après tout, c'est que nous soyons
assignés pour *rébellion*, c'est-à-dire pour *violences* et
voies de fait, quand les témoignages des contrôleurs eux-
mêmes, fussent-ils aussi vrais qu'ils sont mensongers, ne
contiennent même pas des allégations d'actes qui consti-
tueraient le délit de *rébellion*...

« *M. le procureur du roi*. Je n'ai pas parlé de voies
de fait.

« *Mᵉ Ch. Ledru*. Alors j'ai gagné mon procès : car il
faut des voies de fait pour constituer la rébellion.

« Après tout, il n'y a de rébellion qu'au cas de résistance aux employés agissant pour l'exécution des lois.
Je ne développerai pas cette doctrine, qui est élémen-

taire, et à laquelle M. le procureur du roi a rendu hommage en essayant de prouver que les contrôleurs avaient le droit d'*exercer*.

« Si donc ce droit n'existait pas pour eux, il n'a pu, dans aucun cas, y avoir de rébellion : car, au lieu d'être *illégale*, la résistance à un acte en dehors de la loi serait parfaitement licite.

« Mais cette résistance de la part des prévenus s'est bornée à des représentations sages, modérées, pleines de convenance; enfin, à une conduite telle que devaient la tenir de bons citoyens amis des lois, de l'ordre, et soumis à leurs magistrats.

« Je ne voudrais pas finir sans répondre à ce qu'a dit le ministère public, s'étonnant de ce que des hommes aussi paisibles que les prévenus aient pris part à une sorte de révolte.

« Mais en vérité quelle part? Si des scènes douloureuses ont éclaté à Saint-Germain, à qui la faute?

« Leurs auteurs, ne sont-ce pas ceux qui aujourd'hui nous accusent? N'est-ce pas le sieur Paccart, qui ne parlait que d'escadrons et de 10,000 hommes, quand les adjoints s'opposaient à l'exercice? Il répète sans cesse qu'on désobéissait à ses ordres. Ne sait-il pas que dans cette circonstance sa commission était frappée d'un *veto*? Le roi de la commune, ce n'est pas le directeur général des droits réunis, c'est le maire; et là où l'autorité municipale intervient, dans l'intérêt de la paix publique qui lui est confiée, toute autorité doit se taire; car, dans l'ordre des pouvoirs, ce n'est pas le ministre des finances qui dirige la police, c'est le ministre de l'intérieur. Ceux donc qui obéissaient aux adjoints faisaient leur devoir ; ceux qui leur désobéissaient faisaient le leur ; et ce serait à eux, peut-être, à comparaître sur ces bancs.

« *M. le Procureur du roi.* Les faits que nous poursuivons se sont passés hors la présence des adjoints ; ils n'étaient pas encore arrivés. »

« *Me Ch. Ledru.* N'y avait-il pas là le commissaire de police ? N'y avait-il pas M. Michel, membre du conseil municipal, et le premier inscrit sur le tableau ? A défaut du maire et des adjoints, il devait accourir ; c'était à lui de faire entendre sa voix et de dire : « Vous appelez des « malheurs sur la ville... ; vous allumez le feu qui vous « dévorera vous-mêmes avec nous ! »

« *Une voix dans l'auditoire.* J'ai dit aux employés : « *Vous allez vous faire hacher.* »

« *M. le Procureur du roi,* vivement. Silence !

« *M. le Président.* Qui se permet de parler ? Huissier, faites-le sortir. (Agitation dans l'auditoire.)

« *Me Ch. Ledru.* Je proteste contre de telles interruptions. Cette défense n'a pas pour objet d'irriter les passions ; elle voudrait, au contraire, les apaiser. Nous sommes dans la loi ; nous voulons y rester avec calme, ainsi qu'il convient à de bons citoyens, qui ne font pas comme MM. les contrôleurs, de grandes phrases sur *l'ordre...,* tout en le bouleversant ; mais qui font mieux qu'en discourir, qui le respectent et le maintiennent dans l'intérêt de tous et dans leur propre intérêt : ce double intérêt leur commande de défendre la paix publique contre ceux qui ne s'élèvent jamais que dans la tempête. » (Sensation.)

« Faut-il à présent, Messieurs, que je rappelle les témoignages unanimes qui donnent un démenti à l'*histoire*
combinée entre MM. les contrôleurs. Ceux-ci sont les
témoins véridiques, selon M. le procureur du roi ; les
autres ne disent pas tout. Chez ces derniers, le péché est
à moitié excusable en vertu de l'intention, tandis que
chez les autres le mensonge serait une infamie ; car mentir pour *perdre* des prévenus..., ce serait un affreux parjure.

« Non ! non ! je n'accepterai pas le dilemme du ministère public. Je ne dirai pas que M. Paccart est un infâme ; que les employés qui déposent comme lui sont des
infâmes. Ce sont ses compères... et voilà tout. (On rit.)
Ce sont tous ensemble des gens qui font leur métier avec
trop de zèle. D'un autre côté, ces nombreux et honorables témoins que vous avez entendus probablement ne
sont pas non plus des infâmes. (On rit.) Or ils déclarent
fausses les dépositions de ces Messieurs en ce qui concerne les prévenus.

« De ceci que conclure ? Que les employés ainsi condamnés à l'unanimité par une population tout entière
ont besoin de l'appui de la régie..., le seul qui leur reste.
Quand on se trouve dans une mauvaise passe, on veut s'en
tirer le moins mal possible... M. Paccart a été brutal ; il
est dans une situation difficile... ; il cherche à atténuer
ses torts. D'ailleurs, d'après la théorie de M. l'avocat du
roi, qui admet qu'on peut jusqu'à un certain point atténuer la vérité pour obliger un ami, et qui croit que les témoins à décharge pratiquent cette doctrine commode...,
Paccart serait bien excusable ; car, ce qu'on peut faire

pour un ami, à plus forte raison on le fera pour soi.
« Charité bien ordonnée commence, dit-on, par soi-
« même. » (Rire général.)

« D'ailleurs M. Paccart n'a pas été sans doute épouvanté des conséquences de sa déposition ; il n'aura pas
vu les choses sous des couleurs aussi sombres que le ministère public, qui parlait « *de perdre... les prévenus.* »
Oh ! non ! nous ne sommes pas si malades ; et M. Paccart pouvait se rassurer sur les suites de ses petits mensonges. Nous ne serons pas pendus... pas même en effi-
gie... Le plus grand malheur qui pût arriver aux inculpés
si, contre toute attente, vous les déclarez coupables, ce
serait d'être faits colonel, lieutenant-colonel et officier
supérieur de la garde nationale.

« Messieurs, ils n'ont pas besoin de cette ovation, et
vous ne trouverez pas nécessaire de la leur décerner.

« Vous les rendrez à une ville qui estime et qui honore leur caractère, comme le ministère public l'estime,
l'honore lui-même ; et, en les acquittant, vous ne flétri-
rez pas pour cela les sieurs Paccart et compagnie... Vous
les plaindrez de s'être tirés d'un mauvais pas comme ils
l'ont pu... Je ne veux pas être plus sévère à leur égard. »

Cette plaidoirie, constamment écoutée avec le plus vif
intérêt et au milieu de marques nombreuses de sympathie, a duré deux heures et demie.

M. le Procureur du roi prend la parole pour répliquer.

Il s'attache d'abord, pour répondre à Me Ledru, au sujet du moyen de procédure, à établir que, l'ordonnance
de la chambre du conseil ayant renvoyé les prévenus sous
la prévention de *rébellion,* prévue par les art. 209 et 211,

la provocation aux mêmes délits, prévue par la loi du 17 mai 1819, est régulièrement déférée au tribunal.

Au fond, M. de Molènes, abordant la *légalité* de l'exercice s'exprime ainsi :

« On vous a dit, s'écrie-t-il, que l'exercice était odieux, et que ceux qui y sont encore soumis forment le vœu de le voir supprimer. Il semblerait, à entendre la défense que les débitants liquoristes sont les seuls soumis à l'exercice aujourd'hui ; il faudrait dès lors effacer de nos lois cette bizarrerie si pénible. Mais est-ce que l'exercice est supprimé ? Que porte la loi de 1832 ? Elle porte que, dans les villes de 4,000 âmes et au-dessus, une taxe unique pourra être établie sur la demande du conseil municipal. Ce n'est point là la suppression de l'exercice. On a tenté à diverses reprises de le faire disparaître de nos lois. Qu'on le supprime si l'on veut ! je crois, quant à moi, qu'on ne le pourra pas, car il faut bien que l'État vive de ses revenus. »

Le ministère public soutient que les lois des 16 et 24 juin 1824 subsistent toujours malgré la loi de 1832. Il prend pour base de son argumentation l'art. 41 de la loi du 24 juin 1824, qui impose non-seulement les *alcools*, mais encore *les liqueurs* fabriquées avec l'alcool. Il n'y a, selon lui, aucune analogie à établir entre ce mélange et les autres mélanges dont a parlé la défense. La résistance des débitants de Saint-Germain, poursuit M. le Procureur du roi, est donc inqualifiable. Elle avait un caractère inouï, et les employés, en persistant à exercer, ont fait leur devoir. On leur a reproché d'avoir voulu appeler dix mille hommes à Saint-Germain. Eh ! mon Dieu ! ils le

pouvaient; et si dix mille hommes n'avaient pas suffi, ils
en auraient appelé vingt mille ; ils auraient mis les débitants dans l'impuissance de persister. Ç'eût été à la fois
un acte de prudence et d'humanité. (Des rumeurs assez
vives s'élèvent ici dans l'auditoire. — M. le Procureur du
roi se tourne vivement vers les interlocuteurs, et crie :
Silence !)

M. de Molènes revient sur les charges relatives à chaque
inculpé. Il combat les arguments qu'a développés la défense sur le peu de gravité de ces charges, et présente
une théorie d'après laquelle, en matière de rébellion, *le
moindre geste est une voie de fait.* M. le procureur du roi
trouve, du reste, dans les dépositions, la preuve d'une
rébellion menaçante, dangereuse, épouvantable; il soutient qu'on ne peut infirmer le témoignage du sieur Paccart sans l'accuser d'infamie. « Oui, s'écrie-t-il, si un
témoin qui déjà a provoqué les poursuites dirigées contre
les prévenus pouvait altérer la vérité pour les faire condamner à une peine sévère, *ce serait un infâme!* Mais
c'est un homme honnête, dont l'affirmation doit être
crue. »

M. le procureur du roi termine par une vive apostrophe
aux prévenus sur la menace qu'ils ont faite de réunir en
armes la garde nationale. « L'appel que faisaient les employés à la force, s'écrie M. le procureur du roi, était un
appel légal ; le vôtre était illégal ; il provoquait à la rébellion ; c'était une monstruosité! *parce qu'enfin il faut
que force reste à la loi.* »

M. de Molènes pense que le tribunal renverra à huitaine
le prononcé du jugement. Il espère que, dans cet inter-

valle, les épiciers de Saint-Germain viendront à résipis-
cence, qu'ils se soumettront à l'exercice, et que tout
s'arrangera amiablement. »

M° *Charles Ledru* a la parole pour répliquer :

« Lorsque nous entendons, dit-il, le ministère public
exprimer des vœux aussi nobles que ceux qu'il vient de
formuler, il nous est pénible de ne pouvoir les accepter.
M. le procureur du roi a bien compris qu'il ne saurait
être question pour les épiciers de Saint-Germain d'une
condamnation à telle ou telle peine. Après l'hommage
public rendu par M. l'avocat du roi à leur caractère, ils
ne peuvent subir une condamnation bien sévère ; mais il
y a pour eux dans ces débats une question de droit et de
principes. C'est là ce qui leur importe.

« Obéissez toujours, leur dit-on : je répondrai encore
ici avec M. Dupin ; je cite textuellement sa parole..., car
je n'oserais de mon chef être si pittoresque : « Cet argument se borne à dire : « Laissez-vous d'abord violer.....
Vous vous plaindrez ensuite d'attentat à la pudeur. »
(Rire général.)

« Eh bien ! Messieurs, quoique MM. les épiciers ne
veulent pas affecter un rigorisme de principes par trop
absolu : ils aiment mieux laisser leur droit intact que de
le laisser profaner par provision. Ce n'est pas pruderie...,
c'est sagesse.

« Je reprends donc rapidement la discussion. Et d'a-
bord, quant à la question de procédure, je dis que l'assignation nous impute le délit de rébellion en invoquant
contre nous les art. 209 et 211 du Code pénal. Les prévenus sont donc inculpés de *violences* et de *voies de fait,*

aux termes de ces articles. Or, de l'aveu même de M. le procureur du roi...

« *M. le Procureur du roi.* Ce n'est pas un aveu, c'est une déclaration de ma part.

« *Me Charles Ledru.* C'est ma pensée. D'après la loyale déclaration de mon honorable contradicteur, il n'y a pas de *voies de fait;* on n'invoque contre les prévenus que les dispositions des art. 1er et 17 de la loi du 17 mai 1819, comme *excitateurs,* et, par conséquent, complices de rébellion.

« Mais la loi de 1819 n'est visée ni dans la décision de la chambre du conseil ni dans l'assignation. Prévenus d'un délit *principal* d'après le Code pénal, nous ne sommes pas prévenus d'un délit par *complicité* d'après la loi de 1819. Ainsi, le tribunal est constitué irrégulièrement juge d'un délit nouveau. Voilà une procédure qui ne vaut rien, qui est morte. Eh bien, tant mieux! c'est un moyen d'accomplir le vœu de M. le procureur du roi, et d'arranger, selon son désir, les choses à l'amiable. Nous nous en irons chacun chez nous, sans rancune (on rit); nous y arriverons, nous, avec les dispositions les plus pacifiques, bien résolus à éviter toute occasion, tout prétexte de trouble et à soumettre tranquillement la question de droit aux juges qui doivent en connaître.

« En attendant, permettez-moi quelques réflexions en réponse à la réplique de M. le procureur du roi.

« J'avais dit ce qui se passait sous la législation de 1806, ce qui arriva sous la loi plus tolérante de 1816, et enfin les motifs qui déterminèrent le gouvernement à proposer la loi de 1824.

« J'avais démontré que la loi de 1824 ne concernait
pas les *débitants* liquoristes : qu'a-t-on répondu ? Pas un
mot. Et en effet, il n'y a rien à répondre. J'avais ajouté
que, la loi de 1832 ayant aboli l'*exercice* dans les villes
rédimées, et ayant *abrogé* toute loi antérieure qui lui serait contraire, celle de 1824, en supposant même qu'elle
s'appliquât aux *débitants*, aurait été nécessairement
anéantie par la loi postérieure.

« C'est cette argumentation que le ministère public
aurait dû réfuter ; il ne l'a pas fait : c'était chose impossible. Car la logique toute simple et sans art est plus forte
que le talent lui-même.

« Au lieu de se tenir dans le droit, notre contradicteur
a fait valoir des considérations. Il a paru croire, en ma-
nifestant un tendre intérêt à la régie, que nous voulions
déclarer la guerre aux taxes, à l'impôt ! Mon Dieu, j'ai
donc été bien mal compris ! Je proclame au contraire que
l'un des premiers devoirs d'un citoyen paisible est de se
soumettre à l'impôt. Qui ne le sent ? On peut faire beaucoup de phrases contre les contributions ; mais ce n'est
pas moi qui donnerai dans des déclamations si ridicules.
Sans impôts, la société ne pourrait faire un pas. Qui donc
rendrait la justice que nous implorons en ce moment ?
Sans impôts, nous n'aurions pas même de gendarmes.
(Sourire au banc des gendarmes qui sont placés à côté
des prévenus.)

« Les vœux légitimes qu'un citoyen ami de son pays a
le droit de faire à ce sujet, c'est, non d'être affranchi
d'une charge commune et nécessaire, mais de rendre les
charges le moins lourdes possible.

« Or, s'il existe une loi qui nous fasse acheter, à prix d'argent, notre sécurité au coin du foyer, près de notre femme et de nos enfants, pourquoi n'en désirerions-nous pas le maintien, et ne ferions-nous pas tous nos efforts pour vivre sous son abri? Les villes rédimées paient chèrement la paix du domicile. Pour ne citer qu'un exemple, les droits, qui à Saint-Germain s'élevaient à 11 francs sous l'ancienne législation, s'élèvent aujourd'hui à 19 fr. Malgré cela, elles tiennent à la loi nouvelle. En effet, grâce à cette loi, on peut, si on le veut, se soustraire à l'*exercice*. Beaucoup de villes ont profité du bénéfice de la loi de 1832, bien que cela leur fût onéreux. On leur a dit : Vous deviez les droits de *débit, licence, consommation;* vous paierez l'équivalent de ces droits, et même plus, sous le nom de *taxe unique*. Et elles se sont exécutées de bonne grâce, croyant ne pas payer trop cher ce qu'on a appelé (et c'est tout le monde..... les débitants, la régie, le grave *Moniteur* lui-même), ce qu'on a appelé, dis-je, la rédemption..... c'est-à-dire l'affranchissement du diable! (Rires d'approbation dans l'auditoire.)

« La régie veut anéantir aujourd'hui la loi de 1832 que le ministre lui-même a commentée pendant huit ans dans des circulaires dont il a fait pénétrer l'esprit jusque chez le moindre débitant, chez l'employé le plus élevé comme le plus subalterne.

« Pour toute raison, M. le procureur du roi répond à cette espèce de jurisprudence administrative : « C'était « une erreur; *errare humanum est.* Mais il n'y a pas « prescription. »

« Sans doute il n'y a pas de prescription légale ; mais il y a une prescription plus forte que celle-là..... celle du sens commun. Or, je ne sais pas ce que disent les docteurs, mais les sept inculpés, modestes interprètes des codes, épiciers en jurisprudence, ne comprennent pourtant pas que ce qui a été la loi pendant huit ans devienne tout à coup contraire à la loi..... Dans leur simplicité bourgeoise, ils croient que l'interprétation ancienne était la bonne ; que la *nouvelle* est la mauvaise. Et, en vérité, je crois que ces braves épiciers ont raison : car, pour me servir d'une comparaison tirée de leur profession même, il me semble qu'il en est des lois comme des liqueurs..... plus elles sont près de leur source, plus elles sont claires. (On rit.)

« Reprenons donc la discussion, pour voir qui se trompe, *nous* ou la *régie.*

« Les spiritueux sont redevables d'un droit, et ce droit est en proportion de leur degré.

« Or, d'après la raison vulgaire, quand ces spiritueux ont soldé *par la taxe unique* tous les droits de débit, licence, consommations, etc..., pourquoi paieraient-ils de nouveaux droits comme *liqueur?*

« J'avais dit que, quand la laine a payé le droit, il n'est pas naturel qu'elle en paie un nouveau lorsqu'elle passe à l'état de bonnets de coton... ;

« Que, quand le vin est entré moyennant les droits qui le grèvent, il était dans l'ordre qu'on pût en faire de l'*abondance.* Nous savions tout cela... dès le collége où la théorie est plus qu'ailleurs en usage. (On rit.) Qu'a-t-on répondu? Qu'il n'y avait aucune analogie entre le mélange de l'alcool avec l'eau et le sucre, et le travail que subit la laine pour devenir bonnet de coton.

« Pas d'analogie dans les objets : c'est juste ! Mais, en principe, l'analogie existe. Elle est bien plus frappante, je l'avoue, entre le vin passé à l'état d'abondance et l'alcool à l'état de liqueur ; mais je ne tiens pas tant aux bonnets de coton. (On rit.)

« Voulez-vous d'autres exemples? On impose le vinaigre : eh bien ! est-ce qu'une fois le vinaigre entré dans la ville on n'a pas le droit d'y joindre tout ce qu'on veut, et les employés de la régie oseraient-ils verbaliser à cause des cornichons? (Explosion de rires. M. le procureur du roi s'écrie vivement vers l'auditoire : Allons donc! allons donc !)

« Parlons sérieusement, Messieurs. Quel est le principe qui domine cette cause? Celui qui est écrit dans l'ordonnance du 2 janvier 1819.

« Elle est ainsi conçue :

« Le droit est dû à la fabrication dans l'intérieur,
« comme à l'entrée, sur les vins, eaux-de-vie, cidres,
« poirés, vinaigres, verjus, hydromels, et autres boissons
« ou liquides, lorsque les *substances employées dans la*
« *fabrication* ne sont assujetties à aucun droit. »

« C'est, à un autre point de vue, l'application d'un principe de droit : *Non bis in idem.*

« C'est en vertu du même principe que les *liqueurs* fabriquées dans la banlieue de Paris et dans les lieux assujettis à *un droit d'entrée* ne sont pas frappées de ce droit ; elles ont payé à l'état d'eau-de-vie à son introduction. Le droit ne peut plus les atteindre sous leur forme nouvelle. »

M⁰ Ledru reproduit avec une nouvelle force, et avec de nouveaux arguments la discussion de droit. Il captive par cette partie aride de sa plaidoirie qu'il sème d'une foule de traits piquants l'attention des magistrats et du tribunal.

Il se résume ainsi :

« Le caractère de l'*affranchissement* est le même que celui de l'*abonnement* : car, bien que le droit de consommation sur les eaux-de-vie et esprits soit fixe, il n'en varie pas moins, suivant qu'ils sont *en tonneau, en bouteilles,* ou *convertis en liqueurs.* Or le taux de l'abonnement à leur égard consiste à payer le droit suivant l'état où ils se trouvent au moment de leur expédition : tant pis pour le rédimé si les diverses transformations qu'il leur fait subir postérieurement au paiement du droit lui sont préjudiciables, et tant mieux pour lui si elles lui sont avantageuses.

« C'est par suite de ce principe seul que la fabrication des liqueurs est libre chez les consommateurs et chez les débitants rédimés, soit isolément, soit collectivement ; et, le jour où l'on interdira la fabrication des liqueurs chez les rédimés, ils cesseront d'être *affranchis des exercices :* car une réserve apportée à l'affranchissement appellerait de la part des employés une surveillance active dans l'intérieur de tous les débits rédimés.

« Or, je le demande de nouveau, la loi qui dispense de l'exercice ; qui, en d'autres termes, garantit aux habitants d'une ville *rédimée* qu'ils ne verront jamais une seule figure d'employé, est-elle compatible avec celle qui permettrait à la régie d'être à toute heure chez eux ? A quoi bon les avoir marqués du signe de la rédemption... (on rit) s'ils appartiennent encore... à la régie !

« Ce système de prétendue rédemption ne serait donc qu'un leurre!

« Ce serait l'*exercice* avec toutes ses rigueurs, toutes ses tracasseries, ses tribulations, *moins ses bénéfices.*

« J'ai prouvé, je l'espère, que non-seulement la loi de 1832 est une loi de haute politique, et de plus une loi d'équité ; il faut donc lui obéir en se pénétrant toujours des motifs qui lui ont donné naissance. Les chambres voyaient dans cette loi une garantie si nécessaire, si urgente, qu'en réglant la manière dont les conseils municipaux seraient convoqués pour délibérer sur son exécution, elle a permis aux *marchands* en gros et aux *débitants* d'avoir voix au conseil municipal. Les femmes, d'après nos lois très-peu *saint-simoniennes,* ne sont jamais appelées à délibérer sur des matières générales. Eh bien! d'après la loi de 1832, on leur permet de se faire représenter dans le conseil municipal ; c'est peut-être le seul cas où le principe de l'exclusion des femmes ait subi une exception... ; mais tout a cédé devant le vœu général contre la régie, et, afin de s'en débarrasser, on a été jusqu'à abolir la loi salique. (Rire général.)

« Il y a, Messieurs, à quelques pas de nous, un enseignement plus éloquent que tout ce que je pourrais dire sur l'interprétation de la loi de 1832 et sur les droits des *villes rédimées.*

« Paris est rédimé ; à Paris, tous les droits se paient

à l'entrée : c'est la *taxe unique* qui les remplace.

« Or à Paris il y a des milliers de débitants liquoristes, et, malgré toutes les considérations que le ministère public a faire valoir sur l'inégalité de l'impôt, etc., etc., aucun d'eux n'est *exercé*, et jamais aucun d'eux ne le sera.

« Pourquoi donc, Messieurs, ce qui est vrai à quatre lieues d'ici serait-il faux à Saint-Germain ? Est-ce qu'il en est de l'application des lois comme de ces choses dont on a dit : « Vérité en deçà de telles limites, erreur au delà. »

« Ou bien serait-ce que, ce qui est impossible à l'égard des uns étant facile à l'égard des autres, on se dédommage sur les faibles des vexations qu'on ne peut infliger aux forts ?

« Je suis honteux d'insister sur ce parallèle, qui, s'il était exact, serait un outrage aux lois du pays. Serait-ce donc toujours et partout la fable du *Loup et de l'Agneau?*

« Non ! Messieurs, non ! On peut bien, dans certaines régions, avoir conçu des espérances ; mais la justice ne consacre pas de tels scandales ! La régie apprendra que vous n'obéissez pas comme des subalternes à des ordres que dicte son caprice : car vous êtes nos magistrats, c'est-à-dire l'équité et la sagesse revêtues de la force ; vous êtes nos magistrats, et par conséquent, au lieu de vous indigner de la noble protestation de citoyens amis de l'ordre, qui ne demandent qu'à garder la paix sainte de leurs maisons, vous serez heureux de proclamer que d'honnêtes gens, l'élite de la cité, officiers de la garde nationale, conseillers municipaux, ont eu le sentiment calme,

mais ferme, de leurs droits; et il est permis de les invoquer ces droits lorsque, comme chacun des prévenus, on
a toujours été, de l'aveu du ministère public lui-même,
esclave exemplaire du devoir.

« *Un de MM. les juges.* J'ai parfaitement compris la
discussion rationnelle que vous avez faite de la loi de
1832 pour prouver que la présence des employés chez le
sieur Lerouge était illégale; mais de ce que M. Lerouge
a eu le droit de leur résister, voulez-vous en induire que
MM. Thorel et autres ont eu le droit de résister à la force
publique?

« *Me Charles Ledru.* Je remercie M. le juge de m'avoir
posé cette question; voici la réponse :

« Qu'est-ce qu'un employé qui agit illégalement? Ce
n'est plus un homme revêtu d'un caractère public, ce
n'est qu'un usurpateur dont on repousse l'usurpation;
il est de bonne guerre et toujours convenable de ne lui
résister qu'avec modération; mais on n'est tenu envers
lui que des égards qu'on doit à un inconnu. M. Lerouge
pouvait dire à Paccart : « Allez-vous-en, Monsieur, je ne
« vous connais pas. » Ses amis, ses confrères, ont pu inviter comme lui-même un *intrus* à ne pas violer le domicile de leurs concitoyens et à ne pas exciter par leurs
violences de déplorables désordres dans la cité indi-
gnée.

« Je n'en dis pas davantage à ce sujet ; il y a des thèses
qui ne se discutent plus sous le gouvernement de juillet,
qui est la consécration officielle du droit de résistance à
l'illégalité.

« Je ne crois pas que M. Paccart ose nier cela... Quoiqu'il ne respecte pas beaucoup les préfets, j'aime à croire qu'il respecte la royauté élue. (On rit.)

« *M. le procureur du roi.* Vous contestez donc aux employés le droit d'exercer?

« *M. Michel.* Nous leur contestons ce droit formellement. Nous avons voulu établir par écrit notre refus *d'exercice* pour que la question pût être jugée régulièrement.

« *M. le procureur du roi.* Cela était impossible.

« *Me Charles Ledru.* Cela se pouvait, mais le sieur Paccart ne l'a pas permis, il aimait mieux le trouble que leur discussion calme et légale. Les prévenus, gens établis, ayant famille, commerce important, n'avaient pas besoin d'émeutes, mais pour un brouillon comme M. le contrôleur, que lui importait de mettre Saint-Germain en révolution? N'avait-il pas 10,000 hommes à sa disposition? Le sang eût-il coulé? il ne s'en inquiétait pas. Au contraire, ce qu'il lui fallait, c'est une grande tempête intestine; et s'il avait consenti à disparaître, c'eût été comme Romulus, dans un orage. » (Rire général.)

Me Ledru discute de nouveau les faits imputés aux prévenus, et il montre avec une grande force combien l'accusation, sur ce point, est dénuée de fondement. Il examine ensuite la foi due au sieur Paccart. « Je le répète, poursuit-il, je n'appellerai point, comme le veut M. le procureur du roi, le sieur Paccart un infâme ; mais j'opposerai à son témoignage celui de toute une ville, celui des autorités de Saint-Germain et des citoyens les plus honorables. Et puis je vous dirai : Il faut demander non pas si le sieur Paccart est un infâme, mais si tous ces braves gens sont des infâmes. (Sensation.)

« Mais, a-t-on dit encore : « Il y a une grande diffé-
« rence entre un témoin à charge et un témoin à dé-
« charge. Si les témoins à charge inventaient des faits qui
« pourraient *perdre* les prévenus, ce serait un crime
« horrible. »

« Mon Dieu non , je le répète, ces messieurs ne sont
pas si méchants. Ils savent que l'accusation ne nous
épouvante pas : car ils savent comme nous-mêmes que
nous ne sommes pas ici devant une commission, mais
devant des juges qui mettront dans la balance, d'un côté,
M. Paccart et compagnie ; de l'autre, la ville de Saint-
Germain, hommes, femmes, enfants, la ville tout entière ;
enfin, citoyens et magistrats !

« J'affirme, Messieurs, qu'en présence d'une telle unanimité, aucune considération ne fera pencher la justice
du côté de ce qui est *injuste* au préjudice de ce qui est
équitable et vrai ; j'affirme que la loi respectée et *prati-
quée* à Paris ne sera pas insultée et violée à Saint-Germain.

« J'affirme, en un mot, que vous rendrez une décision
digne de mes clients, et surtout digne de vous ! »

Un murmure général d'approbation succède à la chaleureuse réplique de Mᵉ Ledru.

« Le tribunal en ce qui touche Feret et Yves Étienne :

« Attendu qu'il n'est pas suffisamment établi qu'ils se
soient rendus coupables des délits qui leur sont imputés ;

« Les renvoie des poursuites sans dépens ;

« En ce qui touche Thorel, Michel, Salles, Lesage et
Caroline Poisson :

« Et attendu qu'il existe des circonstances atténuantes

en leur faveur, qui permettent l'application de l'article 463 du Code pénal ;

« Le tribunal condamne Thorel à six mois d'emprisonnement ; Michel, Salles, Lesage, chacun à deux mois d'emprisonnement ; Caroline Poisson à 100 francs d'amende ;

« Et les condamne tous solidairement aux dépens. »

Une fête est improvisée au sortir de l'audience en faveur de Mᵉ Ledru ; tous les épiciers de Saint-Germain, lui offrent et à ses collègues, un dîner auquel se réunissent les magistrats municipaux et le corps des épiciers de la ville.

Le toast à Mᵉ Ch. Ledru est porté par M. Michel, épicier adjoint, que ses confrères ont surnommé le J. Janin des épiciers.

XIII

Erue eos ducuntur ad mortem; et qui trahun-
tur ad interitum liberare ne cesses.

Tirez du péril ceux que l'on conduit à la mort;
et ne cessez point de délivrer ceux qu'on entraîne
pour les faire mourir.

(*Proverbes*, chap. XXIV, v. 11.)

LOBER.

Le 6 octobre 1837, dans la rue du 29 Juillet, en face
même de la maison habitée par M. Charles Ledru, un
assassin furieux, Lober, se précipita sur les demoiselles
Decaux et les frappa de plusieurs coups de poignard. L'a-
vocat accourut auprès des victimes, leur prodigua tous
les soins que réclamait leur triste position. Il s'était
constitué, avec un médecin du quartier, le garde-malade
des deux sœurs que l'assassin avait frappées. La mort
paraissait inévitable, car la lame meurtrière avait péné-

tré dans la poitrine. A minuit, M. Charles Ledru alla chercher un prêtre pour les confesser.

Quelque temps après, la défense de Lober fut confiée d'office à M. Charles Ledru : il plaida l'une des thèses les plus hardies qui aient peut-être jamais été portées devant aucun tribunal. — Sa plaidoirie, en faveur de Lober, est l'une des plus remarquables qu'il ait jamais prononcées. — La sténographie n'en a recueilli qu'une partie, mais ces lambeaux sont admirables de vérité, de philosophie et de courage.

« *M*ᵉ *Charles Ledru* se lève.

« Messieurs les jurés,

« Lorsque le 6 octobre dernier se répandit la nouvelle de l'attentat commis dans le quartier et en face même de la maison que j'habite ; lorsque mêlant mon indignation à l'indignation générale, je maudissais le nom du meurtrier et que j'apportais mon faible tribut de secours à de si courageuses, de si intéressantes victimes... j'étais loin de croire que, quelques mois plus tard, je serais appelé à la triste mission que je remplis aujourd'hui devant vous ; que celui qui ne m'avait inspiré que des paroles d'imprécation, aurait droit à tout mon zèle, à tout mon dévouement ; et, qu'afin de mériter l'honneur que m'a fait le magistrat instructeur en le recommandant à mon ministère, j'aurais besoin de faire appel à tout mon courage pour tenir tête, *seul, tout seul* à l'opinion qui attend vengeance, à l'organe du ministère public qui la réclame avec des émotions si brûlantes... et (pourquoi ne le dirais-je pas ?) aux murmures secrets qui peut-être, en ce moment, grondent au fond de vos consciences contre le défenseur d'un tel accusé !

« Messieurs , ce n'est pas quand la tâche est difficile qu'il faut la déserter.

« Je m'en rapporte à vous-mêmes. N'est-il pas vrai que si un poste d'honneur vous avait été confié, vous ne vous demanderiez pas où est le péril, mais où est le devoir? Eh bien ! Messieurs, la tête d'un homme c'est comme une citadelle sainte qui, lorsqu'elle nous a été commise, doit être défendue pied à pied, avec les armes que donne la logique, la miséricorde et la loi !

« Je me présente donc dans la lutte comme le protecteur de cet homme; et ne croyez pas, Messieurs, qu'égaré par l'entraînement et l'illusion, je veuille essayer un système qui n'aurait pas l'approbation sévère de ma conscience et de ma raison : ni qu'en désespoir de cause je borne la défense à quelques formules de rhétorique qui changeraient en quelque sorte ces graves solennités de la justice en un vain tournoi de paroles où il s'agirait moins du salut de l'accusé que de la vanité de l'avocat. Dieu me garde de préoccupations si mesquines! Non! non ! Messieurs. Ce que je veux vous dire pourra d'abord vous paraître étrange : mais, je vous le déclare, je l'ai sérieusement médité, et je vous prie de ne pas le repousser avant de m'avoir entendu jusqu'au bout. C'est le sang d'un homme qui est dans la balance : vous la tiendrez d'une main ferme, mais prudente et calme !

« Je dois d'abord, Messieurs, vous faire ma profession de foi à l'égard de la manière dont le jury a souvent accueilli les circonstances atténuantes. C'est à juste titre

que des magistrats et des publicistes ont signalé le scandale de certains verdicts par lesquels des hommes appelés à l'honneur de juger leurs concitoyens et irrésolus
dans le devoir, n'ont trouvé à sortir d'embarras qu'au
moyen de l'admission des circonstances atténuantes. Rien
de plus funeste que de telles capitulations de conscience qui,
en cas de culpabilité de l'accusé sont une trahison envers
la société ; et en cas d'innocence un déni de justice qui
crie vengeance.

« Les motifs que le bon sens admet comme circonstances atténuantes, ce sont l'âge, le repentir, les antécédents... ; en d'autres termes, c'est non la faiblesse et
l'hésitation du juge, mais tout ce qui peut toucher un
juge droit et humain, enfin c'est ce qui atténue la chute
elle-même ou ce qui offre des garanties pour l'avenir.

« Dans cette cause, je ne puis invoquer rien de pareil : ni
l'âge, ni les antécédents... ; car à vingt-sept ans l'accusé
est vieux dans le crime. Le repentir ?... Hélas, voyez jusqu'où va ma franchise ! Si vous me demandiez : Cet
homme se repent-il ? Ma loyauté me ferait un devoir de
répondre !!! Je l'ignore, car depuis trois mois j'ai voulu
scruter cette conscience et en sonder les profondeurs, je
l'ai interrogée, elle ne m'a pas répondu !!! J'ai vainement
frappé pour en faire jaillir quelque étincelle... et aucune lumière ne m'en a révélé les abîmes.

« Et pourtant, Messieurs, écoutez-moi, ce que je viens
plaider, en présence de cette insensibilité qui vous a ef-
frayés pendant les débats, en présence de ce calme et de
ce sang-froid qui m'ont épouvanté moi-même... « c'est
que vous devez admettre, en faveur de l'accusé, des cir-

constances atténuantes, » et ma raison... la voici : « *Lo-ber est un forçat libéré.* » (Sensation profonde.) Je vous l'avais dit, Messieurs, la thèse est hardie, et au premier moment vous avez dû l'accueillir avec une sorte d'effroi... Mais, voyons !

« Il y a quelques jours à peine que du siége où est assis M. le Président qui dirige les débats, l'honorable M. Cauchy, résumant l'affaire dite des cinquante voleurs, laissait tomber ces belles paroles :

« Combien il est petit le nombre de ceux que le châ-
« timent a corrigés : combien nombreux au contraire,
« sont ceux que l'on a vus sortir du bagne et de la pri-
« son, plus *corrompus*, plus *dangereux pour la société*
« qu'ils n'y étaient entrés !

« Disons-le, Messieurs, et disons-le avec franchise, la
« crainte du châtiment prévient peu de crimes, et l'action
« des lois pénales n'est pas une garantie suffisante pour
« la société, parce que le crime sur lequel elle s'exerce
« n'est que l'effet, et qu'il faudrait, pour agir avec fruit,
« s'attaquer à la cause même du mal...

« .... Il n'appartient ni à notre ministère, ni à notre
« caractère personnel de vous demander vengeance pour
« la société effrayée par de si nombreux attentats ; nous
« nous sentirions bien *plutôt disposés à vous demander*
« *quelque pitié* pour des hommes qui, enveloppés dès l'en-
« fance par cette atmosphère de crimes, n'ont manqué
« peut-être que d'une direction meilleure pour échapper
« à *cette désolante contagion.* »

« Je suis heureux et fier, Messieurs, de placer ma thèse sous la protection du magistrat philosophe et chré-

73 —

tien. Il vous l'a dit : « Les condamnés sortent du bagne « plus corrompus qu'ils n'y étaient entrés... » *Il se sentait disposé à demander pitié* pour ceux que la justice avait jetés au milieu d'une *désolante contagion.* Que signifie ce généreux cri de douleur, si ce n'est que quiconque a été livré aux bagnes, a été mis, par cela seul, dans la presque impossibilité de faire un pas sans retomber dans le mal.

« Et s'il en est ainsi, n'est-il pas vrai que cette espèce d'impossibilité du bien à laquelle il se trouve en quelque sorte condamné, doit *atténuer* les nouveaux écarts qui ont, dans la force des choses, leur nécessité et leur loi !

« Avant d'aller plus loin dans ces considérations, je dois vous dire, sans en rien dissimuler, la vie de l'accusé.

« Il avait dix-sept ans : il était domestique à Paris. Une mauvaise liaison avec une femme qui le dominait le poussa à une action coupable : il vola à son maître une somme de trois cents francs pour alimenter les désordres de cette femme. Condamné à trois mois de prison, il devait retourner dans sa famille, à sa sortie de la Force : il resta quelques jours de plus, et, pour ce fait, il fut arrêté de nouveau, comme vagabond, puis quelques jours après, rendu à la liberté.

« Il s'était engagé le 11 octobre 1830. Sa conduite au régiment avait été bonne. Une circonstance fatale le perdit.

« Un sergent-major avait commis, au préjudice d'un de ses camarades, la soustraction d'une somme de huit cents francs. Le malheur voulut que Lober surprît le voleur au moment où il commettait le délit. Les souvenirs de la prison le rendirent trop facile sur la proposition qui lui fut faite de garder le silence, moyennant la part qu'on lui abandonnait dans cette somme... Après l'avoir touchée, Lober en dépensa la plus grande partie dans des écarts au milieu desquels il s'éloigna du régiment. Arrêté comme déserteur, on trouva en sa possession une partie de la somme volée... Il fut traduit devant le conseil de guerre avec son complice; là, condamné à cinq ans de fers et envoyé au bagne de Toulon.

« Je n'ai pas à exposer l'éducation que Lober reçut au bagne. J'aime mieux constater un fait qui atteste qu'au milieu de la dégradation la plus basse le cœur de l'homme est encore accessible à quelques inspirations salutaires.

« C'est que si le crime invite au crime, il y a pourtant de si grandes douleurs dans cette atmosphère que ceux mêmes qui y vivent comme par habitude et par besoin ne peuvent s'empêcher de voir et de sentir tout ce qu'ils s'épargneraient de tortures s'ils avaient le courage de sortir de la fange et de remonter vers les régions supérieures.

« Lober m'a dit (je n'ai que son témoignage, mais à la manière dont il se défend, vous voyez du moins qu'il est loin de chercher son salut dans le mensonge), il m'a dit qu'en sortant du bagne et songeant à son pays, à ses parents, il avait conçu la résolution de répudier les instincts mauvais qu'il avait contractés à Toulon.

« Il vint donc à Valenciennes. Hélas! il ne lui fut pas donné de se retremper dans les sources pures de la famille. Et je n'accuse ici personne. Qui oserait accuser des frères de n'avoir pas ouvert les bras avec effusion à un frère couvert de la livrée du bagne? Hélas! la voix du sang elle-même est égoïste : il y a une philosophie si haute, une charité si dégagée des choses de la terre, qu'il serait injuste de les demander à d'autres qu'à des natures privilégiées ; mais dans l'ordre ordinaire, plus sont honnêtes ceux que la Providence afflige d'une flétrissure comme celle que subissait le nom obscur, mais jusque là sans tache de la famille Lober, plus ils souffrent de voir assise en quelque sorte au sein du foyer domestique l'image vivante du déshonneur.

« Lober ne put supporter le froid accueil qu'on lui avait fait : il régla quelques affaires, et aussitôt il s'éloigna de son pays natal où ses yeux ne pouvaient rencontrer un seul visage, même parmi ses proches, qui n'évitât la souillure et la contagion de sa présence.

« Le voilà ignominieusement chassé.... où ira-t-il ?

« Demandez-le à vous-mêmes, Messieurs, où peut aller un homme sans protecteur, sans famille, sans amis!...... Et, encore, s'il n'était que dénué de ce qui fait la force et l'appui de ceux qui veulent marcher dans le bien.... Mais il n'est pas seulement réduit à un tel abandon... la loi a voulu que la marque d'infamie, qui l'a fait rejeter du toit paternel, fût en quelque sorte écrite sur chacun de ses pas pour que partout où se présenterait un asile, on lui répondît..... « fuyez........ nous ne voulons point « d'un forçat. »

« Sans passe-port, pas de travail, pas d'asile : et sur son passe-port sont tracées ces lettres....... *forçat libéré.*

« M. le président a vainement pressé l'accusé de lui dire ce qu'il avait fait des six semaines passées à Paris.

Moi, je vous l'apprendrai, dût cette révélation paraître imprudente dans la bouche de la défense.

« Pendant six semaines cette tête ne s'est pas reposée une seule nuit dans une maison honnête, et Lober a transporté successivement sa honte dans les réceptacles les plus immondes.

« J'ai appris, à l'occasion de ce procès, qu'il existe au sein de votre ville, Messieurs, un certain nombre de maisons qui ont pour hôtes de chaque nuit la population qui flotte entre la débauche, le vagabondage et le vol à main armée. Là on ne demande ni renseignement, ni carte de séjour, ni passe-port. Que les mains soient pures ou souillées.... pourvu qu'elles apportent leur offrande, c'est assez... Et dans ces repaires on trouve à côté de l'hôte souillé, qui vient y chercher un gîte passager, sa digne compagne, la prostitution.

« J'ai vu, Messieurs, j'ai vu de mes yeux celui où Lober a caché sa honte la nuit qui a précédé la fatale journée du 6 octobre.... tout ce que je puis faire pour décrire ce cloaque... c'est de dire que quiconque en a franchi le seuil est déjà sur celui du crime !

« C'est ainsi que Lober sans appui, sans travail et réduit aux douleurs d'une existence si désœuvrée et si honteuse, dissipait la somme de quelques cents francs qu'il avait reçue de ses parents comme solde de ses droits successifs.

« Il resta dans cette triste voie jusqu'au moment où il eut épuisé toutes ses ressources.

« Le 6 octobre il n'avait plus rien !

« On ne sait pas assez, Messieurs, quel empire les situations exercent sur la conduite des hommes. Il y a des censeurs qui seraient souvent bien moins sévères, s'ils avaient eu confidence de tout ce qui se passe dans une âme qui n'entrevoit plus d'autre horizon que la solitude, la misère, la faim!

« Ah! que les principes les plus sûrs sont faibles et impuissants en présence de ces extrémités! Je vous rapporterai à ce sujet un fait que je ne puis oublier de ma vie.

« C'était dans la même rue, dans le même mois, à la même heure.... et en face même de la maison consacrée par le courage des demoiselles Decaux. Je sortais de mon domicile.... quand je crus voir passer une personne que je n'avais pas vue depuis longtemps. Elle portait sur son visage l'empreinte de souffrances si aiguës..... il y avait dans l'ensemble de ses traits quelque chose de si étrange.... que je me sentis inspiré du besoin d'aller à cet homme et de lui dire : « Mon Dieu... qu'avez-vous? »

« Quoique je lui fusse bien connu, il ne voulut pas d'abord me répondre. Ses yeux étaient égarés... chargés de larmes... il voulait s'éloigner... J'insistai... à la fin sa poitrine oppressée laissa échapper ces paroles : « Depuis deux jours je n'ai pas mangé, mon ami..... » — « Eh bien! pourquoi n'entriez-vous pas, étant si près de « moi? où alliez-vous? » — Je vais..... mourir!... Périr « de faim, c'est trop cruel.... j'allais.. là... quelque part... « me briser la tête. »

« Je le calmai : il m'entendit... en ressaisissant la vie, il croyait sortir d'un rêve.....

« Eh bien! quel était cet homme qui allait ainsi sans

direction, sans but, partout où le poussait la sinistre pensée du suicide?

« C'est un écrivain plein de science, de moralité, de talent, dont les œuvres sont toutes des œuvres de haute philosophie et de religion, aux yeux duquel le suicide est un crime... et il allait se jeter dans le suicide.

« Puisque j'ai rappelé ce fait, je ne veux pas que ce soit sans placer à côté d'un si désolant tableau un récit consolant : Sans aucun titre pour m'adresser à M. le ministre de l'intérieur, je pris néanmoins sur moi de lui écrire ce que j'avais vu et d'invoquer son secours... M. Duchâtel, car c'est lui, vint en aide au pauvre savant avec un empressement si généreux, une simplicité si touchante, qu'on eût dit qu'il était moins le bienfaiteur que l'obligé. J'ai, dans mon dossier, la lettre qu'il eut la bonté de m'adresser, et je pourrais dire aussi tout ce qu'il y eut de gracieux et d'élevé dans la conduite de M. de Mallarc, qui s'associa avec le ministre à une si bonne œuvre. Du moins, permettez que ma bouche, qui n'est pas suspecte de flatterie envers le pouvoir, adresse publiquement à tous deux l'hommage que mérite une si noble intervention.

« En vous citant un trait, où vous voyez un homme plein de force morale et religieuse sur le point de tomber, malgré sa haute raison, dans un délire si coupable, j'ai voulu vous montrer quel est l'entraînement et la tyrannie de certaines situations...

« N'est-ce pas assez pour faire comprendre ce que va devenir un malheureux qui, pour principes, a désormais ceux qu'on enseigne au bagne ; qui, après d'inutiles efforts

pour faire divorce avec les maximes et les souvenirs de
cette terrible école..., repoussé par les siens, rejeté seul
dans les lieux les plus abjects de Paris, sans autre bous-
sole et sans autre recommandation dans ce gouffre de
tous les vices que les instincts et le *passe-port* du forçat...,
se trouve à la fin sous le vent du désespoir !

« Permettez-moi de ne pas retracer les détails de l'attentat du 6 octobre ; il me suffit, en ce moment, de vous
dire : Cet attentat n'est pas un accident, c'est une conséquence logique, c'est une conclusion sanglante, mais
rigoureuse, de la Force et de Toulon.

« Avais-je donc tort, Messieurs, quand je vous annon-
çais que dans cette cause la circonstance atténuante résultait de ce que Lober est un *forçat libéré ?*

« Le ministère public pourrait-il répondre : « Ce sont
« là des considérations plus ou moins vraies : ce sont des
« théories... mais, en tous cas, des exagérations présen-
« tées dans l'intérêt de la défense. »

« Je tiens, Messieurs, à ne pas paraître si facile aux
illusions. Si on suppose que l'avocat de Lober se laisse
entraîner par trop d'ardeur pour son client, on admettra
sans doute que les hommes les plus compétents de France
soient une autorité digne de balancer cette réponse vulgaire par laquelle on repousse comme *utopie* tout ce qui
sort du cercle dans lequel une école étroite et grossière
veut enchaîner tout, et la justice elle-même.

« Or, Messieurs, voici ce que pensent sur la question
des hommes qui, ayant débuté tous deux comme magistrats, et ayant tous deux abdiqué leur magistrature pour
aller demander à un grand peuple des enseignements sur

son régime pénitentiaire, couronnés tous deux par l'Académie comme ayant accompli la plus belle œuvre de
moralité et de talent, se sont voués, dans la Chambre des
députés dont ils sont membres, à l'amélioration du système des prisons en France.

« Il me semble que les noms de MM. de Tocqueville
et de Beaumont, réunis à celui de l'honorable M. Cauchy,
prouvent assez que ma thèse a quelque autre valeur que
celle de l'illusion.

« Écoutez M. de Beaumont :

« Paris, ce 16 février 1840.

« Mon cher Monsieur,

« Par votre lettre, en date du 14 de ce mois, vous me
« demandez mon opinion personnelle sur l'influence
« du régime actuel de nos bagnes et de nos prisons; et
« vous désirez savoir si depuis la publication de l'ou-
« vrage que M. de Tocqueville et moi avons composé sur
« le même sujet, j'ai trouvé dans mon expérience et dans
« mes nouvelles études la confirmation ou la contradiction
« des idées que nous y avons exposées. Je vois avec trop
« de plaisir, mon cher Monsieur, que vous vous occupiez
« d'une si importante question, pour que je ne m'em-
« presse pas de vous répondre. Bien loin de s'affaiblir,
« mes convictions en cette matière n'ont fait que se for-
« tifier de jour en jour. Je pense toujours que le régime

« de nos prisons et de nos bagnes est un régime profon-
« dément corrupteur.

« Le chiffre des récidives constatées officiellement
« chaque année par les comptes rendus de la justice cri-
« minelle que publie M. le garde des sceaux, prouve-
« rait suffisamment cette funeste influence de nos mai-
« sons de détention, alors même qu'elle n'éclaterait pas
« d'elle-même à tous les regards.

« Il est malheureusement trop certain aujourd'hui,
« que quiconque met le pied dans nos prisons, est sûr
« d'y trouver une corruption plus grande que celle qu'il
« y a apportée ; en d'autres termes, qu'il sort de la mai-
« son plus criminel qu'il n'était en y entrant.

« Cet accroissement de corruption du détenu dans la
« prison, est une conséquence logique et inévitable du
« mélange de tous les condamnés entre eux, qui se souil-
« lent réciproquement de tous les vices particuliers à
« chacun d'eux, et pratiquent les uns sur les autres l'en-
« seignement mutuel du crime.

« Instruit à cette détestable école, tout détenu se per-
« fectionne, non-seulement dans le genre de crime qui
« lui est propre, mais encore il acquiert la faculté de tous
« les crimes propres à ses compagnons de détention ;
« entré dans la prison *avec une dépravation spéciale*, il
« en sort avec une aptitude générale à toutes sortes d'at-
« tentats. Le meurtrier y apprend les bassesses du vol ;
« le voleur, les violences et l'audace de l'assassin.

« Quand il a été soumis à un pareil régime, le con-
« damné est, lors de sa libération, tout à la fois plus mi-
« sérable qu'il n'était avant d'avoir commis un crime, et

« plus redoutable pour la société. Ce régime a détruit le
« peu qui lui restait de bons penchants, et donné une
« impulsion extraordinaire aux passions mauvaises qui
« déjà avaient dominé dans son âme. La flétrissure que lui a
« imprimée son séjour dans les prisons, éloigne d'ailleurs
« de lui toute la partie honnête de la société où il repa-
« raît. Ainsi, dans l'état actuel de nos prisons, *l'homme*
« *qui une fois a été coupable a mille chances contre une*
« *de le redevenir, et mille fois plus de peines à rester*
« *honnête qu'il n'en avait avant d'avoir subi le châti-*
« *ment qu'il a encouru; on peut dire que tout individu*
« *qui a séjourné quelque temps dans nos prisons appar-*
« *tient au crime : et comme la loi punit plus sévèrement*
« *la seconde faute que la première, on arrive à cette*
« *triste et formidable conséquence, qu'une peine plus*
« *terrible est réservée à celui qui peut le moins l'éviter, et*
« *que la société sévit surtout contre celui dont* ELLE A
« ELLE-MÊME AGGRAVÉ LA CORRUPTION. Tel est,
« mon cher Monsieur, le résumé de mon sentiment à cet
« égard. La corruption des prisons m'a paru depuis long-
« temps une des plaies les plus graves de la société. Fé-
« licitons-nous de ce que le gouvernement est dans l'in-
« tention d'y porter remède. Un projet de loi sur les
« prisons a été annoncé dans le discours du trône lors
« de l'ouverture de la session ; et je crois tenir de bonne
« source que M. le ministre de l'intérieur ne tardera pas
« à présenter ce projet à la Chambre des députés.

   « Je fais bien des vœux pour que tous les hommes
« éclairés, qui ont reconnu l'existence d'un mal si dan-
» gereux, se réunissent sincèrement pour le triomphe

« d'une réforme trop longtemps attendue, et au succès
« de laquelle je suis charmé de vous voir concourir.

« Recevez, mon cher Monsieur, l'assurance de mes
« sentiments les plus distingués.

« GUSTAVE DE BEAUMONT. »

« Écoutez encore M. de Tocqueville :

« Paris, ce 23 février 1843.

« A M. Charles Ledru.

« Monsieur,

« Je répondrai très-volontiers aux questions que vous
« m'adressez par votre lettre de ce jour, mais ce que j'ai
« à dire n'a rien de nouveau ; j'ai déjà eu l'occasion de
« le faire connaître publiquement en plusieurs rencon-
« tres.

« Je pense que l'institution des bagnes ne saurait être
« défendue par personne ; elle est onéreuse pour l'État ;
« elle est funeste pour le condamné. Il suffit de voir les
« bagnes pour se convaincre non-seulement que l'amé-
« lioration morale du détenu y est impossible, mais en-
« core que les progrès de la corruption doivent être très-
« grands et très-rapides pour la plupart d'entre ceux-ci.
« Le bagne, qui fait tant de mal à ceux qu'on y envoie, n'a
« pas même le mérite d'être redouté par eux. L'espèce de
« licence qu'ils y trouvent, les console de l'infamie qu'ils
« y rencontrent. C'est un fait prouvé que chaque année

« des détenus de maisons centrales commettent des crimes
« par la seule espérance qu'ils obtiendront ainsi le droit
« d'être envoyés au bagne. Ainsi la peine du bagne n'a
« pas même le mérite nécessaire, dit intimidant. L'intérêt
« du trésor, la morale publique, la santé des citoyens exi-
« gent donc impérieusement la destruction des bagnes.
« Telle a toujours été ma ferme opinion, et c'est avec
« plaisir que je saisis cette nouvelle occasion de l'ex-
« primer.

    « Recevez, je vous prie, Monsieur, l'assurance de ma
« considération très-distinguée.

                « ALEXIS DE TOCQUEVILLE. »

    « Dira-t-on encore, ce ne sont là que des théories?
c'est la réplique banale de ceux qui sont à bout d'arguments. Vous êtes un *utopiste,* disent-ils majestueuse-
ment.... et cela les dispense de répondre.

    « Mais écoutez encore, Messieurs : à côté de l'*utopie,*
voici la statistique. Cela du moins est matériel, et pour
ceux qui ne comprennent le sens des choses que quand
elles leur apparaissent sous leurs formes matérielles, j'ai
une terrible et irrécusable vérité à produire.

    « La voici sous forme de tableau.

LESAGE,	assassin de la femme Renaud (1839),	condamné antérieu-rement à 5 ans de fer.
SOUFFLARD,	assassin,	*Id.*
LAMBERT,	affaire de la rue de la Paix (1839),	*Id.*
LAURENT,	assassin,	*Id.*
QUINSAC,	*Id.*	*Id.*

JADIN,	assassin de la rue des Petites-Écuries (1838),	condamné antérieurement à 5 ans de fer.
LACENAIRE,	assassin du passage du Cheval-Rouge (1835),	réclusionnaire.
AVRIL,	Id.	Id.
FRANÇOIS,	Id.	forçat.
PANTOUE,	Id.	Id.
PÉRIN,	assassin,	Id.

« Ce n'est pas une utopie que cette collection récente des personnages les plus formidables de tous ceux qui aient paru en Cour d'assises. — Eh bien! tous étaient, ou réclusionnaires, ou forçats. C'étaient tous des écoliers formés à la morale qui s'enseigne dans les maisons que la justice leur avait assignées... dans l'intérêt de la société.

« J'ajouterai une réflexion à celles qui ressortent en foule de cette effrayante statistique.

« C'est que le *crime* craint si peu les sévérités extrêmes de la loi que lui-même va tranquillement au-devant d'elle comme à un triomphe.

« Voici encore des faits.

Lesage s'est pendu à la Roquette.
Soufflard s'est empoisonné à la Conciergerie.
Lambert s'est brûlé la cervelle.
Laurent s'est empoisonné à la Préfecture.
Quinsac s'est pendu aux Madelonnettes.
Jadin et Lacenaire ont été exécutés.
François s'est pendu à la Roquette.

« J'ai signalé les principes et les faits qui motiveront

les circonstances atténuantes que je sollicite : toute mon
argumentation se résume à ce mot. « La *récidive* n'est
« pas une probabilité, c'est une loi. Il serait donc in-
« juste de ne tenir aucun compte d'une sorte de nécessité
« invincible qui, après une première faute, ramène for-
« cément les coupables dans la voie du mal. Et si cela est
« injuste... pourquoi, messieurs les jurés, pourquoi, mal-
« gré la nouveauté et l'étrangeté de la thèse que je main-
« tiens, ne la consacreriez-vous pas par votre verdict? »

« Mais, dira-t-on, serait-il possible d'admettre un système qui rendrait la justice impuissante? car elle n'a
que la peine corporelle à infliger aux coupables.... et,
si cette ressource lui manquait, quelle digue opposer au
torrent?

« Dans cette cause, Messieurs, j'aime à faire parler
des autorités plus fortes que la mienne. Écoutez la réponse, et elle vous démontrera que si quelques décisions
comme celles que je sollicite intervenaient au nom du
pays, le pouvoir serait éclairé, et qu'il songerait peut-
être à entrer dans des routes meilleures. On ne persé-
vère dans le mal que lorsqu'il n'est pas publiquement et
officiellement dénoncé par ceux qui sont assez haut placés pour le signaler avec autorité.

« Or, permettez que je laisse parler un des hommes
qui honorent le plus la philosophie.

« Vous verrez s'il n'y a pas quelque chose de nouveau
à faire en matière de pénalités.

« M. Pierre Leroux s'exprime ainsi : « Le christia-
« nisme, il faut l'avouer, a eu de la justice, une idée bien
« plus profonde que les légistes de la société temporelle,

« lorsqu'il a fait consister sa justice à lui, dans l'obliga-
« tion de pardonner et d'absoudre. — Quelle immense
« supériorité ont les chefs qui lient et délient, et qui *dé-*
« *lient forcément, lorsque le coupable se repent et a sa-*
« *tisfait,* sur cette justice des légistes qui tient à peine
« compte du repentir, et qui, au lieu d'avoir pour but
« la correction du coupable, n'a en vue que sa punition !

« ..... En vérité, nous reprochons à tort à nos gros-
« siers aïeux leurs combats en champ clos, pour savoir
« où était le bon droit et la vérité. — Nos assises sont
« des champs clos un peu moins nobles, mais ce sont
« également d'atroces combats, où la justice a frappé en
« aveugle : car elle n'a pour la guider ni la science ni la
« charité.

« Qu'est-ce qu'un jugement aujourd'hui ? Je vois un
« accusé, un accusateur, un juge du fait, un applicateur
« de la peine ; et, à la porte du tribunal, le geôlier et le
« bourreau. — Mais je ne vois pas le juge de la con-
« science, le juge moral, le juge de la vraie criminalité :
« je ne vois pas non plus le juge du repentir.

« ... Dira-t-on : le droit de grâce existe ?

« Je le demande, est-il exercé ce droit de grâce, parce
« qu'un bureau de chancellerie se confiant en des infor-
« mations prises à la légère, ou bien cédant à la corrup-
« tion et à la faveur, fait prononcer chaque année par le
« souverain un certain nombre de commutations de
« peines ? — Mais si la justice ne consiste pas seulement
« à punir, mais à guérir le coupable, c'est une dérision
« qu'un tel exercice de la portion la plus importante de
« la justice.

« Tant que nos sociétés politiques ne comprendront
« pas que juger n'est pas punir, mais absoudre, c'est-à-
« dire que la peine n'a d'autre but que la satisfaction et
« l'absolution, ou, en d'autres termes, la purification du
« coupable et la destruction du mal moral, nos sociétés
« politiques mériteront le reproche que l'Église chré-
« tienne leur a toujours fait, à savoir qu'elles n'ont pas
« une vraie notion de la justice, et qu'elles ne sont qu'une
« suite des sociétés barbares.

« ..... Le droit de grâce n'étant pas organisé ni repré-
« senté dans nos jugements, la justice se trouve avoir
« pour but, non l'absolution, mais la peine. La peine!
« quelle moralité peut-il y avoir dans la peine, dans la
« peine seule, dans la peine qui ne tend pas à la guéri-
« son, à l'absolution !

« ..... La justice condamne un homme à dix ans de
« galères : au bout de ces dix ans, cet homme est léga-
« lement absous. La loi le dit, et il est même admis en
« principe que nul n'a le droit de reprocher à ce coupa-
« ble, qui a satisfait, son délit ou son crime. Mais, nous
« le demandons, cet homme est-il véritablement absous?
« — Il est peut-être plus coupable au bout de ces dix ans
« de galères que le jour où vous le condamnâtes. —
« Quand sa peine fut prononcée, qui eut charge de lui?
« qui a constaté son repentir pendant le procès? qui l'a
« suivi en prison ou au bagne? qui a pris soin de modé-
« rer, suivant l'équité, l'application de sa peine? qui a
« pensé à sa correction? qui, enfin, a fait aboutir la jus-
« tice à son but, l'absolution? qui a ainsi réconcilié le
« coupable avec la société? qui maintenant l'aide à vain-

« cre le dégoût de cette société, après qu'il a satisfait?
« qui le réconcilie avec lui-même, et qui efface autant
« qu'il est possible la fatalité de la faute et du crime?

« ..... La justice livre le coupable au bourreau et ne
« s'en occupe plus.

« Mais si je suis coupable, est-ce seulement par une
« réparation matérielle, par une peine infligée à mon
« corps que je cesserai d'être coupable. — Abolissez-vous
« mon crime en fustigeant mon corps? Vous prononcez
« une peine contre moi, mais vous ne la prononcez pas,
« sans doute, comme des insensés ; vous la prononcez
« pour qu'elle me profite à moi et à la société, pour
« qu'elle me change : autrement vous devriez prononcer
« pour toute espèce de délit, des peines qui durent toute
« la vie des coupables. — Vos peines ne sont plus ou
« moins modérées, que parce qu'en voyant mon crime,
« vous jugez qu'après l'application de votre peine, je
« serai racheté de mon crime. Faites donc que je sois
« réellement racheté, faites que j'accepte ma peine, faites
« qu'elle me corrige et me transforme, en sorte qu'après
« votre peine endurée, ma réintégration dans la société
« ne soit pas une pure fiction de votre part. — Accusé,
« j'ai le droit de me confesser à vous, et vous m'y exhor-
« tez, vous me l'ordonnez même : donc, quand je suis
« condamné, j'ai le droit, à mon tour, de vous dire mon
« repentir, et de vous demander encore un juge qui m'as-
« siste pendant ma peine, au lieu d'un geôlier et d'un
« bourreau. »

« J'ai laissé parler M. Pierre Leroux : à présent, je
veux faire encore une citation et ce sera la dernière. —

Je désire que MM. les avocats généraux de Sa Majesté très-chrétienne la méditent, et, pour moi, c'est sous la protection d'un des plus touchants récits dont j'ai connaissance que je placerai désormais l'accusé.

« Écoutez donc encore, Messieurs, c'est l'abbé Fleury qui raconte; il parle de saint Jean, le disciple bien-aimé du Sauveur :

« Étant donc allé à une ville peu éloignée d'Éphèse,
« après avoir consolé les frères, il jeta les yeux sur un
« jeune homme bien fait et d'un esprit vif; et l'ayant pris
« en affection, il s'adressa à l'évêque, et lui dit : Prenez
« grand soin de ce jeune homme, je vous le recommande
« en présence de l'Église, et de Jésus-Christ que j'en
« prends à témoin. L'évêque s'en chargea, et l'apôtre le
« lui recommanda encore très-fortement, puis retourna
« à Éphèse. L'évêque prit le jeune homme chez lui, l'é-
« leva avec une application particulière, et enfin le bap-
« tisa. Ensuite il se relâcha un peu du soin qu'il en pre-
« nait, croyant l'avoir mis en sûreté par le sacrement. Le
« jeune homme ayant trop tôt cette liberté, se laissa en-
« traîner à la compagnie de jeunes débauchés. D'abord
« ils l'attirèrent par de grands repas; puis ils l'emme-
« naient avec eux la nuit pour dépouiller les passants :
« puis ils l'engageaient à des actions encore pires. Peu à
« peu il s'y accoutuma; et *comme c'était un grand na-*
« *turel, quand il se fut une fois égaré, comme un cheval*
« *vigoureux qui a pris le mors aux dents, il ne garda*
« *plus de mesures ;* et désespérant de son salut, il se jeta
« dans les plus grands crimes; avec ces mêmes jeunes

« gens, il forma une compagnie de voleurs, dont il fut
« le chef.

« Il se passa du temps ; l'apôtre saint Jean fut appelé
« pour quelque besoin des églises. Après avoir terminé
« les affaires, il demanda compte à l'évêque du dépôt
« qu'il lui avait confié. L'évêque fut surpris, croyant
« d'abord qu'on lui demandait un dépôt d'argent ; il sa-
« vait bien qu'il n'en avait point reçu, et n'osait se défier
« de l'apôtre. C'est le jeune homme que je demande, dit
« saint Jean ; c'est l'âme de notre frère. Alors le vieillard
« baissant les yeux et pleurant, dit : il est mort. Com-
« ment, dit l'apôtre, et de quelle mort ? — Il est mort à
« Dieu, dit l'évêque ; il est devenu un méchant et un
« perdu, enfin un voleur : au lieu de l'église, il tient la
« montagne avec une troupe de scélérats comme lui.
« L'apôtre déchira sa robe, fit un grand cri, et se frappa
« la tête en disant : J'ai laissé un bon gardien à l'âme de
« notre frère. Que l'on me donne tout à l'heure un bon
« cheval et un guide. Il partit promptement de l'église
« dans l'état où il était. Lorsqu'il fut arrivé au poste que
« tenaient les voleurs, leur garde avancée l'arrêta. Lui,
« sans les fuir ni se détourner, dit à haute voix : Je suis
« venu tout exprès ; menez-moi à votre chef.

« Le capitaine attendait tout armé ; mais quand il re-
« connut l'apôtre, il s'enfuit de honte. Saint Jean le sui-
« vait à toute bride, sans songer à son grand âge, et criait :
« Mon fils, pourquoi fuis-tu ton père, un vieillard sans
« armes ? Prends pitié de moi, mon fils ; ne crains rien,
« il y a encore espérance de te sauver. Je rendrai compte
« pour toi à Jésus-Christ, et s'il est besoin, je donnerai

« volontiers ma vie pour toi, comme il a donné la sienne
« pour nous. Arrête : crois que Jésus-Christ m'a envoyé
« ici.

« A ces mots le jeune homme s'arrête, jette ses armes
« tout tremblant, et fond en larmes. — Il embrasse l'a-
« pôtre comme un père tendre et lui demande pardon ;
« mais il cacha sa main droite qui avait été souillée de
« tant de crimes. Le saint tomba à ses pieds, baisa sa
« main droite qu'il tenait cachée, *lui assura que Dieu lui*
« *pardonnerait* ses péchés, et le ramena à l'église. Il fit
« des prières fréquentes pour lui ; il jeûnait avec lui con-
« tinuellement ; il l'entretenait de divers discours pour
« adoucir son esprit, et ne partit point de ce lieu-là qu'il
« ne l'eût rendu à l'église, comme un grand exemple de
« pénitence. »

Cette lecture produit sur l'auditoire une vive impression.

« *M⁰ Charles Ledru* continue. Voilà la pratique évan-
gélique et chrétienne, Messieurs ! ne vaut-elle pas bien
celle du Code pénal ? »

Ici nous éprouvons le regret que la sténographie
n'ait point recueilli la suite de la discussion sur un sujet
si grave. Mais ce qui en a été conservé suffit pour faire
comprendre l'étendue et la hauteur des questions qu'il a
abordées avec tant de fermeté et un esprit si chrétien.

Il était impossible qu'une thèse si hardie, présentée
pour la première fois devant le jury, fût couronnée de
succès. Lober fut condamné à la peine de mort.

M. Ch. Ledru ne crut point sa tâche terminée. Il fut

pour Lober ce qu'il s'était montré pour Alibaud.... Dévoué à son client au delà de la mission officielle de l'avocat et son consolateur jusqu'à la fin.

On lisait dans le *National* du 27 février 1840 :

Lober avait été transféré à la Roquette. Déjà depuis plusieurs jours il avait quitté la *salle des morts* à la Conciergerie, et on l'avait placé dans une chambre du bâtiment neuf où il était sous la garde de quatre employés de la prison.

Son impassibilité ne se démentit pas. Il répéta à plusieurs reprises qu'il était content de ne s'être pas pourvu, parce que la mort valait mieux que les galères.

« Je crois, disait-il à son défenseur, Mᵉ Ch. Ledru, que ce sera pour demain ou après, au plus tard. »

Mᵉ Ledru demanda sa grâce au roi. Voici sa requête :

« Sire,

« Je vous demande la grâce de Lober, condamné à « mort le 22 de ce mois par la cour d'assises de la Seine.

« Il refuse de se pourvoir en cassation. Le temps « presse, et je viens, en toute hâte, supplier Votre Ma- « jesté de faire un acte mémorable de religion, de philo- « sophie, de justice.

« Je l'avouerai, Sire, Lober a été si profondément « corrompu par le bagne, qu'il semble presque téméraire « d'invoquer pour lui, même l'humanité.

« Mais, je le dis avec une ineffable douleur, c'est la *loi* « qui l'a fait *ce qu'il est,* et c'est la loi qui veut verser son « sang en expiation d'un attentat qui n'a été que la pra- « tique des enseignements homicides de Toulon.

« Sire, depuis trop longtemps, pour une multitude de
« condamnés, la prison a été le chemin du bagne, le
« bagne le chemin de l'échafaud.

« C'est, hélas! la route que suivent les enfants du
« pauvre, lorsqu'à l'âge où tout homme est poussé par le
« souffle des passions ils ont le malheur de commettre
« une faute qui les jette au milieu de cette population
« dans laquelle se transmettent toutes les maximes, tou-
« tes les pratiques, et jusqu'à la langue sacramentelle du
« crime.

« De vains remèdes ont été essayés pour protéger la
« société contre cette invasion, qui, chaque jour, gagne
« du terrain et recrute sa formidable armée. Il n'y en a
« qu'un, et celui-là n'est à la disposition ni des geôliers,
« ni des exécuteurs, ni de la justice elle-même, qui, pour
« dernier argument, n'a que la plus vulgaire de toutes les
« raisons.... la mort!

« Sire, je ne supplierai pas Votre Majesté de changer
« la peine capitale en celle des travaux forcés; mieux
« vaudrait tuer cet homme que de le rendre à l'horrible
« séjour d'où il est sorti assassin.

« Mais j'oserai le dire à Votre Majesté, après tant d'ex-
« périences qui ont convaincu le châtiment purement
« matériel d'être au moins impuissant, quand il n'est pas
« plus dangereux que l'impunité, il serait beau de faire,
« à l'occasion d'un condamné qui a tant épouvanté la
« France, le noble essai d'un système basé sur le spiri-
« tualisme et la charité.

« Daignez, Sire, arracher le condamné au bourreau et
« même aux geôliers.

« Je prends, dans les mains de Votre Majesté, l'enga-
« gement d'assurer à Lober un asile où il apprendrait le
« travail, le repentir, l'expiation..., et de prouver qu'il
« n'y a pas d'âme humaine si dégradée et si coupable
« qui, sans l'aide des tortures physiques et morales, ne
« puisse être relevée de l'avilissement et du crime.

« Voilà, Sire, le vrai système pénitentiaire : le roi qui
« voudrait l'expérimenter laisserait un grand souvenir.

« Je suis, Sire, avec respect, de Votre Majesté, le très-
« humble et très-obéissant serviteur,

« Ch. Ledru,

« Avocat à la cour royale de Paris,

« Rue du 29 Juillet, 6.

« Paris, 25 février, onze heures du matin. »

L'aide de camp de service vint annoncer à M. Ledru
que le roi avait pris connaissance de la requête et l'avait
renvoyée à M. le garde des sceaux.

Me Ledru adressa dans la même journée une nouvelle
demande à Sa Majesté : elle est ainsi conçue :

« Sire,

« Puisque vous êtes le seul tribunal auquel je puisse
« désormais m'adresser, daignez permettre que je fasse
« entendre encore un mot.

« Je me bornerai, pour éclairer votre haute justice, à
« lui soumettre quelques paroles sorties de la bouche de
« Lober lorsque je suis allé annoncer à ce malheureux
« que ma supplique était parvenue jusqu'à Votre Majesté.

« Je lui en avais fait connaître le sens et le but ; il m'a
« répondu : Vous n'obtiendrez pas ce que vous deman-
« dez : c'est impossible ; cela ne s'est jamais fait et ne se
« fera jamais. »

« Enfin, ai-je ajouté, après avoir longtemps essayé de
« vaincre son incrédulité : « Si le roi, dont la justice est
« au-dessus de toutes les autres, vous confiait à moi,
« aurais-je du regret de m'être fait votre caution près
« du roi lui-même? »

« — Lorsqu'on sait ce que je sais, a-t-il dit, on ne de-
« mande pas mieux que d'être honnête homme, *si on le*
« *pouvait;* mais c'est fini. Quant aux galères, mieux
« vaut mourir, » et ses yeux se sont mouillés de larmes.

« Sire, l'homme qui depuis trois mois et même au jour
« des débats publics ne m'avait laissé voir qu'un œil sec
« et un cœur insensible, a été touché et attendri quand
« il a entrevu, sans y croire encore, qu'il y avait dans
« ce monde, pour le criminel le plus coupable, autre
« chose que d'impitoyables châtiments.

« Je gardais le silence ; il l'a interrompu pour dire :
« C'est dommage que mes parents m'aient repoussé ; mais
« il est trop tard. »

« Sire, après de telles paroles, je suis plus confiant
« que je ne l'étais ce matin quand je vous suppliais de
« tenter une grande et salutaire expérience.

« Veuillez la permettre.

« J'oserai, Sire, rappeler à Votre Majesté une belle et
« religieuse allégorie : pourquoi la vérité ne pourrait-elle
« pas arriver, sous toutes les formes, jusqu'au trône des
« rois ?

« Une Péri avait été exilée du paradis. Elle n'y pouvait
« rentrer qu'en apportant devant les portes de cristal *le*
« *don le plus chéri du ciel.*

« Elle avait tour à tour recueilli la dernière goutte du
« sang d'un héros mort pour la liberté et le dernier souf-
« fle d'une jeune fille qui avait donné sa vie pour sauver
« celle de son fiancé : mais deux fois les portes de la lu-
« mière étaient restées fermées.

« La Péri revenait tristement sur la terre... lorsqu'elle
« aperçut dans la plaine un brigand tout souillé de sang
« et de crimes. Près de lui un jeune enfant cueillait des
« fleurs... puis, comme c'était au déclin du jour, il s'é-
« tait agenouillé sur le gazon parfumé, pour élever à Dieu
« sa prière.

« A cette vue le brigand laissa tomber sa tête et versa
« une larme.

« La Péri s'en empara... et le ciel s'ouvrit devant cette
« pieuse offrande.

« Sire, j'apporte à Votre Majesté une larme que j'ai
« recueillie dans le cachot de Lober.

« CHARLES LEDRU. »

Ne pouvant fléchir la justice du roi, Charles Ledru ne
désespéra pas de désarmer celle du ciel. Il remplit auprès
de son infortuné client le rôle de l'apôtre et du prêtre le
plus zélé. Il détermina le farouche Lober à se repentir et
à demander pardon à Dieu. De son côté, Lober obtint de
son avocat la promesse qu'il viendrait l'aider à mourir
en chrétien ; et, au moment où cet infortuné allait
monter à l'échafaud, M. Charles Ledru, accompagné de

M. Jasper Livingston, attaché à l'ambassade des États-Unis, vint tenir sa parole.

« Vous avez rempli votre promesse, lui dit ce mal-
« heureux quelques minutes avant de mourir. Je suis
« fidèle à la mienne. Je meurs en chrétien, et j'espère
« que Dieu daignera me pardonner. »

Nous raconterons, à la fin de ce volume, comment et
par qui M. Charles Ledru a été accusé d'athéisme.

Mais, en vérité, est-ce là la conduite d'un athée?

XIV

Parle aux oppresseurs; enveloppe-les des
plaintes, des gémissements, des cris de leurs
victimes.

(F. La Mennais.)

LE NOTAIRE LELIÈVRE.

TRIBUNAL CIVIL DE DREUX.

Audiences des 20, 26 *et* 27 *avril* 1841.

Présidence de M. Boudet.

M. Alphonse Lelièvre, notaire à Dreux, avait été l'objet de poursuites dirigées contre lui par le ministère public, et tendant à sa *destitution*, qui avait été prononcée en vertu d'un jugement par défaut, à la date du 31 mars 1841. M. Lelièvre ayant formé opposition à ce jugement, la cause est appelée au milieu d'un concours considérable de toutes les notabilités de la ville de Dreux.

Les places réservées derrière les fauteuils des juges et dans l'enceinte du prétoire, sont envahies de bonne heure : il s'agit, en effet, d'une cause qui, depuis long-temps, est l'unique affaire qui agite la cité paisible où M. Lelièvre exerçait à la fois les fonctions de notaire et de juge suppléant.

M. Busson, procureur du roi, occupe le siége du ministère public ; Me Charles Ledru, avocat du barreau de Paris, est au banc de la défense, à côté de Me Breulier, avoué de M. Lelièvre ; M. Lelièvre n'est pas à l'audience.

« *M. le Président.* On va procéder à l'appel des témoins. »

Le premier témoin est M. Lemonnier, ancien avoué à Dreux ; en qualité de commissaire de la masse des créanciers de M. Lelièvre, il a été chargé de la liquidation des affaires de ce dernier. D'après le travail auquel il s'est livré, l'actif présente un déficit de 160,000 fr. environ. Les créanciers chirographaires pourront avoir 55 pour cent, et en outre 10 à 15 pour cent dont on pourra disposer dans un temps plus éloigné.

« *M. le Président.* Dites quelles conventions sont intervenues entre les créanciers et la famille Lelièvre?

« *M. Lemonnier.* Par acte du 13 janvier, Mme Rotrou, sa belle-mère, et M. Lelièvre père, se sont engagés solidairement, sur leurs biens présents et à venir, et comme obligés personnels.

« *M. le Président.* N'a-t-il pas été, depuis cet acte,

distrait une partie du mobilier abandonné aux créanciers?

« *M. Lemonnier.* On avait fait courir ce bruit comme tant d'autres bruits ; je l'ai entendu dire, mais jamais je n'en ai eu de preuve. Personnellement je ne le crois pas.

« *M. le Président.* Lelièvre n'a-t-il pas vendu son mobilier à une tierce personne ?

« *M. Lemonnier.* Oui, mais avec délégation en faveur de ses créanciers. »

Le témoin entre dans des explications détaillées au sujet de l'emploi de plus de 250,000 fr. que M. Lelièvre a empruntés depuis l'année 1840 ; il ne sait précisément comment ces sommes ont été employées ; elles ont sans doute passé en paiement. Beaucoup de cet argent a été envoyé à Paris chez un banquier. M. Lemonnier ne croit pas que Lelièvre ait joué à la Bourse, ni qu'il ait de réserve. Beaucoup de personnes avaient cette pensée, dit-il, mais je ne l'ai pas.

« *M. le Président.* Expliquez au tribunal l'affaire Fenot, qui est un fait grave, d'après la prévention.

« *M. Lemonnier.* Je ne puis dire que j'aie été témoin de ce qui a rapport à cette affaire. Je ne connais que ce qu'a dit Mme Fenot. J'étais son avoué, en somme elle devait à plusieurs personnes ; d'un autre côté, M. de Saint-Valery avait remis à M. Lelièvre une somme de 4,500 fr. dont il demandait le remboursement avec une extrême insistance, en parlant du procureur du roi. Lelièvre envoya chercher Mme Fenot en lui disant d'emprunter une somme de 4,000 fr. pour rembourser tous ses créanciers. On y joignit 500 fr. pour les intérêts ; par ce moyen, M. Lelièvre désintéressa M. de Saint-Valery, et Mme Fenot, qui est restée débitrice de ses premiers créanciers, est en outre débitrice de M. de Saint-Valery. »

M. Lemonnier rend compte de la situation de plusieurs créanciers qui plaçaient leurs fonds chez Lelièvre, qui leur en payait les intérêts. Il arrive à un fait concernant le sieur Deshayes.

« M. Deshayes avait acheté un bien moyennant 1,800fr., le prix en devait être déposé chez le notaire. Lelièvre a fait emprunter à Deshayes la somme nécessaire à son paiement ; maintenant Deshayes doit les 1,800 fr. à son vendeur et 1,800 fr. au prêteur.

« M. Dupré, ancien notaire , et ami intime de Lelièvre, avait emprunté 8,000 fr. à un sieur Berryer, et les avait remis à Lelièvre à l'époque de l'échéance. Dupré croyait la somme remboursée depuis longtemps ; elle ne l'est pas encore.

« Ce même Dupré avait donné procuration à Lelièvre pour emprunter jusqu'à concurrence de 14,000 fr. ; Lelièvre a emprunté 20,000 fr., en outrepassant ses pouvoirs. Dupré eut beaucoup de peine à obtenir son remboursement et par fractions, après plusieurs démarches inutiles. »

Deuxième témoin, M. Chemin, propriétaire à Brezolle: il déclare qu'il est créancier de M. Lelièvre d'une somme de 3,000 fr. environ. Mais il doit avouer que cette somme n'a pas été remise par lui au notaire à titre de dépôt; il apportait son argent à son notaire , regardant celui-ci comme son débiteur personnel.

M. Bouvyer, prédécesseur de M. Lelièvre, fait au sujet d'un placement que le notaire n'a pas effectué, une déposition très-modérée : « Peut-être, dit-il, ce que M. Lelièvre espérait n'a pas été réalisé... c'est là une question d'intention... je ne la juge pas. »

M. Lorcet avait remis 13,800 fr. à Lelièvre ; Lelièvre comptait en faire prochainement le placement ; jusque-là il payait les intérêts.

Les sieurs d'Outremont, Demouchy, font des dépositions de peu d'intérêt.

« *M. Lomayer*, ancien meunier. Je suis créancier de 10,000 fr. environ. — M. Lelièvre était mon notaire ; quand j'avais des fonds, je les lui remettais : il m'en payait les intérêts.

« *Mme veuve Devaux*. J'ai déposé chez M. Lelièvre 14,000 francs qu'il s'était chargé de placer. Souvent je lui ai demandé si ce placement était fait ; M. Lelièvre me disait qu'il n'avait pas encore trouvé de personnes assez solvables. Plus tard mon fils ayant eu besoin de 6,000 fr., je fus trouver M. Lelièvre, et je lui observai qu'il valait bien mieux prélever cette somme sur celle dont il était dépositaire que de faire un emprunt ; il me répondit : « Non, non, il vous la mangerait... vous ferez bien mieux d'emprunter pour lui ; » ce qui s'est fait. Aujourd'hui je suis créancière de M. Lelièvre ; j'ai en outre cautionné l'emprunt de mon fils. »

Mme Fenot déclare qu'elle devait diverses sommes à des créanciers qui ne lui demandaient pas leur remboursement. Lelièvre l'envoya chercher en lui disant que ses créanciers voulaient absolument être payés. Il disait :

« J'ai une somme pour les remplir tous. » Je répondais : « Je n'ai pas besoin de tout ça. Il m'envoya chercher encore ; enfin, je cédai. Je ne devais que 4,000 fr., on a dit : « Nous mettrons les intérêts pendant deux ans. » Aucun de mes créanciers n'a été payé.

« *La femme Lécuyer*. Pour me libérer d'une somme que je devais à Mme Dutillet, je chargeai M. Lelièvre de vendre des biens, avec le prix de cette vente, de désintéresser cette dame. La vente a eu lieu ; aujourd'hui Mme Dutillet me menace de poursuites.

« *M. Larpenteur*. Je devais 5,000 fr. à M. de Bouillé ; je portai à M. Lelièvre, vers l'époque du remboursement, une somme de 2,000 fr. pour m'acquitter d'autant, il m'en a donné quittance. Il fut dit que pour le reste il y aurait une prorogation de délai ; quand l'acte fut fait, *il ne m'a pas été lu ni à ma femme :* nous avons cru que la prorogation n'était que pour 3,000 fr., et nous ne payions que les intérêts de 3,000 fr. ; nous avons su depuis que M. Lelièvre nous avait fait signer une prorogation pour les 5,000 fr.

« M. Gasselin avait, il y a six ou sept ans, déposé chez Lelièvre des fonds provenant de vente ; son beau-père et lui ne les ont jamais demandés : Lelièvre payait les intérêts, et quand l'un ou l'autre avait besoin d'argent, le notaire en donnait. »

M. Deshayes déclare qu'il avait acheté une pièce de terre en l'étude de Me Lelièvre pour une somme de 1,850 francs ; il existait sur cette pièce beaucoup d'inscriptions. Lelièvre fit contracter à Deshayes une obligation de 1,000 francs envers une dame Revel, et.

depuis ce temps-là, la pièce n'a pas été payée.

L'audition des témoins est terminée, la parole est au ministère public.

M. Busson, avocat du roi, prend des conclusions par lesquelles il déclare s'en rapporter à la prudence du Tribunal sur l'admissibilité de l'opposition au fond : il conclut à la destitution de M. Lelièvre, puis il soutient les charges de l'accusation.

« *M. le Président.* Maître Ledru, le Tribunal croit devoir vous prévenir qu'indépendamment des faits qui sont l'objet du réquisitoire du ministère public, il en est un qui a fixé son attention ; ce fait concerne un sieur Lebrun.

« M. Lelièvre aurait proposé à M. Lebrun un placement de 5,000 fr. sur les époux Jourdain ; l'acte aurait été préparé, signé par plusieurs des parties ; plusieurs fois M. Lelièvre aurait annoncé que l'obligation allait être réalisée, elle ne l'a jamais été.

« *M⁰ Ledru.* Je remercie le Tribunal de m'avoir, d'office, signalé ce fait : J'essaierai à huitaine d'y répondre ainsi qu'aux six autres. »

Deuxième audience.

L'affluence est aussi considérable qu'à la précédente audience.

Quand le Tribunal a pris séance, M⁰ Ledru demande l'audition de quelques témoins. Ce sont : M. Genet, principal clerc de M. Lelièvre ; Mᵐᵉ Devaux, entendue à l'audience précédente ; les époux Larpenteur et M. de Saint-Valery. Ce dernier ne répond pas à l'appel de son nom.

Le témoin Larpenteur est interrogé le premier.

« *M. le Président*. Témoin Larpenteur, vous allez répéter votre déposition. Vous comprenez combien il serait grave de mentir ; aucune raison ne doit vous porter à altérer la vérité. »

Le témoin redit sa déposition dans les mêmes termes qu'il l'a fait à l'audience de la huitaine précédente.

« *Mᵉ Ledru :* Je prie monsieur le Président de demander au témoin s'il affirme bien positivement que lors de la signature de la prorogation de 5,000 fr. lecture de cet acte n'a pas été faite auparavant à lui et à sa femme.

« *Le témoin*. Non, l'acte ne nous a pas été lu... Point du tout.

« *M. le Président au témoin*. Je vous le dis de nouveau, rien ne doit vous engager à mentir. Êtes-vous bien certain que l'acte ne vous a pas été lu.

« *Le Témoin*. Non, monsieur le Président, on ne nous l'a pas lu? »

On appelle la femme Larpenteur.

Les mêmes questions lui sont adressées ; elle y répond absolument comme son mari, et affirme de même qu'il ne lui a pas été donné lecture de l'acte.

« *Mᵉ Ledru*. La femme Larpenteur devrait cependant se rappeler une circonstance importante : c'est que, lorsque l'acte fut lu à elle et à son mari, elle se récria contre le montant de l'obligation, en disant : Mais puisque nous avons donné déjà deux mille francs, nous n'en devons plus que trois, pourquoi donc me fait-on signer pour cinq ?

« *La femme Larpenteur*. Non, du tout, on ne nous a pas lu l'acte.

« *M⁰ Ledru*. Bien sûr ?

« *La femme Larpenteur*. Bien sûr, on ne nous l'a pas lu.

« *M⁰ Ledru*. Cela est au moins étrange, que le témoin ait signé sans se faire lire l'obligation ; car ce n'était pas le premier acte qu'elle passait, puisque cet acte même était une prorogation. Je prie monsieur le Président de vouloir bien faire appeler à présent M. Genet. »

M. Genet, principal clerc de l'étude de M⁰ Lelièvre, est invité par M. le Président à raconter ce qui s'est passé lors de l'acte de prorogation passé pour les époux Larpenteur.

« *Le Témoin*. M. Lelièvre avait fait prêter aux époux Larpenteur une somme de 5,000 fr. par M. le comte de Bouillé, pour trois ans. Quelque temps avant l'échéance, les époux Larpenteur apportèrent 2,000 fr. et demandèrent à ce que l'obligation pour le reste de la somme fût prorogée à deux ans. M. Lelièvre y consentit ; on leur donna un reçu de 2,000 fr. La prorogation fut faite pour la somme entière. Lorsqu'on lut cet acte aux époux Larpenteur avant la signature, et ce fut moi-même qui fis cette lecture, la femme Larpenteur demanda pourquoi on la faisait signer pour 5,000 fr. puisqu'elle en avait donné 2,000. M. Lelièvre lui dit que c'était pour ne rien changer à l'obligation qui existait, qui n'était que prorogée, et pour ne pas faire un nouvel acte ; qu'elle garderait son reçu des 2,000 fr. ; qu'elle ne paierait que l'intérêt des trois autres mille francs ; enfin, qu'au terme fixé, elle apporterait les 3,000 fr. auxquels on joindrait les 2,000 fr. qu'elle avait déjà donnés, et que le paiementintégr al s'effectuerait alors par les mains de M. Lelièvre à M. de Bouillé.

« *M⁰ Charles Ledru.* Il est évident que les choses ont dû se passer ainsi ; d'ailleurs les autres clercs de l'étude étaient présents ; ils pourraient être entendus.

« *M. le Président* au témoin. Je dois vous dire, monsieur Genet, que, dans l'état des choses, votre position est très-délicate ; que vous n'êtes pas sans avoir mérité quelques reproches, surtout dans l'affaire Fenot, car c'est vous qui a vez surtout agi dans cette fâcheuse circonstance. »

Le témoin, un peu troublé, répond qu'il s'est toujours conduit comme il le devait, et que l'affaire Fenot, comme celle des époux Larpenteur, a été faite sans aucune espèce de dissimulation pour les parties.

La femme Devaux, dernier témoin.

M. Charles Ledru lui fait demander s'il n'est pas vrai qu'elle ait eu dessein un moment de faire nommer un conseil judiciaire à celui de ses fils qui était clerc dans l'étude de M. Lelièvre, et pour lequel M. Lelièvre lui avait donné le conseil de le forcer à emprunter sur ses propres biens.

La femme Devaux convient du fait.

« *M. le Président* à M⁰ Charles Ledru. Vous avez la parole. »

M⁰ Charles Ledru se lèv.

« Il y a plusieurs années déjà, Messieurs, que je devais faire connaissance avec votre ville. J'y étais convié par un ancien camarade ; il occupait ici une position, à tous

égards, digne d'envie. Notaire, il avait une étude des plus
considérables ; fils d'un père entouré d'estime et placé
dans un poste élevé de l'administration, il s'était allié à
une famille riche, honorée, dont le nom est non-seulement une de nos célébrités nationales, mais la célébrité
spéciale et la gloire antique de la ville de Dreux (1) ; enfin, M. Lelièvre avait l'honneur de s'asseoir là... (montrant le siége du tribunal), à côté de vous ; et, si je ne
me trompe, c'est lui qui présidait dans cette enceinte
même, à la séance d'installation du magistrat qui, à son
tour, préside aujourd'hui à l'audience où le ministère
public vient demander sa destitution.

« Vous savez ce qu'est le cours des affaires. C'est un
torrent qui entraîne ceux qui y sont jetés ; on y peut rarement obéir à ses vœux les plus chers. Il m'avait été impossible de me rendre à ses invitations répétées ; mais il
en est qu'on ne refuse jamais : c'est quand la maison où
l'on vous convie est devenue vide ; quand tous les amis
l'ont désertée ; quand il n'y reste plus qu'un vieillard que
soixante-dix ans d'une vie exemplaire ne protégent pas
contre de basses calomnies... contre les calculs d'une cupidité honteuse qui ne consent pas à attendre que la mort
laisse une place vacante, et qui s'apprête déjà à dépouiller
vivant un homme si digne, si pur !... c'est lorsqu'il n'y a
plus autour de lui qu'une pauvre femme..., jeune et noble
victime qui, dans une telle adversité, ignore la plainte, ne
sachant que le dévouement et la prière !... épouse héroï-

(1) M. Lelièvre a épousé Mlle Rotrou. On sait que le célèbre
Rotrou est mort à Dreux, sa ville natale, par dévouement pour
ses concitoyens, pendant une épidémie qui ravageait la ville.

que, mère sublime!... occupée seulement à épargner quelques douleurs à sa digne mère et à deux jeunes enfants à qui on enlève sous ses yeux... à la petite fille, le piano sur lequel elle eût appris à consoler la solitude de ses parents... au petit garçon, la pendule dont sa marraine lui avait fait cadeau le jour de son baptême?

« N'est-ce pas, Messieurs, il faut arriver, il faut accourir, quand il y a une si grande infortune qui nous appelle? Voilà pourquoi je suis devant vous. (Approbation dans l'auditoire.)

« Je mentirais si je vous disais qu'on m'a encouragé par l'espoir du succès à paraître à cette barre. Loin de là ; et permettez-moi, sans vous blesser, de vous faire mes tristes confidences. Ici, comme à Paris, je n'ai pas entendu une parole qui ne se résumât en ce sens : « Réservez votre zèle..., portez-le ailleurs..., à la cour, vous « obtiendrez gain de cause ; à Dreux, n'y comptez pas; « c'est impossible ! »

« Messieurs, aux gens qui m'annonçaient que justice pour M. Lelièvre, de la part de ce tribunal, était chose impossible, j'ai répondu : « Vous parlez de parti pris, « d'impossibilité...; moi je vous dis que vos soupçons « sont injurieux ; j'ai foi dans les magistrats...; je leur « parlerai, et ils m'écouteront. Peu m'importe que, personnellement, ils aient été en lutte ouverte avec M. Lelièvre, qu'ils aient été l'objet de ses trop vives attaques... Les préventions de l'homme mourront sous la toge du juge. »

« Vous le voyez, Messieurs, je sais tout ce qui s'est passé ; je sais qu'une décision de ce tribunal, qui faisait

dommage à M. Lelièvre, a été courageusement déférée
par lui à la cour royale; que, là, il a attaqué avec sévérité votre sentence, et que la cour l'a compris. Aussi,
tout en ayant confiance entière en votre équité, je ne me
suis pas dissimulé tout ce qu'il y avait de grave dans les
avertissements que l'on me donnait de toutes parts; et
c'est pourquoi, quand nous sommes comme enveloppés
de tant de passions, de tant de misères, j'ai le droit de
vous dire sans manquer au respect qui vous est dû :
« Magistrats, il est bien difficile dans l'atmosphère où
« vous vivez que vous ne ressentiez aucune des influen-
« ces qui vous assiégent... Défiez-vous donc de tout ce
« qui vous entoure... et commencez par vous défier de
« vous-mêmes. » (Mouvement.)

« Pour moi, c'est après un examen consciencieux des
plaintes élevées contre M. Lelièvre que je vous soumets
sa défense. Je me suis fait juge impartial des faits étran-
gement dénaturés au moyen de menées, d'intrigues, de
manœuvres de toutes sortes, dont je pourrais nommer
les auteurs depuis les plus élevés jusqu'aux plus bas...,
et je viens vous dire, en présence de cette ville tout entière qui remplit votre audience : «La cause de Lelièvre
« est bonne; elle triomphera. On a répété que nous
« n'aurions justice qu'ailleurs, que nous ne gagnerions
« cette cause qu'à la cour; cela n'est pas vrai, je la ga-
« gnerai devant vous. »

« Encore un mot, Messieurs; je vous ai annoncé que je
savais tout ce qu'il y avait de passions méprisables sou-
levées dans cette affaire : voulez-vous un exemple qui me
dispensera de parler du reste?

« Un jugement par défaut a été rendu par vous contre M. Lelièvre, qui demandait un délai pour se justifier. Il avait formé opposition, et c'est sur cette opposition que nous venons ici.

« Il y a de ces honnêtes gens qui croient que tout est permis à l'égard d'un homme abattu. Malgré le sacrifice de plus d'un demi-million, déjà consommé par une famille qui, non-seulement abandonne à des créanciers qui ne sont pas les siens, tout son présent, mais aussi tout son avenir... il est beau, selon eux, de la couvrir d'outrages et de la fouler aux pieds, en récompense d'un si noble dévouement... Or, il paraît que quelques-uns de ces vertueux personnages ont trouvé que, dans l'intérêt des principes, le cours de la justice n'était pas assez prompt, et pour le devancer, qu'ont-ils fait?

« Le jugement par défaut auquel nous avions fait opposition a été expédié par courrier extraordinaire à Paris, à l'adresse d'un journal qui, du moins, ne met pas d'hypocrisie dans la guerre à mort qu'il a déclarée à la commandite et au notariat. *L'Office de publicité* a reçu ce précieux document, et on s'est bien gardé de dire qu'il ne s'agissait que d'un jugement par *défaut*, de sorte que l'intelligent éditeur de la feuille dont je parle a fait précéder votre décision du petit commentaire suivant :

Destitution de M. Lelièvre, doyen des notaires,
à Dreux.

« Chaque courrier nous apporte la révélation des actes
« scandaleux que la loi châtie ; et la connaissance de mé-

« faits dont l'opinion publique fait justice quand le code
« reste muet. Les faits d'immoralité et de spoliation que
« les avocats du notariat nomment de rares exceptions
« se reproduisent tous les jours avec une prodigieuse et
« désolante fécondité.

« Aujourd'hui, nous livrons à la publicité la *preuve*
« *légale* (la seule qui soit sans danger), des actes d'un
« des membres de cette institution, dont les intérêts so-
« ciaux demandent la prompte réforme. »

« Vient ensuite le jugement par défaut en deux co-
lonnes.

« Je voudrais bien savoir qui a confié ce jugement à
l'*Office de publicité*. En attendant je tiens à ce que les
deux personnages qui se sont ligués, dit-on, pour cette
belle œuvre, sachent que s'ils surveillent M. Lelièvre,
ils pourraient eux-mêmes se tenir sur leurs gardes. En
tout cas, qu'ils entendent de ma bouche (car ils sont ici)
que ce qu'ils ont fait est une indigne lâcheté... et encore
n'ont-ils accompli cet acte de bassesse qu'au moyen d'une
perfidie. Car, comment se sont-ils procuré le jugement?
qui leur a ouvert les portes du greffe? il n'y a que M. l'a-
vocat du roi et nous, à qui on l'a signifié, qui ayons pu
en avoir copie exacte, textuelle. (Sensation.)

« Ils veulent de la publicité : eh bien! ils en auront; nous
les en rassasierons, et nous verrons qui doit y perdre :
Un individu qui s'est immolé, lui, femme, mère, père,
enfants, pour sauver au moins son honneur dans le nau-
frage, ou bien ces misérables qui se jettent sur le nau-
fragé pour le couvrir de leur boue. En voilà assez de ces
indignités ; j'aborde les détails de la cause.

« Je commencerai par l'affaire Larpenteur, elle offre un enseignement utile sur la moralité générale des témoignages dans les circonstances de la nature de celles où nous nous trouvons.

« Que disent ces gens, vous les avez entendus à la huitaine dernière et aujourd'hui même. M. Lelièvre leur a fait signer une prorogation de 5,000 fr. ; ils croyaient ne signer qu'une prorogation de 3,000 fr. ; mais on ne *leur a pas donné lecture de l'acte.*

« Or, vous avez entendu M. Genet, maître clerc de Mᵉ Lelièvre : il a donné le démenti le plus formel à ces témoins. L'acte leur a été lu *dans l'étude*, près du poêle, en présence de trois ou quatre clercs, et au sujet de ce témoin, je ferai une remarque, pour répondre aux observations trop sévères, j'allais dire injustes qu'on lui adressait tout à l'heure : « Votre position est délicate, lui « disait M. le président, vous pouvez vous laisser en- « traîner à des souvenirs qui vous porteraient à de la « partialité en faveur de M. Lelièvre. »

« Oh ! non ! Messieurs, non, je ne puis laisser M. Genet sous une pareille imputation. Ce témoin, je me hâte de le justifier, ce n'est pas une de ces natures opiniâtres qui s'attachent trop à l'adversité. Il n'est pas coupable de trop de respect pour l'infortune de son ancien patron. Oh ! mon Dieu ! non. C'est un homme qui est de son temps, et marche avec son siècle. S'il se dévoue jamais, ce ne sera pas pour les vaincus, j'en réponds, et j'aime à lui délivrer ici un certificat de moralité qui le dédommagera des reproches de M. le président. Il pousse si loin le scrupule, ce brave M. Genet, que quand je lui écrivais, il y a quelques jours, pour lui demander les pièces nécessaires à la défense de M. Lelièvre, il ne s'est pas gêné pour me répondre « que je n'en avais pas besoin. » Il se constituait le juge des moyens que je devais avoir l'honneur de vous soumettre ; j'ai dû subir, moi, avocat de M. Lelièvre, le contrôle et la censure du maître clerc ; j'ai éprouvé ses refus, et à l'heure qu'il est je n'aurais pas mes pièces si M. le président, à la huitaine dernière, n'avait donné des ordres positifs.

« En résumé, Messieurs, quand M. Genet parle en faveur de M. Lelièvre, vous pouvez le croire ; c'est l'honnête témoin par excellence : le témoin irréprochable s'il en fut jamais. Or, il a donné le démenti le plus formel aux époux Larpenteur. Ce qui est vrai, c'est qu'à l'échéance de leur obligation, ils avaient apporté 2,000 fr. à compte, en demandant une prorogation pour les 3,000 de surplus. M. Lelièvre répondit qu'il voulait bien accepter les 2,000 fr. pour les garder avec intérêt à 5 pour cent, jusqu'au remboursement total, mais que le prêteur ne voulait pas diviser son capital. En conséquence, et après versement des 2,000 fr. dont il leur fut donné reçu motivé, on fit une prorogation des 5,000 dont les motifs ont été expliqués à l'étude, en présence des clercs : c'est là que tout fut dit et convenu, et que *lecture fut donnée* de l'acte de prorogation, malgré le mensonge que les époux Larpenteur ont osé faire à vos deux audiences.

« Je dis mensonge : ce sont eux qui l'ont *écrit* de leur propre main. Car le témoignage de M. Genet, qui suffirait et au delà s'il était seul, est appuyé de la preuve *écrite* que donnent les époux Larpenteur eux-mêmes. C'est

M. l'avocat du roi qui me l'a fournie dans les propres pièces de son dossier. Voici ce que nous lisons dans une pétition adressée par les plaignants à M. le procureur général.

(Mᵉ Ledru donne lecture de cette pétition dans laquelle les époux Larpenteur disent « *qu'il leur a été fait « lecture de l'acte.* »)

« Pourtant, Messieurs, si nous n'avions pas cette pièce écrite, et si, par malheur, M. Genet avait été un peu plus craintif... un fait aussi grave que celui-ci aurait passé, sur le témoignage de ces *braves gens,* comme les appelait M. l'avocat du roi, pour la vérité même !

« Nous aurions dit en vain que leur témoignage était comme tous ceux qu'on prête dans une atmosphère corrompue par l'envie, par la haine, par la cupidité, et je ne sais quelles petites passions provinciales trop heureuses d'avoir occasion de se venger... Le ministère public aurait répondu : « Ce sont là des banalités, des déclama- « tions !... » Heureusement, il n'y a rien à répondre au démenti que la *main* des époux Larpenteur donne à leur *parole,* à leurs serments. Mais je tire de ces documents adressés à M. le procureur général et à M. le garde des sceaux une observation grave.

« M. le procureur général Franck-Carré qui a apporté dans toute cette affaire une haute impartialié et les égards les plus nobles envers une famille si digne d'intérêt par ses sacrifices, ses antécédents, son honneur, écrivait le 2 février à M. le procureur du roi :

« Monsieur le procureur du roi,

« Vous m'informez que le sieur Lelièvre, notaire à

« Dreux, vient de présenter un successeur dont la de-
« mande et les pièces sont entre vos mains. Je vous invite
« à me *transmettre dans le plus bref délai* ce dossier
« dans la forme ordinaire. Il n'appartient qu'à M. le
« garde des sceaux de refuser la présentation ou d'y sur-
« seoir, même lorsqu'il y a des poursuites commencées.

« Franck-Carré.

« 2 février 1841. »

« Dès le lendemain, 3 février, M. le procureur du roi
a obéi aux ordres de M. le procureur général : et, par un
rapprochement qui prouve que la haine donnait aux époux
Larpenteur des intelligences partout, je vois que le surlendemain, 4 février, ils adressaient à M. le procureur du
roi une plainte respirant le fiel et la perfidie et où néanmoins se trouvent ces mots : « *M. Lelièvre* LUT *en effet*
« *cet acte,* etc.

« Qui a dicté cette plainte aux époux Larpenteur? De
quelle animosité étaient-ils les instruments? Je l'ignore.
Toutefois, dans une autre pétition adressée à M. le garde
des sceaux par les mêmes individus, je lis :

« M. le procureur général a reçu une plainte que nous
« avons formée le 4 février contre M. Lelièvre... Néan-
« moins, M. Lelièvre continue sa scandaleuse conduite ;
« il a déserté son étude, il *intrigue* à Paris, partout *il com-*
« *promet les noms les plus respectables.* »

« Quels étaient donc ces noms respectables que les
époux Larpenteur, simples meuniers, qui ne savent
guère ce qui se passe dans les ministères, prenaient
sous leur protection? Je ne crains pas de dire que cet

article était écrit en faveur de quelques autres personnages plus puissants qu'eux, et j'en tire cette conclusion que partout se manifeste cette animosité inquiète, infatigable que j'ai signalée. —Je continue la lecture : «Il a rui-
« né sa famille, il a ruiné les étrangers... *il les calomnie...*»

« Cela se rattache encore aux personnages *calomniés* et désireux de vengeance : enfin le rédacteur qui paraît un écrivain fort distingué, auquel les figures de rhétorique sont familières, termine ainsi : « *Le temps mar-*
« *che toujours* et la justice se tait. »

« Certes ce n'est pas là du style de meunier. M. Larpenteur ne vise pas si haut. C'est de la belle éloquence ou je ne m'y connais pas. (Rire général.)

« Quoi qu'il en soit, Messieurs, j'ai voulu à l'occasion de ce seul fait vous dire ce que vaut, au fond, cette enquête où les témoins n'obéissent ni à la conscience ni à la loi, mais tantôt pour leur propre compte à un intérêt sordide, aveugle, impitoyable, tantôt pour le compte d'autrui, à des intrigues plus ou moins habiles et toujours odieuses..... Intrigues, menées, faciles d'ailleurs ; car celui contre qui elles sont dirigées est tombé ; il est malheureux, et c'est à qui viendra apporter son contingent d'ignominies pour l'insulter... Eh quoi, dira-t-on ? cela serait-il possible ? Peut-on y croire ? Oui, Messieurs, il ne faut pas s'y tromper, c'est ainsi que la dégradation générale dans laquelle nous vivons a fait dégénérer la nature humaine, et s'il y a quelques âmes d'élite qui ont encore pour devise : « *Res sacra miser,* » il est vrai que dans nos temps d'égoïsme, de lâcheté, on ne s'incline que devant la réussite et la force, et que partout, autour de nous, la maxime qu'on pratique, si on n'ose pas l'avouer ouvertement, se résume dans ce vieux cri des barbares : « *Malheur aux vaincus !* »

« J'arriverai aux autres faits relevés par la plainte. Mais avant de les aborder, permettez-moi quelques réflexions.

« Nous répondons à une demande en *destitution*. Mais au nom de quel intérêt a lieu cette poursuite ? M. Lelièvre a traité depuis le 12 janvier 1841 avec M. Aureau. En fait, en réalité, il n'exerce plus le notariat. Le 2 février, M. le procureur général demandait l'envoi immédiat des pièces pour que la nomination du successeur de M. Lelièvre fût régularisée. Ce magistrat avait compris, et je l'en félicite tout haut, qu'il était de l'intérêt de tous que la nomination n'éprouvât aucun retard.

« Quant aux créanciers, ils n'étaient pas intéressés à une *destitution* qui diminuait leur gage, puisqu'elle aurait motivé une demande en diminution de prix. D'ailleurs, ils sont à côté de moi parties intervenantes au procès contre M. le procureur du roi. Il sont intervenus un peu tard : ils avaient fait fausse route par des causes que je pourrais dire : enfin ils sont dans la bonne.

« Quoi qu'il en soit, les créanciers comme le ministère public devaient venir en aide à M. Lelièvre, par un raison bien autrement grave qu'un intérêt d'argent, c'était par une raison d'honneur et de moralité ; et ici, Messieurs, je voudrais qu'à une époque où tant d'attaques sont dirigées contre le notariat, les esprits les plus prévenus contre cette institution m'entendissent et jugeassent entre M. le procureur du roi et nous.

« Or, vous savez qu'à la date du 13 janvier dernier, le lendemain de la vente de l'étude, toute la famille Lelièvre, fils, père, femme, belle-mère, signèrent un acte d'abandon de tout ce qu'ils possèdent en faveur des créanciers du fils. Mme Rotrou seule, sa belle-mère, a sacrifié à l'honneur du nom de ses petits-enfants un *demi-million*..... et tout ce qu'elle *pourrait posséder dans l'avenir...*

« M. Lelièvre père n'a pas seulement apporté tout ce qu'il a, tout ce qu'il aura... l'infortuné! il n'a pas même voulu lire l'acte au bas duquel il apposait son nom. Je signerai tout ce qu'on voudra, disait-il... Et il a écrit de sa main qu'il renonçait même à la propriété sur laquelle est établi le cautionnement de sa place, désormais seule ressource qui doit donner du pain aux trois générations qui se sont immolées dans cet acte consommé le 13 janvier!

« Je dis, Messieurs, que cet abandon fait au vu et au su de tout un pays, et du ministère public qui y applaudissait, formait pour les créanciers, comme pour les magistrats supérieurs, une obligation inviolable de respecter l'infortune d'une famille qui avait tant fait! Et M. le procureur général agissait sous l'influence d'une pensée digne de ses hautes fonctions, quand il écrivait : « J'espère qu'il sera possible de ne pas traduire M. Lelièvre, « comme notaire, devant le tribunal dont lui-même faisait partie. »

« Il est venu plus tard de la chancellerie d'autres ordres, je le sais : mais ce n'est pas le ministre que j'en accuserai; certes, dans ma bouche, les éloges ne sont

pas suspects. Eh bien! il est vrai que les sentiments élevés, manifestés par le chef du parquet dans cette circonstance, étaient partagés par M. le garde des sceaux. Et
d'où vient que ces sentiments se sont modifiés? Cela tient
à l'intrigue abominable que j'ai signalée. Suivez-la...

« Ici, la plainte signée Larpenteur et rédigée par ces
gens, à la rhétorique ampoulée et astucieuse, dont je
vous ai donné tout à l'heure un échantillon; les dénon-
ciations portant sur deux faits qui, je l'avoue, étaient
de nature sérieuse, s'ils avaient été autre chose que d'im-
pudents mensonges, ont fait ordonner d'office la poursuite en destitution.

« On disait : « M. Lelièvre et sa famille ont fait aban-
« don de tout ce qu'ils possèdent; mais, depuis lors, ils
« ont enlevé en fraude le mobilier laissé à leurs créan-
« ciers. »

« On ajoutait : « Depuis 1840, Lelièvre a emprunté
« 253,000 fr. Donc, il a une réserve. »

« A Paris, on a cru et on a dû croire à une fable aussi
audacieusement produite; de là, le changement survenu
dans les dispositions tant de M. le procureur général que
de M. le garde des sceaux.

« Et pourtant ici, chacun le sait, cet enlèvement du
mobilier est une fable odieuse. Quel est l'auteur de cette
fable? On le cherche en vain; il est insaisissable, il
échappe dans l'ombre. Mais je déclare devant tout cet
auditoire que je défie qui que ce soit d'articuler un seul
fait relatif à la soustraction du plus minime objet, et personne de ce pays n'acceptera le défi.

« Quant à la réserve sur l'emprunt de 253,000 fr., j'ai

dans mon dossier une réponse catégorique. Toute cette somme a été employée à payer des créanciers. Les preuves sont là : ce sont des chiffres... Mais qu'importe... *Calomnions, calomnions, il en restera toujours quelque chose!*

« Et pourquoi, Messieurs, cette somme si considérable employée en remboursements si rapprochés ? Hélas ! j'oserai vous le dire, car, vous le voyez, ma franchise est un peu sauvage, c'est vous, Messieurs, vous devant qui je parle, qui êtes la cause du désastre de M. Lelièvre. C'est à l'occasion de votre jugement, *réformé par la Cour* (je vous demande pardon de vous le rappeler..... mais enfin, cela est vrai... et j'obéis à la nécessité de ma position), c'est à l'occasion de votre jugement, qui *annulait* une saisie *validée* par les magistrats supérieurs, que le crédit de M. Lelièvre, déjà embarrassé, a été complétement ruiné. Les considérants de votre décision attaquaient le notaire (ils l'attaquaient inutilement) ; à la nouvelle de ce jugement, chacun de l'exploiter selon ses intérêts et sa passion. Tout le monde a ses ennemis, sans parler des amis intimes..... (on rit), car les chers confrères ne sont pas toujours, dans ce monde, bien charitables... (Nouvelle hilarité.) Il est si aisé, d'ailleurs, de colporter tout bas des méchancetés qui ont l'air de s'appuyer sur la chose jugée... C'est là un si beau chapitre pour des collègues qui, après vous avoir serré la main, aiment à lancer derrière vous le coup de poignard!... Oui, Messieurs, je le répète avec douleur, c'est vous qui avez tué M. Lelièvre. A partir de votre jugement, ainsi commenté par les intérêts de toutes espèces qui devaient l'exploiter, tout le monde d'ac-

courir, de demander ses fonds... ç'a été comme une déroute, un sauve-qui-peut général. Le notaire ne savait
plus de quel côté faire face. A côté du précipice comblé,
s'ouvrait un autre précipice... Les 253,000 fr. n'y ont
pas suffi !... La tempête était trop violente, elle enlevait
tout ; il n'est resté rien pour lui tenir tête.

« Quoi qu'il en soit, l'acte du 13 janvier avait tout li-
quidé : c'était pour ainsi dire une liquidation morale en
même temps qu'un abandon matériel. Sans cela, quels
en auraient été le sens et le but ?

« Quand tout une famille se dépouille de la sorte, c'est
à condition que son sacrifice servira à quelque chose.
C'est ainsi que l'avait compris M. le procureur général,
c'est ainsi que l'avaient compris le père, la belle-mère, les
créanciers... la ville tout entière et ses magistrats ; car
cet acte s'est fait au grand jour... tout le monde l'a su...
et tout le monde y a donné son assentiment.

« Eh bien, non ! Messieurs, il y a des gens pour qui
ce n'était pas encore assez ! un demi-million jeté dans
l'abîme, présent et avenir de trois générations, ce n'é-
tait pas assez... Il leur faut encore l'honneur de la famille même, qui avait donné une telle rançon pour que
l'honneur du moins fût intact... En vérité, Messieurs, à
de telles énormités, on se demande si on vit dans un
pays de civilisation ou parmi des sauvages. Et, pour moi,
je m'étonne qu'on n'exige pas aussi de cette pauvre famille qu'elle fasse journellement hommage à ses persé-
cuteurs des larmes auxquelles elle est à jamais condamnée.
(Mouvement.)

« J'ai dit, Messieurs, à quelles conditions la famille

Lelièvre s'était immolée ; je dois citer un trait qui sera plus éloquent que toutes mes paroles, pour attester si on lui a épargné une seule goutte du calice. Je suis honteux de signaler une telle déloyauté ; mais puisqu'elle s'est passée dans cette ville, à la clarté du soleil... pourquoi la tairais-je ?

« Aux termes de l'acte du 13 janvier, les créanciers devaient s'abstenir de toutes poursuites, moyennant l'abandon stipulé. D'après le même acte, ceux qui ne l'avaient pas signé avaient le droit d'y apposer plus tard leurs signatures ; il était aussi convenu que le mobilier ne serait vendu que postérieurement à la vente de leurs immeubles.

« Je n'ai pas besoin de vous expliquer pourquoi ce délai stipulé pour la vente des meubles. Ce mobilier, c'était l'entourage de Mᵐᵉ Rotrou depuis son enfance... Un demi-million d'immeubles qu'on n'a peut-être jamais vus, on en fait le sacrifice tout de suite, sur l'heure ; mais les meubles, ce sont de vieux amis... et lorsque tous les autres sont partis, on veut les retenir jusqu'à la fin... et d'ailleurs, il faut se vêtir, se coucher, s'asseoir...

« Eh bien ! voici la ruse...

« Parmi les créanciers figurait un certain M. Dumont qui prête de l'argent... à très-faible intérêt, assure-t-on. (On rit.) Cet homme n'a pas signé l'acte d'abandon sur lequel, je le répète, il s'était néanmoins porté comme créancier... De sorte qu'appelé à profiter des avantages de cet acte sans être soumis aux clauses qu'il imposait, il a obtenu de ce tribunal des condamnations qu'il a exécutées sur le mobilier.

« Ce mobilier a été vendu en détail, à la porte de madame Rotrou et sur la place publique... Oui, vendu quelques jours après l'acte d'abandon du 13 janvier... sans
rien excepter, pas même quatre portraits de famille achetés *ensemble* au prix de 1 fr.!

« Il est des gens, Messieurs, qui appellent cela obéir
à la loi et aux conventions, et ces choses sont faites de
par autorité de votre justice! Si l'on vous disait, Messieurs, qu'il s'est passé de tels faits, non pas dans un
pays barbare, mais dans un coin ignoré de la France...
vous ne le croiriez pas. Eh bien! cela s'est passé ici, dans
vos rues... et la femme ainsi traitée avait jeté un demi-
million aux créanciers de son gendre!

« Je conçois que, pour effacer la honte d'une telle conduite, on ait senti le besoin de la faire disparaître dans
des calomnies contre la famille Lelièvre... qu'on ait inventé cette soustraction de mobilier et cette prétendue
réserve en argent.

« Réserve, soustraction... mais à quoi bon? A quoi
bon soustraire les meubles et réserver les capitaux? Il
eût été bien plus simple à M. Lelièvre de faire, comme
tant d'autres, de laisser là ses créanciers, d'aller à l'é-
tranger sans leur faire ses adieux. Bruxelles n'est pas
très-loin de Paris... On s'y promène fort agréablement...
La famille Lelièvre pouvait donc garder toute sa fortune;
et si elle n'avait en vue que des intérêts d'argent, personne n'aurait eu rien à dire. Le père et la mère, restés
riches, seraient venus partout en aide à leur fils et gendre... Mais se ruiner pour avoir le plaisir de frauder ceux
auxquels on fait abandon... avouez-le, Messieurs, la ca-

lomnie, à force d'habileté, est quelquefois bien idiote!
Et à ce sujet, Messieurs, je relèverai une observation du
ministère public. Il a blâmé en quelque sorte cet immense sacrifice de la famille Lelièvre. La conséquence
de ce blâme devait être, ce me semble, d'épargner au
moins aujourd'hui ceux qui lui inspirent une si affec-
tueuse pitié, un si touchant intérêt, et qui me disent à
moi, en m'entourant de leurs larmes : « Au moins, sau-
« vez, sauvez le nom de la famille, *pas de destitution!* »

. « Mais je repousse de toutes mes forces ce blâme immérité, et je soutiens que cette famille devait agir selon
qu'elle a agi. Je soutiens que c'est faire un bon et sûr
calcul que de donner son dernier sou à l'honneur d'un de
ses membres ! Et il y aura toujours une haute habileté, une
politique profonde à garder la noble devise : « Tout perdre... fors l'honneur! »

« Je l'avoue, ce n'est pas l'opinion à la mode... Je suis
bien sûr que parmi les grosses têtes de la finance, très-
peu sont de cet avis-là ; mon langage ne leur inspirerait
que de la pitié ; et cependant, Messieurs, ce qu'il y a de
plus vrai au monde, c'est que non-seulement *l'égoïsme*
est une mauvaise et horrible chose, c'est de plus une
sottise.

« Après tout, Messieurs, la famille Lelièvre ne se repent
pas de ce qu'elle a fait ; dût-elle ne vivre désormais que
de larmes, elle sera satisfaite si vous rendez justice. Arrivons donc aux faits développés dans le réquisitoire de
M. l'avocat du roi.

« *M. le Président.* Un mot dans l'intérêt de la défense.
M. l'avocat du roi, en ne s'occupant que de quelques

faits spéciaux et particuliers, a cependant conclu sur tous les points à la confirmation du jugement par défaut qui mentionne beaucoup d'autres faits ; vous avez donc à vous expliquer sur tous les points.

« *M⁰ Charles Ledru.* Le ministère public n'ayant parlé dans son réquisitoire que de faits spéciaux, de ceux qui avaient une certaine apparence de gravité, et M. le Président ayant pris le soin, après le réquisitoire, de me faire remarquer d'office qu'il y avait encore l'affaire Lebrun sur laquelle il appelait, en outre, mon attention, j'ai cru devoir laisser de côté ce que je nommerai le *menu* de l'accusation. Je n'ai donc demandé aucun renseignement à M. Lelièvre sur cette partie qui, à vos yeux, était abandonnée par le fait même du silence absolu de M. l'avocat du roi. Si le tribunal veut étendre la cause à tout ce qui a été mentionné dans le jugement par défaut, je demanderai remise... je reviendrai tant que vous voudrez, Messieurs ; cent fois s'il le faut.

« *M. le Président.* Plaidez comme vous l'entendez.

« *M⁰ Charles Ledru.* Je passe à l'affaire Lécuyer. Il avait vendu pour 14,000 fr. de biens, 10,000 fr. à divers, 4,000 fr. à M. Chabot. Celui-ci était créancier pour pareille somme du sieur Galerne dont Lelièvre était caution. Cette créance était exigible. Au moment de payer ses 4,000 fr. à Lécuyer, Chabot dit à Lelièvre : « Comme « vous êtes mon débiteur de cette somme en qualité de « caution de Galerne, devenu insolvable, payez pour « moi. » Lelièvre qui ne voulait pas faire connaître sa gêne, se contenta de répondre : « Je paierai. » C'est dans cette situation que le surprit la déroute de ses affaires.

Car, je le répète, c'est précisément cette affaire Galerne à l'occasion de laquelle fut rendu le jugement du tribunal déféré à la Cour royale, qui fut le signal de la débâcle. C'est alors qu'eut lieu la panique parmi ses clients. Il n'y a pas de crédit qui y eût résisté...

« *Affaire Dupré*. Elle est effrayante au premier aspect; rassurez-vous. Dupré était un ami, un ami intime à Lelièvre. Y eût-il eu quelques torts de la part de Lelièvre envers lui, ce n'était pas le tort d'un notaire vis-à-vis d'un client; ce serait le laisser-aller d'un ami avec son ami. Lisez leur correspondance, il y est bien question d'affaires, mais c'est comme hors-d'œuvre ; le fond, c'est l'amitié; exemple : « Je suis autrement que les autres... « mes idées sont *rococo* et peu à la hauteur du siècle. »

Il n'y a pas de déshabillé plus complet, pas de sans-façon plus amical. (On rit.)

« Je m'aperçois que je suis bien misanthrope... par- « donnez-moi, l'amitié comme l'amour vit de sacrifices. »

Partout l'épanchement le plus intime.

Il y a plus, et chez M. Lelièvre le laisser-aller va plus loin que chez tout autre. Il était, si j'ose ainsi dire, le moins notaire, par naturel, de tous les notaires de France. Très-versé dans sa profession, il lui en manquait le rigorisme, la roideur.

On peut bien lui faire quelques reproches, et où sont les gens parfaits? Il est peut-être un peu léger, de ceux dont on dit qu'ils ont les défauts de leurs qualités. Enfin, puisque Lelièvre ne doit plus exercer les fonctions de notaire, j'avouerai par exemple qu'il avait tout ce qu'il faut, non pas pour l'être, mais pour ne l'être point. Le vrai notaire est un homme exact, compassé, marchant à pas comptés. C'est de la prose... mais qu'y a-t-il de commun entre ce vénérable personnage et le jeune homme qui a de l'entrain, de la poésie dans la tête et dans le cœur?...

Qu'un père de famille se présente chez un notaire, et que la voix pleine de pleurs il lui dise : « Venez à mon secours... ou je péris. » Le parfait notaire répondra : « Avez-vous des hypothèques? Non... je n'ai pas d'argent. » Voilà l'honnête homme, l'homme irréprochable; l'homme qui ne sera jamais cité au conseil de discipline.

Que s'il est au contraire sensible aux prières, au désespoir, c'est un homme perdu ! Sans doute au point de vue de l'Évangile celui qui devient imprudent à force de charité vaut bien les formalistes exacts qui trouvent dans leur sécheresse une garantie contre toute chute... Mais avec de telles dispositions c'est une faute de prendre une carrière qui a des exigences si rigoureuses. Ce fut celle de Lelièvre...

Vous connaissez assez son caractère. Jugez d'après cette donnée à quel point il aurait pu se laisser aller à de l'abandon, à de l'irrégularité envers un ami intime? Mais, en fait, a-t-il, comme on le prétend, emprunté 24,000 fr., quand il n'avait pouvoir de Dupré que pour 14,000. Le témoin l'a déclaré, je le sais. Eh bien ! voici la preuve écrite que sa déclaration est fausse : « Je vous « envoie une procuration à l'effet de transporter ma « créance de 24,000 fr.; je désire transporter *la créance* « *totale.* » Cela est-il clair?

Mais un autre fait se rapporte à Dupré. Lelièvre avait

reçu de lui 8,000 fr. pour payer le sieur Berryer, qui ne l'a pas été. Cela est exact, mais notez qu'il a été surpris par la tempête au moment où il s'y attendait le moins et que d'ailleurs il était en compte courant continuel avec son ami auquel il adressait un jour 2,500 fr., et qui de son côté lui écrivait un autre jour : « Je joins ici votre « billet *qui s'étonne d'être encore dans mes mains après* « *les divers paiements que j'ai reçus.* »

En somme, ni pour les 24,000 fr., ni pour les 8,000 fr., rien de reprochable, et enfin, M. Dupré plutôt un ami qu'un client : voilà la vérité au sujet de ces deux griefs qui ont donné lieu à des paroles si amères... Et, néanmoins, ne l'oubliez pas, c'était pour jeter le voile sur des faits de ce genre quelque peu incriminables qu'ils fussent, c'était pour rembourser d'abord cette nature de dettes qu'a eu lieu l'intervention de la famille... Comment donc en est-il encore question? Est-ce que tout cela n'avait pas été éteint, est-ce que tout n'avait pas été consommé dans le sacrifice du 13 janvier?

Affaire Deshayes : La voici en deux mots. Un sieur Huet avait de nombreux créanciers et ses biens grevés pour des sommes considérables : il en fit des ventes détaillées. Deshayes était un des acquéreurs. Un ordre judiciaire allait s'ouvrir; il fallait, pour éviter les frais de justice, procéder à un ordre amiable : or, pour cela, les prix devaient être tous déposés chez les deux notaires qui avaient procédé à ces ventes. C'est dans cette circonstance que Deshayes fit un emprunt pour déposer sa part. Cela est bien simple. Mais ces circonstances sont-elles vraies? Voici la correspondance du confrère de

Mᵉ Lelièvre, Mᵉ Séreville, notaire à Saint-André : « J'ai
écrit aux adjudicataires de Denis Huet de venir, sous
huitaine, payer leurs prix qui sont tous exigibles... C'est
une affaire qu'il faut arranger amiablement : je vous demande votre concours. » Dans une autre lettre : « J'attendais que les acquéreurs Huet eussent payé leur prix
pour vous fixer un rendez-vous... Nous suivrons votre
première idée de faire un ordre amiable. »

Que signifient donc ces paroles du ministère public
quand il dit : « Lelièvre faisait contracter un emprunt à
Deshayes, quoique les biens que celui-ci venait d'acquérir
fussent grevés au delà de leur valeur. » Vous voyez que
Lelièvre agissait dans le meilleur intérêt de son client...
Et je ne vois ici que la corporation de MM. les avoués
qui pût se plaindre de ce que le notaire leur enlevât une
belle affaire... Mais prévenir des procédures, ne pas ruiner ses clients en frais de justice, ce n'est pas, que je
sache, un délit prévu par le Code pénal ni par le Code
disciplinaire !

Affaire de la dame Devaux : Voici encore un témoin
qui a déposé avec une grande apparence de candeur. Cette
dame prétend qu'elle avait remis à Lelièvre 14,000 fr.
pour en opérer le placement : Lelièvre lui aurait dit
qu'il avait un emploi immédiat. Ce n'est pas tout, son
fils ayant besoin d'argent, Lelièvre aurait dissuadé la
mère de lui en prêter sur les 14,000 fr. Ce jeune homme
aurait hypothéqué son bien à des étrangers pour 5,000 fr...
et la mère aurait dû donner caution.

Eh bien ! Messieurs, ce récit raconté d'un air si persua-
sif est une fable bien vilaine, bien cruelle. Voici un té-

moin irrécusable, c'est le compte courant de Mme Devaux.
En décembre 1835, elle dépose 4,000 fr. ; en novem-
bre 1837, 1,000 fr. ; en décembre 1839, elle dépose
1,140 fr., etc., etc. ; une autre fois, 4,000 fr. D'un
autre côté, en janvier 1838, elle touche 480 fr. d'intérêts ; une autre fois, 545... bref, son compte courant,
intérêts capitalisés, se monte à 13,860 fr. C'est le compte
courant *placé sous les scellés* qui dit cela... et Mme Devaux a osé parler d'emploi promis *immédiatement,* quand
son compte courant durait depuis sept ans ; qu'elle y
puisait ou y faisait des apports à des époques irrégulières !

Quant à l'emprunt du fils... à des étrangers, à la ruse
employée par Lelièvre pour que la mère fermât son cœur à
la nature... c'est bien beau, d'un grand effet oratoire ;
mais voyons le fait. Ce fils dont il est question, il s'appelle M. Gustave. Je puis dire, sans le blesser, que c'est
un assez mauvais sujet... M. Gustave est le meilleur
abonné du café Alexandre : c'est là qu'il fait ses dettes.
Vous vous rappelez que Mme Devaux eut rendez-vous avec
M. Lelièvre chez Me Cazin, avoué, pour délibérer sur
l'interdiction du trop aimable M. Gustave. (On rit.)

« Or, voici le conseil dénaturé que le notaire donna à
la mère : « Ce garnement vous ruinera si vous lui laissez
« espérer que vous serez toujours prête à réparer ses fo-
« lies... Refusez-lui votre bourse, forcez-le à emprunter
« sur sa propriété... Quand ce petit monsieur verra que
« ses folies retombent en hypothèques sur son bien, il n'y
« reviendra peut-être plus. » Il me semble que ce langage était fort sage ; car si les neveux savent « qu'un
oncle est un banquier donné par la nature,» les fils n'ont

pas non plus mauvaise opinion des mamans. (Nouvelle hilarité.)

« Mme Devaux voyait si bien elle-même le danger de paraître riche aux yeux de son fils, que toujours il ignorait les versements de fonds qu'elle faisait à l'étude, où M. Gustave était clerc, notez-le bien. Elle entrait, le soir, par la petite porte, pendant que M. son fils faisait sa partie au café Alexandre; et elle disait à l'un des clercs, qui passait ses soirées plus régulièrement : « Bellamy (c'est « son nom), ne parlez pas de cela à Gustave. »

« Voilà la vérité des faits, voilà cette accusation si grave, si terrible, réduite à ses proportions légitimes! Mais Mme Devaux a voulu faire *chorus* dans cet ensemble de voix qui se sont élevées contre l'homme tombé. Elle avait peur de n'en pas dire assez.... Elle a forgé, ou plutôt les habiles lui ont soufflé la fable qu'elle débite afin de bien mériter de l'indigne coterie que rien n'apaise, ni l'infortune, ni les sacrifices inouïs, ni la vue d'un vieillard de 70 ans, ni cette admirable femme, cet ange de résignation à qui ils consentent à rendre un hypocrite hommage, à condition toutefois de ne pas lui épargner une seule torture!

« Mon Dieu, que ces gens sont maladroits et ennemis d'eux-mêmes!.... Ah! si au lieu de céder à de si mauvaises passions, ils comprenaient combien il est doux de venir consoler cette pauvre famille, de tendre la main à ce digne père qui ne sait plus faire autre chose que d'aller à son bureau, rentrer chez lui, s'y renfermer et pleurer... si ces gens-là pouvaient oublier l'intérêt brutal de créancier pour se faire un peu plus hommes....

« Ils ont perdu, répond le ministère public : ils ont le
« droit d'être irrités. » A la bonne heure, mais encore...
un homme, fût-il le créancier le plus impitoyable, est un
homme. Ce n'est pas l'incendie qui ravage, qui détruit
sans s'arrêter devant la prière, les sanglots de toute une
famille irréprochable et pure : ce n'est pas un torrent
sourd aux lamentations qui suivent son passage : ce n'est
pas la foudre ne laissant après elle que ruines et désespoir !.... Telle non plus, Messieurs, n'est pas la Justice !
elle n'est pas sans cœur et sans entrailles ! Eh bien ! vous
qui tenez en main son auguste et sainte balance, je vous
le demande, si d'un côté se trouvent quelques torts involontaires, nés des circonstances, ce demi-million jeté
de l'autre côté, ne pèse-t-il rien? Ces torts, s'ils existaient, ne seraient-ils pas compensés par l'immense sacrifice consenti non sans motifs, encore une fois, mais à
titre de rançon, s'il en fallait une, et, en tout cas, pour
calmer des plaies que cette famille n'avait pas faites,
et sur lesquelles pourtant elle est venue d'elle-même,
verser, comme un baume, le plus pur de son sang jusqu'à la dernière goutte? »

Affaire Fenot. — Le ministère public n'a pas eu assez de rigueur pour la caractériser : il s'est exprimé avec
émotion sur cette pauvre femme illettrée, que le notaire
avait habilement entraînée dans le piége... Voyons, cal-
mons-nous, et examinons.

En fait, les époux Fenot avaient fait diverses ventes de
biens et entre autres celle d'une pièce de terre, à M. de
Rochereuil. D'un autre côté, ils étaient débiteurs de
créances en vertu desquelles toutes leurs propriétés étaient

grevées. Les acquéreurs, qui avaient payé leur prix, sol-
licitaient depuis plusieurs mois la mainlevée des inscriptions, et, comme les créanciers inscrits ne voulaient pas
donner de mainlevées partielles sans être intégralement
remboursés, il devenait nécessaire de leur substituer un
autre prêteur moins exigeant, et qui limitât son gage aux
immeubles dont les époux Fenot restaient encore propriétaires. Voici donc le langage de M. Lelièvre aux époux
Fenot : « Vos acquéreurs, et entre autres le plus pressé
« de tous, M. de Rochereuil, veulent avoir enfin main-
« levée des inscriptions portant sur les biens que vous
« leur avez vendus : ils menacent de diriger des pour-
» suites contre vous, si vous ne leur fournissez pas im-
« médiatement la mainlevée promise depuis longtemps :
« or, comme M. Léclanché, Mᵐᵉ de Pons et M. Lorcet,
« vos créanciers, ne veulent pas consentir à donner de
« mainlevées partielles, nous allons vous faire faire un
« prêt par M. de Saint-Valery de la somme nécessaire pour
« rembourser ces trois créanciers, et, dans la nouvelle
« obligation on exceptera de l'affectation hypothécaire,
» ceux de vos biens qui ont été vendus : c'est le seul
« moyen de satisfaire vos acquéreurs et d'éviter les pour-
« suites dont ils vous menacent. »

« Voilà la vérité incontestable : elle est bien simple :
il ne fallait pas grand effort au ministère public pour la
voir comme nous la voyons tous. Où donc est le piége
odieux, ce piége ressortissant bientôt de l'article 405 du
Code pénal? Il n'y a rien qui ne soit incriminable, je le
sais, rien au monde : il suffit d'un peu de bonne volonté ;
et ici du reste, j'avoue qu'il y avait moyen de dénaturer

aisément les choses. En effet, les époux Fenot de dire :
« M. Lelièvre nous annonçait des poursuites, c'est pour
« cela qu'il nous invitait à emprunter : or, ni M^{mo} de
« Pons, ni M. Léclanché ne nous auraient poursuivis,
« tous deux en étaient incapables : c'était une invention
« du notaire. » Ces braves gens se trompent et se trompent de bonne foi, je le pense : car ils ont raison de dire
que ni Mme de Pons, ni M. Léclanché ne les menaçaient,
mais ils ont tort de croire que Lelièvre les menaçât des
poursuites de ces créanciers. Les menaces venaient des
acquéreurs, qui *exigeaient* les *mainlevées partielles* que
Mme de Pons et Léclanché refusaient, et refusaient à bon
droit. Il était indispensable de les prévenir..... Tout
homme exercé aux affaires et à la procédure comprend
cela ; mais les époux Fenot ont attribué à de mauvais
motifs ce que, moins ignorants des affaires, ils eussent
trouvé simple, nécessaire dans leurs intérêts : et pourquoi ? Ils ont jugé après la catastrophe la conduite de
Lelièvre à travers cette atmosphère de calomnies, à travers ces nuages, au milieu desquels la vérité ne pouvait
plus se faire jour.

« Il y a pourtant une réflexion qui aurait dû les frapper : il était impossible que Lelièvre inventât des poursuites imaginaires de Mme Pons et de Léclanché, car tous
deux sont les voisins de Mme Fenot ; tous les jours on se
rencontrait en allant au marché ; on s'était vu la veille,
disent les témoins ; on pouvait naturellement se revoir
et probablement on s'est revu le lendemain. Or, si Lelièvre avait été capable d'inventer une ruse aussi odieuse,
il n'eût pas été assez idiot pour l'appuyer sur une telle

fable qui devait se découvrir à l'instant même ; car il suffisait que les débiteurs allassent demander répit à leurs
créanciers pour que ceux-ci répondissent : « Nous n'a-
« vons jamais eu la pensée de vous poursuivre ; M. Le-
« lièvre vous trompe ; c'est un imposteur... venez avec
« moi, je vais le lui dire. »

« On a souvent répété, Messieurs, qu'il y avait des
explications pour toutes les causes. Pour moi, je le déclare, il me répugnerait de vous présenter un seul de ces
arguments que l'esprit donne et que la conscience désavoue. C'est là de la mauvaise, de la petite tactique, et je
ne connais pas ce genre de discussion. Je dis donc à mon
contradicteur : « Si vous me trouvez vulnérable en un
« point, ne me ménagez pas ; s'il y a un point pour vo-
« tre épée dans ma cuirasse, entrez, c'est votre droit ;
« mais je puis vous porter le défi de pénétrer mon ar-
« mure, car il y a quelque chose de plus fort que vous et
« que moi, c'est la logique, c'est la vérité. C'est sur la
« vérité et la logique que je m'appuie ; quelle que soit
« votre habileté, vous ne les renverserez pas. »

« Mais, a-t-on dit, le récit de la veuve Fenot est si vrai
qu'on a été obligé de capitaliser deux années d'intérêts
pour arriver à la somme de 4,500 fr., montant de l'obligation que Lelièvre devait remettre entre les mains de
M. de Saint-Valery. C'est encore une erreur. J'ai là le
compte exact de ce que devait la veuve Fenot ; il s'en fallait encore de 90 fr. pour que cette somme de 4,500 fr.
suffît à éteindre toutes les dettes des époux Fenot... »

M. de Saint-Valery, témoin qui vient d'être nommé,
demande à être entendu.

« *M° Charles Ledru.* Je suis satisfait de cet incident. On a dit que M. Lelièvre avait été menacé d'une plainte de M. de Saint-Valery. M. de Saint-Valery est un homme honorable ; il ne doit pas être de ceux qui croient que tout est permis à l'égard d'un homme malheureux ; nous allons l'entendre. »

M. de Saint-Valery s'avance. Il déclare être homme de lettres ; il dépose avoir placé 4,500 fr. chez Lelièvre pour que celui-ci en fît le placement. Ce placement n'était pas encore réalisé lorsque des bruits de déconfiture vinrent à son oreille. Le témoin alla trouver M. Lelièvre père, dont les premières paroles furent une offre de cautionner son fils. Ce respectable vieillard, dont la douleur était grande, fit même entendre ces paroles : « Je ferai « tout pour lui sauver l'honneur !... Cela m'étonna, « ajoute le témoin, car il me semblait résulter de ces pa- « roles que l'honneur était en jeu. »

Le témoin ajoute qu'il n'a jamais menacé de porter plainte à M. le procureur du roi ; mais cette menace pou- vait, jusqu'à un certain point, résulter de ses paroles dans la conversation et des lettres qu'il avait écrites.

Ce fut alors que fut faite l'obligation au profit du té- moin par les époux Fenot. Son étonnement fut grand quand il apprit plus tard que les sommes empruntées par les époux Fenot, et destinées à désintéresser leurs créan- ciers, n'avaient pas été employées à cet usage. Il en résul- tera une contestation entre lui et les époux Fenot, sur la- quelle le tribunal aura à se prononcer.

« *M° Charles Ledru.* Je ferai remarquer au tribunal que la déposition, je pourrais dire la belle plaidoirie de

M. de Saint-Valery, que son imagination poétique a pu
entraîner un peu loin, n'a en aucune façon trait à l'affaire. Il s'agissait, pour l'acquéreur d'une des pièces de
terre des époux Fenot, d'obtenir la mainlevée partielle
des hypothèques qui grevaient toutes leurs propriétés.
Le notaire Lelièvre devait donc procéder à un emprunt
qui pût permettre de dégager les portions vendues de ces
propriétés des hypothèques qui les grevaient. C'est ce qui
a été fait. Mais, dit-on, M. de Saint-Valery, qui voulait
des fonds ou une obligation valable, devenait pressant.
On a ajouté, de la part du ministère public, que M. de
Saint-Valery avait menacé d'une plainte au procureur du
roi. Vous avez entendu M. de Saint-Valery ; il vous a dit
qu'il s'était borné à écrire une lettre fort polie, et que ce
n'est qu'à la fin qu'il s'est montré plus sévère.

« Cependant je prendrai la liberté de faire observer à
M. de Saint-Valery qu'il aurait pu être encore plus calme,
puisque ses intérêts étaient à couvert par une obligation
que lui avait consentie Mme Rotrou pour le désintéresser
entièrement. J'ajouterai (on vient de m'apprendre ce fait
pendant que M. de Saint-Valery déposait comme témoin)
qu'il est en procès avec les époux Fenot au sujet des
4,500 fr., et que, dès lors, cette circonstance a donné à
son témoignage un caractère qui n'est plus celui de la
haute impartialité que j'attendais d'un témoin laissant
tomber la vérité des hauteurs où réside la poésie. Je
m'explique par un exemple qui ne blessera pas M. de
Saint-Valery.

« Malgré la sainteté du caractère des magistrats chargés par la loi de rendre ses oracles, il arrive quelquefois

que la loi les tient eux-mêmes en suspicion. Ainsi, le juge
a-t-il dîné avec l'une des parties... c'en est assez pour
qu'il soit récusable; fût-ce le plus mauvais dîner... il
n'en faut pas davantage. (Rire général.)

« Je ne dis pas ici que le témoin ait dîné avec les époux
Fenot; c'est par une raison contraire que sa parole est
un peu suspecte. En effet, il plaide contre eux au sujet
de sa créance : il plaide devant votre tribunal; par conséquent, il est légalement vrai qu'il ne se trouve pas dans
une position à rendre un témoignage parfaitement désintéressé. Tout enfant d'Apollon qu'on soit, on est homme.
On est donc sujet aux mêmes faiblesses que le commun
des mortels; c'est sans doute pourquoi M. de Saint-Valery a disserté tout à l'heure si longuement et en si beaux
termes que j'ai cru entendre Cicéron lui-même parlant
pro domo suâ. (Hilarité.)

« La dernière affaire est l'affaire Lebrun; c'est celle
que le tribunal a signalée d'office à mon attention. Elle
ne mérite qu'un mot.

« Lelièvre avait été forcé d'aller à Paris suivre son
procès, en personne, devant la cour royale; ce procès,
il l'a gagné; il l'a gagné comme on le gagne devant une
cour suprême, malgré les efforts des puissants adversaires qu'il avait à combattre.

« Mais il a été obligé d'abandonner ses affaires, de laisser là tous ses intérêts en souffrance, de négliger M. de
Saint-Valéry, et tels ou tels autres, par le besoin impérieux qu'il éprouvait, qui dominait tous les autres : celui
de faire réformer le jugement dont les clauses portaient
atteinte à son honneur.

« Hélas ! oui, Messieurs, je le dis pour la dernière fois, c'est votre jugement qui avait été la source de tous les bruits ; c'est dès ce jour que chacun s'était empressé de venir redemander son argent. Ainsi a fait M. de Saint-Valéry, qui, en matière d'écus, voit les choses prosaïquement, comme tout le monde, et qui ne voulait pas arriver le dernier. (On rit.)

« Quoi qu'il en soit, c'est au milieu de ces circonstances qu'il faut placer l'affaire Lebrun. M. Lebrun se plaint de ce qu'une obligation, contractée à son profit par la famille Jourdain, et qu'il croyait régularisée, se trouve incomplète et que ses fonds sont, pour cette cause, en danger.

« Or, voici le fait : L'acte était rédigé ; le prêteur se rendit, de sa personne avec M. Lelièvre, au village d'A-net. Tous les contractants solidaires signèrent... à l'exception de la dame Jourdain. Cette dame ne jouit pas toujours de ses facultés intellectuelles... il faut la prendre dans les intervalles lucides. Ce jour-là, elle donna pour raison de son refus *qu'il était trop tard*.

« Deux fois, dans la même semaine, on est retourné près d'elle ; deux fois, sur l'avis de M. Carré, ancien notaire, habitant la même commune, on différa de compléter l'acte, en raison de l'état mental de Mme Jourdain... C'est au milieu de ces retards, causés par un fait de force majeure, que Lelièvre fut appelé à Paris pour son procès. Les fonds étaient restés à l'étude... Dans le mouvement des affaires et en l'absence de M. Lelièvre partie de ces fonds a été employée par les clercs pour les besoins courants... L'emprunt de 100,000, dont la réalisation était remise de jour en jour et qui permettait de faire une liquidation honorable, ne se fit pas... La tempête survint... Vous savez le reste !

« Eh bien ! est-ce là un fait qu'on puisse équitable-ment imputer à la volonté de Lelièvre?

« La question n'est pas de savoir s'il est survenu du désordre dans ses affaires, elle est de savoir s'il a fraudé ses créanciers et s'il a détourné, à son profit, des valeurs. Je l'avoue, il y a, à notre époque d'égoïsme, une ten-dance honteuse à ne considérer que le résultat, que la réussite, à faire abstraction des intentions. Bien des gens diront : Il s'est ruiné, tant pis pour lui; sa famille s'est ruinée pour lui sauver l'honneur, tant pis pour elle. Pourquoi n'a-t-il pas réussi? Comme autrefois à Lacé-démone, on faisait un crime au général du malheur de la bataille, il ne manque pas de gens qui changent aussi en crime l'adversité, et qui déclarent qu'un homme est coupable quand il a l'imprudence de faire mal manœu-vrer ses capitaux.

« Opulent, on n'est pas difficile avec lui, on ne lui de-mande pas de comptes sévères. Eût-il dépouillé des mil-liers de familles... s'il l'a fait avec prudence, légalement, en dehors des prévisions du Code pénal, on admire son habileté, son savoir-faire... et surtout on va à ses fêtes. Malheureux, on trouve mille prétextes pour n'avoir pas l'embarras de le plaindre. Pour se dispenser d'un peu de charité, ces mêmes gens, si débonnaires en présence de la fortune bien ou mal acquise, font la grosse voix quand il s'agit d'accabler de leur morale la pauvre victime qu'ils n'ont pas le courage de consoler.

« C'est surtout quand il est question de *notaires* que cela leur est facile. Car, aujourd'hui, c'est à qui insultera le notariat : c'est la mode, c'est de bon goût ; il n'y a pas de crime qu'on ne puisse imputer à ceux qui l'exercent.

« Messieurs, je voudrais bien que chacun de ceux qui crient si haut contre les notaires fussent à leur tour sur la sellette pour voir s'ils sont tout à fait irréprochables. Le notariat a dégénéré, c'est vrai : mais pour quelle raison et par la faute de qui ? Les notaires sont devenus des banquiers, dites-vous ? Apparemment, c'est autant de la faute des clients que de la leur. Il serait mieux, sans doute, que le notaire ne fît que des actes... Mais combien y a-t-il de clients qui ne trouveraient pas fort mauvais qu'au jour et à l'heure dite leur notaire n'eût pas à leur disposition la somme dont ils ont besoin ? Combien qui seraient satisfaits, si, en attendant le placement réel de leurs capitaux, l'intérêt ne courait pas à leur profit ?

« La plupart de ceux qui parlent si bien morale, et aux exigences desquels leur notaire aurait opposé la moindre objection, auraient dit : « Je vais ailleurs ; » et, en effet, trop souvent le notaire capitaliste a absorbé le notaire pur et simple. De là chacun s'est vu forcé, non pour son plaisir, mais par nécessité, de sortir plus ou moins de la rigueur absolue de son ministère. En cela, ce sont moins les notaires qui sont répréhensibles que nous ; nous tous tant que nous sommes, qui disons « c'est bien, » tant que l'intérêt nous arrive sans interruption d'un seul jour, et qui disons « c'est horrible » quand éclate la catastrophe qui est notre œuvre.

« Viennent les phrases, les déclamations, les indigna-
tions vertueuses et très-faciles d'ailleurs. On sait ce que
vaut tout cela : c'est un thème qui n'a pas même le mérite de la nouveauté ; mais ce qui est vrai n'en reste pas
moins vrai, malgré les sophismes à la mode.

« Il y a plus, souvent le mal est incorrigible : c'est
surtout dans les provinces.

« Au village, par exemple, arrive-t-il jamais que l'acquéreur d'une pièce de terre apporte régulièrement son
prix, et le notaire devra-t-il faire un acte à chaque versement ? Demandez-le à ces paysans que je vois là autour
de moi. Un jour ils vendent leurs lentilles, ils apportent
le produit au notaire ; un mois après ce sont les haricots,
une autre fois le seigle, enfin ils opèrent comme des
paysans et non comme des banquiers. Mais si, en attendant le versement définitif, ils devaient être privés de
l'intérêt de leur argent, ne porteraient-ils pas leurs fonds
ailleurs ? car au village on sait aussi calculer.

« Tenez, Messieurs, il y a une chose qu'il faut toujours éviter : individu ou corporation, c'est d'être sur la
sellette. Qu'on y mette le plus grand saint et je me charge
de lui enlever son auréole ! Ce qui est odieux, c'est que
les attaques faciles dont le notariat est devenu l'objet
viennent fondre sur lui à l'occasion de l'adversité de
quelques hommes qui auraient droit aux égards par cela
seul que l'*infortune est sacrée.*

« Car enfin, dans tous les temps le culte du malheur
n'a-t-il pas été le plus inviolable et le plus saint de tous ?

« Ce n'est pas à dire, pensez-le bien, que je veuille
me faire le défenseur des abus qui peuvent exister dans le

· notariat comme ailleurs; grâce au ciel j'espère que ma voix n'a jamais servi à en défendre un seul. Mais ce que je veux, c'est que la justice se préserve de consacrer par son exemple cette manie de récriminations privilégiées contre une profession qui, comme toutes les autres, et comme la société tout entière, est malade, mais ni plus ni moins qu'on ne l'est à côté d'elle, au-dessous et au-dessus d'elle.

« Oui, le plus grand tort du notariat c'est d'être *accusé*. Viennent les autres états : que chacun soit à son tour sur la *sellette*, comme je vous le disais ; croyez-vous qu'il soit si malaisé de lui faire aussi son procès. Demandez à M. le garde des sceaux, je m'en rapporte à lui-même. S'il y a une mission respectable, c'est la vôtre, Messieurs ; après le prêtre je ne sache rien au monde de plus haut que vous ; on donne même à votre mission le nom de sacerdoce !

« Eh bien, demandez à M. le procureur général, demandez à M. le garde des sceaux combien il y a de prétendants qui à certaines périodes se jettent sur les fonctions de la magistrature comme sur une proie? Jamais, autrefois, des juges n'eussent consenti à se faire des valets encombrant les antichambres du pouvoir. Il y a quelques jours, le ministre était obligé d'obtenir aide et assistance de la *Gazette des Tribunaux*, pour se débarrasser des milliers de solliciteurs qui se ruaient sur quelques places à donner !

« Ainsi partout! car à tous les étages de la société la dégradation. Ce n'est pas que je veuille m'ériger en censeur ; je n'ai aucun droit à ce rôle ; ma seule conséquence est celle-ci, Messieurs. Qu'ils soient donc miséricordieux ceux-là qui ont besoin de miséricorde! Or, qui peut s'en passer ?

« Je ne veux pas répéter toutes les causes spéciales et en quelque sorte locales qui ont fait que M. Lelièvre a été plus qu'aucun autre en butte à l'injustice. Vous en savez à ce sujet plus que je ne pourrais vous en dire.

« La passion a été si aveugle envers lui que tous les coups qu'on lui a portés blessaient en même temps ceux dont il les a reçus ; car, ce procès même que les créanciers pouvaient empêcher en ôtant, moyennant quelques mille francs qu'on eût comptés à des exigences particulières, tout prétexte au zèle qu'a déployé le ministère public, ce sont les créanciers qui l'ont fait naître; les témoins de la prévention ce sont eux, eux seuls, et si la prévention réussissait (ce qu'à Dieu ne plaise), ce seraient eux qui deviendraient victimes du résultat qu'ils auraient amené ; car il y aurait lieu à diminution du prix de la charge et par conséquent de leur gage commun.

« Je ne citerai qu'un seul exemple de tout ce qu'a éprouvé de mécompte M. Lelièvre, depuis son adversité. On croit que la foule seule suit le torrent et que les esprits élevés y résistent. Eh bien! jugez-en vous-mêmes, Messieurs.

« Parmi les clients de M. Lelièvre se trouvait un homme qui n'est pas seulement une notabilité de votre arrondissement où il a des propriétés, mais une notabilité parmi celles de tout le pays... un pair de France... un ministre... un grand orateur qui a puisé ses inspirations aux sources les plus pures; et je crois que jamais le distique du poëte

ne fut mieux senti que quand la bouche harmonieuse de
M. Villemain répétait :

Donec eris felix multos numerabis amicos
Tempora si fuerint nubila, solus eris.

Or, M. Lelièvre avait l'honneur d'être le notaire de
M. Villemain, beau-frère de M. Desmousseaux de Givré,
votre député. Je dis qu'il avait cet honneur... honneur
gratuit et pur de tout alliage d'intérêt, car depuis sept
ans le notaire avait géré ses propriétés sans même songer
à se faire rembourser les frais de correspondance. Il n'était
rétribué qu'en *autographes*. (On rit.) Eh bien ! parmi les
opérations que Lelièvre a eues à faire pour lui s'est trouvée la vente d'un petit pré à Saint-James ; la vente s'est
faite moyennant 1,850 fr., avec les frais cela s'est élevé
à 2,000 fr. Depuis la vente du pré en question, le notaire
apprend, qu'en raison d'une coupe de quelques arbres
faite par l'acquéreur, il est possible qu'il ait donné le pré
à trop bas prix, et avec cette allure que vous lui connaissez qui n'est pas toujours celle de l'homme positif, du
calculateur exact, mais de l'homme d'élan et de générosité, le voilà qui, depuis la vente consommée, se ravise,
et par un scrupule trop consciencieux, porte sur son livre
le prix d'achat à 2,000 fr. qu'il envoie à M. Villemain.
Ainsi, voilà ce pauvre Lelièvre, qui, parce qu'il a l'insigne
avantage d'avoir fait, pendant sept ans et *gratis*, les
affaires d'un grand homme, croit de son devoir de dé-
bourser 150 fr. de sa poche et les lui compter en bons
écus. On ne dira sans doute pas que c'est un fait de charge :

cependant arrive le jour de la catastrophe. Lelièvre est malheureux et M. Villemain fait comme les autres. Il se plaint de Lelièvre, qu'il a soupçonné devant M. Aureau, son successeur, d'avoir bénéficié d'un pot-de-vin sur la vente de ce maudit pré. La vérité est qu'au moment de la débâcle, et, en *l'absence de Lelièvre,* une faible somme avait été encaissée à l'étude pour fermages de M. Villemain, et que cette somme ayant été employée aux dépenses courantes par les clercs, M. Villemain est créancier. Mais ce qui est vrai aussi, c'est que pour M. Villemain comme pour quelques autres dont les capitaux ont été ainsi surpris à l'improviste dans la bagarre, M. Lelièvre avait commandé, lors de l'abandon fait par sa famille, par l'acte du 13 janvier, qu'ils fussent immédiatement remboursés, avant tous les autres, et qu'ainsi sa conduite a été tout ce qu'elle pouvait, tout ce qu'elle devait être... M. Villemain n'éclate pas moins en reproches...

« Voilà le cœur humain, Messieurs. Le même partout : le lettré comme l'ignorant... tout le monde tourne le dos à l'ami de la veille, tout le monde l'accable! De l'indulgence, de la charité... un bon souvenir, nulle part! et quand je vous explique pourquoi ces témoins ulcérés par leurs pertes ont altéré les faits, pourquoi ces passions de toutes sortes se sont ameutées, et qu'ici même, dans le temple de la justice, elles ont voulu vous tromper... m'entendez-vous, et serai-je compris?

« Je résume cette discussion. Les faits développés par le ministère public sont expliqués, et j'ose dire qu'ils le sont avec une loyauté et en même temps avec une logique invincible. Ce n'est pas à l'avocat qu'en est le mérite :

c'est à la cause qui est vraie, qui est bonne et qui n'a rien à redouter, rien, si on l'examine sans passion, sans fiel, sans prévention... enfin si on l'examine avec l'impartialité dont je sais, Messieurs, que vous vous ferez un devoir.

« Permettez que je termine en répondant à la dernière considération de M. l'avocat du roi ; il a parlé de la nécessité d'un exemple ; il a réclamé vos sévérités dans l'intérêt public : « C'est le notariat lui-même, qui a besoin « de la protection de vos rigueurs... on ne peut tolérer « un notaire qui, après tout, est en état complet de dé- « confiture... et il importe à la sécurité de tous qu'un « grand avertissement parte de cette enceinte. »

« En fait, M. Lelièvre n'exerce plus ; sa démission a été donnée, son successeur attend une nomination qui n'est retardée que par le fait de M. l'avocat du roi. L'arrêt de Toulouse qu'on invoque, et tous les arrêts du monde ne détruiront pas ce fait de bon sens, d'évidence, et qui doit être pris en sérieuse et loyale considération. Tout ce qu'on dit sur ce que réclame l'*exercice* du notariat est donc inapplicable ; et si M. l'avocat du roi avait, comme M. le procureur général, compris la situation de M. Lelièvre ; si on eût évité le scandale de cette discussion où le notaire, votre collègue et votre ami d'hier, Messieurs, est traîné devant vous ; je ne vois pas en quoi la société eût tant souffert, ni en quoi la morale publique se sentirait outragée... tout ce qui m'apparaît, à moi, c'est que des passions petites, méprisables, auraient manqué une occasion de se réjouir de ce qu'il y a pour Lelièvre d'humiliant dans une poursuite qui, en définitive, si elle était accueillie, retomberait sur les créanciers comme une peine pécuniaire, puisqu'elle détruirait une partie notable de leur actif.

« Trop souvent, Messieurs, on a fait de la justice ce que les faux dévots ont fait de la religion : prenez-y garde ! Tartufe dans le temple de la justice est autant à craindre que dans la maison du Seigneur.

« Non ! l'intérêt public ne demande pas la condamnation de Lelièvre ! non, l'intérêt public ne veut pas que vous frappiez des créanciers dans sa personne ; non, non, elle n'est pas équitable cette poursuite dont M. le procureur général, dans sa sagesse à laquelle j'aime à rendre publiquement un nouvel hommage, ne voulait pas, et à laquelle il ne s'est résolu que par l'avis mensonger qui lui a été donné d'enlèvement de mobilier et de *réserve occulte*... non, mille fois non... et je suis heureux que les créanciers qui se sont laissé abuser eux-mêmes et qu'on a entraînés en aveugles au point de servir docilement des intérêts qui se sont cachés sous une apparence de vertu quand ils n'étaient que haine et misères... je suis heureux que les créanciers soient venus se joindre à nous, quoique bien tard, car ainsi je puis protester en leur nom, comme au nom de Lelièvre, contre une persécution dans laquelle, pour mon compte, je déclare, que quoi qu'il arrive, je n'abandonnerai ni l'opprimé ni les oppresseurs.

« Que le ministère public n'implore donc plus vos rigueurs au nom de la morale. La morale publique... ce sont ses réquisitions qui l'épouvantent. Il ne faut pas être juriste bien profond pour comprendre cela : l'homme le

plus commun de tous ceux qui se pressent dans cet auditoire en sait là-dessus, avec son seul bon sens, tout autant que nous. Car, encore une fois, je concède tout ce
que vous voudrez : je vous ai prouvé que la justification
de chacun des faits était complète... j'admets que j'aie
été dans l'illusion, que mon intérêt pour Lelièvre m'ait
aveuglé, comme la haine en a aveuglé d'autres... en résumé, comptons! il y aurait pour 25,000 fr... 30,000 fr.
de ce que vous appelez faits de charges; cela n'est pas :
je vous ai réduits à le voir vous-mêmes... mais je le concède; eh bien! un abandon d'un demi-million, n'est-ce
pas quelque chose? n'est-ce pas une expiation, s'il en
fallait une? Dites-moi donc où est l'article de la loi criminelle qui frappe d'un demi-million d'amende les faits
que vous *ne soumettez*, dites-vous, *qu'à des peines dis-
ciplinaires!* modération cruelle! votre discipline est plus
farouche que le Code pénal tout entier.

« On a parlé d'exemple, Messieurs : eh quoi! serait-ce
un encouragement pour les familles à réparer les maux
causés par un de leurs membres, si on disait : «Un notaire
« avait par imprudence entraîné plusieurs de ses clients
« dans sa ruine; sa famille est venue au secours des créan-
« ciers; pour eux, elle s'est réduite à un dénûment ab-
« solu; un demi-million, le présent, l'avenir, on a donné
« tout; femmes, enfants, vieillard, on s'est immolé en
« masse! cela n'a servi à rien, car après le sacrifice est
« venu un discours de M. l'avocat du roi demandant qu'on
« n'en tînt aucun compte, et la justice a dit, nous n'en
» tiendrons pas compte. »

« Qu'un tel exemple soit donné! eh bien! moi, je vous

le prédis, Monsieur l'avocat du roi, ce n'est pas seulement Lelièvre que vous frapperez ; ce n'est pas seulement une famille qui, dans sa bonne foi, n'a point demandé d'ôtages quand elle se faisait victime volontaire de l'honneur d'un de ses membres... c'est la morale dont vous vous faites le défenseur, que vous tuerez de votre propre main !

« Qu'il soit donné cet exemple, et on dira : « Notre « fils, notre frère, notre père nous supplie de venir à son « secours..... d'intervenir au moins pour racheter son « honneur? Mais à quoi bon nous ruiner?... à quoi bon « apporter 100,000? 200,000? 300,000 francs? Le tri- « bunal de Dreux a dit qu'un demi-million même n'était « rien, et qu'une telle offrande n'apaisait pas les prêtres « de la justice. »

« Si c'est là ce que vous voulez, Messieurs, vous donnerez l'exemple qu'on vous demande.

« Mais non, il ne sera pas dit qu'ils avaient raison ceux qui m'annonçaient que tous mes efforts viendraient se briser comme un vain bruit, contre les murailles de cette enceinte. Je n'ai pas cru à ces sinistres, à ces injurieuses prophéties... Je vous ai parlé le langage de la raison, de la loyauté, de la confiance... Ah! Messieurs, ne la trompez pas cette foi que j'ai en vous, et qui me laisse croire que vous saurez vous affranchir de la région où s'agitent les animosités, les intérêts, les haines, pour vous élever dans les hautes sphères où le magistrat s'épure au point de devenir digne de faire parler par sa bouche... la justice, qui est la voix de Dieu lui-même.

« J'ai fini, Messieurs, je n'essaierai pas de vous émouvoir : je ne veux m'adresser qu'à votre raison. Ainsi, je ne vous entretiendrai plus de cette pauvre femme, qui tout à l'heure me montrant ses petits enfants, qu'elle couvrait de larmes, me disait :... « Ils n'ont plus que « l'honneur de leur père pour patrimoine... Je vous le « confie. » Ah ! je voudrais pourtant que vous la vissiez aujourd'hui, Messieurs, cette héroïque épouse... Vous la connaissez, toute cette ville l'honore et vous la portez vous-mêmes dans votre estime, aussi loin que l'estime peut aller... Eh bien ! malgré toute l'admiration que vous inspiraient ses vertus, quand elle était l'ornement de la société où vous vivez, elle est, dans l'adversité, au dessus de ce que vous saviez d'elle. Son courage, sa résignation sublime, sa piété dans le malheur, l'ont élevée en quelque sorte plus haut qu'elle-même..... Ah ! Messieurs, pensez à elle... pensez à ses enfants... pensez aussi que Dieu bénit le juge équitable... et repoussez loin de vous les clameurs impies de ceux qui disent : « Nous avons la for- « tune de cette famille, sa fortune présente et à ve- « nir... il nous faut encore son honneur... et sa dernière « larme. »

« Oui, vous les repousserez, Messieurs, « je le jure sur « votre propre honneur; il est mon refuge, mon espoir « et ma foi. »

M. l'avocat du roi se lève pour répliquer. Ce magis- trat revient sur les faits de détail discutés par M. Charles Ledru. En résumé, dit-il, il y a des créanciers, il y a des pertes subies; donc, malgré toutes les explications plus ou moins spécieuses, le notaire a manqué à ses devoirs. Un notaire, qui n'est que notaire, ne se trouverait pas dans le cas d'avoir de nombreux créanciers auxquels il ne peut faire face.

M⁰ Charles Ledru reprend à son tour la parole. — Il explique les pertes de M. Lelièvre. D'abord, 3 à 400,000 fr. de mauvais placements faits sur de fausses indications. M. Lelièvre arrivait dans un pays dont il connaissait mal les fortunes ; son trop de confiance l'a entraîné à ces mauvais placements.

« Lui reproche-t-on du jeu? non ! des spéculations? non! de l'imprudence, trop d'abandon, trop d'obligeance... Voilà tout.

« Le punir du *fait* seul qu'il a été dans la gêne et a précipité d'autres personnes dans sa propre ruine, c'est consacrer une doctrine immorale. C'est punir un homme de son infortune, comme s'il n'en était pas la première victime. »

M⁰ Ledru, dans une péroraison chaleureuse, supplie le tribunal de ne pas consacrer une telle doctrine qui n'est au fond que matérialisme et impiété !

Le tribunal lève l'audience au milieu de l'émotion causée par cet important débat.

La cause est renvoyée au lendemain. Des explications nouvelles sont échangées entre le ministère public et la défense, et le tribunal se retire en chambre du conseil.

Après un long délibéré, il entre en séance et prononce un jugement qui *destitue* M. Lelièvre de ses fonctions.

M⁰ Charles Ledru se lève après le prononcé :

« Messieurs, dit-il, je vous prie de me donner acte des « conclusions suivantes:

« Il plaise au Tribunal, donner acte de ce que M. l'a-
« vocat du roi, dans son réquisitoire prononcé à la hui-
« taine dernière, n'a développé que six faits de prévention,
« savoir : ceux relatifs à *Lécuyer, Larpenteur, Dupré,*
« *Devaux, Deshayes, Fenot...* et qu'à ces six faits le
« Tribunal a ajouté d'office l'affaire Le Brun, tandis que
« le jugement porte sur un grand nombre de faits omis
« dans la prévention. »

« *M. le Président.* Le Tribunal vous donne acte de
ces conclusions en observant toutefois que le ministère
public avait demandé la confirmation du jugement par
défaut et par conséquent la confirmation de l'appréciation faite par ce jugement de tous les faits qui y sont
repris. »

M. Lelièvre se pouvut en appel devant la Cour
royale.

FIN DU DEUXIÈME VOLUME.

TABLE DES MATIÈRES

CONTENUES DANS LE DEUXIÈME VOLUME.

———❦———

FIN DE LA TABLE DU DEUXIÈME VOLUME.

www.ingramcontent.com/pod-product-compliance
Lightning Source LLC
Chambersburg PA
CBHW031449210326
41599CB00016B/2167